Heidelberger Taschenbücher Band 76

Basistext Medizin

S. 40/41

Mastoid – dann vors Ohr

Rinne : positiv = Gesund

negativ = Schalleitungsstörung

beides leiser = Schallempfindungsstörung

aber schwach positiv

Weber (Kopfmitte):

Krankes Ohr besser = Schalleitungsstörung

Krankes Ohr schlechter = Schallempfindungsstörung

D1849575

H.-G. Boenninghaus

Hals-Nasen-Ohrenheilkunde

für Medizinstudenten

Gegliedert nach dem Gegenstandskatalog 3

Im Anhang 280 Prüfungsaufgaben

Siebte, überarbeitete Auflage

Mit 153 Abbildungen in 255 Einzeldarstellungen
und 72 Farbaufnahmen

Springer-Verlag
Berlin Heidelberg New York
London Paris Tokyo 1986

Professor Dr. med. HANS-GEORG BOENNINGHAUS
Direktor der Hals-Nasen-Ohrenklinik
der Universität Heidelberg

ISBN 3-540-16683-1 7. Auflage
Springer-Verlag Berlin Heidelberg New York
ISBN 0-387-16683-1 7th Edition
Springer-Verlag New York Berlin Heidelberg

ISBN 3-540-12355-5 6. Aufl. Springer-Verlag Berlin · Heidelberg · New York
ISBN 0-387-12355-5 6th Ed. Springer-Verlag New York · Heidelberg · Berlin

CIP-Kurztitelaufnahme der Deutschen Bibliothek
Boenninghaus, Hans-Georg: Hals-Nasen-Ohrenheilkunde für Medizinstudenten: gegliedert nach d. Gegenstandskatalog 3; im Anh. 280 Prüfungsaufgaben / H.-G. Boenninghaus. – 7. überarb. Aufl.
Berlin, Heidelberg, New York, London, Paris, Tokyo : Springer 1986.
(Heidelberger Taschenbücher; Bd. 76: Basistext Medizin)
ISBN 3-540-16683-1 (Berlin ...)
ISBN 0-387-16683-1 (New York ...)

Satz, Druck und Bindearbeiten: Konrad Triltsch, Graphischer Betrieb, 8700 Würzburg. 2124/3130-543210

Vorwort zur siebten Auflage

Die „Hals-Nasen-Ohrenheilkunde für Medizinstudenten“ – erstmals 1970 nach Einführung der neuen Approbationsordnung erschienen – wird jetzt in 7., überarbeiteter Auflage vorgelegt. Die 5. Auflage 1980 wurde völlig neu gestaltet und gegliedert, um sich den Änderungen der Approbationsordnung und dem 1979 überarbeiteten Gegenstandskatalog (3) anzupassen. Der Text und die systematische Abhandlung der Krankheitsbilder folgen der Numerierung dieses Gegenstandskataloges.

Das Taschenbuch vermittelt seit der 1. Auflage durch Fakten und gesicherte Erkenntnisse das erforderliche Basiswissen. Der Text ist knapp gehalten, praxisnah und übersichtlich gesetzt. Auf ungeklärte und für Studenten unwesentliche Probleme wurde verzichtet. Die – in der 7. Auflage wiederum vermehrten – zahlreichen und das Wesentliche wiedergebenden Zeichnungen und Abbildungen sollen helfen, sich in die schwierigen topographischen Beziehungen der Organe des Faches einzudenken, und dazu beitragen, das Verständnis der pathologischen Zusammenhänge zu erleichtern. Gegenüber der 5. sind bereits in die 6. Auflage 72 statt 48 Buntbilder aufgenommen worden, die die Spiegelbefunde der wichtigsten Krankheiten von Ohr, Nase, Rachen und Kehlkopf zeigen und von denen einige in der 7. Auflage ausgetauscht wurden. Die Untersuchungsmethoden erfahren eine genaue Beschreibung und sollen als Anleitung beim Spiegeln dienen.

In den letzten Auflagen sind entsprechend der fortschreitenden Entwicklung des Fachgebietes Erweiterungen vor allem der audiologischen Methoden, einige neuerdings vermehrt auftretende Ohrkrankheiten, Speicheldrüsenkrankheiten und Halslymphknotenkrankheiten sowie Hinweise auf die korrektiven und rekonstruktiven regionalen plastischen Operationsmethoden und moderne Erkenntnisse der Tumortherapie aufgenommen worden. Die vorliegende 7., überarbeitete Auflage wurde u.a. durch neue

Ergebnisse der Physiologie, der Untersuchungstechniken und der Klinik der Erkrankungen ergänzt.
Das Buch enthält das im „Praktikum der Hals-Nasen-Ohrenheilkunde“ dem Medizinstudenten zu vermittelnde Wissen. Der Anhang ist seit der 5. Auflage auf 280 Prüfungsaufgaben erweitert worden, die in der 7. Auflage z. T. erneuert wurden und ausschließlich den Vorschriften des Instituts für medizinische und pharmazeutische Prüfungsfragen, Mainz, entsprechen. Zu jeder Aufgabe werden fünf mögliche Lösungen angeboten, von denen nur eine einzige richtig ist.
Ich hoffe, daß auch diese 7. Auflage des Taschenbuches dem Studierenden der Medizin das Gebiet der Hals-Nasen-Ohrenheilkunde und die zu ihr gehörende Stimm- und Sprachheilkunde näherbringt, eine Hilfe bei der Examensvorbereitung ist und dem Allgemeinarzt das zur Ausübung des ärztlichen Berufes in der Praxis notwendige Wissen dieses Teilgebietes der Medizin vermittelt.
Für die Mitwirkung bei der Korrektur des Textes für die 7. Auflage danke ich Herrn Dr. TH. LENARZ.

Heidelberg, im Sommer 1986 H.-G. BOENNINGHAUS

Inhaltsverzeichnis

Die halbfetten Zahlen am linken Rand entsprechen den laufenden Nummern des Gegenstandskatalogs 3 (1979) für den zweiten Abschnitt der Ärztlichen Prüfung „Hals-Nasen-Ohrenheilkunde“ (siehe S. 395). Die Nummern finden sich außerdem in Kästchen jeweils oben auf den Textseiten.

Geschichte der Hals-Nasen-Ohrenheilkunde

Mitte des 19. Jahrhunderts wurden durch die **Entwicklung der Untersuchungsmethoden** Diagnose und Behandlung der Krankheiten von Ohr, Nase und Kehlkopf möglich. Nach der Konstruktion eines perforierten Hohlspiegels mit Griff durch HOFMANN 1841 und der Erfindung des Augenspiegels durch HELMHOLTZ 1851 führte VON TRÖLTSCH 1855 den in der Mitte mit einem Loch versehenen Spiegel zur Beleuchtung und Betrachtung des Trommelfells (Stirnreflektor, Ohrenspiegel) in die Klinik ein. Der im gleichen Jahr von dem spanischen Gesanglehrer GARCÍA erstmals an sich selbst erprobte Kehlkopfspiegel wurde von TÜRCK und VON CZERMAK 1858 systematisch für die indirekte Laryngoskopie eingesetzt. Den Ausbau der direkten Laryngoskopie, Bronchoskopie und Oesophagoskopie mit starren beleuchteten Rohren verdanken wir KILLIAN, der 1897 als erster auf diese Weise einen Bronchialfremdkörper entfernte.

Otologie und Rhino-Laryngologie entwickelten sich getrennt. Die **Otologie** bekam entscheidende Impulse durch Arbeiten, in denen SCHWARTZE 1873 über seine Erfolge bei Operationen am Warzenfortsatz (Antrotomie) berichtete. Kurz darauf wurde die Methode der Radikaloperation des Mittelohres ausgearbeitet. KESSEL führte 1875 erstmals Operationen am Steigbügel durch. Die später in den Jahren ab 1945 entwickelten mikrochirurgischen Eingriffe am Ohr haben neben der Sanierung eines entzündlichen Prozesses im Mittelohr vor allem den Sinn, die Hörfunktion zu erhalten oder zu verbessern. Diese Tympanoplastiken ebenso wie auch die hörverbessernden Operationen bei der Otosklerose (zunächst Fensterungsoperation am horizontalen Bogengang, seit 1955 Operationen am Steigbügel) konnten erst nach Einführung des Operationsmikroskopes und der Antibiotica eine weite Verbreitung finden. Die Ausarbeitung audiologischer Untersuchungsmethoden und die Konstruktion von elektroakustischen Hörgeräten haben Diagnose und Therapie der Hörstörungen entscheidend verbessert.

Die **Rhino-Laryngologie** verdankt ihre ersten großen Fortschritte der Anwendung des Cocains als Oberflächenanaestheticum im Jahre 1884. BILLROTH nahm 1873 die erste erfolgreiche Laryngektomie vor. Die Prinzipien der Kehlkopfchirurgie bei gut- und bösartigen Tumoren wurden von GLUCK und SOERENSEN Ende des 19. Jahrhunderts ausgearbeitet. In den letzten Jahrzehnten sind die Methoden der regionalen plastischen und rekonstruktiven Chirurgie von Gesicht und Hals erheblich weiterentwickelt worden.

Die Zusammenlegung der Otologie und der Rhino-Laryngologie zu dem Fach **Hals-Nasen-Ohrenheilkunde** erfolgte um die Jahrhundertwende zunächst an einigen, später an allen deutschen Universitäten. Die erste Hals-Nasen-Ohrenklinik entstand 1899 in Rostock. Von 1920 bis zur Einführung der neuen Approbationsordnung für Ärzte 1972 war die Hals-Nasen-Ohrenheilkunde im medizinischen Staatsexamen Prüfungsfach bei der mündlichen Prüfung.
Die Gründe für den Zusammenschluß von Otologie und Rhino-Laryngologie sind einmal die gemeinsame Untersuchungstechnik der im Kopf-Halsbereich versteckt liegenden Organe, zum anderen aber die engen anatomischen, funktionellen und pathogenetischen Zusammenhänge der schleimhautausgekleideten Räume der oberen Luftwege und – verbunden durch die Tube – der Mittelohrräume. Diese Erkenntnis ist bei der Therapie der Krankheiten des Fachgebietes stets zu berücksichtigen. Die Einheit des Faches Hals-Nasen-Ohrenheilkunde muß auch im Interesse der Lehre und der Weiterbildung der Assistenten zu Hals-Nasen-Ohrenärzten, die in der Deutschen Gesellschaft für Hals-Nasen-Ohrenheilkunde, Kopf- und Halschirurgie ihr wissenschaftliches Forum haben, erhalten bleiben.

Ohr

Entwicklung

Die im Felsenbein liegenden Sinnesorgane für Gleichgewicht und Gehör werden wegen ihres komplizierten Baues als Labyrinth bezeichnet.

Das **häutige Labyrinth** entwickelt sich am Ende der 4. Embryonalwoche aus einer Sinnesplakode, einer Verdickung des Ektoderms, durch Einsinken und Abschnüren zum Ohrbläschen. Ausstülpungen, Faltenbildungen und Umformungen lassen im Laufe einiger Wochen die endgültige Form des häutigen Labyrinths entstehen. Dabei bildet sich der phylogenetisch ältere vestibuläre Anteil eher als der cochleäre. Der cochleäre Anteil weist häufiger Mißbildungen auf als der vestibuläre.

Das **knöcherne Labyrinth,** das in groben Umrissen der Form des häutigen Labyrinths entspricht, entsteht aus einer mesenchymalen Hülle um diese epitheliale Labyrinthanlage. Zunächst bildet sich eine knorplige Labyrinthkapsel, an deren Stelle dann die mittlere enchondrale Knochenschicht tritt. Diese Verknöcherung der knorpligen Kapsel geht von mehreren Zentren aus und ist im allgemeinen bei 22 Wochen alten Feten abgeschlossen. Kompakter Knochen bildet sich schließlich als äußere und innere Schicht. Letztere ist das eigentliche „knöcherne Labyrinth". Zwischen ihm und dem häutigen Labyrinth findet sich der perilymphatische Raum.

Die **Mittelohrräume** entstammen dem Entoderm und entwickeln sich aus einem dorsalen Recessus der ersten Schlundtasche zwischen erstem und zweitem Schlundbogen (=Visceralbogen=„Kiemenbogen"). Es bilden sich zunächst nur Tube und Paukenhöhle. Das Antrum mastoideum ist erst z.Z. der Geburt ausgebildet. Die Pneumatisation des Warzenfortsatzes und des Felsenbeins erfolgt in den ersten Lebensjahren.

Von den **Gehörknöchelchen** entwickeln sich Hammer und Amboß aus dem Mesenchym des ersten, das Steigbügelköpfchen aus dem des zweiten Schlundbogens jeweils über knorplige Vorstufen. Der übrige Steigbügel entstammt der Labyrinthkapsel. Bei Ausbildung der Paukenhöhle werden die Gehörknöchelchen von Schleimhaut umhüllt. Das dabei zusammengedrängte Mesenchym wird zu Bändern, die die Gehörknöchelchen mit der Paukenhöhlenwand verbinden.

GK 1

Vom Ektoderm aus bildet sich zwischen erstem und zweitem Schlundbogen über eine sog. Ohrmuschelgrube der **äußere Gehörgang.** Sein Epithel trifft in der Tiefe auf das Epithel der Paukenhöhle. Die beiden Epithelschichten sowie das zwischen ihnen verbleibende Bindegewebe werden zum **Trommelfell.**

Die **Ohrmuschel** entsteht aus Material (6 Höcker) des ersten und zweiten Schlundbogens.

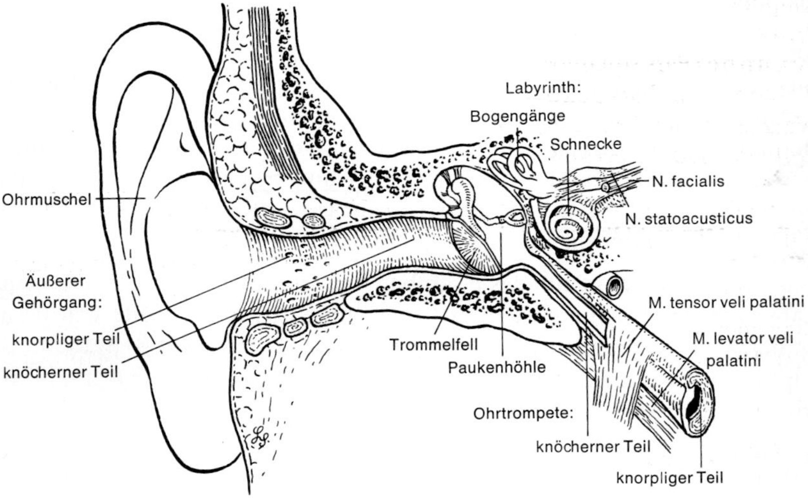

Abb. 1. Übersicht über äußeres Ohr, Mittelohr und Innenohr

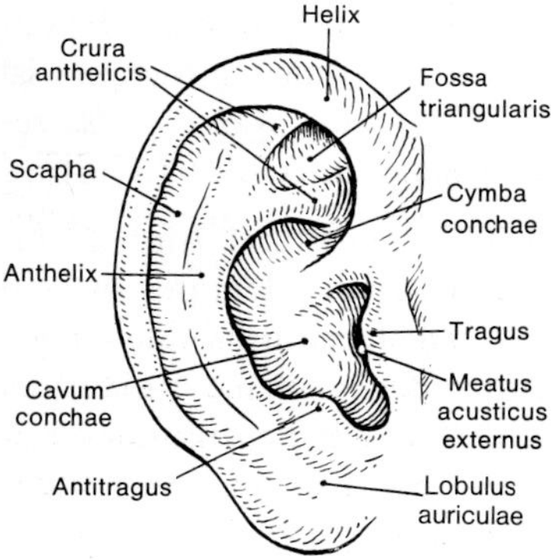

Abb. 2. Ohrmuschel

Anatomie

Man unterscheidet einen **peripheren** und einen **zentralen** Anteil des Hör- und Gleichgewichtsapparates.

I. Peripherer Anteil

Das **periphere** Hör- und Gleichgewichtsorgan liegt im **Schläfenbein** (Os temporale), das sich zusammensetzt aus:
Paukenteil (Pars tympanica),
Schuppe (Pars squamosa),
Felsenbein (Pars petrosa) mit
Warzenfortsatz (Processus mastoideus) und
Griffelfortsatz (Processus styloideus).

Nach klinischen Gesichtspunkten ergibt sich eine Einteilung (Abb. 1) in:
Äußeres Ohr mit Ohrmuschel und äußerem Gehörgang,
Mittelohr mit Trommelfell, Ohrtrompete, Paukenhöhle und pneumatischen Räumen,
Innenohr mit Labyrinth und
VIII. Hirnnerv im inneren Gehörgang.

A. Äußeres Ohr

1. Die **Ohrmuschel** (Abb. 2) wird durch den zwischen den Hautblättern liegenden elastischen Knorpel geformt. Hervorspringende Falten und Leisten sind der Tragus, der Antitragus, die Helix und die Anthelix mit den Crura anthelicis, zwischen denen die Fossa triangularis liegt. Das Ohrläppchen ist knorpelfrei. Das Cavum conchae geht in den äußeren Gehörgang über.

2. Der **äußere Gehörgang** (Abb. 1) besteht aus einem äußeren knorpligen, mit dem Ohrmuschelknorpel zusammenhängenden und einem inneren knöchernen Teil.

Der **knorplige Teil** besitzt ein bindegewebiges Dach und ist infolge bindegewebiger Spalten (Incisurae SANTORINI) dehnbar und verschieblich. Seine Haut enthält Haare mit Talgdrüsen. Das Sekret der Talgdrüsen – mit abgeschilfertem Epithel durchmischt – wird als Ohrenschmalz (Cerumen) bezeichnet. Das Cerumen wird durch das dünnflüssige, gelbe Sekret der (fälschlicherweise so genannten) Ceruminaldrüsen erweicht. Diese apokrinen Knäueldrüsen liegen als kompakte Schicht unter den Talgdrüsen und münden teils mit ihnen zusammen in die Haarbälge, teils direkt in den Gehörgang.

Im **knöchernen Teil** ist die Haut dünn und mit dem Periost fest verwachsen.

Verlauf:

Der äußere Gehörgang ist insgesamt 3 bis 3,5 cm lang, am Übergang vom knorpligen zum knöchernen Teil findet sich eine Enge (Isthmus). An dieser Stelle zeigt der Gehörgang eine Krümmung. Durch Ziehen der Ohrmuschel nach hinten oben läßt sich der knorplige Teil des Gehörgangs anheben und mit dem von hinten oben außen nach vorn unten innen verlaufenden starren knöchernen Teil in eine Achse bringen (wichtig bei der Spiegeluntersuchung des Trommelfells und der Ohrspülung!).

Topographische Beziehungen:

Die hintere obere knöcherne Gehörgangswand ist dem Antrum mastoideum benachbart (Senkung bei Mastoiditis!).
In der hinteren unteren Gehörgangswand verläuft der N. facialis.
Die vordere Gehörgangswand grenzt an das Kiefergelenk und die vordere untere an die Gl. parotis.

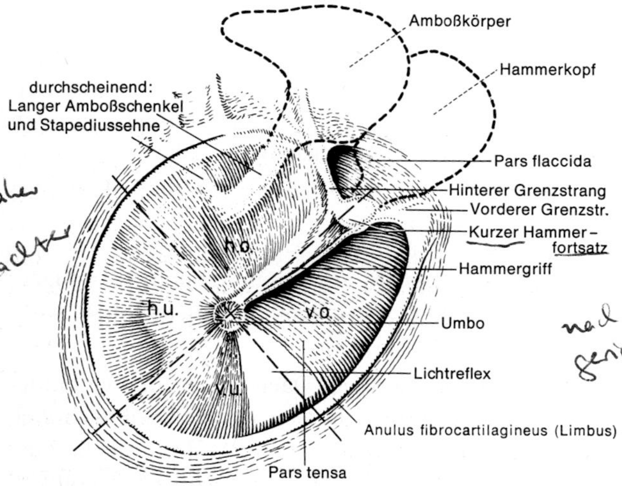

Abb. 3. Rechtes Trommelfell

Gefäße des äußeren Ohres: Äste der A. temporalis superficialis, der A. maxillaris und der A. occipitalis (alle aus der A. carotis ext.).

Lymphabfluß des äußeren Ohres über die auf dem Warzenfortsatz liegenden Nodi lymphatici retroauriculares et infraauriculares und über die vor dem Ohr liegenden Nodi lymphatici parotidei in die Nodi lymphatici cervicales superficiales et profundi.

Sensible **Nerven** des äußeren Ohres:
N. auriculotemporalis (aus V3): Gehörgang vorn und oben, Ohrmuschel vorn.
R. auricularis n. vagi: Gehörgang hinten (Hustenreiz bei Einführen des Ohrtrichters!), Hinterfläche der Ohrmuschel.
N. auricularis magnus (aus CIII): Gehörgang unten, Ohrmuschel hinten, Mastoid.
N. auricularis post. (aus VII): Gehörgang oben (sensibel), hintere Ohrmuskeln (motorisch).

B. Mittelohr

1. Trommelfell

Der normale Trommelfellbefund

Das Trommelfell schließt den Gehörgang in der Tiefe gegen die Paukenhöhle ab. Es ist mit einem verdickten Rand aus Faserknorpel, dem **Anulus fibrosus** (= fibrocartilagineus, Limbus), in den knöchernen **Sulcus tympanicus** eingelassen. Der Sulcus besitzt oben eine halbkreisförmige Knochenaussparung, die **Incisura tympanica** (RIVINI).

Stellung:

Das Trommelfell ist – bei Säuglingen und Kindern mehr als bei Erwachsenen – von hinten oben außen nach vorn unten innen geneigt, so daß die hintere Gehörgangswand mit dem Trommelfell einen stumpfen Winkel und die vordere Gehörgangswand mit dem Trommelfell einen spitzen Winkel bilden. Die hinteren Trommelfellanteile liegen dem Betrachter also näher als die vorderen. Das Trommelfell hat die Form eines nach innen gerichteten flachen Trichters. An seiner Spitze befindet sich der Umbo.

Aufsicht (Abb. 3 und Farbaufnahme 1):

Man unterscheidet den großen, unteren, gespannten Teil, die **Pars tensa,** und in der Incisura RIVINI den kleineren, oberen, schlaffen Teil, die **Pars flaccida** (SHRAPNELL-Membran). Zwischen Pars tensa und Pars flaccida ist vorn oben der vorspringende **kurze Fortsatz des Hammers** zu erkennen, zu dem als Fortsetzung des Anulus fibrosus der vordere und hintere Grenzstrang (Plica mallearis anterior bzw. posterior) von vorn und hinten ziehen. Der kurze Fortsatz setzt sich in den nach unten und innen verlaufenden **Hammergriff** (= Hammerstiel) fort. Der Hammergriff ist mit der Pars tensa fest verwachsen und scheint gelblich durch das Epithel hindurch. Sein unteres Ende entspricht dem **Umbo** (Nabel) des Trommelfells. Vom Umbo ausgehend sieht man den dreieckigen **Lichtreflex,** der mit der Basis nach vorn unten gerichtet ist. Der Lichtreflex kommt dadurch zustande, daß das Licht bei der Spiegeluntersuchung nur in diesem dreieckigen Trommelfellbezirk bei normaler Trommelfellstellung senkrecht auffällt und reflektiert wird. Das Trommelfell läßt sich durch eine Linie entlang dem Hammergriff und eine Linie senkrecht dazu durch den Umbo in vier Quadranten einteilen (v.o. = vorderer oberer, v.u. = vorderer unterer, h.o. = hinterer oberer, h.u. = hinterer unterer). Im hinteren oberen Quadranten schimmern gelegentlich der ins Mesotympanum herabreichende **lange Amboßschenkel** und die im Winkel von 90° dazu nach hinten ziehende **Sehne des M. stapedius** durch das Trommelfell hindurch.

Farbe:

Die Eigenfarbe ist perlmuttgrau und wird durch das verwendete künstliche Licht und die im Licht durchscheinende, gelbliche mediale Paukenhöhlenwand etwa **rauchgrau.** Der Trommelfellglanz entsteht durch eine dünne Fettschicht (Ohrenschmalz).

Aufbau:

Die **Pars tensa** besteht aus **drei Schichten:** Epithelschicht, Bindegewebsschicht (= Lamina propria) mit den zum Gehörgang liegenden radiären Fasern (Stratum radiatum) und den paukenwärts liegenden circulären Fasern (Stratum circulare) sowie Schleimhautschicht.

In der **Pars flaccida** finden sich nur **zwei Schichten:** Epithel und Schleimhaut. Die Bindegewebsschicht und der Anulus fibrosus fehlen in der Pars flaccida. Zwischen Epithel und Schleimhaut findet sich lediglich etwas lockeres Bindegewebe. Die Pars flaccida liegt in der Höhe des Epitympanum.

Beweglichkeit:

Die Beweglichkeit des Trommelfells läßt sich durch Lufteinblasung über die Tube ins Mittelohr prüfen, wenn gleichzeitig otoskopiert wird. Besser gelingt das mit Hilfe eines außen mit einer Lupe abgeschlossenen Trichters, der luftdicht in den Gehörgang eingesetzt wird (SIEGLE-Trichter). Mit einem an den Trichter angeschlossenen Gummiballon kann dann zur

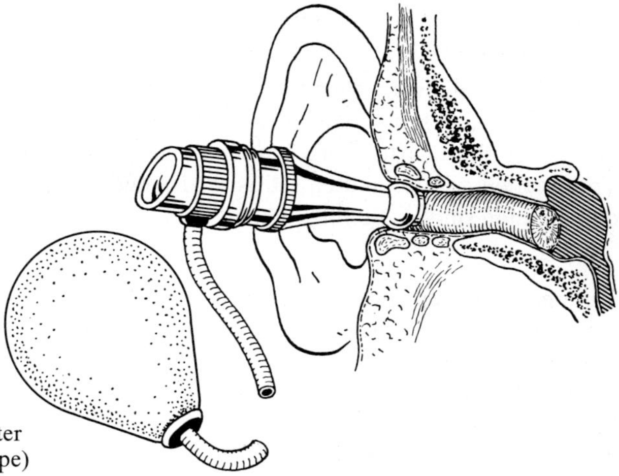

Abb. 4. SIEGLE-Trichter
(Pneumatische Ohrlupe)

Untersuchung der Trommelfellbeweglichkeit der Luftdruck im Gehörgang erhöht und erniedrigt werden (pneumatische Ohrlupe Abb. 4).

Gefäße:

N. auriculo-temporalis (V3)

Ein Gefäß der A. auricularis prof. (aus A. maxillaris) und Nervenfasern (aus V3) finden sich in dem sogenannten Cutisstreifen, der von hinten oben auf das Trommelfell übergeht, am Hammergriff herunter zieht und am Umbo endet. Kleine Gefäße strahlen vom Rand her radiär in das Trommelfell ein.

Der pathologische Trommelfellbefund

Veränderungen der Stellung:

Durch eine Verlegung der Tube (Tubenkatarrh, S. 88) kommt es zur Resorption der Luft im Mittelohr und zur

Retraktion des Trommelfells (Farbaufnahme 2). Der Trommelfelltrichter vertieft sich:

Der Hammergriff wird am Umbo einwärts und nach oben verlagert, er erscheint daher bei der Aufsicht verkürzt.

Der kurze Hammerfortsatz springt dagegen stärker in den Gehörgang vor. Dadurch bildet sich eine

hintere Trommelfellfalte. Die Spitze des

dreieckigen Reflexes rückt durch die Stellungsänderung des Trommelfells vom Umbo ab oder fehlt völlig.

In einer isolierten Retraktion der Pars flaccida kann sich ein beginnendes primäres Cholesteatom bilden.

Eine **Trommelfellvorwölbung** ist vorübergehend nach einer Lufteinblasung ins Mittelohr zu sehen, vor allem erscheinen dann atrophische Trommelfellbezirke blasenartig vorgebauscht. Auch das gerötete und infiltrierte Trommelfell bei der akuten Otitis media und das milchige beim Seromucotympanon sind vorgewölbt.

Veränderungen der Aufsicht durch Trommelfelldefekte:

Bei der akuten Mittelohrentzündung kann eine winzige bis **stecknadelkopfgroße Perforation** des Trommelfells bestehen, die meist nur an dem austretenden Sekrettropfen und dem auf diesem Sekret befindlichen pulsierenden Reflex zu erkennen ist.

Nach Traumen sind die Perforationen oder Defekte des Trommelfells gezackt. Oft finden sich **schlitzförmige Perforationen,** ein blutig imbibierter oder lappiger Perforationsrand oder kleine Blutkoagula (Farbaufnahme 3).

Bei der chronischen Otitis media sind zu unterscheiden:

1. der **zentrale Trommelfelldefekt** (mesotympanaler Trommelfelldefekt), der rund- oder nierenförmig in der Pars tensa sitzt, verschieden groß sein kann, aber den Anulus des Trommelfells nicht zerstört haben darf (nicht randständiger Defekt). Er ist Ausdruck einer chronischen Schleimhauteiterung (chronische mesotympanale Otitis media) (Farbaufnahme 4).

2. der **randständige Trommelfelldefekt** (epitympanaler Trommelfelldefekt), bei dem der Anulus im hinteren oberen oder vorderen oberen, dem Epitympanum gegenüberliegenden Abschnitt der Pars tensa zerstört ist oder der im Bereich der Pars flaccida liegt. Er ist Ausdruck einer chronischen Knocheneiterung (chronische epitympanale Otitis media) (Farbaufnahmen 5 u. 6).

Veränderungen der Farbe:

Rotfärbung: Gefäßfüllung im Bereich des Cutisstreifens und des Hammergriffs, radiäre Gefäßinjektion der Pars tensa, diffuse Rötung des gesamten Trommelfells mit Verstreichen der Konturen sind nacheinander im Beginn einer akuten Otitis media und in umgekehrter Reihenfolge beim Abklingen einer akuten Otitis media zu beobachten (Farbaufnahme 8).

Blaufärbung: Erscheint das Trommelfell schwarz-blau verfärbt, handelt es sich um einen Bluterguß in der Pauke (Hämatotympanum, Farbaufnahme

10), wie er bei Schläfenbeinbrüchen und selten einmal als „idiopathisches Hämatotympanum" = „Otitis nigra" zu beobachten ist. Ein Glomustumor im Mittelohr oder ein hochstehender, durch eine Knochendehiszenz in die Pauke ragender Bulbus venae jugularis können blau durch das Trommelfell hindurchschimmern. Blau-rote Blasen auf dem Trommelfell sind Ausdruck einer „Grippeotitis" (Farbaufnahme 11).

Gelbfärbung: Bei einem Paukenerguß scheint das seröse Exsudat gelblich durch das Trommelfell hindurch. Ist nicht die gesamte Pauke gefüllt, erkennt man eine haarfeine schwarze Niveaulinie, die dem Flüssigkeitsspiegel entspricht, und nach Lufteinblasung durch die Tube ins Mittelohr Flüssigkeitsblasen (Farbaufnahme 12).

Weißfärbung: Eine diffuse weißliche Trübung des Trommelfells zeigt eine Verdickung an und kann Ausdruck früher abgelaufener Entzündungen in jeder der drei Trommelfellschichten sein. Partielle Trübungen von unterschiedlicher Intensität bis hin zu weißen Kalkplatten (Farbaufnahme 13) beruhen auf Einlagerungen und finden sich als Rückstand von entzündlichen Exsudaten meist in der Bindegewebsschicht der Pars tensa. Die Funktion des Mittelohres kann, braucht aber dadurch nicht gestört zu sein. Ein milchig-mattes Trommelfell mit Gefäßzeichnung ist häufig Zeichen eines dahinterliegenden Seromucotympanums.

Dunkelgraufärbung, gleichzeitig **Veränderungen im Trommelfellaufbau:** Ein über lange Zeit retrahiertes und dabei gedehntes und in der Faserschicht atrophisches Trommelfell erscheint bei der Spiegeluntersuchung dunkel. Das gleiche gilt für „Trommelfellnarben". Überhäutet sich ein Trommelfelldefekt, so regeneriert die Bindegewebsschicht nicht mehr, und die Narbe besteht dann nur aus der Epithel- und der Schleimhautschicht. Die Narbe hat scharfe, die Atrophie verwaschene Grenzen (Farbaufnahme 13).

Veränderungen der Beweglichkeit:

Das atrophische oder umschrieben narbige Trommelfell zeigt mit der pneumatischen Ohrlupe eine stärkere Beweglichkeit, was sich an der leichten Veränderlichkeit der im Narbenbereich auftretenden Lichtreflexe oder an der Bewegung einzelner auf das Trommelfell aufgestäubter Puderkörnchen zeigt.

Das stärker verdickte Trommelfell und das durch Unterdruck in der Pauke eingezogene oder nach früheren Entzündungen mit der medialen Paukenhöhlenwand verwachsene Trommelfell (Adhaesivprozeß, Farbaufnahme 14) sind in ihrer Beweglichkeit eingeschränkt.

2. Ohrtrompete

Die Ohrtrompete (Tuba auditiva EUSTACHII, Tuba pharyngotympanica, Abb. 1, S. 4) ist ca. 3,5 cm lang und besteht aus einem vorderen knorpligen Teil (⅔ der Länge) und einem hinteren, im Felsenbein liegenden knöchernen Teil (⅓ der Länge). Sie verbindet den Nasenrachenraum mit der Paukenhöhle. (Aufsteigende Infektionen von der Nase zum Mittelohr! Sie sind beim Kind wegen der kurzen weiten Tube besonders häufig.)

Knorpliger Teil:

Das Tubenostium im Nasenrachenraum ist trichterförmig erweitert. Der im Querschnitt hakenförmige Tubenknorpel kann bei der Postrhinoskopie als **Tubenwulst** über der Tubenöffnung erkannt werden. Das Lumen der Tube ist im knorpligen Teil spaltförmig, die Wände liegen aneinander. Beim Schlucken öffnen vor allem der M. tensor veli palatini (N. V3) und dazu der M. levator veli palatini (N. IX u. N. X) durch Verlagerung des rinnenförmigen Tubenknorpels und Heben des Gaumensegels die Tube (Druckausgleich zwischen dem Druck im Nasenrachenraum, der der Außenluft entspricht, und dem Druck im Mittelohr, um die Schwingungsfähigkeit des Trommelfells zu gewährleisten!).

Knöcherner Teil:

Am Übergang vom knorpligen Teil zum knöchernen Teil befindet sich die engste Stelle der Tube **(Isthmus).** Das Lumen des knöchernen Teils ist rundlich und offen. Die knöcherne Tube (Semicanalis tubae auditivae) liegt im Canalis musculotubarius unter dem Semicanalis m. tensoris tympani. Medial von der Tube verläuft die A. carotis interna.

Das mehrreihige **Flimmerepithel** mit Becherzellen und Schleimdrüsen im knorpligen Teil, dessen Flimmerstrom zum Nasenrachenraum gerichtet ist, geht im knöchernen Teil allmählich in das flache Epithel der Mittelohrräume über. Einlagerungen von lymphatischem Gewebe im Bereich des Tubenostiums im Nasenrachenraum werden als **Tubentonsille** bezeichnet.

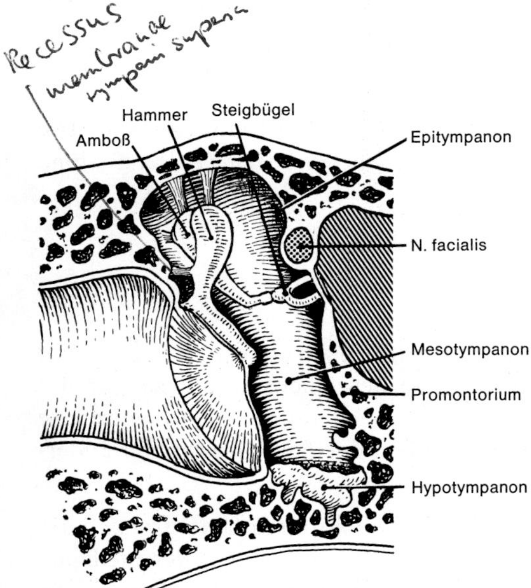

Abb. 5. Schnitt durch die Paukenhöhle

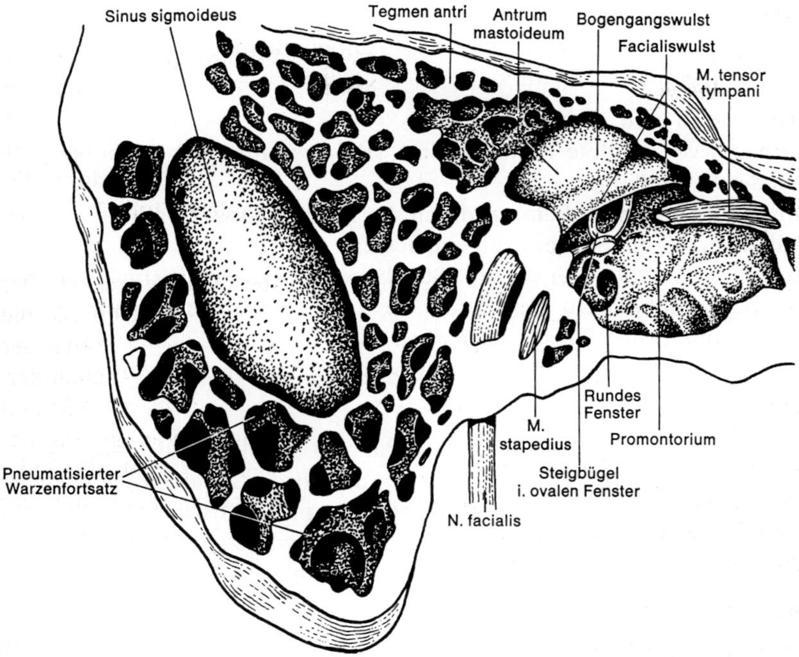

Abb. 6. Schnitt durch den pneumatisierten Warzenfortsatz und Aufsicht auf die mediale Paukenhöhlenwand

---

3. Paukenhöhle

Die Paukenhöhle (Abb. 5) läßt sich von unten nach oben in drei ineinander übergehende Etagen einteilen:

Das **Hypotympanum** (Paukenkeller) liegt, durch eine dünne Knochenwand (Paukenboden) getrennt, unmittelbar über dem Bulbus v. jugularis.

Das **Mesotympanum:**

Vordere Wand: dem Canalis caroticus benachbart.
Oben Austritt des M. tensor tympani aus dem Semicanalis m. tensoris tympani. Der Muskel zieht zum Hammergriff. Darunter Tubenöffnung.

Laterale Wand: sie wird gebildet durch die Trommelfellinnenseite im Bereich der Pars tensa.

Hintere Wand: knöcherne Wand zum Warzenfortsatz, in der der N. facialis verläuft.
Oben Sehne des M. stapedius, der aus dem Processus pyramidalis austritt und zum Steigbügelköpfchen zieht (Abb. 6).

Darunter Austritt der Chorda tympani, die vom N. facialis kommt und bogenförmig zwischen Hammergriff und Amboßschenkel durch die Paukenhöhle in die GLASER-Spalte zieht.

Mediale Wand: (Abb. 6).
Vorn das vorgewölbte Promontorium (Basalwindung der Schnecke), auf ihm der N. tympanicus.
Hinten unten rundes Fenster, durch die runde Fenstermembran von der Scala tympani der Schnecke abgeschlossen.
Hinten oben ovales Fenster mit Steigbügelfußplatte und Ringband (Abschluß gegenüber dem Vestibulum des Innenohrs). Die Begrenzung der Nische zum ovalen Fenster nach oben wird durch den Facialiswulst (knöcherner Facialiskanal am Übergang von der horizontalen zur vertikalen Verlaufsstrecke) gebildet.

Das **Epitympanum** (Kuppelraum, sog. Atticus) öffnet sich nach hinten über den Aditus ad antrum in das Antrum mastoideum, an dessen medialer Wand hinter dem Facialiswulst der Bogengangswulst (knöcherner horizontaler Bogengang) liegt. Das Dach (Tegmen tympani et antri) grenzt an die mittlere Schädelgrube (Abb. 6). Hammerkopf und Amboßkörper liegen im Epitympanum und engen mit ihren Bändern und durch Schleimhautfalten den Kuppelraum und seine Durchlüftungswege ein (Bedeutung bei entzündlichen Mittelohrerkrankungen!).

Paukeninhalt:

In der Paukenhöhle befinden sich die von Schleimhaut überzogenen drei **Gehörknöchelchen** (Abb. 5, S. 12):

Der **Hammer** (Malleus) besteht aus Griff (Stiel), kurzem Fortsatz, vorderem Fortsatz, Hals und Kopf. Der Hammergriff und der kurze Fortsatz sind in die Pars tensa des Trommelfells eingelassen, der vordere Fortsatz ist gegen die GLASER-Spalte gerichtet. Hammer und Amboß verbindet ein Sattelgelenk.

Der **Amboß** (Incus) besteht aus Körper, kurzem Schenkel und langem Schenkel. Letzterer reicht ins Mesotympanum herab und ist an seinem Processus lenticularis durch ein Gelenk mit dem Steigbügelköpfchen verbunden.

Der **Steigbügel** (Stapes) besteht aus Köpfchen, vorderem und hinterem Schenkel und der Fußplatte im ovalen Fenster. Die Gehörknöchelchenkette überträgt die Trommelfellschwingungen auf das Innenohr.

Die **Binnenohrmuskeln:**

M. tensor tympani (Innervation N. V3), der am Hammerhals ansetzt und

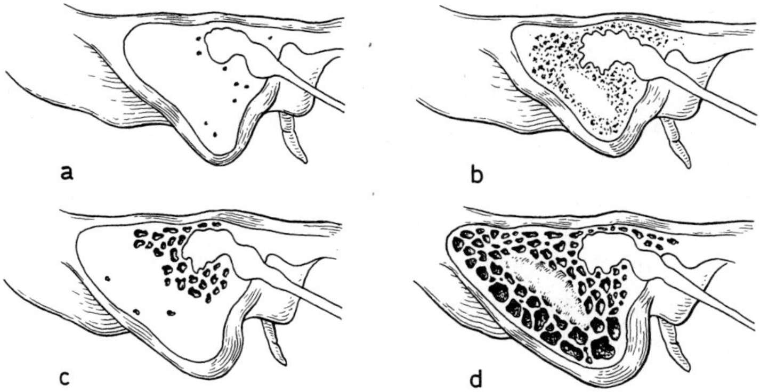

Abb. 7 a – d. Verschiedene Grade der Warzenfortsatzpneumatisation. **a** kompakter Warzenfortsatz; **b** spongiöser Warzenfortsatz; **c** periantral pneumatisierter Warzenfortsatz; **d** ausgedehnt pneumatisierter Warzenfortsatz

M. stapedius (Innervation N. facialis), der am Steigbügelköpfchen inseriert.

Die **Mittelohrschleimhaut** ist dünn, gefäßarm und liegt unmittelbar dem Periost auf (Mucoperiost). Sie hängt über das Antrum mastoideum mit der Schleimhaut der pneumatischen Zellräume zusammen.

4. Pneumatische Räume

Zur Zeit der Geburt sind nur Tube, Pauke und Antrum mastoideum angelegt. Die hyperplastische embryonale Schleimhaut bildet sich allmählich zurück. Die Pneumatisation des Warzenfortsatzes und weiterer Teile des Schläfenbeins geht vom Antrum mastoideum aus und ist etwa mit dem 6. Lebensjahr abgeschlossen. Sie kann sehr ausgedehnt sein und außer dem Warzenfortsatz (retrotympanale Räume) die Schuppe, den Jochbogen und die Felsenbeinpyramide (petrotympanale Räume) umfassen.
Die Pneumatisation ist abhängig von einer normalen Funktion der kindlichen Ohrtube, also davon, daß das Mittelohr frühzeitig und dauerhaft belüftet wird. Anhaltende Tubenventilationsstörungen verhindern eine gute Pneumatisation. Sie können eine Umwandlung der Mittelohrschleimhaut bewirken und zum Seromucotympanum (S. 89) und einer Hemmung des Pneumatisationsvorganges führen. Kommen Infekte zur anhaltenden Tubenventilationsstörung hinzu, so kann sich das Krankheitsbild der chronischen Mittelohrentzündung entwickeln (S. 100). Man stellt deshalb später bei Vorliegen einer Otitis media chronica meistens eine gehemmte oder völlig fehlende Pneumatisation fest (WITTMAACK-Pneumatisationslehre). Es lassen sich je nach Grad der Pneumatisation unterscheiden (Abb. 7): der kompakte Warzenfortsatz, der spongiöse War-

zenfortsatz, der periantral pneumatisierte Warzenfortsatz und der ausgedehnt pneumatisierte Warzenfortsatz.

Alle **Warzenfortsatzzellen** (Abb. 6, S. 13) stehen mit dem Antrum in Verbindung, sind in Antrumnähe klein und werden nach der Peripherie hin größer. Dadurch sind die Abflußverhältnisse bei einer Entzündung der Schleimhaut der Warzenfortsatzzellen ungünstig. Besonders große Zellen findet man in der Warzenfortsatzspitze (Terminalzellen) und hinten im Winkel zwischen Dura und Sinus (Winkelzellen).

Die **Zellen** der **Felsenbeinpyramide,** die seltener pneumatisiert ist als der Warzenfortsatz, können nur in der Pyramidenspitze größeren Umfang annehmen. Sie stehen mit dem Antrum mastoideum und der Paukenhöhle durch schmale Zellzüge in Verbindung, die am Labyrinthblock vorbeiführen (perilabyrinthäre Zellen). Deshalb bestehen auch hier ungünstige Abflußverhältnisse.
Komplikationen können sich bei Entzündungen der schleimhautausgekleideten Räume durch die engen nachbarschaftlichen Beziehungen vor allem zum Innenohr, zum Schädelinneren, zum Sinus sigmoideus und zum N. facialis ergeben.

Mittelohrgefäße (aus A. carotis ext.):

A. tympanica sup. aus A. meningea media für Epitympanum,
A. tympanica inf. aus A. pharyngea ascendens für Paukenboden,
A. tympanica ant. aus A. maxillaris für Tubenmündung,
A. tympanica post. aus A. stylomastoidea für die hinteren Paukenabschnitte.

Nerven: In enger Beziehung zum Mittelohr stehen der N. tympanicus, der N. facialis und dessen Chorda tympani.

Der **N. tympanicus** ist ein parasympathischer Ast aus dem N. glossopharyngeus (IX), der zugleich sensible Fasern zur Versorgung der Paukenhöhlenschleimhaut führt (Otalgie S. 136). Er zieht auf dem Promontorium von unten nach oben durch die Paukenhöhle und läuft dann als N. petrosus minor, gedeckt von Dura mater, durch die mittlere Schädelgrube zum Ganglion oticum (JACOBSON-Anastomose zwischen N. IX und N. V3). Dort erfolgt seine Umschaltung, worauf sich seine Fasern dem N. auriculotemporalis des N. mandibularis (V3) anschließen. Diesen verlassen sie wieder und gehen auf den N. facialis (VII) über, um schließlich im Bereich dessen Plexus paroticus die Glandula parotis sekretorisch zu versorgen.

Der **N. facialis** (VII) (Abb. 8) tritt zusammen mit dem N. statoacusticus (VIII) durch den inneren Gehörgang in das Felsenbein ein (meatale und labyrinthäre Verlaufsstrecke), biegt an seinem Ganglion geniculi nach hinten um (äußeres oder zweites Knie des Facialis) und gibt dabei den N. petrosus major ab (sekretorische Versorgung der Tränendrüse sowie der Drüsen der Nasenhöhlen- und Mundschleimhaut nach Umschal-

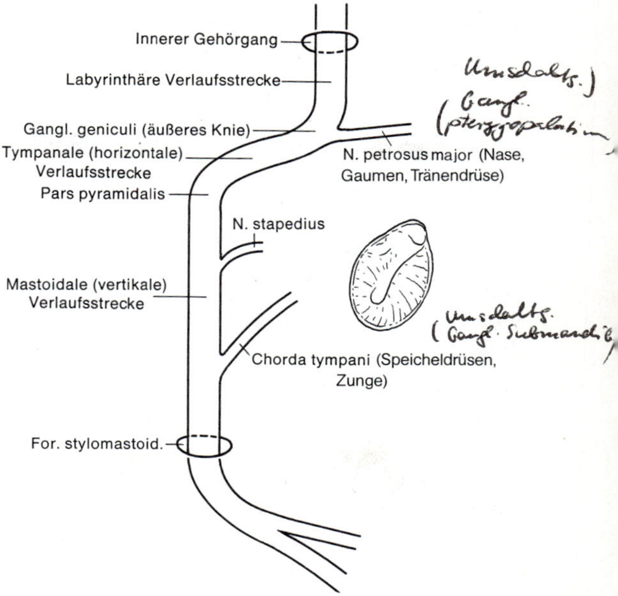

Abb. 8. Intratemporaler Verlauf des N. facialis rechts

tung im Ganglion pterygopalatinum). Dann zieht der N. facialis in einer annähernd horizontalen (tympanalen) Verlaufsstrecke in der medialen Paukenhöhlenwand oberhalb des ovalen Fensters entlang. Er ist hier nur von einer dünnen Knochenschicht bedeckt. Schließlich biegt er nach unten um (Pars pyramidalis), taucht wieder in massiven Knochen ein und zieht in dieser vertikalen (mastoidalen) Verlaufsstrecke, auf der er den sehr kurzen N. stapedius sowie die Chorda tympani abgibt, zum Foramen stylomastoideum, aus dem er austritt und die mimische Muskulatur versorgt.

Die **Chorda tympani** (aus Fasern des N. intermedius, nicht motorischer Anteil des N. facialis) tritt hinten in die Paukenhöhle ein und zieht, von Schleimhaut umschlossen, durch die Paukenhöhle nach vorn zwischen langem Amboßschenkel und Hammergriff, etwa in Höhe der Grenze zwischen Pars tensa und Pars flaccida des Trommelfells, zur GLASER-Spalte. Durch diese verläßt sie die Paukenhöhle und tritt nach vorn unten von hinten her in den längs der seitlichen Pharynxwand verlaufenden N. lingualis (aus V3) ein. Die sekretorischen Fasern der Chorda tympani werden im Ggl. submandibulare umgeschaltet und versorgen die Gl. submandibularis und die Gl. sublingualis sowie die kleinen Speicheldrüsen der vorderen Mundhöhle. Die sensorischen Fasern gelangen zu den Geschmacksknospen der vorderen zwei Drittel der Zunge. (unteres Drittel: Glossopharyngeus!) u. z.T. Vagus im Schlund

C. Innenohr (Labyrinth)

Das im Felsenbein liegende knöcherne Labyrinth umgibt als Kapsel das häutige Labyrinth. Zwischen dem Knochen und dem häutigen Labyrinth befindet sich der Perilymphraum, der durch den Ductus perilymphaticus (Aquaeductus cochleae) mit dem Subarachnoidalraum in Verbindung steht (Abb. 9).

Die **Perilymphe** entstammt nur zum Teil dem Liquor cerebrospinalis. Biochemische Untersuchungen sprechen dafür, daß ein Teil der Perilymphe aus dem Blut filtriert wird. Die Resorption erfolgt durch die Venen des Perilymphraumes.

Die **Endolymphe** füllt das häutige Labyrinth aus. Sie entstammt der Stria vascularis und wird im Saccus endolymphaticus resorbiert. Die unterschiedlichen Elektrolytkonzentrationen in Endo- und Perilymphe werden durch aktiven Ionentransport und passive Diffusion aufrechterhalten.

Die **„Cortilymphe"** ist Perilymphe, steht mit dem Perilymphraum der Scala tympani in Verbindung und umspült die Haarzellen des CORTI-Organs.

Während Perilymphe bzw. „Cortilymphe" (Intercellularflüssigkeit) viel Natrium und wenig Kalium enthalten, ist die Endolymphe kaliumreich, aber natriumarm.

1. Schnecke (Cochlea)

Die **knöcherne Schnecke** (Abb. 10) windet sich zweieinhalbmal spiralig um die Achse (Modiolus), die die Nerven und Gefäße enthält. Die Schneckenwindungen sind durch die Lamina spiralis ossea und den Ductus cochlearis jeweils in zwei mit Perilymphe gefüllte Etagen, die Scala vestibuli und die Scala tympani, geteilt. Die Scalen stehen an der Schneckenspitze durch das Helicotrema miteinander in Verbindung. Die Scala vestibuli öffnet sich in den Vorhof. Die Scala tympani grenzt an die mediale Paukenhöhlenwand, den Abschluß zum Mittelohr bildet die Membran des runden Fensters. Die Basalwindung der Schnecke wölbt sich als Promontorium in die Pauke vor.

Die mit Endolymphe gefüllte **häutige Schnecke (Ductus cochlearis)** hat im Querschnitt eine dreieckige Form (Abb. 11) und endet blind in der Schneckenspitze. Die obere Wand, die für Ionen durchlässige REISSNER-Membran, trennt den Ductus cochlearis von der Scala vestibuli. Die äußere Wand, das Ligamentum spirale, trägt die Stria vascularis (Endolymphbildung). Die untere Wand, die Basilarmembran, grenzt den Ductus cochlearis von der Scala tympani ab. Der Basilarmembran sitzt das CORTI-Organ auf. Die Breite der Basilarmembran nimmt von der Schneckenbasis bis zur Schneckenspitze zu. Die Anteile der Lamina spiralis ossea sind dementsprechend an der Basis größer, an der Spitze kleiner. Die Erregung durch hohe Frequenzen erfolgt an der Schneckenbasis,

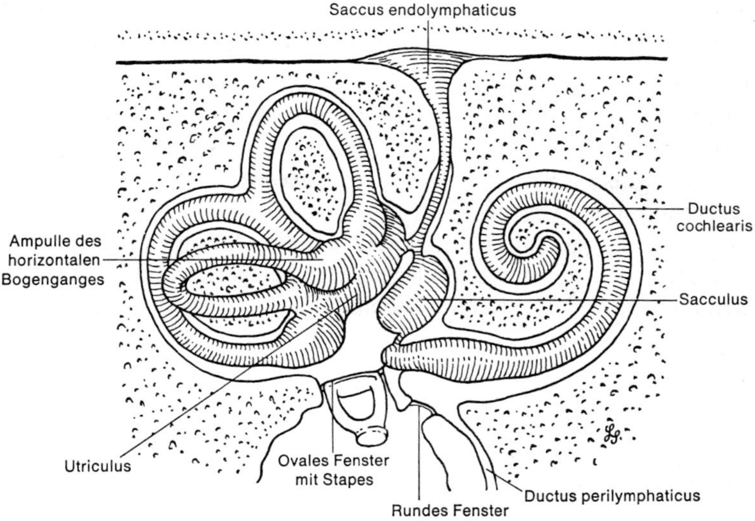

Abb. 9. Endo- und perilymphatische Räume

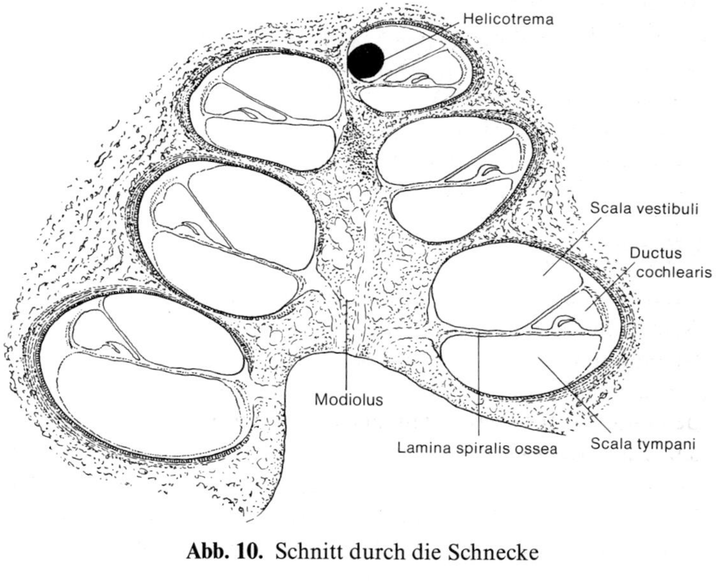

Abb. 10. Schnitt durch die Schnecke

durch niedere Frequenzen an der Schneckenspitze. Der Ductus cochlearis steht über den Ductus reuniens mit dem Sacculus in Verbindung.

Das **Corti-Organ** (Abb. 11) wird von der Membrana tectoria bedeckt, die vom Limbus laminae spiralis osseae ausgeht und mit den Sinneshaaren der äußeren Haarzellen in Verbindung steht. Man unterscheidet im CORTI-Organ die Stützzellen (von innen nach außen: innere und äußere Pfeilerzellen, DEITERS-Zellen, HENSEN-Zellen, CLAUDIUS-Zellen), die zwei tunnelartige mit Cortilymphe gefüllte Räume (Tunnelraum) umschließen, und die in das Stützgerüst eingelagerten Sinneszellen (eine Reihe innere und drei Reihen äußere Haarzellen).

2. Vorhof (Vestibulum)

Der **knöcherne Vorhof** liegt zwischen der Schnecke und den Bogengängen und ist mit Perilymphe gefüllt. In das zur Paukenhöhle gelegene ovale Fenster ist die Steigbügelfußplatte mit dem Ringband eingelassen. In zwei Vertiefungen des Vorhofs liegen Sacculus und Utriculus.

Die **häutigen Vorhofsäckchen Sacculus** und **Utriculus** stehen untereinander durch den Ductus utriculosaccularis in Verbindung. Von ihm zweigt der Ductus endolymphaticus (Aquaeductus vestibuli) ab, der an der Pyramidenhinterfläche in einer Duraduplikatur, dem **Saccus endolymphaticus,** blind endet (siehe Abb. 9, S. 19). An der Einmündung des Ductus utriculosaccularis in den Utriculus findet sich eine Falte, die sog. utriculoendolymphatische Klappe (BAST).

Die Sinneszellen (Haarzellen) liegen, umgeben von Stützzellen, in der **Macula sacculi** und der **Macula utriculi** (Maculae staticae). Die Sinneszellhaare (je Zelle etwa hundert Stereocilien und ein Kinocilium) sind in die gallertige Otolithenmembran eingebettet, in deren Oberfläche kleine Kristalle aus Calciumcarbonat eingelagert sind (**Otolithen** = Statolithen = Otoconien = Statoconien) (Abb. 12).

3. Bogengänge

Die halbkreisförmigen **knöchernen Bogengänge** stehen in den drei Hauptebenen des Raumes. Ein Schenkel jedes Bogenganges erweitert sich vor der Mündung in das Vestibulum zur Ampulle.

X Der laterale (horizontale) Bogengang grenzt an das Antrum mastoideum und bildet dort den Bogengangswulst.

Der obere (vertikale) Bogengang grenzt an die mittlere Schädelgrube und tritt an der oberen Felsenbeinfläche als Eminentia arcuata hervor.

Der hintere (vertikale) Bogengang steht zum oberen Bogengang senkrecht. Die beiden nicht erweiterten Schenkel der vertikalen Bogengänge

X Er liegt nicht genau horizontal, sein vorderer Rand ist ca 30° angehoben, so daß, wenn man den Kopf um ca 60°

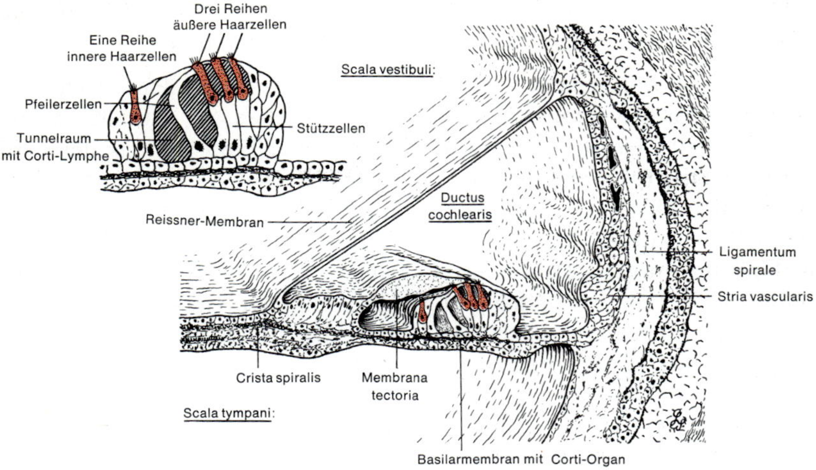

Abb. 11. Ductus cochlearis mit CORTI-Organ

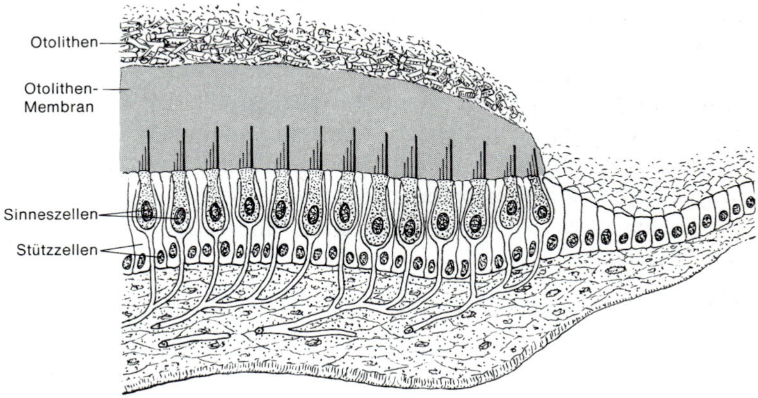

Abb. 12. Macula

rückbiegt, (wie beim Spülen des Gehörgangs), er
man senkrecht (90°) steht

münden gemeinsam (Crus commune) in das Vestibulum, so daß nur fünf Öffnungen (Bogengangsmündungen) zum Vestibulum bestehen.

Die **häutigen Bogengänge** (siehe Abb. 9, S. 19) liegen in den knöchernen Bogengängen und werden von Perilymphe umgeben. Sie enthalten Endolymphe. Jeder Endolymphschlauch ist unter Einbeziehung des Utriculus als ringförmiges Gebilde anzusehen. In den Erweiterungen der Bogengangsschläuche (Ampullen) liegen die Sinnesendstellen.
Die Sinneszellen sitzen, umgeben von Stützzellen, auf der **Crista ampullaris,** die etwa ein Drittel des Ampullenlumens ausmacht. Die Sinneszellhaare (je Zelle etwa fünfzig Stereocilien und ein Kinocilium) ragen in die **Cupula** hinein, ein gallertiges Gebilde, das bis ans Dach der Ampulle reicht und die Ampulle endolymphdicht abschließt (Abb. 13).

4. Hör- und Gleichgewichtsnerv (N. statoacusticus = N. vestibulocochlearis = N. VIII)

Der **VIII. Hirnnerv** tritt zusammen mit dem N. facialis (N. VII) in den inneren Gehörgang (Porus et Meatus acusticus internus) ein und teilt sich in den **N. vestibularis** (Pars vestibularis n. octavi) und den **N. cochlearis** (Pars cochlearis n. octavi). Im Grund des inneren Gehörgangs liegt das Ganglion vestibulare, im Modiolus der Schnecke das Ganglion spirale cochleae.

Vom **Ganglion vestibulare** (bipolare Ganglienzellen) ziehen der **N. utriculoampullaris** mit seinen Ästen zur Macula utriculi und zur Crista ampullaris des oberen und des lateralen Bogenganges, der **N. saccularis** zur Macula sacculi und der **N. ampullaris posterior** zur Crista ampullaris des hinteren Bogenganges. Neben der afferenten Innervation bestehen auch efferente Bahnen.

Vom **Ganglion spirale cochleae** ziehen Nervenfasern durch die Lamina spiralis ossea und die Basilarmembran, wobei sie ihre Myelinscheiden verlieren, bis zu den Haarzellen des Corti-Organs. Hier bestehen ebenfalls neben den afferenten Fasern (zahlreiche Fasern von einer inneren Haarzelle, dagegen nur eine Faser gemeinsam von mehreren äußeren Haarzellen) auch efferente Fasern, die vorwiegend zu den äußeren Haarzellen ziehen, einen modulierenden Einfluß haben und deren Ganglienzellen in der kontralateralen Olive liegen.

Gefäße des Innenohres:

Die **A. labyrinthi** (A. auditiva interna) wurde bisher als Endarterie angesehen, bildet aber möglicherweise Anastomosen mit Mittelohrgefäßen. Sie entspringt entweder aus der A. cerebelli inf. ant. oder direkt aus der A. basilaris, tritt in den inneren Gehörgang ein und teilt sich in folgende Äste:

die Rr. vestibulares für Vorhof und Bogengänge und basale Schneckenwindung und
den R. cochlearis für die übrigen Schneckenwindungen.

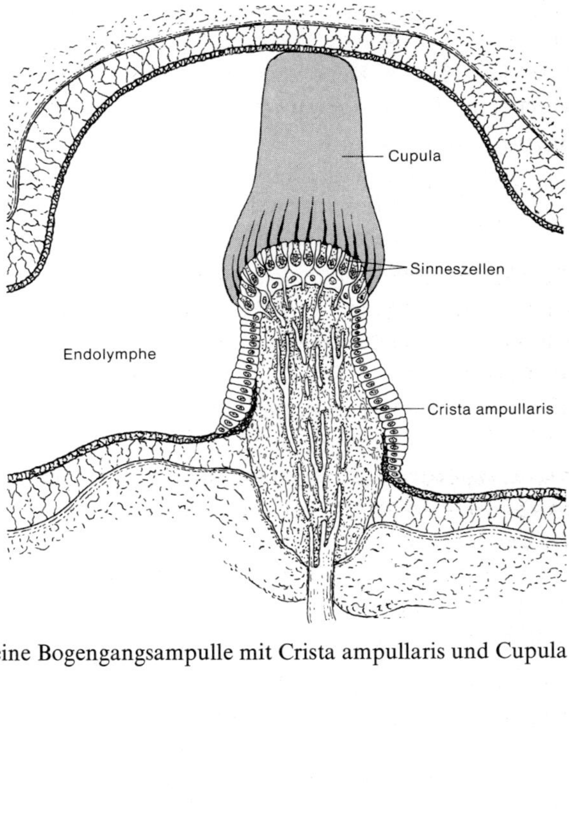

Abb. 13. Schnitt durch eine Bogengangsampulle mit Crista ampullaris und Cupula

GK 1.1

II. Zentraler Anteil

1. Hörbahn (Abb. 14)

Erstes Neuron: Die peripheren Ausläufer der bipolaren Ganglienzellen des **Ganglion spirale cochleae** reichen bis zu den Haarzellen. Die zentralen Fortsätze (**N. cochlearis**) treten im Kleinhirnbrückenwinkel in den Hirnstamm ein und enden im **dorsalen und ventralen Cochleariskern.**

Zweites Neuron:
Vom dorsalen Kern kreuzen die Fasern zur **oberen Olive** der anderen Seite.
Vom ventralen Kern zieht ein Teil der Fasern zur **oberen Olive** derselben, ein Teil zur oberen Olive der anderen Seite.

Drittes Neuron: Von der oberen Olive laufen die Fasern vom gleichseitigen ventralen Cochleariskern vereint mit Fasern, die gekreuzt von den Cochleariskernen der anderen Seite kommen, im **Lemniscus lateralis** über den **Colliculus inferior** (in beiden weitere Umschaltungen) zum **Corpus geniculatum mediale.**

Viertes Neuron: Vom Corpus geniculatum mediale zieht die **Hörstrahlung** zum **primären auditorischen Cortex** in der **Heschl-Windung des Schläfenlappens.**

Der größte Teil der zentralen Hörbahn kreuzt also im zweiten Neuron auf die kontralaterale Seite. Da aber ein Teil der Fasern auch ipsilateral verläuft, ist jedes Cortiorgan mit beiden corticalen Hörsphären verbunden.

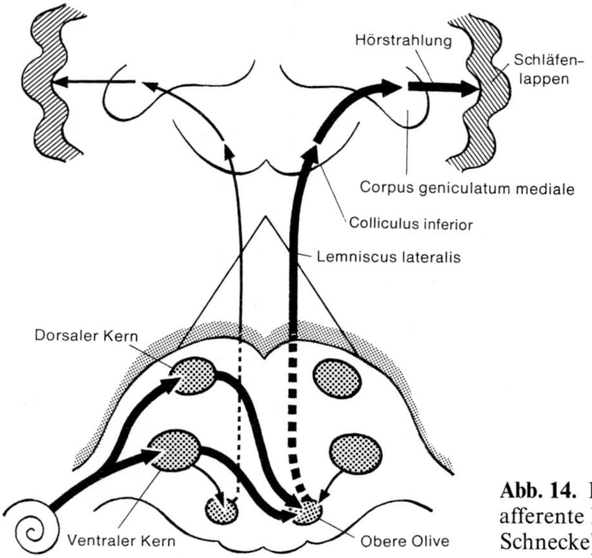

Abb. 14. Hörbahn (eingezeichnet afferente Bahnen von der linken Schnecke)

Außer diesen afferenten Bahnen bestehen efferente Bahnen, die den Erregungsfluß steuern.

2. Vestibularisbahnen (Abb. 15)

Erstes Neuron: Die peripheren Ausläufer des Ganglion vestibulare reichen bis zu den Sinneszellen der Maculae utriculi et sacculi und der Bogengangsampullen. Die zentralen Fortsätze **(N. vestibularis)** enden in den **drei Vestibulariskernen** (SCHWALBE, BECHTEREW, DEITERS) am Boden der Rautengrube.

Zweites Neuron:
Gekreuzt oder ungekreuzt zieht ein Teil der Fasern zum hinteren Längsbündel und den **Augenmuskelkernen** (Nystagmus),

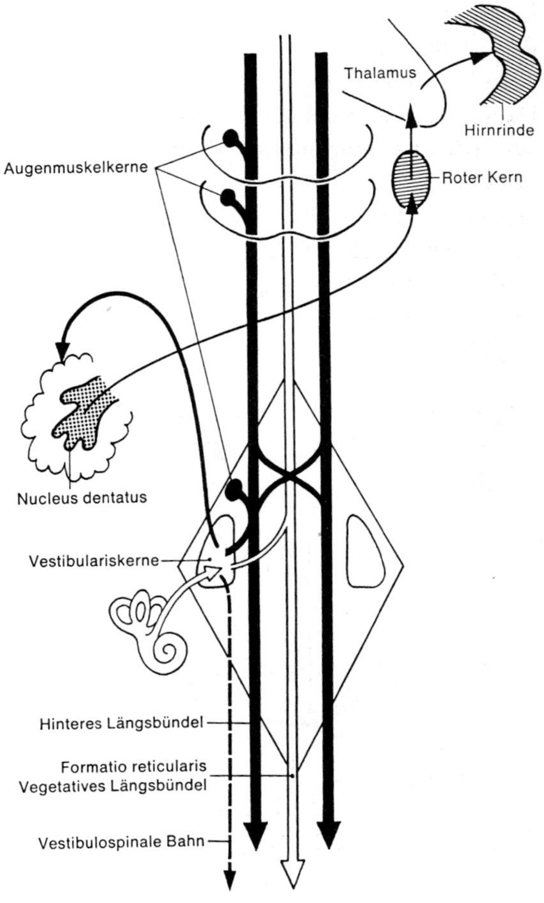

Abb. 15. Vestibularisbahnen (vom linken Vestibularorgan aus)

ein weiterer Teil zur Formatio reticularis und den **vegetativen Zentren,** ein anderer Teil zum **Kleinhirn** und zur Kleinhirnrinde,
ein Teil über das Kleinhirn (Nucleus dentatus) zum roten Kern der Haube und über den lateralen Thalamuskern zur **Körperfühlsphäre** und schließlich
ein Teil als vestibulospinale Bahn zum Vorderhorn des Rückenmarkes und den **motorischen Nerven** (Muskeltonus).

3. Zentraler Verlauf des N. facialis (Abb. 16)

Der **Nucleus nervi facialis** (zweiteilig), im ventralen Abschnitt der Formatio reticularis in der Rautengrube gelegen, wird gekreuzt (Mundast, Augenast, Stirnast) und ungekreuzt (Stirnast) von den frontalen Zentralwindungen her innerviert. Die Fasern verlaufen vom Kern in einem Bogen (inneres oder erstes Knie) um den Abducenskern. Zusammen mit dem N. intermedius verläßt der N. facialis am hinteren Rand des Brückenarmes das Gehirn, um neben dem N. statoacusticus in den inneren Gehörgang einzutreten (Verlauf durch das Felsenbein siehe Abb. 8, S. 17).
Da der Stirnast als einziger gekreuzt und ungekreuzt innerviert wird, ergibt sich bei einer zentralen Schädigung (z. B. Blutung innere Kapsel) eine kontralaterale Parese nur des Mundastes und des Augenastes, während der Stirnast intakt bleibt. Bei einer peripheren Schädigung dagegen besteht eine ipsilaterale Parese aller drei Äste.

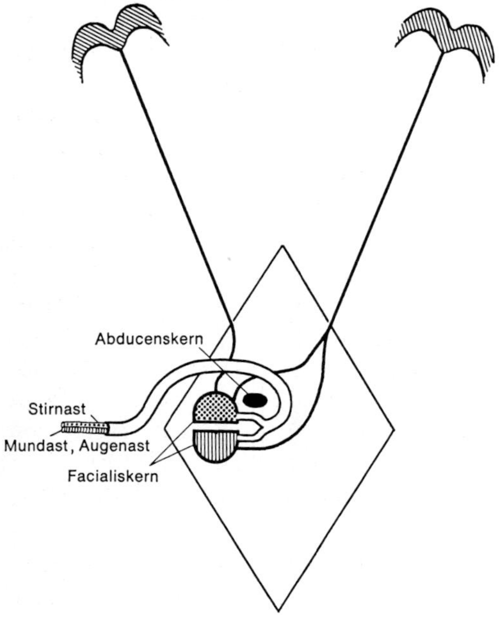

Abb. 16. Zentraler Verlauf des N. facialis

Physiologie

I. Das Hörorgan

Das Hörorgan wird durch Schallwellen, d. h. durch mechanische Schwingungen eines bestimmten Frequenzbereiches, gereizt (obere Tongrenze etwa 20 000 Hz, untere Tongrenze 16 Hz). Die Schallwellen gelangen über die Luft oder – unter bestimmten Voraussetzungen (s. u.) – über die Schädelknochen in das eigentliche Perceptionsorgan, das Innenohr. Nach diesem **Schallantransport** erfolgt die **Schalltransformation** in der Schnecke und die **Reizfortleitung** im Nerven.

1. Schallantransport

Der **Luftschall** trifft durch den äußeren Gehörgang auf das Trommelfell und versetzt dieses in Schwingungen. Das Trommelfell ist so beschaffen, daß es im mittleren Frequenzbereich nahezu die gesamte Schwingungsenergie der Luft aufnimmt, so daß nur wenig Schall reflektiert wird, d. h. der Schallwellenwiderstand (die Impedanz) des Trommelfelles ist gering. Die Impedanz nimmt zu, wenn das Trommelfell durch eine Luftdruckdifferenz zwischen Mittelohr und äußerem Gehörgang aus seiner optimalen Lage herausgedrängt wird, sie ändert sich auch bei Kontraktion der Binnenohrmuskeln. Die Messung dieser Impedanzänderung ist Grundlage einer wichtigen audiologischen Untersuchungstechnik (S. 49).
Die Bewegung des Trommelfells wird über die Gehörknöchelchen auf die Steigbügelfußplatte und damit auf die Perilymphe übertragen (Abb. 17 a). Das Größenverhältnis der Trommelfellfläche zur Fläche der Steigbügelfußplatte und die Hebelwirkung der Gehörknöchelchen bewirken eine Verstärkung des Druckes (Schalldrucktransformation) bei gleichzeitiger Verringerung der Schwingungsamplitude (Amplitudentransformation) im Verhältnis von etwa 1 : 18 bis 1 : 22. Dadurch wird eine günstige Anpassung zwischen dem niedrigen Schallwellenwiderstand (Impedanz) der Luft und dem hohen der Innenohrflüssigkeiten erreicht. Die Binnenohrmuskeln dämpfen die Schwingungen der Gehörknöchelchenkette. Ein längeres Nachschwingen, das für die Schallübertragung sehr nachteilig wäre, wird so vermieden. Sie dürften u. U. auch durch reflektorische Kontraktionen und damit Versteifung der Gehörknöchelchenkette einen gewissen Schutz für das Innenohr darstellen.

Knochenschall entsteht, wenn Schallschwingungen, z. B. vom Stimmgabelfuß oder dem Knochenleitungshörer eines Audiometers auf den Schädel-

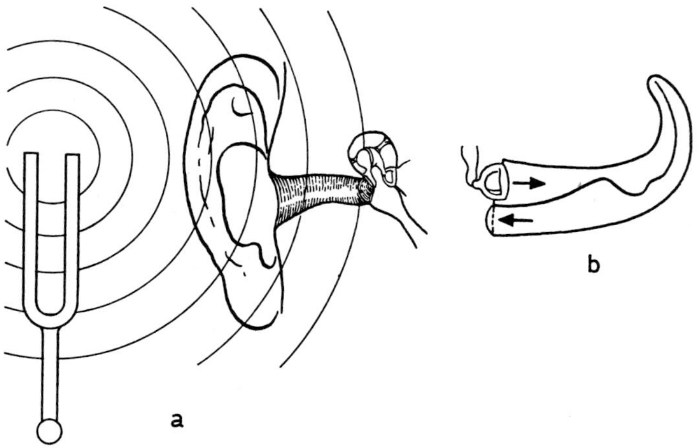

Abb. 17. **a** Zuleitung des Luftschalles zum Innenohr; **b** Auslenkung der Basilarmembran in Form einer Wanderwelle

knochen einwirken. Sie werden teils direkt unter Umgehung, teils unter Mitwirkung des Mittelohrapparates auf die Perilymphe übertragen.

Im Innenohr vollzieht sich die **Schallanalyse (Reizverteilung).** HELMHOLTZ legte seiner **Resonanztheorie** zugrunde, daß die Basilarmembran aus verschieden langen und verschieden stark gespannten quer verlaufenden Fasern besteht. Es sollten dann immer diejenigen Fasern durch Resonanz in Schwingung geraten, deren Eigenfrequenz dem einwirkenden Schall entsprach. Diese Theorie hat nur noch historisches Interesse.

Die heute allgemein anerkannte **hydrodynamische Theorie** nach VON BÉKÉSY und RANKE stützt sich auf direkte Beobachtungen an Schneckenmodellen und anatomischen Präparaten und ist experimentell und theoretisch gut fundiert. Nach dieser Theorie führt die Bewegung des Steigbügels zu Volumenverschiebungen der angrenzenden Perilymphe. Voraussetzung hierfür ist, daß der elastische Verschluß des runden Fensters ein Ausweichen der Perilymphe gestattet. Durch die Volumenverschiebung wird die Basilarmembran – zusammen mit dem gesamten Ductus cochlearis – zunächst an umschriebener Stelle aus der Ruhelage ausgelenkt. Diese Ausbauchung der Basilarmembran pflanzt sich nun in Form einer **Wanderwelle** mit unterschiedlicher Geschwindigkeit und Reichweite vom Steigbügel in Richtung auf das Helicotrema fort (Abb. 17b).

Die zunehmende Breite der Basilarmembran, ihre Elastizitätsverhältnisse und der abnehmende Durchmesser des knöchernen Kanals geben der Wanderwelle besondere Eigenschaften: Ihre Amplitude wächst im Fortschreiten bis zu einer gewissen Stelle mit maximaler Auslenkung an und bricht danach rasch zusammen, ähnlich den Wellen, die auf einen flachen

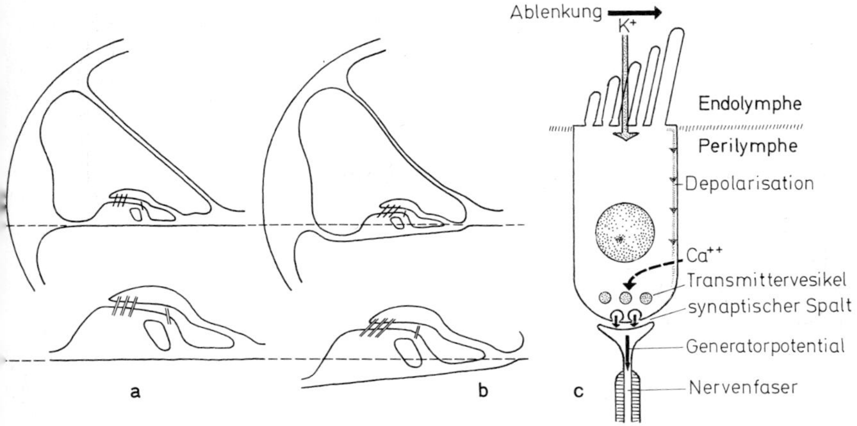

Abb. 18. a Basilarmembran in Ruhe; **b** Basilarmembran ausgelenkt. Durch Verschiebung der Membrana tectoria Einwirkung von Scherkräften auf die Haarzellen; **c** Funktion der Haarzelle

Strand auflaufen. Hierbei kommt es zu einer **Dispersion,** d. h. einer räumlichen Trennung nach Frequenzen. Schwingungen mit hoher Frequenz haben ihr Amplitudenmaximum nahe dem Steigbügel, solche mit niederer Frequenz in Nähe des Helicotremas.

Jede Frequenz wird also je nach dem Amplitudenmaximum der Wanderwelle an einem Ort der Basilarmembran abgebildet, wie schon HELMHOLTZ annahm (Einortstheorie), jedoch nicht durch Resonanz, sondern durch Dispersion.

Durch die Auslenkung der Basilarmembran und die Verschiebung der Membrana tectoria kommen Scherkräfte zur Wirkung, die die Sinneshaare tangential verschieben und den adäquaten Reiz für die Haarzellen darstellen (Abb. 18 a, b).

2. Schalltransformation

In der **Schnecke** wird mechanische Energie in elektrische Energie umgewandelt. Die räumliche Ausdehnung der Wanderwelle und besonders die Lage ihres Amplitudenmaximums wird vorwiegend durch Reizung der inneren Haarzellen in ein analoges Muster biologischer Sinneszellerregung und Nerveneinzelentladungen transformiert. Dabei tritt in den Sinneszellen eine reizsynchrone Änderung des Receptorpotentials auf, die bei Überschreiten einer bestimmten Schwelle (Alles oder Nichts-Gesetz) über ein Generatorpotential ein Aktionspotential in den zugeordneten Nervenfasern auslöst.

Durch die Ablenkung der Sinneshaare kommt es zunächst zu einem „Leck" in der oberen Haarzellmembran mit Einstrom von Kaliumionen aus der Endolymphe (Abb. 18c). Die dadurch bedingte Depolarisierung der Membran der Zelle führt zu einem Einstrom von Calciumionen aus der CORTI-Lymphe (Perilymphe). Als Folge kommt es zu einer Entleerung der Transmittervesikel in den synaptischen Spalt und zur Entstehung des Generatorpotentials. Die Repolarisation geschieht durch einen energieverbrauchenden Ionenrücktransport. Diese Spannungsänderungen können als Reizfolgestrom (Cochlear Microphonics) an der Schneckenkapsel nachgewiesen werden. Aktive Filterprozesse der Haarzelle und Hemm-Mechanismen in benachbarten Nervenfasern verstärken den Effekt des Amplitudenmaximums der Wanderwelle und führen dadurch zu scharfen Frequenzabstimmungen (Tuning-Kurven). Nach neuen Erkenntnissen haben die äußeren Haarzellen vorwiegend die Aufgabe, verstärkend bzw. abschwächend auf die Funktion der inneren Haarzellen einzuwirken.

3. **Reizfortleitung**

Aus dem **Hörnerven** lassen sich experimentell Aktionspotentiale von den einzelnen Nervenfasern ableiten. Die Zahl der Impulse steht im Verhältnis zur Lautstärke und zur Frequenz. Jede Nervenfaser hat eine Frequenz, durch die sie am leichtesten in Erregung gesetzt wird (Bestfrequenz) und die der entsprechenden Frequenz auf der Basilarmembran zugeordnet ist (Tonotopie). Bei höheren Frequenzen werden mehrere Nervenfasern zusammengeschaltet. In der Summe der Aktionspotentiale vieler Nervenfasern wird die Periodizität des auslösenden Schalles direkt wieder erkennbar. Es findet also nicht nur eine Abbildung der Frequenz durch den Ort der maximalen Auslenkung der Basilarmembran und die Gruppierung der daran angekoppelten Nervenfasern statt, sondern auch eine direkte Umsetzung der Periodizität des Schallreizes in Nervenimpulse.

Die akustische Information gelangt zur Weiterverarbeitung in die **zentrale Hörbahn.** Während die erste Stufe der Frequenzanalyse in der Schnecke stattfindet, werden durch **nervöse Schaltmechanismen** in den einzelnen Neuronen der Hörbahn eine diskrete Tonwahrnehmung und das feinere Tonhöhenunterscheidungsvermögen erreicht sowie über eine Analyse der Zeitstruktur und akustischer Erkennungsmuster Sprache verständlich gemacht. Die Ausnutzung des beidohrigen Informationsflusses ist die Grundlage des Richtungshörens. Es kommt infolge des Schallschattens des Kopfes über die Schallstärkedifferenz und über die Zeitdifferenz zustande.

II. Das Gleichgewichtsorgan

Der Vestibularapparat (Vorhofbogengangsapparat) dient zusammen mit dem Auge und der Oberflächen- und Tiefensensibilität der Erhaltung des Gleichgewichts. Er ermöglicht die Orientierung im Raum durch Registrierung aller Arten von Beschleunigung (einschließlich der Gravitation).

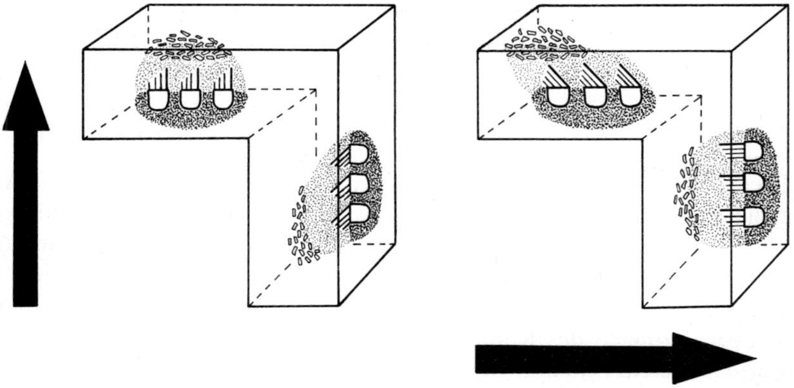

Abb. 19. Ablenkung der Sinneshaare (Stereo- und Kinocilien) der Macula durch Verlagerung der Otolithen bei linearer Beschleunigung

Bei Kopfbewegungen wird das Gesichtsfeld durch gegenläufige Augenbewegungen stabilisiert, die Rückstellung der Augen und die erneute Fixation der Umwelt erfolgen durch eine rasche Gegenbewegung der Augen (vestibulo-oculärer Reflex). Durch Vestibularisreize werden langsame Bewegungen und schnelle Gegenbewegungen der Augen ausgelöst (Nystagmus).

1. **Statolithenapparat** (Otolithenapparat)

Die waagerecht stehende **Macula utriculi** und die senkrecht stehende **Macula sacculi** reagieren auf rein **translatorische (lineare) Beschleunigungen.** Durch den ständigen Einfluß der Erdanziehung vermittelt der Otolithenapparat auch die Empfindung für die Lage des Kopfes im Raum. Die Gravitation und gegebenenfalls zusätzliche lineare Beschleunigungen bewirken eine Parallelverschiebung der spezifisch schwereren Otolithen und eine Ablenkung der Sinneshaare gegenüber den Sinneszellen (Abb. 19). Nach Aufhebung der Schwerkraft verlieren die Otolithen ihre Funktion als Gravireceptoren.
Wird das Cilienbündel in Richtung auf das Kinocilium bewegt, erhöht sich das Receptorpotential und die vorhandene Ruheaktivität (Ruheentladung), bei Bewegung in anderer Richtung resultiert eine Hemmung der Ruheaktivität.
Die Scherung (Scherkraft), also die tangentiale Komponente der auf die Sinneshaare wirkenden Kraft, ist der adäquate Reiz und nicht ein senkrechter Druck oder Zug. Die zwischen Otolithenmembran und Sinnesepithel liegende Gallertschicht ermöglicht keine anderen Bewegungen als reine Parallelverschiebungen.

GK 1.1

Über die Stellung des Kopfes gegenüber dem Rumpf informieren die Halsreceptoren (Muskeln und Gelenke).

2. Bogengangsapparat

Die gallertige Cupula, in die die Sinneshaare hineinragen und die die Ampulle endolymphdicht abschließt, muß allen Bewegungen der Endolymphe in dem ringförmigen System Bogengang-Utriculus folgen. Eine Strömung (Verschiebung) der Endolymphe im Endolymphschlauch, wie sie schon 1873/1874 von MACH und BREUER angenommen wurde, tritt bei Drehbewegungen des Kopfes auf, läßt sich aber auch durch thermische Reize an einem Schenkel des Bogenganges oder durch mechanische Reize (Druck auf den häutigen Bogengang) auslösen.
Die **Cupula** reagiert auf **Drehbeschleunigungen** (Winkelbeschleunigungen). Durch die Anordnung der Bogengänge in den drei Ebenen des Raumes werden Drehungen um jede Achse percipiert. Durch die bei Drehbewegungen auftretende Trägheitsströmung der Endolymphe wird die Cupula ausgebuchtet. Diese Cupulaausbuchtung mit der Ablenkung der Sinneshaare ist der adäquate Reiz für die Sinneszellen, wobei die Schwellenwerte für die wichtigen horizontalen Bogengänge niedriger liegen als für die vertikalen Bogengänge. Das wirksame Prinzip ist auch hier wieder die tangentiale Ablenkung und nicht ein Druck oder Zug auf die Sinneshaare. Die Cupula kehrt durch ihre Steifheit (Rückstellkraft) in die Ruhelage zurück. Die Cupulabewegungen haben aperiodischen Charakter. Eine utriculopetale Ablenkung der Sinneshaare im horizontalen Bogengang erhöht die Ruheaktivität, eine utriculofugale Ablenkung vermindert die Entladungsrate der Sinneszellen (S. 59).

3. Energietransformation und Reizfortleitung

Die adäquaten Reize (Verschiebung der Otolithenmembran der Macula bzw. die Ausbuchtung der Cupula) bewirken eine Erregung der Sinneszellen (Haarzellen). Dabei wird die mechanische Energie in elektrische umgewandelt. Die lokale Erregung der Sinneszellen geht im Nerven in eine fortgeleitete über. Da die Nervenaktionspotentiale dem „Alles oder Nichts-Gesetz“ folgen, führt eine Erregungsänderung zu einer Änderung der Impulsfrequenzen. Über den Nerven und die Vestibulariskerne erreicht die Erregung den Schaltapparat der Formatio reticularis und das hintere Längsbündel (siehe Abb. 15, S. 25).

Prüfungsaufgaben zu Entwicklung, Anatomie, Physiologie des Ohres s. Anhang Aufgaben 1 – 21.

Untersuchungsmethoden

I. Anamnese

Bei der Erhebung der Vorgeschichte ist zu fragen nach:

1. **Druckgefühl,** Gefühl der verstopften Ohren, Gefühl wie Watte im Ohr?

2. **Schmerzen:**
a) Wo lokalisiert?
b) Art (dumpf, bohrend, stechend)?
c) Wohin ausstrahlend?
d) Dauer?

3. **Absonderung aus dem Gehörgang:**
a) Farbe?
b) Geruch (nicht riechend, foetide)?
c) Eitrig, schleimig, wäßrig, blutig?
d) Dauer?

4. **Ohrgeräusch:**
a) Frequenz?
b) Art (Sausen, Brausen, Brummen, Zischen, Pfeifen)?
c) Pulsierend oder kontinuierlich?
d) Dauer?

5. **Schwerhörigkeit:**
a) Für welche Töne?
b) Bei Unterhaltung mit einem Gesprächspartner?
c) Bei Konferenzen, bei Vorträgen, bei Nebengeräuschen?
d) Nach vorangegangenem Infekt?
e) Dauer?
f) Wechselnde Stärke?
g) Allmählich oder plötzlich einsetzend?
h) Gleichbleibend oder zunehmend?

6. **Schwindel:**
a) Art?
b) Anfalls- oder Dauerschwindel?
c) Dreh-, Schwank- oder Liftschwindel?
d) Ohnmachtsähnlich, Schwarzwerden vor den Augen, Sternchensehen?
e) Verstärkung in bestimmter Körperlage, bei Belastungen, im Dunkeln?
f) Unsicherheit beim Gehen, bei geschlossenen Augen, Gangabweichung?
g) Verbunden mit Übelkeit, Erbrechen, Schwerhörigkeit, Ohrensausen?

GK 1.2.1

II. Inspektion

1.2.1

Es ist zu achten auf:

1. Veränderung der Ohrmuschelform (angeboren, traumatisch, tumorös).
2. Rötung und Schwellung der Ohrmuschel.
3. Konturen des knorpligen Ohrmuschelgerüstes.
4. Rötung und Schwellung des prä- und postauriculären Bereichs.
5. Absonderung aus dem Gehörgang (Schleim, Eiter, Blut, Liquor).

III. Otoskopie

1. Instrumentarium

Handlich und am meisten gebräuchlich ist die Untersuchung von Ohr, Nase, Hals und Kehlkopf mit reflektiertem Licht (Abb. 20). Man benötigt zur Ohrenspiegelung:
Eine **Lichtquelle** mit einer mattierten 100 Watt-Glühbirne, die neben der rechten Kopfseite des Patienten angebracht sein soll.
Einen in der Mitte perforierten **Hohlspiegel** mit einer Brennweite von 10 – 20 cm (sog. **Ohrenspiegel**), der mit einem Stirnreif durch ein Kugelgelenk verbunden ist (Stirnreflektor Abb. 21 a).
Einen Satz **Ohrtrichter** in verschiedenen Größen.

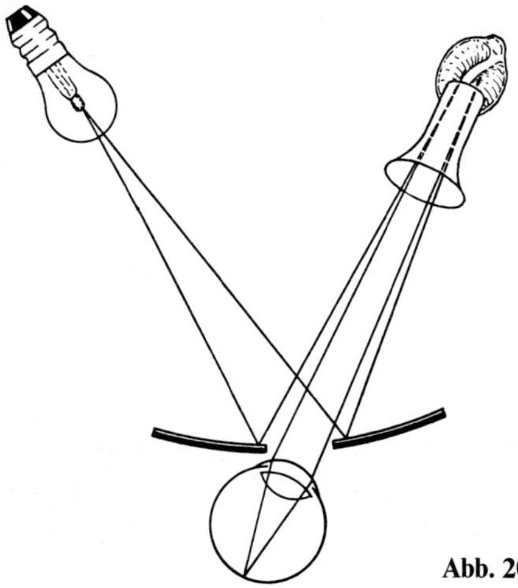

Abb. 20. Otoskopie

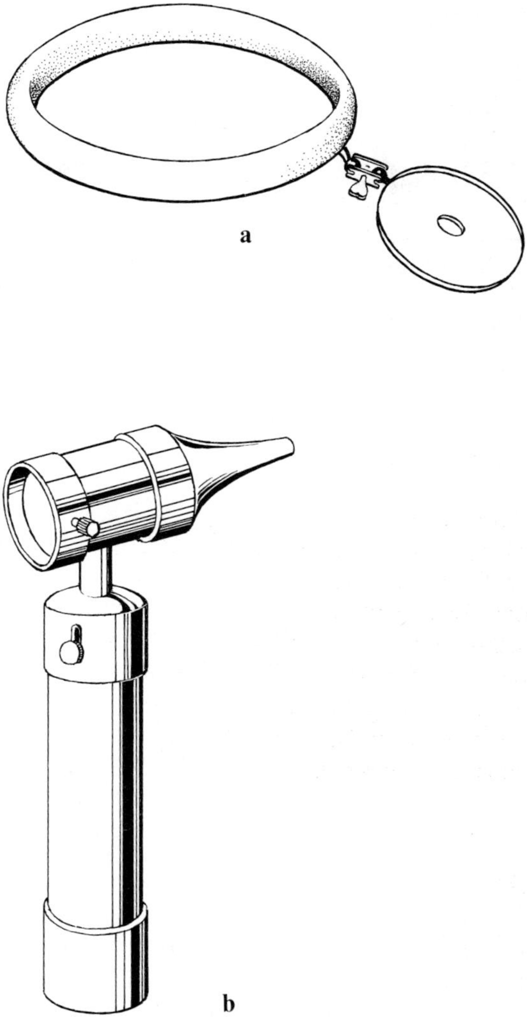

Abb. 21. **a** Stirnreflektor; **b** Otoskop

Das linke Auge soll sich möglichst nahe an dem Loch des Spiegels befinden, um ein großes Blickfeld zu haben. Die Sehachse links muß mit der Achse des reflektierten Lichtes zusammenfallen, um größte Helligkeit in die Tiefe des Gehörgangs zu bekommen.

GK 1.2.1

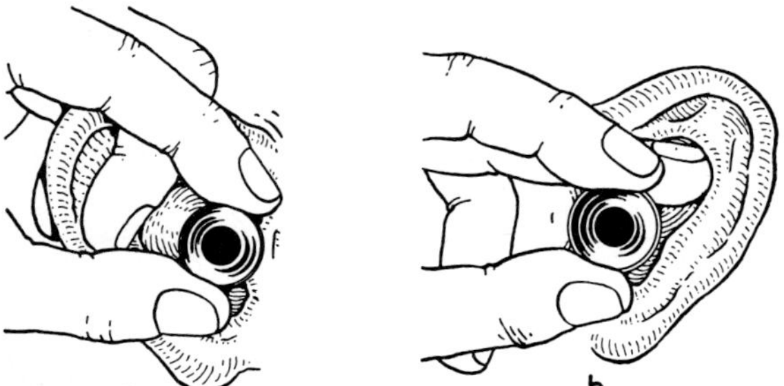

Abb. 22. a, b. Einsetzen des Ohrtrichters. **a** rechtes, **b** linkes Ohr

2. Ausführung (Abb. 22)

Der häutige Gehörgang ist durch Zug bzw. Druck an der Ohrmuschel nach hinten oben in die Richtung des knöchernen zu bringen, ehe der Ohrtrichter durch eine leicht drehende Bewegung eingeführt wird. Der Zug an der rechten Ohrmuschel mit Mittelfinger und Ringfinger bzw. das Drücken der linken Ohrmuschel mit dem Mittelfinger und das Halten des Trichters mit Daumen und Zeigefinger während der Spiegeluntersuchung geschehen stets mit der linken Hand, um die rechte Hand für Manipulationen im Gehörgang, Veränderungen der Kopfstellung des Patienten oder Halten der 10 Dioptrien-**Lupe** unmittelbar vor dem Ohrtrichter freizuhaben.
Cerumen, Eiter oder Epidermisschuppen müssen zur vollständigen Übersicht über Gehörgang und Trommelfell durch Tupfen oder Wischen mit einem **Wattetriller,** durch stumpfe kleine **Curetten** oder durch Spülung mit der **Ohrspritze** (siehe Abb. 48, S. 79) entfernt werden. Eine Ohrspülung ist bei Verdacht auf Vorliegen einer trockenen Trommelfellperforation oder bei einem Schädelbasisbruch im Ohrbereich (laterobasale Fraktur) kontraindiziert. Sekret kann mit einem Ohrsauger abgesaugt werden.
Anstelle der Ohrspiegelung mit reflektiertem Licht können Gehörgang und Trommelfell auch durch eine elektrische Birne, die auf dem Stirnreifen befestigt ist, beleuchtet werden (Stirnlampe).
Außerdem finden Otoskope mit eigener Lichtquelle und aufgesetztem Ohrtrichter (Abb. 21 b, S. 35) Verwendung.
Die beste Beurteilung des Trommelfells ist durch die Lupenbrille oder das Operationsmikroskop möglich, das 6–40fach vergrößert. Pneumatische Ohrlupe (Abb. 4, S. 9).

GK 1.2.2, 1.2.3

IV. Palpation

1.2.2

Dazu gehört die Untersuchung
1. einer Schwellung nach Konsistenz, Ausdehnung und Schmerzhaftigkeit,
2. eines Druck- oder Zugschmerzes an der Ohrmuschel,
3. eines Druckschmerzes am Tragus,
4. eines Druckschmerzes auf dem Warzenfortsatz,
5. eines Druckschmerzes der Ohrmuschelumgebung (Glandula parotis, Fossa retromandibularis, Fossa infratemporalis).

V. Funktionsprüfungen

A. Hörprüfungen

1.2.3

Durch Hörprüfungen sollen festgestellt werden:
a) der Schweregrad,
b) die Art (d. h. der Frequenzbereich),
c) der Sitz (Behinderung der Schalleitung oder der Schallempfindung),
d) die mögliche Ursache einer Hörstörung.

Eine **Schalleitungsschwerhörigkeit** entsteht im äußeren Ohr bzw. im Mittelohr (Mittelohrschwerhörigkeit).
Eine **Schallempfindungsschwerhörigkeit** (sensorineurale Schwerhörigkeit) entsteht entweder im Innenohr (Innenohrschwerhörigkeit = sensorische Schwerhörigkeit) oder im Hörnerven (Nervenschwerhörigkeit = neurale Schwerhörigkeit).
Zentrale Hörstörungen können Einfluß auf das Sprachverständnis haben.

1. Sprachgehörprüfung

Hörweitenprüfung (Sprachabstandsprüfung): Geprüft wird das Verständnis für Flüstersprache (mit Reserveluft gesprochen) und für Umgangssprache aus verschiedenen Entfernungen. Als Testmaterial dienen viersilbige Zahlwörter zwischen 21 und 99. Jedes Ohr wird einzeln geprüft.

GK 1.2.3

Drei Zahlwörter hintereinander müssen jeweils richtig nachgesprochen werden. Die Hörweite wird in Metern angegeben.
Das abgewandte Ohr muß durch Abdichten ausgeschaltet sein. Bei Prüfung der Hörweite für Flüstersprache genügt der Verschluß des Gehörgangs mit dem Finger, bei Prüfung mit Umgangssprache erfolgt die notwendige stärkere Ausschaltung durch Schüttelbewegungen des Fingers oder durch Anlegen eines Kopfhörers mit „weißem Rauschen" (Vertäubungsgeräusch, das alle hörbaren Frequenzen in gleicher Stärke enthält). Wird ein erheblich schwerhöriges Ohr geprüft, muß das gut hörende Ohr mit einer Lärmtrommel (BÁRÁNY) vertäubt werden. Der Prüfraum soll 6 – 8 m lang, vor Außenschall geschützt und ohne schallreflektierende Flächen sein.
Bei einer Schalleitungsschwerhörigkeit werden die Zahlwörter mit tiefen Frequenzen (99, 55) relativ schlecht, bei einer Schallempfindungsschwerhörigkeit die Zahlwörter mit hohen Frequenzen (77, 44) relativ schlecht gehört. Die Differenz zwischen der Hörweite von Flüster- und Umgangssprache ist bei der Schalleitungsschwerhörigkeit klein, bei der Schallempfindungsschwerhörigkeit dagegen groß, da die geflüsterten Zahlwörter mit ihrem hohen Frequenzbereich schlechter gehört werden. Bei der Schalleitungsschwerhörigkeit ist die akustische Information abgeschwächt, bei der Schallempfindungsschwerhörigkeit ist sie verstümmelt. Wird Flüstersprache aus 6 – 8 m Entfernung gehört, kann man ein praktisch normales Hörvermögen annehmen. (Schwerhörigkeitsgrade S. 345.)
Hörreste lassen sich häufig noch audiometrisch nachweisen, selbst wenn Umgangssprache nicht mehr verstanden wird. Die Hörweitenprüfung und die Stimmgabelprüfungen (s. u.) werden als „klassische Hörprüfung", die audiometrischen Verfahren als „elektroakustische Hörprüfmethoden" bezeichnet.

Sprachaudiometrie: Bei dieser Form der Sprachgehörprüfung werden über Kopfhörer oder über Lautsprecher vom Band zunächst Zahlenreihen und anschließend Reihen einsilbiger Testwörter abgespielt (Freiburger Sprachtest). Die Lautstärke ist anfangs gering und wird von Testreihe zu Testreihe erhöht. Es wird feststellt, wieviel Prozent Zahlen bzw. Wörter in jeder Testreihe bei den verschiedenen Verstärkungen gehört werden. In das Sprachaudiogramm werden die Kurven für das Zahlenverständnis und für das Wortverständnis eingetragen.
Bei einer Schalleitungsschwerhörigkeit sind Zahlenkurve und Testwörterkurve nach den großen Lautstärken verschoben, erreichen aber bei genügender Verstärkung stets 100% Verständlichkeit. Bei manchen Schallempfindungsschwerhörigkeiten wird trotz maximaler Verstärkung keine 100%ige Wortverständlichkeit erreicht, es besteht dann ein Wörterverständnisverlust (Diskriminationsverlust). Diese Patienten haben

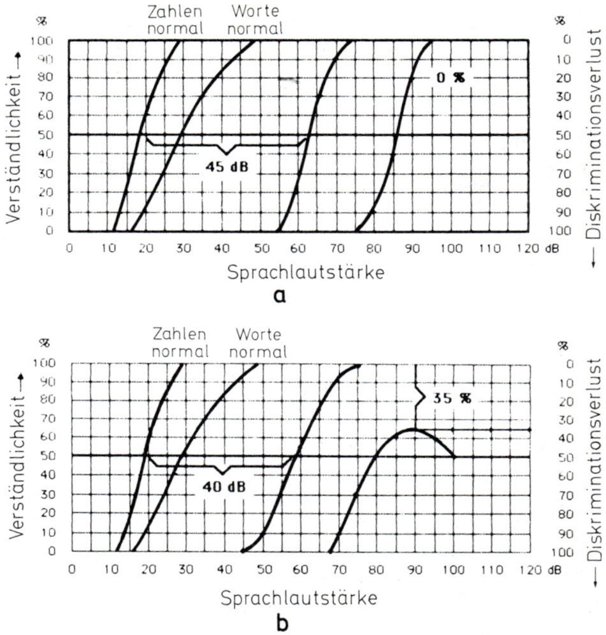

Abb. 23. Sprachaudiogramm. **a** Schalleitungsschwerhörigkeit; **b** Schallempfindungsschwerhörigkeit

---

einen besonders starken Hörverlust in den hohen Frequenzen. Bei Patienten mit überempfindlichen Ohren oder Nervenschwerhörigkeit kann das Sprachverständnis bei größeren Lautstärken sogar wieder absinken (Abb. 23).

Charakterisiert wird der Grad der Schwerhörigkeit

a) durch die Verschiebung der Zahlenkurve auf der Linie der 50%igen Verständlichkeit. Die Verschiebung ergibt den Hörverlust für Sprache in Dezibel (dB) – im Beispiel Abb. 23 a: 45 dB, in Abb. 23 b: 40 dB.
b) durch den Diskriminationsverlust bei Prüfung der Testwörter in Prozent – im Beispiel Abb. 23 a: 0%, in Abb. 23 b: 35%.

Für Begutachtungszwecke lassen sich aus Tabellen aufgrund der Ergebnisse der Hörweitenprüfung und der Werte der Sprachaudiometrie die prozentualen Hörverluste gegenüber dem Normalhörigen ablesen und danach die Minderung der Erwerbsfähigkeit festsetzen. Außer bei der Begutachtung wird die Sprachaudiometrie zur Feststellung des vorhandenen Sprachgehörs vor allem vor und nach gehörverbessernden Operationen und bei der Anpassung von Hörgeräten durchgeführt.

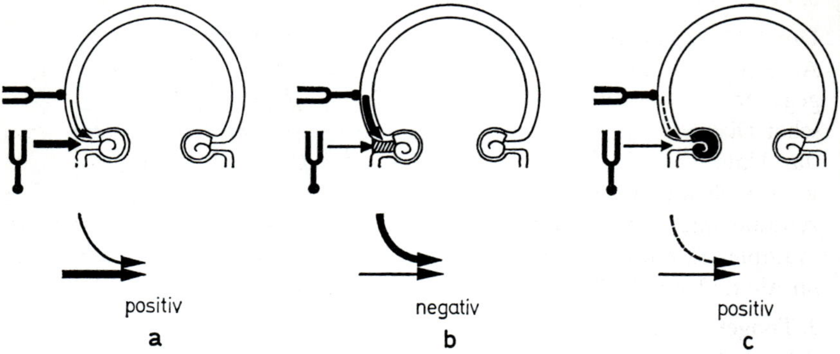

Abb. 24. Rinne-Versuch. **a** normales Gehör; **b** Schalleitungsschwerhörigkeit; **c** Schallempfindungsschwerhörigkeit

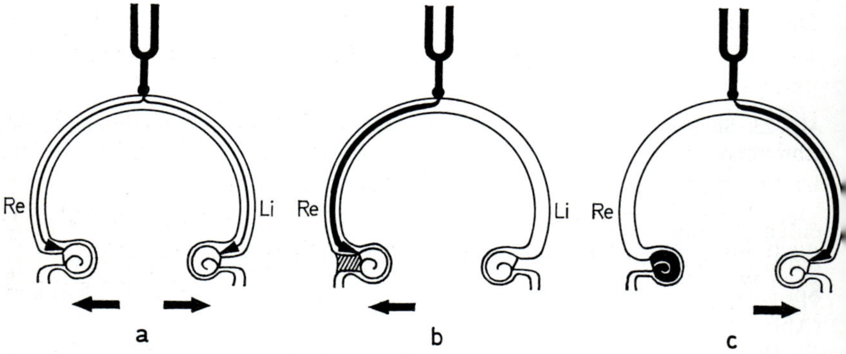

Abb. 25. Weber-Versuch. **a** seitengleiches Gehör; **b** rechts Schalleitungsschwerhörigkeit; **c** rechts Schallempfindungsschwerhörigkeit

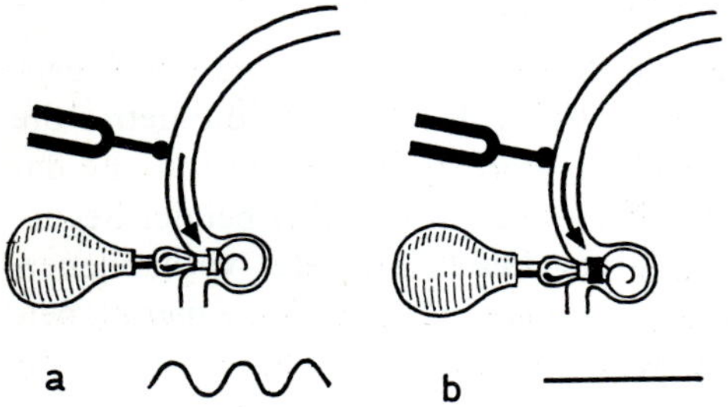

Abb. 26. Gellé-Versuch. **a** Lautstärkeschwankungen bei normalem Mittelohr; **b** keine Lautstärkeschwankungen bei fixierter Gehörknöchelchenkette

2. Prüfung der zentralen Hörfunktionen

Durch künstlich erschwerte Testsprache (Verstümmelung, Unterbrechung, Acceleration) der einem Ohr zugeleiteten oder beiden Ohren gleichzeitig gegebenen mehrsilbigen, rechts und links verschiedenen Wörter (dichotischer Diskriminationstest FELDMANN) läßt sich die zentrale Synthese oder das Unterscheidungsvermögen als zentrale Hörleistung überprüfen. Sie wird auch durch den Nachweis des Richtungshörvermögens erfaßt. Das zentrale Sprachverstehen kann z. B. herabgesetzt sein bei Hirntumoren, bei multipler Sklerose, durch Medikamente, bei Durchblutungsstörungen und im Alter. (Topische Diagnose durch ERA S. 48.)

3. Tongehörprüfung

Stimmgabelprüfungen:

a) **RINNE-Versuch** (Abb. 24): Vergleich zwischen Luftleitung und Knochenleitung des gleichen Ohres. Die schwingende a^1-Stimmgabel (440 Hz) wird zunächst auf den Knochen des Warzenfortsatzes gesetzt. Sobald der Patient die Stimmgabel nicht mehr hört, wird sie – ohne neu angeschlagen zu werden – vor das Ohr gehalten.
Der Normalhörige hört die Stimmgabel dann wieder (Luftleitung besser als Knochenleitung = RINNE positiv). Er hört also vor dem Ohr länger und lauter.

Der Schalleitungsschwerhörige hört über Knochenleitung lauter und länger als über die behinderte Luftleitung (RINNE negativ). Zumindest ist die Luftleitung gegenüber dem Normalhörigen verkürzt.
Der Schallempfindungsschwerhörige hört sowohl über Luft- als auch über Knochenleitung kürzer als der Normalhörige, über Luftleitung wird aber stets lauter und länger gehört als über Knochenleitung (RINNE positiv).

b) **WEBER-Versuch** (Abb. 25): Prüfung der Kopfknochenleitung. Die auf die Mitte des Schädels aufgesetzte schwingende a^1-Stimmgabel wird von einem Normalhörigen oder von einem seitengleich Schwerhörigen in beiden Ohren oder in Kopfmitte gehört.

Bei einem einseitig Schalleitungsschwerhörigen wird die Stimmgabel im schlechter hörenden Ohr, bei einem einseitig Schallempfindungsschwerhörigen im besser hörenden Ohr gehört (lateralisiert).

Erklärungsversuch beim Schalleitungsschwerhörigen nach der Schallabflußtheorie von MACH: Die Abstrahlung des dem Innenohr über den Knochen zugeführten Schalls in Richtung Mittelohr und Gehörgang wird behindert. Der Ton wird daher in diesem Ohr lauter gehört.

c) **GELLÉ-Versuch** (Abb. 26): Ausführung bei Verdacht auf eine fixierte Gehörknöchelchenkette und dadurch bedingte Schalleitungsschwerhörigkeit, z. B. bei Otosklerose. Ein Politzerballon wird luftdicht in den Gehörgang eingeführt und durch Zusammendrücken des Ballons ein Druck auf das Trommelfell ausgeübt, der die Kette versteift und in ihrer Beweglichkeit behindert. Der Ton einer vorher auf den Schädelknochen aufgesetzten schwingenden a^1-Stimmgabel – oder ein über den Knochenleitungshörer des Tonaudiometers gegebener Ton – wird bei normalem Mittelohr und beweglicher Kette bei Druckänderung in seiner Lautstärke schwanken. (Bei Druck leiser = GELLÉ-Versuch positiv.) Bei krankhaft fixierter Gehörknöchelchenkette wird der Ton seine Lautheit nicht ändern (GELLÉ-Versuch negativ).

Tonaudiometrie:

Früher übliche Prüfungen mit Stimmgabelreihen, um z. B. die obere und untere Tongrenze festzustellen, werden heute durch die tonaudiometrischen Untersuchungen ersetzt. Das am meisten verwendete **Tonaudiometer** (Tongenerator) erzeugt reine Töne in Oktav- oder Halboktavabständen von C bis c^6 (ca. 62 Hz bis 8000 Hz = 8 kHz), die durch Lautstärkeregler von der Hörschwelle bis zur Unbehaglichkeitsschwelle verstärkt werden können. Die Töne werden für jedes Ohr einzeln – gegebenenfalls unter Ausschaltung des anderen Ohres durch Vertäubung – zunächst mittels Kopfhörer über Luftleitung und anschließend mit einem Knochenleitungshörer über Knochenleitung gegeben.

a) **Hörschwellenmessung** (Tonschwellenaudiometrie): Im **Tonaudiogramm** entspricht die Nullinie der Hörschwelle eines normalhörigen Jugendlichen. Von hier aus wird jede Frequenz in Stufen von je 5 dB verstärkt, bis sie vom Patienten gehört wird. Die Hörschwellen für die einzelnen Frequenzen werden markiert. Man erhält in dieser Relativdarstellung dann – für jedes Ohr getrennt – durch Verbindung der Hörschwellenpunkte Hörschwellenkurven für Luftleitung und für Knochenleitung (Abb. 27 a).

Die Nullinie verläuft bei der Relativdarstellung (subjektive Hörschwelle, Hearing Level = HL) horizontal. In einer Absolutdarstellung (physikalische Hörschwelle, Sound Pressure Level = SPL) würde die Nullinie im tiefen und im hohen Frequenzbereich abwärts gekrümmt verlaufen, da die Empfindlichkeit des Ohres im mittleren Frequenzbereich am größten ist.

Das Dezibel (dB) ist das logarithmische Verhältnismaß zwischen dem Bezugsschalldruck (0 dB) und dem Prüfschalldruck. Nur so läßt sich der große Umfang des zu erfassenden Schalldruckbereiches darstellen. 0 dB entsprechen in der physikalisch exakten Absolutdarstellung einem Schalldruck von 0,0002 Mikrobar ($2 \cdot 10^{-4}$ µbar), die Schmerzschwelle liegt bei etwa 120 dB (= 200 Mikrobar). Die Lautstärke normaler Umgangssprache liegt zwischen 60 und 70 dB. Industrielärm wird mit Lärmpegelmessern unter Verwendung des Filters A gemessen – wobei besonders die schädlichen hohen Frequenzen berücksichtigt werden – und in dB (A) angegeben (S. 128).

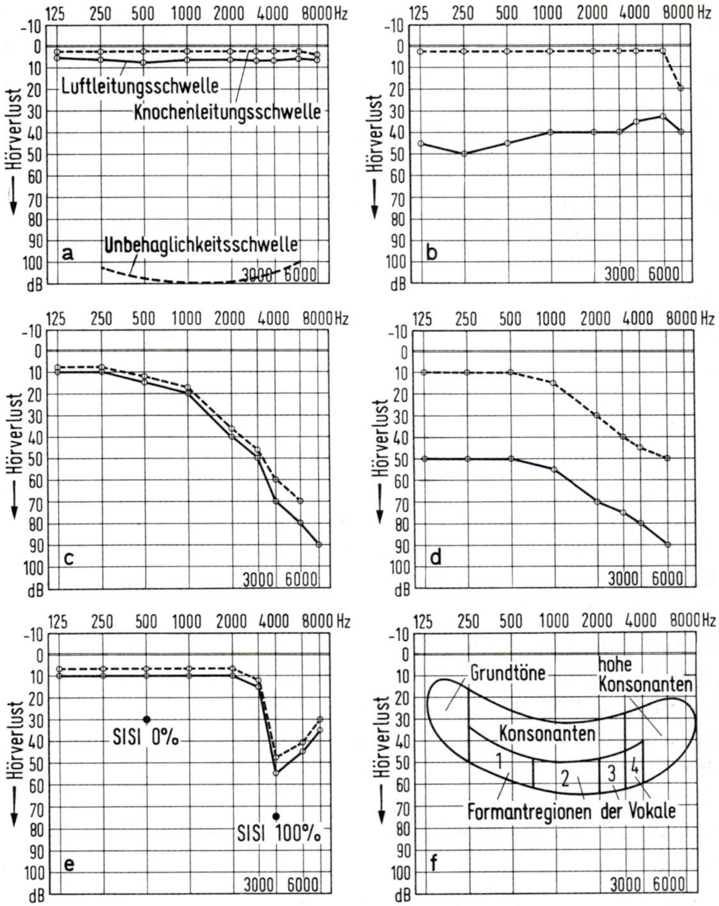

Abb. 27 a – f. Tonaudiogramm. **a** normales Gehör; **b** Schalleitungsschwerhörigkeit; **c** Schallempfindungsschwerhörigkeit; **d** kombinierte Schalleitungs-Schallempfindungsschwerhörigkeit; **e** akustisches Trauma (SISI 100% = SISI-Test positiv, s. S. 46); **f** Sprachfeld

---

Das Phon ist ein Maß der Lautstärke, das die Frequenzabhängigkeit des Ohres berücksichtigt und sich an der Lautstärkeempfindung orientiert, die ein Ton von 1000 Hz auslöst. Die Skalen für Dezibel und Phon sind bei 1000 Hz identisch.

Eine Schalleitungsschwerhörigkeit zeigt sich an einer Differenz zwischen der Hörschwellenkurve für Knochenleitung und der für Luftleitung, die schlechter liegt, d. h. für die größere Lautstärken benötigt werden (air-bone gab). Der Hörverlust über Luftleitung, angegeben in Dezibel (dB), ist größer als über Knochenleitung (Abb. 27b).

GK 1.2.3

Bei einer Schallempfindungsschwerhörigkeit (z. B. Altersschwerhörigkeit) besteht keine Differenz zwischen der Schwelle für Luft- und Knochenleitung. Da der Schallempfindungsschwerhörige im allgemeinen die hohen Frequenzen aber besonders schlecht hört, werden in diesem Bereich größere Lautstärken benötigt, bis die Hörschwelle angegeben wird. Die Hörschwellenkurven sinken im hohen Tonbereich ab, d. h. es besteht vor allem ein Hörverlust – in dB ausgedrückt – im hohen Tonbereich (Hochtonschwerhörigkeit) (Abb. 27c).

Bei einer kombinierten Schalleitungs-Schallempfindungsschwerhörigkeit findet man eine Knochenleitungs-Luftleitungsdifferenz als Ausdruck der Schalleitungskomponente und einen Abfall der Hörschwellenkurven im hohen Tonbereich als Ausdruck der Schallempfindungskomponente (Abb. 27d). Der Verlauf der Knochenleitungskurve zeigt die noch vorhandene Innenohrleistung an. Lediglich bei der otosklerotischen Stapesfixation zeigt sich auch bei einer reinen Schalleitungsschwerhörigkeit neben der Knochenleitungs-Luftleitungsdifferenz eine Verschlechterung der Knochenleitung im mittleren Frequenzbereich um etwa 15 dB (CARHART-Mulde), die wahrscheinlich mittelohrbedingt ist. Beim akustischen Trauma (s. S. 127) treten Senken der Hörschwellenkurven im hohen Tonbereich (c^5 = 4000 Hz) auf (Abb. 27e).
Denkt man sich in ein Tonaudiogramm das „Sprachfeld" eingezeichnet (Abb. 27 f), so bekommt man eine Vorstellung vom sprachlichen Restgehör. Alle Anteile der Sprache, die bei einem Schwerhörigen oberhalb der Hörschwellenkurve (Luftleitung) liegen, können nicht mehr gehört werden.

b) **Überschwellige Hörmessungen:** Sie fallen positiv aus bei einer sensorischen Schwerhörigkeit (Haarzellschaden = CORTI-Organschaden = sog. cochleäre oder labyrinthäre Schwerhörigkeit, wie z. B. bei einem akustischen Trauma und einem Morbus MENIÈRE). Bei negativem Ausfall kann es sich um eine neurale Schwerhörigkeit (Nervenschwerhörigkeit = sog. retrocochleäre bzw. retrolabyrinthäre Schwerhörigkeit, wie z. B. bei einem Acusticusneurinom) handeln. Nachgewiesen wird die retrocochleäre Schwerhörigkeit mit Hilfe der akustisch evozierten Potentiale (BERA, S. 48).

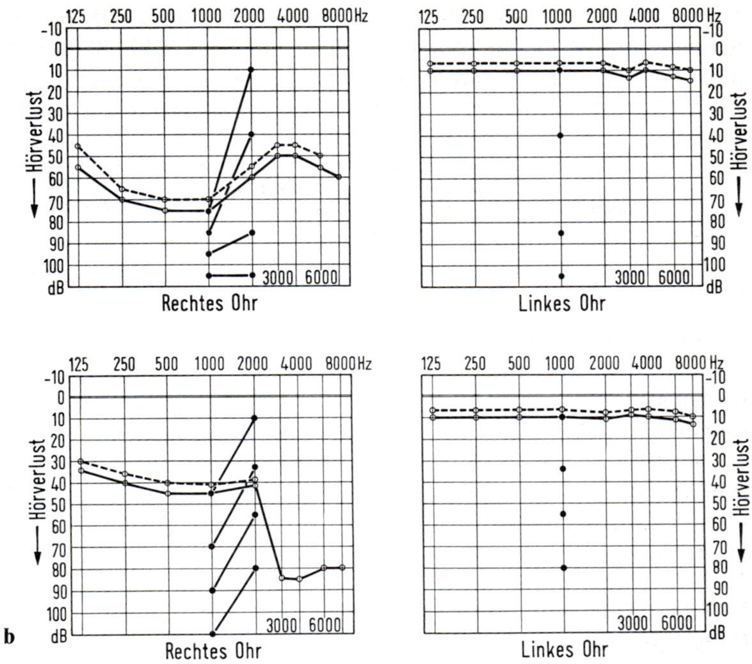

Abb. 28 a, b. Fowler-Test. **a** positives Recruitment (Lautheitsausgleich) bei M. Menière rechts = sensorische Schwerhörigkeit. Überträgt man die Punkte gleicher Lautheit aus dem Audiogramm des gesunden (linken) Ohres auf das Audiogramm des kranken (rechten) Ohres – und zwar der Übersichtlichkeit wegen in eine benachbarte Frequenz – und verbindet sie, so ergeben sich konvergierende Linien gleicher Lautheit von der gesunden zur kranken Seite im überschwelligen Bereich. **b** negatives Recruitment (fehlender Lautheitsausgleich) bei Acusticusneurinom rechts = neurale Schwerhörigkeit. Die Linien gleicher Lautheit von der gesunden zur kranken Seite laufen parallel

---

Recruitmentmessung nach Fowler (Lautheitsausgleich) bei einseitiger Schwerhörigkeit (Abb. 28):

Der Fowler-Test ist positiv (Recruitment positiv) und spricht für eine sensorische Schwerhörigkeit (Corti-Organschaden), wenn ein **Lautheitsausgleich** auftritt:

Bei einseitiger Schwerhörigkeit liegt die Hörschwelle eines Tones rechts und links bei verschiedenen Lautstärken, sie wird auf dem schwerhörigen Ohr erst bei größerer Lautstärke erreicht. Bei schrittweiser weiterer Verstärkung des Tones rechts und links in den überschwelligen Bereichen benötigt man auf dem schwerhörigen Ohr eine jeweils nur geringere zusätz-

liche Verstärkung als auf dem besser hörenden Ohr, um die gleiche Lautheitsempfindung hervorzurufen. Ist die Lautstärke schließlich rechts und links gleich eingestellt und wird auch gleich laut empfunden, dann besteht Lautheitsausgleich (Abb. 28 a). (Bei positivem Recruitment werden hohe Lautstärken unangenehm empfunden.)
Bei negativem FOWLER-Test (wie bei neuraler Schwerhörigkeit möglich) fehlt der Lautheitsausgleich, und die Töne werden rechts und links auch bei großen Lautstärken verschieden laut, d. h. auf dem schlechter hörenden Ohr leiser, auf dem besser hörenden Ohr lauter gehört (Abb. 28 b).

Recruitment-Hypothese: Bei sensorischer Schwerhörigkeit (Haarzellenschaden) geht der Hörverlust mit einer gleichzeitigen Verminderung der scharfen Frequenzabstimmung einher. Dadurch werden ab der pathologischen Hörschwelle bei steigender Lautstärke die Haarzellen, die dem Frequenzmaximum der Wanderwelle benachbart sind, zunehmend miterregt (Summationseffekt). Dies führt zu einem überproportional starken Zuwachs der Lautheitsempfindung mit schnellem Erreichen der Unbehaglichkeitsschwelle (eingeschränkter Dynamikbereich des Gehörs).

Geräuschaudiometrie nach LANGENBECK bei ein- und doppelseitiger Schwerhörigkeit (Abb. 29):
Es wird festgestellt, ob ein Störgeräusch einen Prüfton an seiner Schwelle im hohen Frequenzbereich verdecken kann oder nicht.

Bei einer sensorischen Schwerhörigkeit (CORTI-Organschaden) liegen die Tonschwellen im Niveau der benutzten Geräuschlautstärke und der hohe Ton läßt sich nicht verdecken, d. h. der hohe Ton wird weiter an seiner ursprünglichen Schwelle gehört (Abb. 29 a). Bei manchen neuralen Schwerhörigkeiten liegt die gesamte Tonschwelle mit Geräusch unter dem Niveau der benutzten Geräuschlautstärke und der hohe Ton läßt sich verdecken, er liegt schlechter als vorher, die Kurve „weicht aus“ (Abb. 29 b).

SISI-Test nach JERGER (Short Increment Sensitivity Index = Erkennbarkeit kurzer Lautstärkeerhöhungen). Geprüft wird das Intensitätsunterscheidungsvermögen:

Der positive Test zeigt eine sensorische Schwerhörigkeit (CORTI-Organschaden) an und kann bei einseitiger und doppelseitiger Schwerhörigkeit angewendet werden:

Ein Dauerton 20 dB über der Hörschwelle wird 20mal für je 0,2 Sekunden vorübergehend um 1 dB verstärkt. Empfindet der Innenohrschwerhörige im Bereich seines Hörverlustes (hohe Frequenzen!) alle oder fast alle Lautstärkeerhöhungen (60 – 100%), so ist der Test positiv (s. Abb. 27 e, S. 43) und spricht für eine sensorische Schwerhörigkeit. Normalhörige und

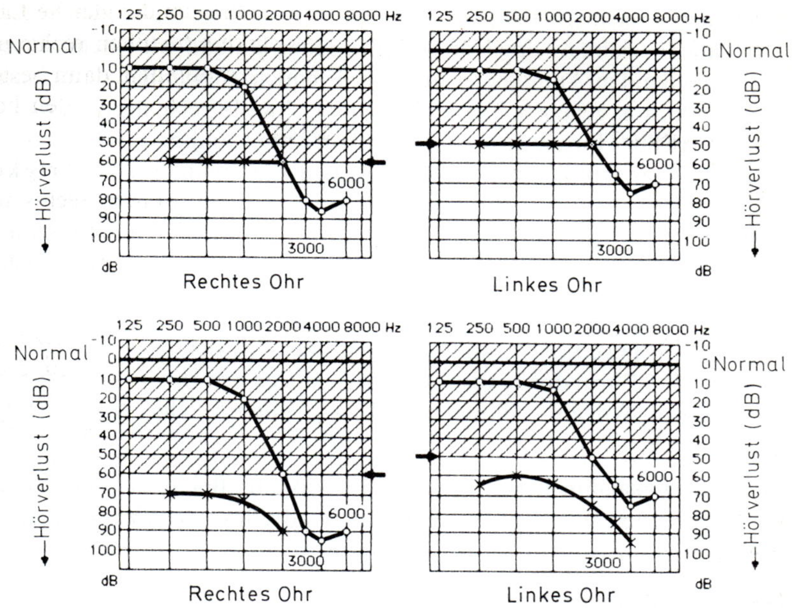

Abb. 29 a, b. LANGENBECK-Test. **a** sensorische Schwerhörigkeit (Haarzellenschaden, CORTI-Organschaden) beiderseits. Prüftöne werden im Niveau der benutzten Geräuschlautstärke gehört und durch Geräusch nicht verdeckt = „Einmünden" der im Geräusch gehörten Tonschwelle in die Hörschwellenkurve.
b neurale Schwerhörigkeit beiderseits. Prüfton durch Geräusch verdeckt = „Ausweichen" der mit Geräusch gehörten Tonschwelle vor der Hörschwellenkurve. ▨ Geräusch, ○—○—○ Tonschwelle ohne Geräusch; ×—×—× Tonschwelle mit Geräusch, → Geräuschschwelle

---

Patienten mit neuraler Schwerhörigkeit empfinden keine der geringen Lautstärkeerhöhungen oder nur wenige (0 – 15% = SISI-Test negativ).
Zu gleichen Ergebnissen kommt man durch den LÜSCHER-Test, bei dem ebenfalls das Intensitätsunterscheidungsvermögen geprüft wird.

c) **Hörermüdungsteste:**

Eine pathologische Hörermüdung spricht für eine neurale Schwerhörigkeit:

CARHART-Schwellenschwundtest (Tone decay):
Die Hörschwelle eines gegebenen Dauertones verschlechtert sich bei pathologischer Hörermüdung, so daß die Lautstärke mehrfach um 5 dB erhöht werden muß, damit der Patient wieder wahrnimmt.

Audiometrie nach von Békésy:
Der Patient zeichnet seine Hörschwellen selbst laufend mit einem automatisch arbeitenden Audiometer auf. Die Frequenzen werden als Dauerton oder Impulston gegeben. Die Dauertonhörschwelle verschlechtert sich bei pathologischer Hörermüdung ständig. Die Impulstonhörschwelle dagegen zeigt ein geringeres Absinken, weil das Ohr Gelegenheit hat, sich immer wieder zu erholen. Es kommt zur „Separation" der Dauertonschwellenkurve.

4. Kinderaudiometrie im Rahmen der Pädaudiologie (s. auch unter 5 u. 6a)
Um Hörstörungen beim Kleinkind früh aufzudecken, an die bei „Risikokindern" (S. 132), bei Ohrmißbildungen oder Entwicklungsstörungen der Sprache (S. 337) zu denken ist, bedient man sich zur Hörschwellenbestimmung der objektiven Audiometrie (BERA s. unter 5) oder – je nach dem Alter des Kindes –

a) der **Reflexaudiometrie** bis zum 2. Lebensjahr: Bei akustischen Reizen kommt es zum auripalpebralen Reflex (Lidreflex) oder zum Blickwenden bzw. Kopfwenden zur Schallquelle (= Ablenkungsaudiometrie);

b) der **Spielaudiometrie** ab dem 2. und 3. Lebensjahr, wobei das Kind beim Hören eines Tones einen Baustein zu anderen legen oder ein neues Märchendiapositiv einschalten darf („Peep-Show").

Zur Untersuchung gehört die Prüfung des Intelligenzgrades und des Sprachentwicklungsstandes (S. 337).
Therapeutische Folgerungen aus den Ergebnissen der Hörprüfungen bei Kleinkindern sind Anpassen eines Hörgerätes und ein Hörtraining nach dem ersten Lebenshalbjahr (S. 134) oder u. U. hörverbessernde Operationen ab dem 5. Lebensjahr. Hör- und Sprecherziehung.
Für Reihenuntersuchungen (Kindergärten, Schulen) werden Dreitonaudiometer verwendet, mit denen rasch die wichtigsten Frequenzen geprüft werden können **(Screening-Test).** Wird dadurch eine Schwerhörigkeit aufgedeckt, folgen dann eingehendere Untersuchungen und Hörprüfungen.

5. Objektive Hörprüfung (Objektive Audiometrie, ERA)

Möglichkeiten der objektiven Hörprüfung ergeben sich durch das Elektroencephalogramm: Man wertet nach periodisch einwirkenden Schallreizen das EEG mit Hilfe der Computertechnik (Mittelwertrechner) aus. Teile der spezifischen Reaktionen auf den Sinnesreiz (akustisch evozierte Potentiale = **AEP**) lassen sich damit aus den übrigen unspezifischen elektrischen Potentialschwankungen der Hirnrinde isolieren (**ERA = Electric Response Audiometry**).
Die AEP stellen eine zeitliche Abfolge von Potentialen dar, die den gesam-

ten Hörvorgang von der Cochlea bis zur Hörrinde widerspiegeln und in verschiedene Gruppen eingeteilt werden.
Direkt von der Cochlea lassen sich u. a. Summenaktionspotentiale des N. cochlearis mit einer durch das Trommelfell gestochenen und auf dem Promontorium placierten Nadelelektrode gewinnen (**ECoG = Elektrocochleographie**).
Nicht invasiv über Oberflächenelektroden leitet man die klinisch wichtigen Hirnstammpotentiale (**BERA = Brainstem Evoked Response Audiometry**) ab.
Mit ähnlicher Technik werden die mittleren Potentiale aus Thalamus und primärer Hörrinde (**MLRA = Middle Latency Response Audiometry**) und die langsamen späten Hirnrindenpotentiale (**CERA = Cortical Evoked Response Audiometry**) registriert.
Einsatzgebiete sind die Hörschwellenbestimmungen bei Kindern (BERA) und bei Erwachsenen mit Verdacht auf Simulation oder Aggravation (CERA). Zusätzlich ist eine topische Diagnose über den Sitz einer Hörstörung im Bereich der gesamten Hörbahn möglich. Der Nachweis einer retrocochleären Hörstörung gelingt mit der BERA (Latenzverlängerung).
Als Methode der objektiven Audiometrie hat sich außerdem die Stapediusreflexprüfung (s. u.) bewährt.

6. Impedanzänderungsmessung

Sie dient der objektiven Funktionsdiagnostik des Schalleitungsapparates. Bei normalem Trommelfell und Mittelohr wird der größte Teil der auftreffenden Schallenergie absorbiert und dem Innenohr zugeführt. Ein kleiner Teil wird durch den akustischen Widerstand (= Impedanz) des Trommelfelles und des Mittelohres reflektiert. Dieser Teil ist z. B. größer bei einem durch Retraktion stark gespannten Trommelfell oder bei einem Erguß in der Paukenhöhle, weil die Impedanz größer ist.

Gemessen wird die Amplitude und Phase des vom Trommelfell reflektierten Schallanteiles (Sondenton 220 Hz) bei Impedanzänderungen. Diese Änderungen werden bewirkt

a) durch Kontraktion der Mittelohrmuskeln (reflektorisch) mit Versteifung der Gehörknöchelchenkette und

b) durch Änderung des Luftdruckes im äußeren Gehörgang und dadurch bedingter veränderter Spannung des Trommelfell-Gehörknöchelchenapparates.

Beides wird diagnostisch genutzt:

a) Stapediusreflexprüfung
Bei Beschallung eines Ohres mit großer Lautstärke von 70 bis 90 dB über der Schwelle kommt es zu einer Kontraktion des M. stapedius (acusticofa-

cialer Reflex) auf beiden Seiten. Die Auslösung des zu prüfenden Stapediusreflexes geschieht meist durch die Beschallung des Gegenohres (Reizohr). Die Impedanzänderungsmessung (Reflexmessung) erfolgt auf dem Reaktionsohr (Sondenohr, Meßohr), in dem der reflektierte Schallanteil gemessen wird. Eine ipsilaterale Auslösung des Stapediusreflexes kommt bei Taubheit des Gegenohres oder Unterbrechung des Reflexbogens im Stammhirn in Frage.
Der Tensorreflex tritt nach einem taktilen Reiz (Anblasen der Orbitalregion) auf der gleichen Seite auf.
Voraussetzung für eine Messung der Impedanzänderung ist ein intaktes Trommelfell.

Die Impedanzänderung durch den akustisch ausgelösten Stapediusreflex sagt etwas aus

- über das Hörvermögen des beschallten Ohres (objektive Hörprüfungsmethode), weil der Reflex ausbleibt, wenn die Reflexschwelle nicht erreicht wird, z. B. bei hochgradiger Schwerhörigkeit (auf dem beschallten Ohr);
- über das Vorhandensein eines Recruitment (METZ-Recruitment) auf dem beschallten Ohr, weil dann die Reflexschwelle abnorm nahe (30 dB) an der Hörschwelle liegt (Stapediuslautheitstest);
- über das Vorhandensein einer retrocochleären Schwerhörigkeit auf dem beschallten Ohr, weil dann ein größerer Abstand zwischen Hörschwelle und Reflexschwelle besteht (oder der Stapediusreflex fehlt);
- über das Vorhandensein einer Hörermüdung auf dem beschallten Ohr (afferenter Schenkel), weil bei Dauerbeschallung dann der Stapediusreflex der Reaktionsseite (efferenter Schenkel) ebenfalls „ermüdet“;
- über den Zustand der Gehörknöchelchenkette der Reaktionsseite, weil der Stapediusreflex fehlt bei Fixation der Kette (z. B. Stapesankylose bei Otosklerose: dabei bleibt der Tensorreflex erhalten; oder z. B. Tympanosklerose: dabei fehlt der Tensorreflex ebenfalls) und bei Unterbrechung der Kette (z. B. Amboßluxation: dabei bleibt der Tensorreflex erhalten);
- über den Schädigungsort der Facialisparese, weil der Stapediusreflex der Reaktionsseite bei einer Facialisunterbrechung proximal vom Abgang des N. stapedius fehlt;
- über den Reflexbogen im Stammhirn, weil der Stapediusreflex bei zentraler Unterbrechung des Reflexbogens fehlt (Hirntumoren, Blutungen).

b) Tympanometrie (Abb. 30)

Erzeugt man bei intaktem Trommelfell im Gehörgang, in dem sich die Meß-Sonde für den reflektierten Schallanteil befindet, zunächst einen Unterdruck und anschließend einen Überdruck, läßt sich die Impedanzänderung in einer Kurve (**Tympanogramm**) aufzeichnen. (Normales Mittelohr Kurve Abb. 30 a.)

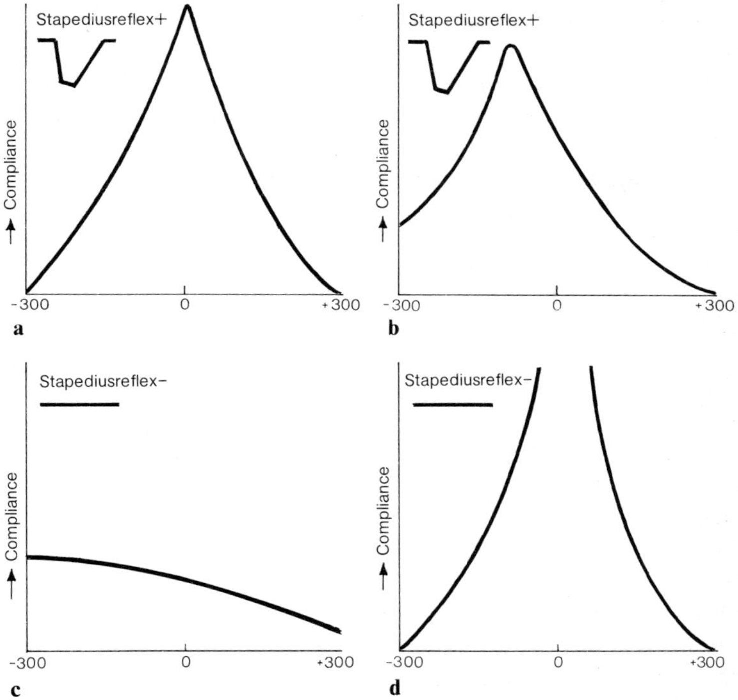

Abb. 30 a–d. Tympanogramm. **a** normales Mittelohr: Tympanogrammkurven nicht verändert = normale Compliance (Nachgiebigkeit) des Trommelfells. Stapediusreflex vorhanden;
b Tubenmittelohrkatarrh mit Unterdruck in der Paukenhöhle: Kurvengipfel nach links zu den negativen Drucken verschoben und flacher. Stapediusreflex vorhanden;
c Seromucotympanum: Kurve abgeflacht, maximale Impedanz. Stapediusreflex fehlt;
d Amboßluxation: steile, oben offene Kurve (überhöhte Compliance). Stapediusreflex fehlt

Bei der Tympanometrie bekommt man – zusammen mit der Stapediusreflexprüfung – neben Hinweisen auf die Trommelfellbeschaffenheit (je steifer das Trommelfell, um so niedriger der Kurvengipfel) vor allem eine Bestätigung der *Diagnose*

- eines Tubenmittelohrkatarrhs bei retrahiertem Trommelfell mit Unterdruck in der Paukenhöhle (mit dem Gipfel nach links zu den negativen Drucken verschobene Kurve, Abb. 30 b);
- eines Paukenergusses (z. B. Mucotympanum) oder eines Adhaesivprozesses (sehr flache, oft fast horizontale nach links verschobene Kurve und fehlender Stapediusreflex, Abb. 30 c);
- einer Gehörknöchelchenluxation (sehr hohe, steile, oben offene Kurve und fehlender Stapediusreflex, Abb. 30 d);

- einer Tubendurchgängigkeit beim Schlucken durch kurze Auslenkung der Kurve;
- einer klaffenden Tube durch atemabhängige Impedanzänderungen;
- eines Glomustumors durch pulssynchrone Impedanzänderungen.

7. Prüfungen des Hörvermögens bei Simulation und Aggravation

Simulation einer Schwerhörigkeit oder Taubheit (bei normalem Gehör):

a) Lombard-Leseversuch bei beiderseits simulierter Taubheit: Nach Einsetzen von Lärmtrommeln in beide Gehörgänge oder nach beidseitiger Vertäubung mit einem Breitbandrauschen wird sich die Stimme des Simulanten bei lautem Vorlesen verstärken: Da keine Taubheit besteht, fällt durch die Vertäubung die Kontrolle der Lautstärke der eigenen Stimme durch das Gehör weg. Bei echter Taubheit ändert sich die Lautstärke nicht.

b) Stenger-Versuch bei einseitig simulierter Schwerhörigkeit oder Taubheit: Der Simulant wird dadurch irregeführt, daß man einen Ton gleichzeitig beiden Ohren zuführt, auf dem guten Ohr mit einer geringeren, aber sicher überschwelligen Lautstärke, auf dem angeblich tauben Ohr mit großer Lautstärke. Der Simulant meint dann, nur das angeblich taube Ohr werde geprüft, gibt also an, nichts zu hören. Er liefert gerade damit den Nachweis, daß er den lauten Ton gehört hat.

c) Bei der Simulation einer einseitigen Taubheit gibt der Prüfling oft auch bei einer absichtlich ungenügenden Vertäubung des angeblich allein hörenden Ohres fälschlicherweise an, nichts zu hören.

d) Lee-Test: Bei Zuführen der eigenen Sprache mit geringer zeitlicher Verzögerung wird der Taube nicht, der Hörende jedoch bei lautem Vorlesen erheblich gestört sein.

e) Bei Beschallung eines simuliert tauben Ohres läßt sich ein typischer **Stapediusreflex** am anderen Ohr bei der Messung der Impedanzänderung (S. 49) nachweisen (objektive Hörprüfung).

Aggravation einer Schwerhörigkeit (vorgetäuschte Verschlimmerung einer bestehenden Schwerhörigkeit):

Der Verdacht besteht,
wenn die mit verschiedenen Methoden gewonnenen Hörprüfungsergebnisse nicht übereinstimmen,
wenn zögernd nachgesprochen wird oder an verschiedenen Tagen bei gleichartigen Prüfungen deutlich unterschiedliche Werte erhalten werden,
wenn bei der Tonaudiometrie die Geräuschschwelle wesentlich besser als die Tonschwelle oder die Luftleitungskurve besser als die Knochenleitungskurve liegt und schließlich,

wenn bei der BÉKÉSY-Audiometrie die Dauertonkurve besser als die Impulstonkurve verläuft.
Außerdem lassen sich in Zweifelsfällen auch die Stapediusreflexprüfung und die – apparativ allerdings aufwendigen – Methoden der objektiven Audiometrie (ERA als Methode der Wahl) einsetzen.
Unter psychogener Hörstörung versteht man eine unbewußt vorgetäuschte Schwerhörigkeit, die sich im wesentlichen nur auf die Situation bei Hörprüfungen beschränkt.

8. Ergebnisse der qualitativen Hörprüfungen

Hörprüfung:	**Schalleitungs-schwerhörigkeit:** (Mittelohr-schwerhörigkeit)	**Schallempfindungsschwerhörigkeit (sensorineural):** (Innenohr-schwerhörigkeit und Nervenschwerhörigkeit)	
Hörweitenprüfung:	Zahlen mit tiefen Frequenzen schlecht	Zahlen mit hohen Frequenzen schlecht	
Differenz Umgangssprache – Flüstersprache:	klein	groß	
Sprachaudiometrie:	kein Diskriminationsverlust	öfter Diskriminationsverlust	
RINNE:	negativ	positiv	
WEBER:	im kranken Ohr gehört	im gesunden Ohr gehört	
Tonaudiogramm:	Differenz zwischen Knochenleitung und Luftleitung	Hörverlust im hohen Tonbereich	
Tympanogramm:	Änderung des Kurvenverlaufs	Normaler Kurvenverlauf	
		sensorische (= Innenohr-) Schwerh.	**neurale (= Nerven-) Schwerh.**
Lautheitsausgleich (Recruitment nach FOWLER):		positiv	negativ
Geräuschaudiogramm (LANGENBECK):		Prüfton nicht verdeckt	Prüfton verdeckt
SISI-Test:		60 – 100%	0 – 15%
Hörermüdung:		nicht vorh.	vorhanden
Hirnstammaudiometrie: (BERA)		Leitzeit (Latenz) normal	Verlängerung der Leitzeit

B. Vestibularisprüfungen

Sie dienen der Feststellung

a) ob der angegebene Schwindel vestibulär bedingt ist (Objektivierung) und

b) ob eine Vestibularisstörung peripher oder zentral ausgelöst ist.

1. Schwindelanamnese

Schwindel bedeutet Verlust der Körpersicherheit im Raum und entsteht, wenn die Auskünfte der verschiedenen Sinnesorgane einander widersprechen. Der vestibuläre Schwindel (systematischer Schwindel) wird vom Patienten als **Drehschwindel,** Liftschwindel (Otolithenschwindel), Schwankschwindel, Ziehen nach einer Seite oder als Taumeligkeit geschildert. Der Schwindel nach Art **ohnmachtähnlicher Gefühle,** „Schwarzwerden" oder „Sternchensehen vor den Augen" hat seine Ursache im allgemeinen nicht in einer Funktionsstörung des Vestibularapparates, sondern ist als kreislaufbedingt, vasculär oder als diffuser Hirnschwindel (unsystematischer Schwindel) anzusehen. Höhenschwindel ist eine visuelle Reizschwindelform, wenn die Distanz zwischen Auge und in der Tiefe liegendem Fixpunkt mehr als einige Meter beträgt.
Der vestibuläre Schwindel tritt als **Anfallsschwindel** für Minuten bis Stunden (z. B. bei der MENIÈRE-Krankheit) oder als **Dauerschwindel** über längere Zeit (z. B. nach einseitigem Labyrinthausfall) auf. In beiden Fällen kommt es zu einer Verstärkung der Beschwerden bei Belastungen, wie z. B. bei schnellen Bewegungen oder bei Dunkelheit. Schließlich gibt es den **Lageschwindel,** der nach Einnahme einer bestimmten Körperlage oder -haltung einsetzt, oder den **Lagerungsschwindel,** der nach einem Lagewechsel beginnt und oft nur Sekunden andauert. Schwindel, der allein beim Aufrichten auftritt, ist meist kreislaufbedingt, Schwindel beim Aufrichten und Wiederhinlegen ist eher vestibulärer Genese. Mit dem vestibulären Schwindel sind häufig Vagussymptome (Übelkeit, Erbrechen) verbunden.

2. Abweichreaktionen (Koordinationsprüfungen, Prüfung der vestibulospinalen Reflexe) (Abb. 31 a – d)

Geprüft werden bei Verdacht auf eine Vestibulariserkrankung

a) der **ROMBERG-Versuch** (Stehen auf beiden oder auf einem Bein bei geschlossenen Augen),

b) die **Gangabweichung** beim Gehen geradeaus mit geschlossenen Augen,

c) der **Tretversuch nach UNTERBERGER,** bei dem der Patient mit geschlossenen Augen auf der Stelle marschieren muß und

d) der **Zeigeversuch,** bei dem bei Heben der Arme die Fingerspitzen des Arztes getroffen werden sollen.

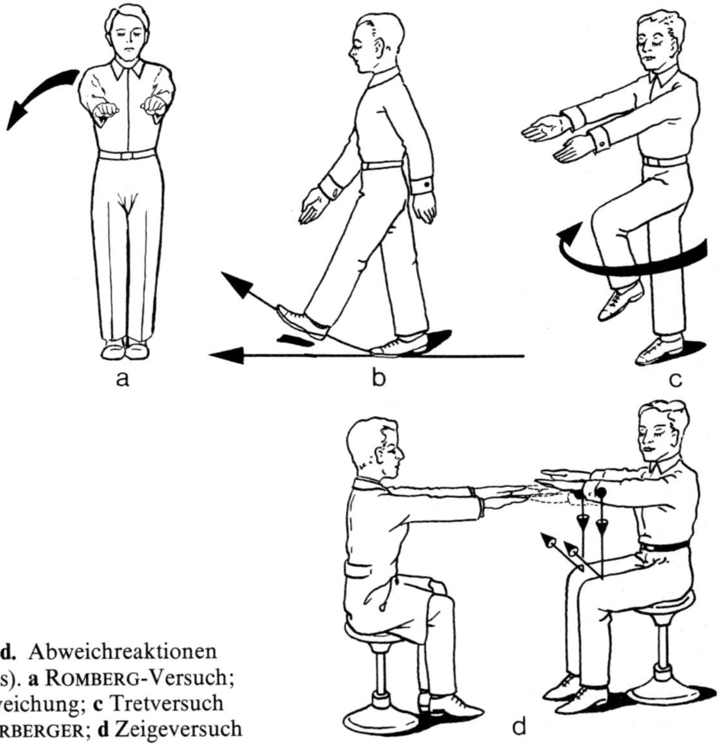

Abb. 31 a – d. Abweichreaktionen (nach rechts). **a** ROMBERG-Versuch; **b** Gangabweichung; **c** Tretversuch nach UNTERBERGER; **d** Zeigeversuch

Fallneigung, Gangabweichung, Drehung beim Tretversuch und Abweichung beim Zeigeversuch treten bei vestibulären Störungen auf und sind z. B. bei einem Labyrinthausfall nach der Seite des kranken Ohres gerichtet und entsprechen der Richtung der langsamen Komponente der Nystagmusschläge. Bei Änderung der Kopfstellung bleibt die Fallneigung in Richtung auf das kranke Ohr bestehen, also bei erkranktem linken Ohr und Kopfstellung geradeaus Fallneigung nach links, nach Drehen des Kopfes nach links Fallneigung nach hinten. Der Kleinhirnkranke dagegen fällt auch nach Kopfdrehung stets in die gleiche Richtung. Sie ist durch Kopfdrehungen nicht zu beeinflussen.

Die Körperschwankungen beim ROMBERG-Versuch können auf einer elektronischen Waage registriert werden (Posturographie). Der Test läßt sich durch zusätzliche Verwendung einer Kippbühne mit Schwerpunktverlagerung modifizieren.

Außerdem ist es möglich, bei den Steh- und Tretversuchen die Bewegungen von Kopf und Schultern durch aufgesetzte Lämpchen photoelektrisch aufzuzeichnen (Craniocorpographie).

GK 1.2.4

3. Spontan-, Provokations- und Lagenystagmus

Das periphere Vestibularorgan gibt ständig Impulse (Aktionsströme, Ruheaktivität) über den Nerven zu den Vestibulariszentren ab und bewirkt dort einen „Ruhetonus". Zwischen rechts und links besteht „Tonusgleichgewicht". Durch eine Erregung des peripheren Organs (z. B. durch eine Ablenkung der Cupula nach der einen oder anderen Richtung, durch eine traumatische Schädigung des Innenohres oder durch eine entzündliche Erkrankung) kommt es zu einer Zunahme oder Abnahme der Impulsfrequenz im Nerven und einer Steigerung oder Abschwächung des Tonus in den Vestibulariszentren.
Je nach Größe der „Tonusdifferenz" zwischen rechts und links tritt eine Nystagmusneigung, ein latenter oder ein manifester Nystagmus auf. Bei einer Erkrankung, die mit einem Reizzustand des Labyrinths einhergeht, ist der Nystagmus zur kranken Seite, bei einem Labyrinthausfall dagegen durch Überwiegen des anderen Labyrinths zur gesunden Seite gerichtet. Der Nystagmus entsteht also zentral, er kann jedoch auf eben geschilderte Weise peripher oder durch eine cerebrale Störung auch zentral ausgelöst sein.

Der **vestibuläre Nystagmus** ist ein rhythmischer **Rucknystagmus,** dessen einzelne Schläge sich aus einer langsamen labyrinthären Komponente und einer schnellen – als zentrale Ausgleichsbewegung aufgefaßten – Komponente zusammensetzen. Seine Richtung wird nach der besser sichtbaren schnellen Komponente bezeichnet. Drehgefühl und Fallneigung entsprechen der langsamen Nystagmuskomponente. Das Nystagmusschlagfeld liegt vorwiegend in der Orbitahälfte, nach der die langsame Komponente gerichtet ist. Der Nystagmus kommt meist als Horizontalnystagmus zur Beobachtung, tritt aber auch als rotierender und selten – und dann stets zentral bedingt – als vertikaler Nystagmus auf. Er kann fein-, mittel- oder grobschlägig und wenig, mittel oder sehr frequent sein.
Der Nystagmus wird bei der Fahndung nach Spontannystagmus und Provokationsnystagmus zunächst ohne und anschließend unter der **Leuchtbrille** nach FRENZEL (Abb. 32) im abgedunkelten Raum beobachtet. Die Brille verhindert durch Gläser von 15 Dioptrien eine Fixation, die den Nystagmus hemmen würde, und erleichtert durch die Vergrößerung und Beleuchtung der Bulbi die Nystagmusuntersuchung.
Eine **Nystagmusregistrierung** ist auf elektrophysiologischem Wege **(Elektronystagmographie,** ENG) möglich: die bei jedem Nystagmusschlag auftretende Verschiebung der zwischen Cornea (+) und Retina (–) bestehenden Potentialdifferenz wird über bitemporal angelegte Elektroden abgeleitet, verstärkt und mit einem X-Y-Schreiber registriert. Damit lassen sich neben der Nystagmusdauer und der Schlagzahl auch die Amplituden der

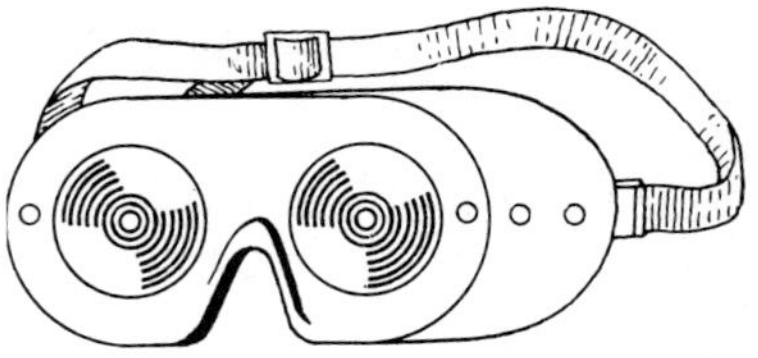

Abb. 32. FRENZEL-Brille

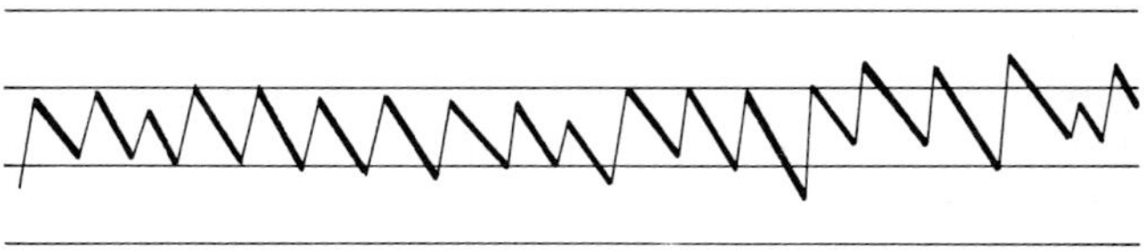

Abb. 33. Nystagmogramm

Abb. 34. Richtungsbestimmter Spontannystagmus nach links (in ein Schema für Blickrichtungen geradeaus, nach oben, nach unten, nach rechts und nach links eingezeichnet)

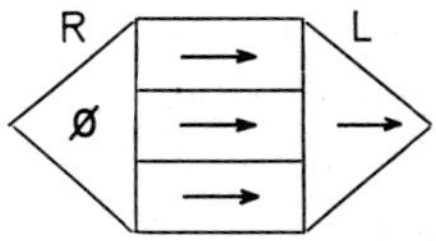

Nystagmusschläge und die Winkelgeschwindigkeiten der langsamen Nystagmuskomponenten feststellen und dokumentieren (Abb. 33). Die Untersuchung wird bei geschlossenen Augen oder bei geöffneten Lidern im Dunkeln vorgenommen. Dadurch kann ein Spontannystagmus verstärkt werden. Eine andere Methode der Nystagmusregistrierung, die Photoelektronystagmographie (PENG), ist nur bei geöffneten Lidern durchführbar und wird bei der galvanischen Prüfung benötigt.

Der **Spontannystagmus** wird in den fünf Hauptblickrichtungen geprüft: Blick geradeaus, nach links, nach rechts, nach oben, nach unten. Sein Auftreten ist nicht vom Willen des Patienten oder von äußeren Reizen ausgelöst und hat krankhafte Bedeutung. Man unterscheidet den **richtungsbestimmten Spontannystagmus,** der nur in eine Richtung schlägt und mehr für Erkrankungen des peripheren Organs spricht (Abb. 34) und den **Blickrichtungsnystagmus,** der seine Schlagrichtung je nach Blickrichtung ändert und häufig bei zentralen Vestibularisstörungen (z. B. Hirnstammläsionen) beobachtet wird. Der festgestellte Nystagmus wird in ein übersichtliches Schema eingezeichnet.

Beim richtungsbestimmten Spontannystagmus tritt ein Nystagmus 1. Grades lediglich in Blickrichtung der schnellen Komponente, ein Nystagmus 2. Grades auch beim Blick geradeaus und ein Nystagmus 3. Grades bereits beim Blick in die Gegenrichtung auf.

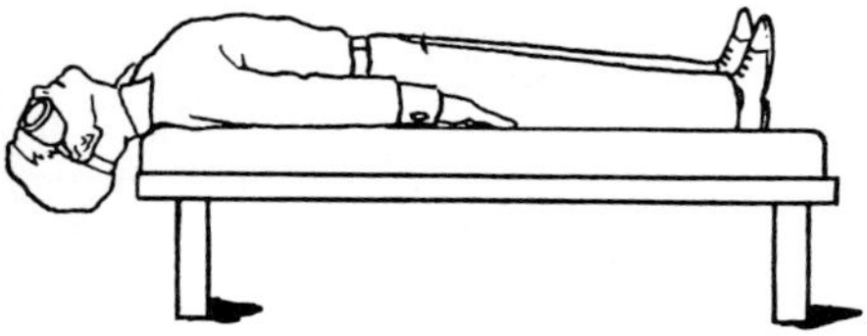

Abb. 35. Kopfhängelage (Lageprüfung)

Der **Provokationsnystagmus** (unter der FRENZEL-Brille geprüft) wird durch Einnahme der Schwindellage, durch Kopfschütteln, durch Bücken und Wiederaufrichten und durch die Lageprüfung untersucht. Ein latenter Nystagmus kann durch diese „Lockerungsmaßnahmen" aktiviert und vorübergehend zu einem Spontannystagmus werden.

Bei der **Lageprüfung** wird unter der Leuchtbrille beobachtet, ob in Rükkenlage, in rechter und linker Seitenlage, in Kopfhängelage (Abb. 35) und beim Wechsel von Aufsitzen und Hinlegen ein Lage- oder Lagerungsnystagmus auftritt. Man unterscheidet den **richtungsbestimmten Lagenystagmus,** der sich häufiger bei peripheren Schäden findet – aber als gelockerter Spontannystagmus auch bei zentralen Schäden vorkommt –, und den **richtungswechselnden Lagenystagmus,** der für einen zentralen Schaden spricht.

Der echte Lagenystagmus hält nach Einnahme der Lage länger als 30 Sek. an. Ein meist peripher durch kinetische Reize beim Lagewechsel ausgelöster und nur wenige Sekunden andauernder (benigner paroxysmaler) **Lagerungsnystagmus** beim schnellen Wechsel zwischen Aufrichten und Wiederhinlegen in Kopfhängelage mit seitwärts gedrehtem Kopf wird mit abgesprengten, die Cupula des hinteren vertikalen Bogenganges reizenden Otolithen nach Kopftraumen erklärt (Cupulolithiasis), kann aber auch vasculärer Genese oder cervical bedingt sein.

Schwindelbeschwerden, über die ein Patient klagt, werden durch den Nachweis eines Spontan-, Provokations-, Lagerungs- oder Lagenystagmus als vestibuläre Funktionsstörung erkannt.

Ein **Endstellungsnystagmus** (Einstellungsnystagmus) bei extremem Blick zur Seite ist muskulär bedingt und hat keine krankhafte Bedeutung. Andere Nystagmusformen, wie der **optokinetische Nystagmus** (Eisenbahnnystagmus), der **Bergarbeiternystagmus** infolge langer Arbeit im Dunkeln, ein **okulärer Nystagmus** z. B. bei Sehschwäche und der **angeborene Pendelnystagmus** sind nicht vestibulären Ursprungs. (Cervicalnystagmus S. 67 u. 124.)

4. Rotatorische Prüfung

Die rotatorische Prüfung gehört mit der thermischen Prüfung

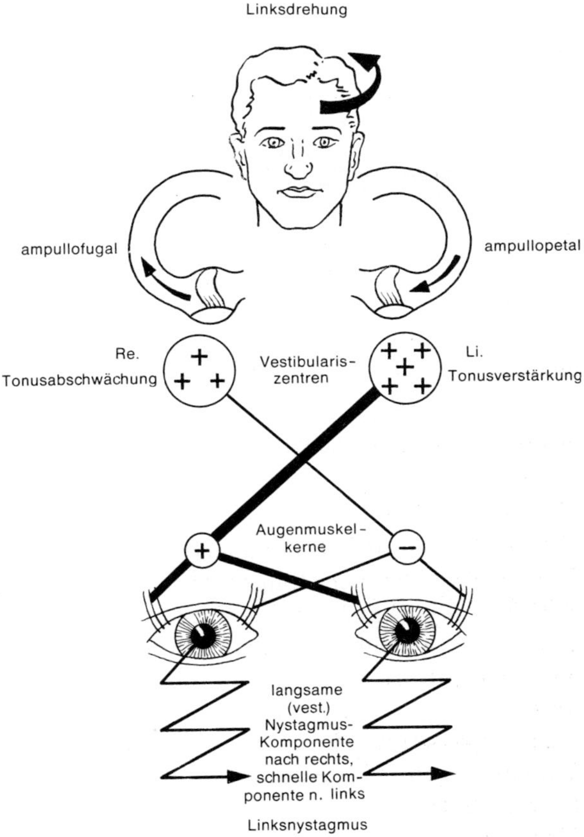

Nystagmus stets in Richtg. der stärkeren Reizung (wärmer!) =) größere Reizg.

Abb. 36.
Nystagmusentstehung bei der Drehung

---

und der Prüfung des Fistelsymptoms zu den **experimentellen Vestibularisprüfungen,** bei denen Endolymphbewegungen ausgelöst werden und ein Nystagmus entsteht (vestibulooculärer Reflex).

Im Endolymphschlauch des waagerecht gestellten horizontalen Bogenganges entsteht bei der Drehung des Patienten nach rechts oder links eine **Trägheitsströmung der Endolymphe** mit einer Ablenkung der Cupula. Die Strömung kommt beim Andrehen (Beschleunigung) durch Zurückbleiben der Endolymphe (Abb. 36) und beim Anhalten aus der Drehung durch Weiterbewegen der Endolymphe zustande.

Eine ampullopetale Strömung im horizontalen Bogengang bewirkt eine utriculopetale Cupulaablenkung mit einer Depolarisierung der Sinneszellen, eine Steigerung der Frequenz der Nervenimpulse, eine Verstärkung des Ruhetonus im gleichseitigen Vestibulariszentrum und einen Nystagmus zur gleichen Seite. Eine ampullofugale Endolymphströmung hat eine utriculofugale Cupulaablenkung mit einer Hyperpolarisie-

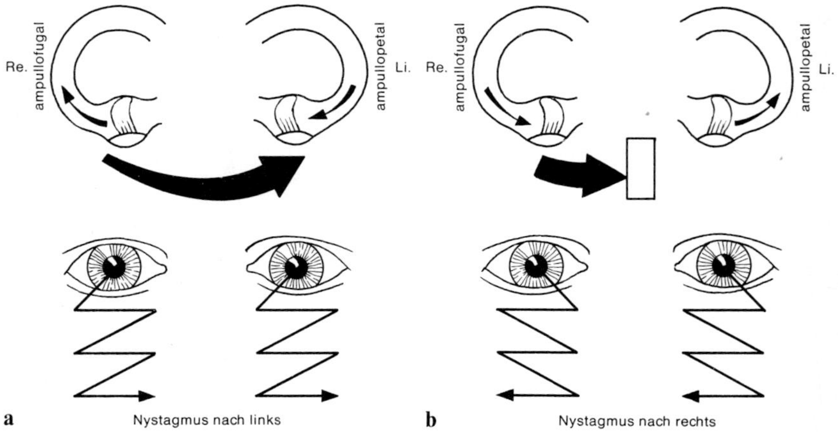

Abb. 37 a, b. Rotatorische Prüfung. **a** Andrehen nach links; **b** Stop aus der Linksdrehung

rung der Sinneszellen, eine Minderung der Frequenz der Nervenimpulse, eine Abschwächung des Ruhetonus im gleichseitigen Vestibulariszentrum und einen Nystagmus zur anderen Seite zur Folge. Bei starken Reizen zeigt die ampullopetale Endolymphströmung im horizontalen Bogengang eine größere Wirkung als die ampullofugale Strömung (2. EWALD-Gesetz).

Die **Linksdrehung** führt im rechten horizontalen Bogengang zu einer ampullofugalen Endolymphströmung, im linken horizontalen Bogengang zu einer gleichzeitigen ampullopetalen Endolymphströmung. Es tritt also beim Andrehen ein perrotatorischer **Linksnystagmus** auf (Abb. 37 a).
Beim **Anhalten aus der Linksdrehung** ist die Endolymphströmung rechts ampullopetal und links ampullofugal gerichtet, die Folge ist ein postrotatorischer **Rechtsnystagmus** (Abb. 37 b). Nach dieser ersten postrotatorischen Nystagmusphase, die durch die Cupulaablenkung bedingt ist, kann eine zweite (eventuell auch eine dritte) postrotatorische Nystagmusphase folgen, deren Nystagmusrichtung der vorausgegangenen Phase jeweils entgegengesetzt ist. Das phasenhafte Auspendeln der Nystagmusreaktion ist als zentrale Antwort auf die periphere Erregung anzusehen.

Bei der **Rechtsdrehung** treten Endolymphbewegungen und Nystagmusphasen jeweils entsprechend entgegengesetzt auf.

Durchführung: Bei der Untersuchung auf dem einfachen, mit der Hand angedrehten und gestoppten Drehstuhl wird der Patient nach der von **BÁRÁNY** angegebenen **Methode** in 20 Sekunden zehnmal herumgedreht und dann ruckartig angehalten. Der Kopf muß dabei um 30 Grad nach vorn

Abb. 38. Drehstuhl

geneigt sein, damit die horizontalen (lateralen) Bogengänge möglichst waagerecht stehen. Festgestellt wird die Dauer des postrotatorischen Nystagmus nach Rechtsdrehung und anschließend nach Linksdrehung. Die Nystagmusdauer beträgt jeweils zwischen 20 und 40 Sekunden.

Die Untersuchung auf einem elektronisch gesteuerten Drehstuhl (Abb. 38) vermeidet durch unterschwelliges Andrehen das Auftreten eines perrotatorischen Nystagmus und damit Interferenzen zwischen per- und postrotatorischem Nystagmus. Bei dieser sogenannten **Langdrehmethode** (MITTERMAIER) wird unterschwellig (unter $1°/sec^2$ Beschleunigung) bis zu einer Winkelgeschwindigkeit von 60°/sec angedreht, anschließend eine Minute mit dieser Winkelgeschwindigkeit gleichmäßig weitergedreht und dann ruckartig gestoppt. Unter der Leuchtbrille werden Dauer und Schlagzahl des postrotatorischen Nystagmus der ersten und zweiten Phase festgestellt oder mittels der Elektronystagmographie registriert. Nach 10 Minuten folgt dann in gleicher Weise die Ausführung in entgegengesetzter Richtung.

Durch Untersuchungen auf diesem Drehstuhl können auch die Schwellenwerte für die Drehempfindung und für den perrotatorischen Nystagmus (bei $1°/sec^2$) ermittelt werden (MONTANDON).

Zu den rotatorischen Prüfungen rechnet auch die **Pendelprüfung** (GREINER), bei der die Nystagmusreaktionen während der sinusförmigen Hin- und Herbewegungen auf dem Pendelstuhl registriert werden.

Aussage: Mit der **rotatorischen Prüfung,** bei der stets **beide** Vestibularorgane gleichzeitig erregt werden, kann man feststellen, ob sich der Vestibularapparat in einem **Funktionsgleichgewicht** (seitengleiche Nystagmusreaktionen) befindet oder ob Zeichen einer **Funktions- bzw. Regulationsstörung** (z. B. Nystagmusneigung bzw. Überwiegen des Nystagmus nach einer Richtung) vorhanden sind. Subjektive Schwindelerscheinungen können damit objektiviert werden.

Nach einem peripheren Ausfall z. B. kommt es zunächst zu einem Spontannystagmus zur gesunden Seite. Im Laufe von 1 – 2 Jahren tritt im allgemeinen ein zentraler Ausgleich (Kompensation) ein. Zuerst verschwindet der Spontannystagmus, allmählich kann auch das Richtungsüberwiegen des Nystagmus bei den rotatorischen Prüfungen geringer werden und schließlich bei vollständigem Ausgleich verschwinden. Der Rückgang der Regulationsstörung läßt sich so – trotz bleibenden peripheren Ausfalls – durch die rotatorischen Prüfungen verfolgen.
Bei der Erholung eines vorher untererregbaren oder vorübergehend ausgefallenen peripheren Vestibularorgans kann nach Abklingen des Ausfallsnystagmus (Spontannystagmus zur gesunden Seite) ein **Erholungsnystagmus** auftreten, der dann als Spontannystagmus zur Seite des kranken Ohres gerichtet ist.

5. **Thermische Prüfung** (kalorische Prüfung)

Steht der horizontale Bogengang senkrecht (vertikal), so läßt sich durch Abkühlung oder Erwärmung des äußeren Bogengangschenkels eine – nicht physiologische – Bewegung der Endolymphe durch Änderung des spezifischen Gewichtes (Konvektionsströmung) und damit eine Cupulaablenkung erreichen (BÁRÁNY) (Abb. 39 a).

Eine **Erwärmung** führt zu einer **ampullopetalen** Endolymphbewegung, einer utriculopetalen Cupulaablenkung mit einer Depolarisierung der Sinneszellen, einer Steigerung der Frequenz der Nervenimpulse, einer Verstärkung des Ruhetonus im gleichseitigen Vestibulariszentrum und einem **Nystagmus zur gleichen Seite.** Eine **Abkühlung** ist von einer **ampullofugalen** Endolymphbewegung, einer utriculofugalen Cupulaablenkung mit einer Hyperpolarisierung der Sinneszellen, einer Minderung der Frequenz der Nervenimpulse, einer Abschwächung des Ruhetonus im gleichseitigen Vestibulariszentrum und einem **Nystagmus zur anderen Seite** gefolgt. (Nach **K**altreiz Nystagmus zum **a**nderen Ohr, nach He**i**ßreiz Nystagmus zum gl**ei**chen Ohr! Das subjektive Drehgefühl ist jeweils entgegengerichtet.)

Durchführung: Der Kopf des Patienten wird in die „Optimumstellung" (BRÜNINGS) gebracht, d. h. der Kopf muß im Liegen um 30 Grad angehoben oder im Sitzen um 60 Grad zurückgeneigt (Abb. 39 b) werden, damit die horizontalen Bogengänge möglichst senkrecht stehen. Jeder Gehörgang wird nacheinander mit warmem Wasser und mit kaltem Wasser gespült. Es sind also vier Einzeluntersuchungen erforderlich, zwischen denen jeweils eine Pause von einigen Minuten eingelegt werden soll. Die Temperaturänderung setzt sich über die hintere knöcherne Gehörgangswand ins Antrum mastoideum fort und erreicht dort den horizontalen Bogengang.

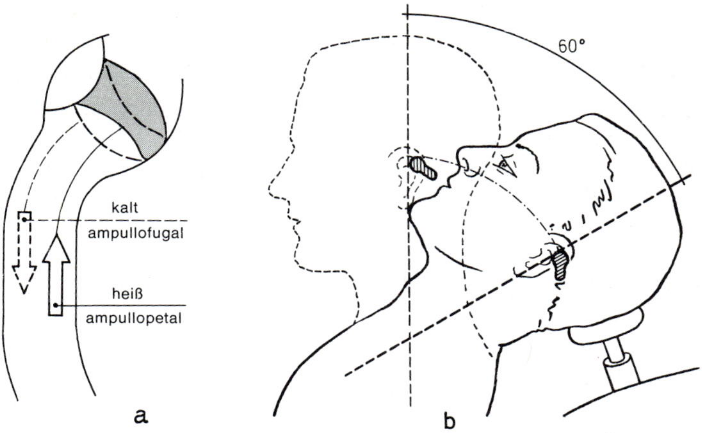

Abb. 39 a, b. Thermische Prüfung. **a** Bewegung der Endolymphe durch Änderung des spezifischen Gewichtes und Cupulaablenkung; **b** Optimumstellung des horizontalen Bogenganges

Bei der **Methode nach Hallpike,** bei der der Patient liegend untersucht wird, läßt man jeweils 30 Sekunden lang Wasser von 44 Grad Celsius und danach von 30 Grad Celsius durch den Gehörgang laufen.

Bei der **Methode nach Veits,** die im Sitzen ausgeführt wird, werden jeweils 10 ml Wasser von 17 Grad Celsius und anschließend von 47 Grad Celsius verwandt.

Der thermische Nystagmus wird unter der Leuchtbrille beobachtet oder elektronystagmographisch registriert. Eine Änderung der Kopfstellung um 180 Grad während der Prüfung führt – im Gegensatz zur rotatorischen Prüfung – zu einem Umschlag des Nystagmus.

Aussage: Mit der **thermischen Vestibularisprüfung** wird jedes Vestibularorgan **einzeln** untersucht. Sie dient der **Feststellung der peripheren Erregbarkeit.** Man vergleicht die Erregbarkeit einer Seite nach Kalt- und nach Warmspülung mit der der anderen und kann Erregbarkeitsdifferenzen zwischen rechts und links bis zur thermischen Unerregbarkeit einer oder beider Seiten aufdecken. Ein Vestibularorgan gilt als unerregbar, wenn nach thermischer Reizung keine Nystagmusreaktion auftritt.

Ein bei der thermischen Prüfung festgestelltes Richtungsüberwiegen des Nystagmus nach einer Seite kann eine periphere Ursache haben (z. B. bei peripherer Untererregbarkeit der anderen Seite und dadurch ausgelöstem Spontannystagmus oder latentem Nystagmus; dabei oft auch cochleäre Funktionsstörung der erkrankten Seite) oder einen zentralen Schaden anzeigen (z. B. bei bds. normaler peripherer Erregbarkeit und nachweisbaren weiteren cerebralen Symptomen).

GK 1.2.4

Eine Spülung des Gehörgangs muß bei trockenen Trommelfelldefekten unterbleiben. Man bläst dann zur orientierenden thermischen Prüfung – falls ein geschlossenes Durchflußsystem nicht zur Verfügung steht – kalte Luft in den Gehörgang oder legt einen äthergetränkten Wattebausch ein, durch den Verdunstungskälte erzeugt wird.
Wiederholte Reizanwendungen führen zu einer Abnahme der – zentral gesteuerten – vestibulären Reaktion **(Habituation).**

6. **Galvanische Prüfung** (seltener durchgeführt)

Bei **kathodischer** Reizung ist die schnelle Nystagmuskomponente zur **Reizelektrode,** bei **an**odischer Reizung zur **an**deren – nicht geprüften – Seite gerichtet. Der Nystagmus wird durch De- bzw. Hyperpolarisationseffekte am N. vestibularis ausgelöst.

Festgestellt wird die Stromstärke (mA), bei der ein vestibulärer Nystagmus auftritt (Reizschwelle), bzw. bei der ein Spontannystagmus verstärkt oder abgeschwächt wird. Gemessen wird außerdem die Latenzzeit der Richtungsumkehr des galvanischen Nystagmus bei Umpolung des Reizstromes (Methode nach PFALTZ).

Durchführung: Unipolare und monaurale Stimulation mit schwachem Gleichstrom. Indifferente Elektrode am gleichseitigen Oberarm. (Cave Schrittmacher!)

Der galvanische Nystagmus wird mittels photoelektrischer Aufzeichnung registriert (S. 57).

Aussage: Die Schwelle des galvanischen Nystagmus wird bestimmt von der Leitfähigkeit vestibulärer Neurone. Der Zustand des vestibulären Endorgans dagegen hat keinen Einfluß. Man bekommt daher durch die **galvanische Prüfung** – im Zusammenhang mit dem Ergebnis der thermischen Vestibularisprüfung über die Erregbarkeit des peripheren Organs – Hinweise darauf, ob die vestibuläre Störung im Endorgan, im Bereich des Nerven oder zentral liegt.

7. **Prüfung des Fistelsymptoms** (mechanische Reizung)

Besteht ein Trommelfelldefekt und gleichzeitig eine Arrosion des knöchernen horizontalen Bogenganges bei noch bindegewebig abgeschlossenem Perilymphraum (z. B. bei einer chronischen epitympanalen Mittelohreiterung mit einer Knochendestruktion durch ein Cholesteatom, S. 103), so läßt sich ein direkter Druck auf den häutigen Bogengangsschlauch an umschriebener Stelle ausüben (Abb. 40). Dadurch kommt es zu einer **ampul-**

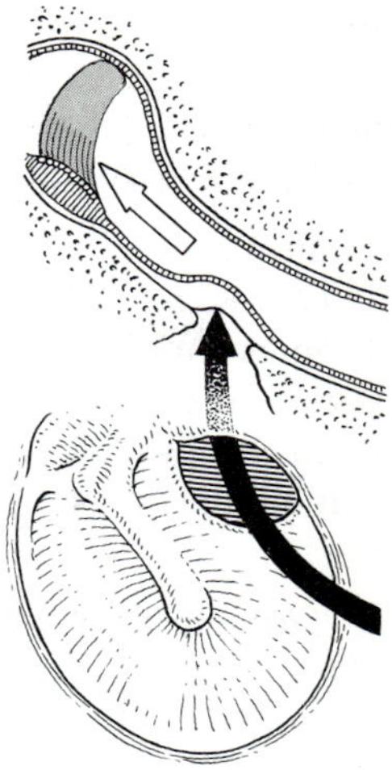

Abb. 40. Kompression des häutigen Bogenganges bei Defekt im knöchernen Bogengang

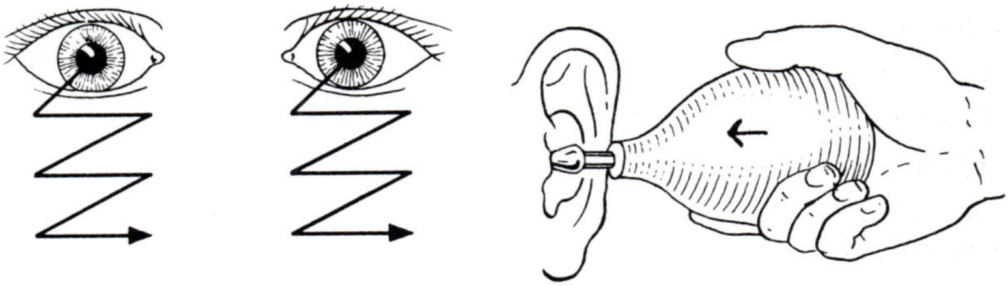

Abb. 41. Prüfung des Fistelsymptoms (Kompressionsnystagmus)

lopetalen Endolymphbewegung und zum **Nystagmus zur gleichen** Seite. Bei Aspiration schlägt der Nystagmus zur anderen Seite um.

Durchführung: Ein Politzerballon wird mit der durchbohrten Olive luftdicht in den Gehörgang eingesetzt. Gleichzeitig wird unter der Leuchtbrille beobachtet, ob ein Nystagmus auftritt. Liegt eine Bogengangsfistel vor, entsteht bei **K**ompression ein Nystagmus zur **k**ranken Seite (Abb. 41), bei **A**spiration ein Nystagmus zur **a**nderen Seite. Gelegentlich genügt auch ein Druck auf den Tragus, um ein Fistelsymptom auszulösen.

Aussage: Diese **Prüfung des Fistelsymptoms** wird bei jeder chronischen Mittelohrentzündung mit randständigem Trommelfelldefekt vorgenommen, um gegebenenfalls eine **umschriebene Zerstörung der Labyrinthkapsel** zu erkennen. Bei positivem Ausfall des Fistelsymptoms muß umgehend ein operativer Eingriff durchgeführt werden, um eine drohende diffuse Labyrinthitis zu verhindern und endocraniellen Komplikationen vorzubeugen (absolute Operationsindikation).

GK 1.2.4

Bei Vorliegen einer Bogengangsfistel läßt sich häufig auch ein „Lagefistelsymptom" auslösen: Es tritt ein transitorischer Nystagmus zur gesunden Seite nach Kopfhängelage und ein entgegengesetzt gerichteter Nystagmus nach schnellem Aufsitzen des Patienten auf.

Anmerkung:
TULLIO-Reaktion (-Phänomen): Vestibuläre Reizerscheinungen mit Nystagmus können sich gelegentlich auch bei intaktem Trommelfell während starker akustischer Belastung zeigen. Als Ursache werden Bogengangsfisteln, Stapessubluxationen bzw. -mißbildungen, Verwachsungen zwischen Stapesfußplatte und Utriculus oder eine Lues (S. 111) angeschuldigt.

8. Unterscheidung zwischen peripherer und zentraler Vestibularisstörung (Abb. 42)

a) Peripherer Ausfall rechts mit Überwiegen des Linksnystagmus

Thermische Prüfung	Re		Li
Kalt	Φ	← –	←
Heiß	Φ	– →	**→**

Rotatorische Prüfung	(Anhalten aus Li-Drehung)		(Anhalten aus Re-Drehung)
I postrot. Phase	←	– →	**→**
Pause			
II postrot. Phase	**→**	– →	←

b) Zentrale Vestibularisstörung mit Überwiegen des Linksnystagmus

Thermische Prüfung	Re		Li
Kalt	**→**	– →	←
Heiß	←	– →	**→**

Rotatorische Prüfung	(Anhalten aus Li-Drehung)		(Anhalten aus Re-Drehung)
I postrot. Phase	←	– →	**→**
Pause			
II postrot. Phase	**→**	– →	←

Abb. 42 a, b. Schematische Darstellung der Unterschiede in den Ergebnissen der experimentellen Prüfung bei **a** peripheren und **b** zentralen Vestibularisschäden. (Das Überwiegen der jeweiligen Nystagmusrichtung ist durch die Mittelpfeile angezeigt.)

Für **peripheren** Schaden spricht:
Drehgefühl
richtungsbestimmter Horizontalnystagmus
richtungsbestimmter Lage- oder Lagerungsnystagmus
thermische Prüfung: die Nystagmusreaktionen sind sowohl bei Kalt- als auch bei Heißspülung des erkrankten Ohres jeweils schwächer bzw. fehlen auf dieser Seite vollständig (Abb. 42 a), oder es zeigt sich ein Richtungsüberwiegen des Nystagmus nach der gesunden Seite (dazu kommen cochleäre Symptome auf der erkrankten Seite)
rotatorische Prüfung: Richtungsüberwiegen des Nystagmus nach einer Seite.

Für **zentralen** Schaden spricht:
unklarer Schwindel, seltener Drehschwindel
Blickrichtungsnystagmus, seltener richtungsbestimmter Horizontalnystagmus
vertikaler, alternierender, hüpfender, dissoziierter oder blickparetischer Nystagmus
richtungswechselnder Lagenystagmus, seltener richtungsbestimmter Lagenystagmus
thermische Prüfung: Richtungsüberwiegen des Nystagmus nach einer Seite (dazu kommen weitere cerebrale Symptome) (Abb. 42 b)
rotatorische Prüfung: Richtungsüberwiegen des Nystagmus nach einer Seite.

Anmerkung:
Mit der Prüfung des **optokinetischen Nystagmus** werden zentrale oculomotorische Funktionsstörungen aufgedeckt. Pathologische Änderungen des optokinetischen Nystagmus finden sich bei Hirnstammprozessen und können Frühsymptom einer multiplen Sklerose sein.
Durchführung: Der Patient schaut auf einen rotierenden, mit senkrechten schwarzen und weißen Streifen versehenen Zylinder bzw. auf ein entsprechendes Filmlaufbild. Die auftretenden Bulbusbewegungen (Nystagmus) werden elektronystagmographisch registriert.

Die Prüfung auf **Cervicalnystagmus** deckt eine Gefügestörung der Halswirbelsäule oder eine vasculäre Grundlage (A. vertebralis) als Ursache von Schwindelbeschwerden auf.
Durchführung: Der Patient sitzt auf einem Pendelstuhl (Drehsessel). Während der Untersucher den Kopf mit beiden Händen fixiert, dreht eine Hilfsperson den Drehsessel zunächst pendelförmig nach rechts und links. Während der Stuhlbewegung auftretender Nystagmus spricht für eine Gefügestörung der Halswirbelsäule (proprioceptiver Nystagmus). Anschließend wird der Drehsessel um 60° nach rechts und danach nach links ge-

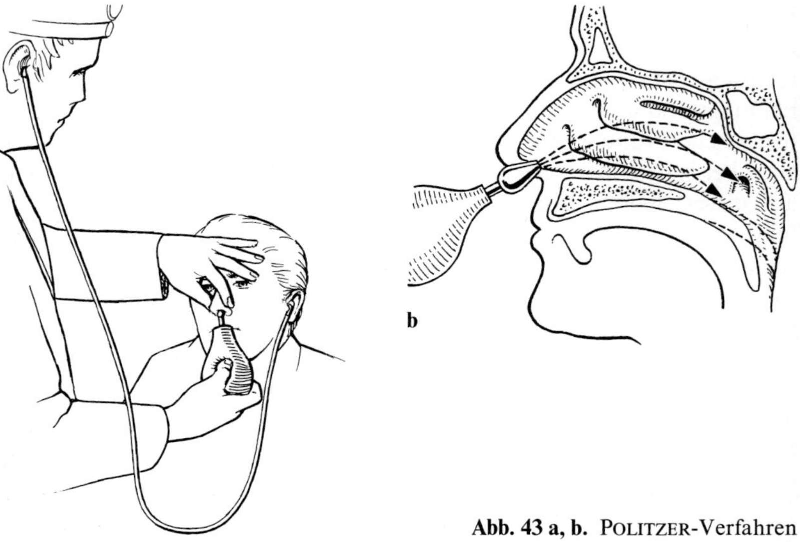

a b

Abb. 43 a, b. Politzer-Verfahren

dreht, wobei der Stuhl jeweils 30 Sek. in Endstellung gehalten wird. Ein in der Endstellung zu beobachtender Nystagmus ist vasculär ausgelöst. Jeder Cervicalnystagmus hat als pathologisch zu gelten.

C. Tubenfunktionsprüfungen 1.2.5

Vor der Prüfung der Tubendurchgängigkeit und bei jeder Ohruntersuchung ist eine eingehende Untersuchung von Nase, Nasenrachenraum, Nasennebenhöhlen, Rachen und Kehlkopf vorzunehmen, da viele Ohrerkrankungen in Nasen- und Rachenerkrankungen ihre Ursache haben (Rhinitis, Nebenhöhlenerkrankung, Rachenmandelvergrößerung, Tonsillitis u. a.). Tubendurchblasungen nimmt man bei Tubenmittelohrkatarrhen zum Druckausgleich zwischen Außenluft und Mittelohr vor, um eine ungehinderte Schwingung des Trommelfells und eine Besserung der Schalleitungsschwerhörigkeit zu erreichen. Sie müssen bei Schnupfen unterbleiben, um keine Infektion des Mittelohres zu verursachen.
Normalerweise öffnet sich die Tube zum Druckausgleich jeweils nur beim Schlucken. Eine ständig offenstehende Tube führt zur Autophonie (S. 92), weil die Schallwellen das Mittelohr einerseits durch den Gehörgang, andererseits aber auch durch die Tube erreichen.

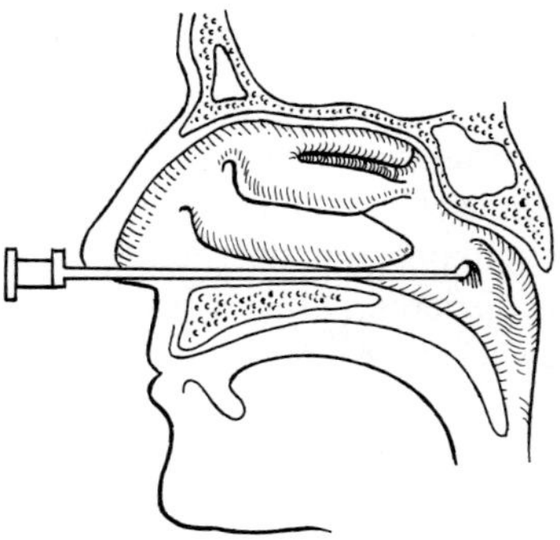

Abb. 44. Tubenkatheterismus

1. VALSALVA-Versuch

Man läßt den Patienten mit geschlossenem Mund und zugehaltener Nase kräftig in die Nase ausatmen. Dadurch wird Luft durch die Tube ins Mittelohr gedrückt. Bei der Auskultation ist ein Knackgeräusch zu hören. Die Vorwölbung des Trommelfells kann otoskopisch kontrolliert werden.
Auch beim TOYNBEE-Versuch (Schlucken mit zugehaltener Nase) kommt es zur Druckänderung in der Paukenhöhle und zur Trommelfellbewegung. Im Tympanogramm (S. 51) erkennt man eine Tubenöffnung beim Schlukken durch eine kurze Impedanzänderung.

2. POLITZER-Verfahren (Luftdusche) (Abb. 43)

Ein Gummiballon wird mit der aufgesetzten durchbohrten Metallolive an ein Nasenloch luftdicht angesetzt, das andere Nasenloch wird zugehalten. Während man kräftig auf den Ballon drückt, soll der Patient einen K-Laut (Kuckuck, Coca Cola) sagen oder schlucken. Dabei wird die Gaumenmuskulatur kontrahiert. Die Tube öffnet sich vor allem durch den Zug des M. tensor veli palatini, und der Nasenrachenraum wird gleichzeitig durch die Hebung des Gaumensegels vom Mundrachen abgeschlossen. Das Einströmen der Luft durch die Tube ins Mittelohr wird so ermöglicht. Ein Schlauch, der den Gehörgang des Patienten mit dem des Arztes verbindet, erlaubt dem Arzt, die Tubendurchgängigkeit an der Art des Durchblasegeräusches zu beurteilen.

3. Tubenkatheterismus (Abb. 44)

Bei schwer durchgängiger Tube wird ein vorn schwach gebogenes Metallröhrchen durch die Nase geschoben und im Nasenrachenraum mit der Öffnung in das Tubenostium eingeführt. Mittels Druckluft oder eines aufgesetzten Gummiballons erfolgt dann die Tubendurchblasung, deren Erfolg wiederum am Durchblasegeräusch zu erkennen ist. Durch den Tubenkatheter lassen sich auch Medikamente in Tube und Mittelohr einblasen.

GK 1.2.6

VI. Röntgenuntersuchung des Schläfenbeins

1.2.6

Spezialaufnahmen des Ohres sind erforderlich, da sich bei den Schädelübersichtsaufnahmen im frontalen und seitlichen Strahlengang die Knochenkonturen der Schädelbasis bzw. beide Schläfenbeine übereinander projizieren. Es sind stets Aufnahmen von beiden Ohren zu Vergleichszwecken anzufertigen.

1. Aufnahme nach Schüller (Abb. 45)

Die Röntgenplatte liegt dem Ohr an, der Zentralstrahl wird von der gegenüberliegenden Seite mit einem Neigungswinkel von 20 Grad von oben auf den Gehörgang des plattennahen Ohres gerichtet.
Dargestellt werden der Warzenfortsatz mit dem Antrum mastoideum, der äußere und der innere Gehörgang, die sich aufeinander projizieren, und das Kiefergelenk.
Die Aufnahme ist erforderlich zur Beurteilung des Pneumatisationsgrades, des Luftgehaltes der Zellen und der Zellzeichnung, der entzündlichen Prozesse, Einschmelzungen und Knochendestruktionen im Warzenfortsatz (Mastoiditis, Cholesteatom u.a.), der Felsenbeinlängsfrakturen und der Lage des Sinus sigmoideus und der Dura vor Ohroperationen. Gelegentlich läßt sich auch der Facialiskanal darstellen.

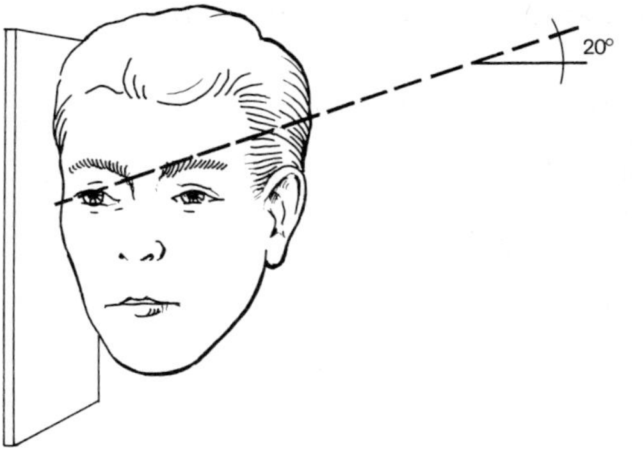

a

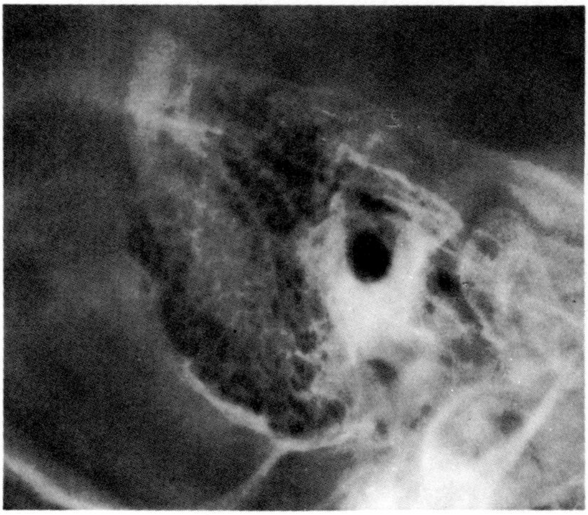

b

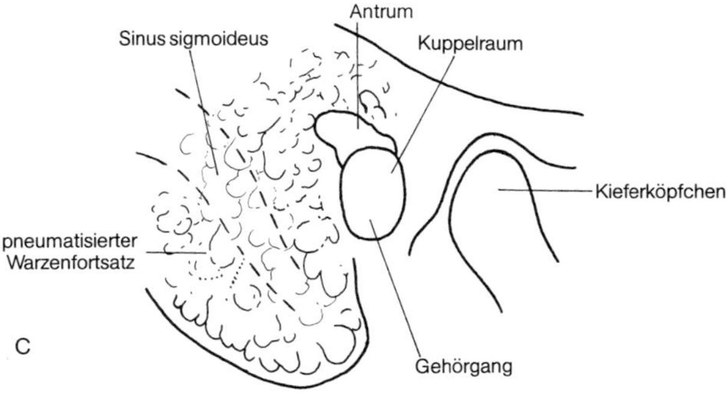

c

Abb. 45 a – c. Röntgenaufnahme nach SCHÜLLER. **a** Einstellung; **b** Röntgenbild; **c** Erläuterung

GK 1.2.6

2. Aufnahme nach Stenvers (Abb. 46)

Die Röntgenplatte liegt seitlich vor Orbita und Jochbein, der Zentralstrahl wird um 12 Grad von unten her angehoben und vom Hinterhaupt auf die Mitte zwischen äußerem Orbitarand und äußerem Gehörgang der plattennahen Seite gerichtet.
Dargestellt werden das gesamte Felsenbein bis zur Pyramidenspitze mit Labyrinthblock und innerem Gehörgang (Porus et Meatus acusticus internus).
Die Aufnahme ist erforderlich zur Beurteilung der oberen Pyramidenkante und der Pneumatisation der Pyramidenspitze (perilabyrinthäre Entzündung und Pyramidenspitzeneiterung), der Weite des inneren Gehörgangs (Acusticustumor), des Labyrinthes (Destruktionen der Labyrinthkapsel durch entzündliche Prozesse und Cholesteatom), der Felsenbeinquerfrakturen und der Lage der Dura vor Ohroperationen.

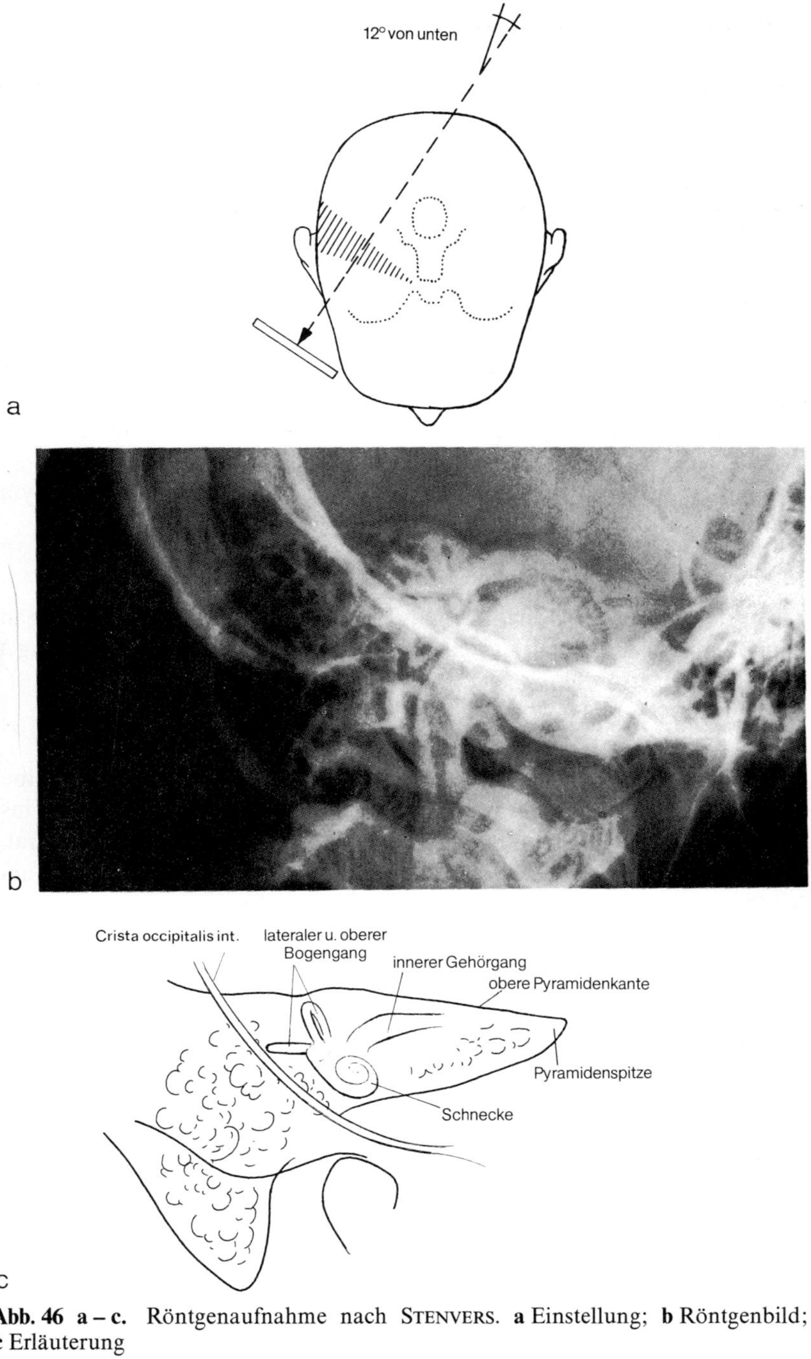

Abb. 46 a – c. Röntgenaufnahme nach STENVERS. **a** Einstellung; **b** Röntgenbild; **c** Erläuterung

3. Aufnahme nach E. G. Mayer (Abb. 47)

Die Röntgenplatte liegt schräg hinter dem Ohr (45 Grad), der Zentralstrahl wird um 45 Grad von oben her geneigt und vom gegenüberliegenden Stirnhöcker auf den äußeren Gehörgang der plattennahen Seite gerichtet.
Dargestellt werden der äußere Gehörgang und die Paukenhöhle mit dem Aditus ad antrum und dem Antrum mastoideum sowie das Kiefergelenk.
Die Aufnahme ist erforderlich zur Beurteilung der Ausdehnung eines Cholesteatoms und der dadurch bedingten Knochenzerstörung im Bereich der lateralen Kuppelraumwand (sog. Attikwand), im Antrum mastoideum und im Warzenfortsatz sowie zur Darstellung der Felsenbeinlängsfrakturen.

4. Axiale Schädelbasisaufnahme

Sie gibt einen guten vergleichenden Überblick über die Felsenbeinpyramiden (S. 164).

5. Tomogramme (Röntgenschichtaufnahmen)

Sie sind in den geschilderten Aufnahmerichtungen gelegentlich zur Ergänzung und zur genaueren Beurteilung von Ohrfrakturen, Ohrmißbildungen und Tumoren erforderlich.

6. Computertomogramme (s. S. 165)

Sie dienen der Darstellung von Tumoren, im Zusammenhang mit einer Luftfüllung des inneren Gehörganges (Pneumocisternomeatographie) insbesondere der Aufdeckung kleiner Acusticusneurinome. Bei Schädelfrakturen zeigen sich Knochenverschiebungen, intracranielle Blutungen und bei Durazerreißungen Lufteintritte in die Liquorräume.

7. Kernspintomogramme

Sie ermöglichen ohne Kontrastmittelgabe oder Luftfüllung die Darstellung auch kleiner Acusticusneurinome oder Gefäßschlingen.

8. Untersuchung der Gefäße

Karotisangiographie bei gefäßreichen Tumoren (Glomustumor) oder Gefäßmißbildungen (pulsierendes Ohrgeräusch).
Vertebralisangiographie zur Darstellung des Gefäßverlaufes.

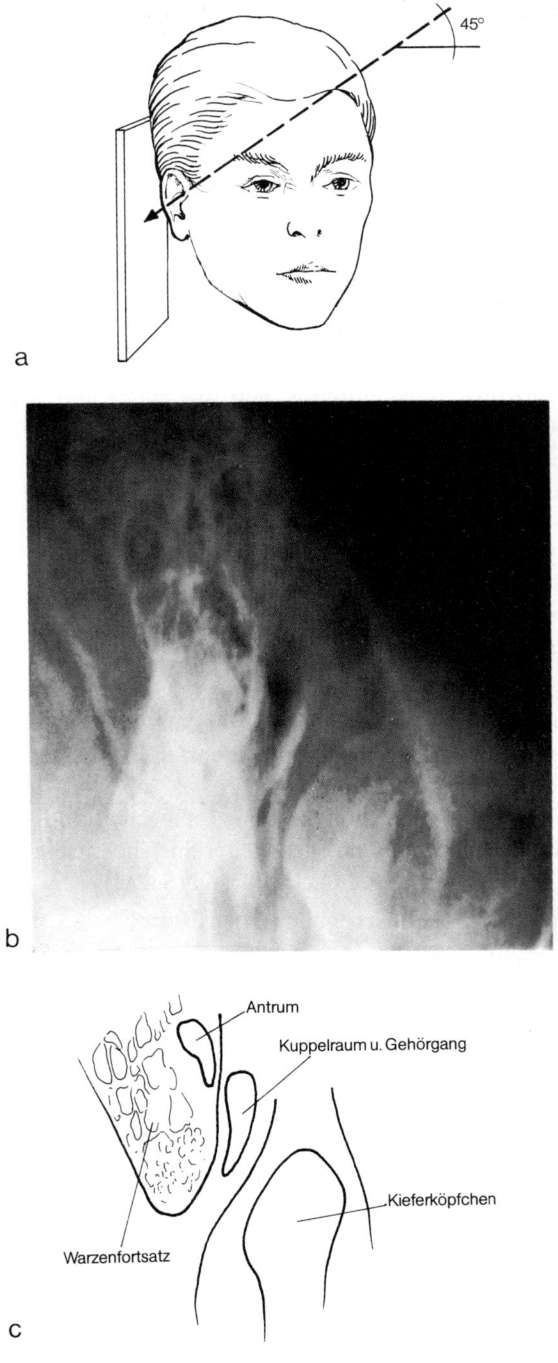

Abb. 47 a – c. Röntgenaufnahme nach E. G. MAYER. **a** Einstellung; **b** Röntgenbild; **c** Erläuterung

VII. Facialisdiagnostik

Differentialdiagnose zentrale/periphere Schädigung S. 26.

A. Funktionen

- Motorisch
  1. Stirnrunzeln 3. Naserümpfen 5. Pfeifen
  2. Augenschluß 4. Zähnezeigen 6. Kontraktion des M. stapedius
- Sekretorisch
  1. Tränensekretion: N. intermedius – N. petrosus major.
  2. Speichelsekretion Gl. submandibularis und Gl. sublingualis: N. intermedius – Chorda tympani.

  Anmerkung: „Krokodilstränen“: Nach Verletzung der Intermediusfasern im N. facialis im Bereich des Ganglion geniculi Einwachsen von Chorda tympani-Fasern in den N. petrosus major und Tränenträufeln beim Essen (Gustatorische Lakrimation).
- Sensorisch

  Geschmacksempfindung vordere zwei Drittel der Zunge: Chorda tympani – N. intermedius (z. B. Geschmacksstörungen bei Schädigung der Chorda tympani im Mittelohr).
- Sensible Versorgung von Anteilen des äußeren Gehörgangs (N. auricularis post.).

B. Topische Diagnose

- SCHIRMER-Test (Tränensekretion): Abmessen der durchfeuchteten Strecke eines Fließpapierstreifens, der in den Conjunctivalsack des Unterlides eingelegt wird (Pathologisch bei mehr als 30% Seitendifferenz in 5 Minuten).
- Stapediusreflexprüfung (S. 49).
- Prüfung der Speichelsekretion: Einlegen eines Kunststoffröhrchens in den WHARTON-Gang und Messen der Speichelmenge pro Minute.
- Gustometrie: Geschmacksprüfung (S. 231).

C. Elektrische Erregbarkeitsprüfung

- Nervenerregbarkeitstest = Nerve Excitability Test (NET): Elektrische Nervenreizung und Bestimmung der Muskelkontraktionsschwelle (pathologisch ab 3,5 mA Seitenunterschied).
- Elektroneuronographie (ENOG) = Maximal Stimulations Test (MST) = Neuromyographie (NMG): Messung der Amplitude der Muskelkontraktionen (Summenaktionspotentiale) nach überschwelligem Reiz. Durch Seitenvergleich der Amplituden wird indirekt der Prozentsatz der nicht mehr leitfähigen degenerierten Axone ermittelt (Axonotmesis).
- Elektromyographie (EMG): Messung der Muskelaktionspotentiale (Nadelelektrode!) bei Willkürbewegung der Gesichtsmuskulatur. Die Potentiale nehmen bei zunehmender Nervendegeneration ab, es treten Denervierungszeichen (Fibrillation) auf (Verwertbar ab 3. Woche nach Lähmung).

Prüfungsaufgaben zu Untersuchungsmethoden Ohr s. Anh. Aufg. 22–50.

GK 1.3, 1.3.1

Klinik des äußeren Ohres

1.3

I. Anomalien und Mißbildungen

1.3.1

1. Anotie: Fehlen der Ohrmuschel.

Mikrotie: Kleine verunstaltete Ohrmuschel (Farbaufnahme 17).

Therapie: Kunststoffepithese. Befestigung: an der Haut durch Ankleben, am Brillenbügel oder mit Hilfe von Fortsätzen, die in epithelisierte Hauttunnel geschoben werden. Bei plastischer Totalrekonstruktion oft ungenügendes kosmetisches Ergebnis, Teilrekonstruktionen günstiger.

Oft verbunden mit

2. Gehörgangsstenose oder **-atresie** und **Mißbildungen des Mittelohres**

(Mißbildungen oder Unterbrechung der Gehörknöchelchenkette = kleine Mißbildung. Fehlen des Trommelfells, Verklumpung und Fixierung der Gehörknöchelchenkette = große Mißbildung).

Symptome: Mittel- bis hochgradige Schalleitungsschwerhörigkeit.

Therapie: Operative Bildung oder Erweiterung des Gehörgangs und Tympanoplastik bzw. Fensterungsoperation (Voraussetzung: funktionstüchtiges Innenohr). Bei doppelseitiger Mißbildung mit Schalleitungsschwerhörigkeit Versorgung mit Hörgerät schon ab 1. Lebensjahr zur Sprachanbildung, Operation ab 5. Lebensjahr.
Gehäuftes Auftreten von Ohrmißbildungen, die auch das Innenohr und den N. facialis betreffen können, bei Dysmeliekindern (Thalidomid-Embryopathie, S. 132).
Mißbildungen des äußeren Ohres und des Mittelohres zusammen mit Gesichtsmißbildungen bei Dysostosis mandibulofacialis FRANCESCHETTI (Ober- und Unterkieferhypoplasie, Schrägstellung der Augenspalten, Vogelgesicht. Autosomal dominant vererbt).

3. Makrotie: Zu große Ohrmuschel.

Therapie: Keilexcision.

4. Auricularanhänge: Hautbürzel mit Knorpelkern vor der Ohrmuschel.

Therapie: Excision.

5. Abstehende Ohrmuschel: Fehlen des Anthelixwulstes (mangelnde Faltung der Ohrmuschel), oft verbunden mit einer großen Tiefenausdehnung des Cavum conchae. Der Ohr-Kopf-Winkel soll 30°, der Concha-Scapha-Winkel 90° betragen. Der Kinder sind häufig Hänseleien ausgesetzt.

Therapie: Von der Rückseite der Ohrmuschel aus: Ritzungen, Incisionen, Excisionen oder Ausdünnung des Knorpels. Damit wird die Formung einer neuen Anthelix ermöglicht (Anthelixplastik). Die Operation sollte ausgeführt werden, ehe die Kinder in die Schule kommen.

6. DARWIN-Höcker: Spitz auslaufender oberer Helixrand.

7. Schneckenohr: Einwärts gerollter oberer Helixrand (= Katzenohr).

8. Ohrfistel: Durch ungenügende Verschmelzungen der Schlundbögen entsteht vor dem Tragus ein epithelisierter Gang, der mehrere Zentimeter lang sein kann und aus dem sich Detritus entleert. Bei Infektion und Verklebung des Ganges Absceßbildung oder Cystenbildung.

Therapie: Exstirpation

II. Nicht entzündliche Prozesse 1.3.2

1. Ohrmuschelverletzungen: Durch Riß, Stich, Biß.

Therapie: Primäre Naht nach schonender Excision freiliegender Knorpelanteile. Antibiotica. Narbige Gehörgangsstenosen müssen durch Salbentampons verhindert werden.

Komplikationen: Infektion und Perichondritis.

2. Othämatom: Durch tangentiale abscherende Gewalteinwirkung (Boxer, Ringer, Sackträger, Liegen auf der umgeklappten Ohrmuschel).

Befund: Serös-blutiger Erguß zwischen Perichondrium und Knorpel. Schmerzlose pralle Auftreibung und Fluktuation an der Vorderseite der Ohrmuschel (Farbaufnahme 18). Unbehandelt später bindegewebige Organisation und bleibende Verunstaltung der Ohrmuschel („Boxerohr", „Ringerohr", „Blumenkohlohr").

Therapie: Punktion oder Incision (strenge Asepsis wegen Perichondritisgefahr) und Druckverband. Bei Rezidiven führt die Excision eines Knorpelstückes, die von der Rückseite der Ohrmuschel aus vorgenommen wird, und eine Matratzennaht zu einem Verkleben beider Perichondriumblätter und verhindert erneute Flüssigkeitsansammlungen.

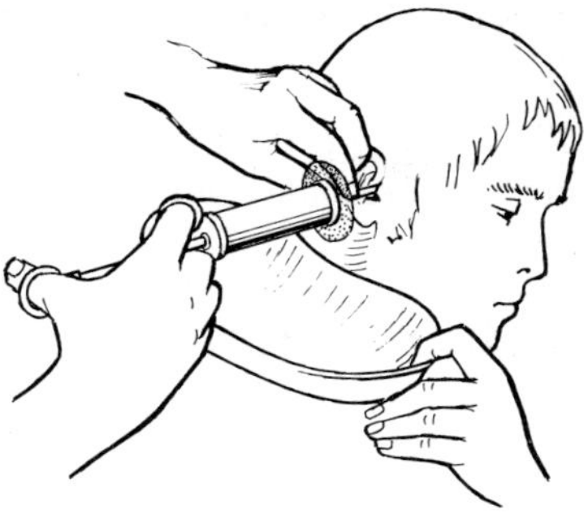

Abb. 48. Ohrspülung

3. Erfrierung der Ohrmuschel:

Erster Grad: Ohrmuschel weiß, gefühllos.
Therapie: Reiben, Stellatumblockaden.
Zweiter Grad: Blasenbildung.
Therapie: Eröffnen der Blasen.
Dritter Grad: Ulceration oder Nekrose am freien Rand.
Therapie: Demarkation unter Trockenbehandlung abwarten.
Knotige Infiltrationen (Frostbeulen), juckende Ekzeme am freien Rand oder Verdickungen der Ohrmuschel mit Knocheneinlagerungen sind Spätfolgen.

4. Ohrenschmalz: Gelbbraune Talgmassen können den Gehörgang durch Quellen (z. B. beim Baden) vollständig verlegen = Ohrschmalzpfropf, **Cerumen obturans.** Das baktericide Cerumen wandert normalerweise mit abgeschilfertem Epithel zum Gehörgangseingang (Migration). Durch Reinigungsversuche wird es häufig erst in die Tiefe des Gehörgangs praktiziert. Das tägliche Auswischen des Gehörgangs mit Wattestäbchen ist zu unterlassen.
Symptome: Dumpfes Gefühl, Schalleitungsschwerhörigkeit bei Verlegung.
Therapie: Bei intaktem Trommelfell Ohrspülung mit Ohrspritze und körperwarmem Wasser: Abziehen der Ohrmuschel nach hinten oben und Strecken des Gehörgangs wie bei der Ohrspiegelung. Der Wasserstrahl wird gegen die hintere obere Gehörgangswand gerichtet (Abb. 48). Bei festsitzendem Pfropf vorher Aufweichen mit Glycerin oder Cerumenex. Bei Vorliegen eines Trommelfelldefektes Ohrenschmalz mit einer Curette entfernen. (Keine Spülung bei laterobasalen Frakturen! S. 84.)

5. Gehörgangsfremdkörper:

Therapie: Bei intaktem Trommelfell durch Spülung entfernen. Manipulationen mit Häkchen oder Pinzette wegen der Gefahr der Verletzung des Trommelfells nur durch Geübte, bei Kindern u. U. in Narkose.

6. Exostosen, Hyperostosen: Bei Sportschwimmern Reaktion des Periostes auf den Reiz des kalten Wassers (Farbaufnahme 15).

Therapie: Operative Entfernung nur bei Verlegung des Gehörgangs oder nicht ausheilender Otitis externa.

III. Entzündungen

1.3.3

1. Perichondritis der Ohrmuschel:

Ursachen: Verletzungen, Infektion eines Othämatoms.

Symptome und Befund: Sehr schmerzhafte Schwellung und Rötung. Verschwinden des Ohrmuschelreliefs (Farbaufnahme 19), Absceßbildung (Fluktuation!), Durchbruch. Knorpelnekrose, Abstoßen von Knorpelteilen und Schrumpfen der Ohrmuschel.

Erreger: Oft Pseudomonas aeruginosa (Bacterium pyocyaneum) oder Proteus. Beide mit höchster Erregerresistenz gegen Antibiotica.

Therapie: Alkoholumschläge. Gezielte Antibioticabehandlung nach Resistenzbestimmung, meist mit Securopen, Pseudocef, Pipril oder Fosfocin. (Möglichst ohne die ototoxischen Aminoglycosid-Antibiotica auskommen!). Unter Umständen von retroauriculär operative Entfernung des nekrotischen Knorpels im Gesunden.

Differentialdiagnose:

Erysipel bei Gehörgangsekzem und Rhagaden: Ohrmuschelhaut und angrenzende Kopfhaut flammend rot, Ohrläppchen im Gegensatz zur Perichondritis mitergriffen, Blasenbildung, Fieber.
Therapie: Penicillin.

2. Gehörgangsekzem (Otitis externa diffusa):

Ursachen: Chronische Mittelohrentzündungen, Stoffwechselkrankheiten (Diabetes mellitus!), Kontaktekzem (Haarspray!) oder Allergie (Testung!), Manipulationen bei der Gehörgangsreinigung, „Badeotitis" durch unsauberes Wasser (Gelegentlich wird auch eine beim Baden entstandene tubogene Mittelohrentzündung so bezeichnet).

a) Nässende Form:

Symptome und Befund: Schmerzhafte Verschwellung des Gehörgangs, Juckreiz, schmierige fötide Sekretion (schleimige Sekretion spricht für gleichzeitige Mittelohrabsonderung). Stets Trommelfellbefund erheben! Mitunter Granulationen auf dem Trommelfell (= Myringitis).

Therapie: Gehörgangssäuberung mit Wattetupfer. Bei bakterieller Infektion Erregernachweis und gezielte örtliche Behandlung mit Antibiotica- und Cortisonsalbe (z. B. Jellin-Salbe).
Bei Pilzbefall (*Otomykose,* meist Aspergillus) Streifeneinlage mit antimykotischer Salbe oder Creme (z. B. Mycospor, Canesten, Moronal, Myco-Jellin).

b) Trockene Form:

Symptome und Befund: Juckreiz, Schüppchenbildung.
Therapie: Cortisonsalbe oder Scheroson F Ohrentropfen. Rhagaden mit 5%igem Argentum nitricum ätzen.

3. Osteomyelitis der Pars tympanica des Schläfenbeines (sog. maligne Otitis externa)

Vorkommen: Bei Diabetikern im hohen Alter, ausgehend von einer Gehörgangsentzündung.

Erreger: Pseudomonas aeruginosa.

Symptome und Befund: Starke Schmerzen, fötide Eiterung und Granulationen im Gehörgang (Farbaufnahme 16), Facialisparese, später auch Ausfälle anderer basaler Hirnnerven durch die fortschreitende granulierende und nekrotisierende Ostitis (Osteomyelitis). Schlechter Allgemeinzustand. (Carcinom durch Probeexcision ausschließen!)

Therapie: Großzügige operative Aufdeckung und Abtragung des Krankheitsherdes. Antibiotica (Securopen, Pseudocef, Pipril, Fosfocin, Tarivid).

Prognose: Unbehandelt Tod durch Meningitis oder Sinusthrombose mit Sepsis.

4. Gehörgangsfurunkel (Otitis externa circumscripta):

Ursache: Staphylokokkeninfektion der Haarbälge im Bereich des häutigen Gehörgangs – meist durch Einreiben beim Kratzen oder beim Säubern des Gehörgangs.

Symptome: Starke Schmerzen, vermehrt bei Druck auf den Tragus, bei Zug an der Ohrmuschel, beim Kauen und beim Einführen des Ohrtrichters.

Befund: Gehörgang im häutigen Anteil zugeschwollen, Weichteilödem oder Lymphknotenvergrößerung vor der Ohrmuschel oder retroauriculär.

Therapie: Analgetica, Einlage von Alkoholstreifen, Alkoholumschläge (70%ig), später Einlage von Streifen mit Antibiotica- und Cortisonsalbe, bei Fluktuation und Verzögerung des spontanen Abstoßens des Pfropfes Stichincision, bei schwerem Krankheitsbild Antibiotica (Panoral, Stapenor, Staphylex). Bei recidivierender Furunkulose an Diabetes mellitus denken!

GK 1.3.4

Differentialdiagnose:
Mastoiditis: Hierbei Einengung des Gehörgangs im knöchernen Teil durch Senkung der hinteren oberen Gehörgangswand, Schalleitungsschwerhörigkeit, Druckschmerz auf dem Warzenfortsatz, dagegen kein Schmerz bei Druck auf den Tragus, Trommelfellveränderungen wie bei akuter Otitis media, Einschmelzung oder Verschleierung der Warzenfortsatzzellen im Röntgenbild nach SCHÜLLER (S. 96).

Zoster oticus: Schmerzhafte Bläschen im Gehörgang (S. 131).

IV. Tumoren

1.3.4

1. Basaliome, Plattenepithelcarcinome (Spinaliome)

Vorkommen: Meist bei Landarbeitern oder Seefahrern (Sonneneinstrahlung!).

Befund: Höckerige, oft ulcerierte oder krustige Tumoren (Farbaufnahmen 21 u. 22).

Therapie: Excision im Gesunden bzw. vollständige Entfernung (Ablatio) der Ohrmuschel, bei Carcinommetastasen Neck dissection. Rekonstruktive Plastik oder epithetische Versorgung.

Differentialdiagnose: Senile Keratose, Cornu cutaneum, Morbus BOWEN.

2. Melanom (=malignes Melanom, Farbaufnahme 23)

Therapie: Ablatio der Ohrmuschel (keine Probeexcision aus dem Tumor!), bei Metastasierung Neck dissection, zusätzlich Chemotherapie.

Prognose: Abhängig von der histologisch nachgewiesenen Gesamtdicke und Invasionstiefe („level") des Primärtumors und von der Metastasierung.

3. Atherome (Talgdrüsenretentionscysten), meist hinter dem Ohrläppchen, werden mit dem Cystenbalg ausgeschält.

4. Chondrodermatitis nodularis helicis chronica

Linsengroßes (entzündliches) Knötchen mit kleiner zentraler Kruste am oberen Helixrand, beim Liegen auf dem Ohr sehr schmerzhaft (Farbaufnahme 20).

Therapie: Excision.

Differentialdiagnose: Gichttophi.

Prüfungsaufgaben zu Klinik äußeres Ohr s. Anhang Aufgaben 51 – 57.

GK 1.4, 1.4.1

Klinik des Mittelohres

1.4

I. Verletzungen

1.4.1

A. Trommelfellverletzungen

1. Direkte Verletzungen

Ursache: Perforierende Gegenstände:
Pfählungsverletzungen durch Streichholz, Stricknadel, Ästchen, Q-Tip.
Einsprengung von heißen Metalltropfen beim Schweißen.
Einreißen von Trommelfellnarben bei Ohrspülungen oder Tieftauchen.
Verbrennungen und Verätzungen des Trommelfells.

Komplikationen: Infektion des Mittelohres, Zerstörung oder Luxation der Gehörknöchelchenkette, Perforation der medialen Paukenhöhlenwand zum Labyrinth (Labyrinthitis, Meningitis!).

2. Indirekte Verletzungen durch Luftdruckänderung (Überdruckrupturen)

Ursache: Explosion, Schlag aufs Ohr mit der flachen Hand, Aufschlagen aufs Wasser, Aufprall eines Balles aufs Ohr.

Symptome und Befund: Stechender Schmerz, vor allem bei direkten Verletzungen, schlitzförmige Trommelfellperforation oder Trommelfelldefekt mit gezackten Rändern in der Pars tensa, Blutspuren am Perforationsrand (Farbaufnahme 3). Schalleitungsschwerhörigkeit.
Bei Verbrennungen (Schweißperlen) vergrößern sich die Defekte in den ersten Tagen meist noch. Es entstehen langdauernde Mittelohreiterungen.
Bei Innenohreröffnung: Schwindel, Spontannystagmus, Schallempfindungsschwerhörigkeit oder Taubheit auf diesem Ohr.

Therapie:
Schlitzförmige Perforationen heilen bei sterilem Abdecken des Ohres von selbst.
Umgeklappte Trommelfellanteile müssen unter dem Operationsmikroskop aufgerichtet, Fremdkörper und Schmutzteile entfernt werden. Vorübergehend Abdecken der operativ versorgten Tommelfellverletzung mit einer Silikonfolie.
Niemals Ohrspülung oder Ohrtropfen wegen der Gefahr einer Infektion der Mittelohrschleimhaut! !
Bleiben Trommelfelldefekte zurück, so sind sie durch eine Trommelfellplastik (S. 109) zu verschließen.

B. Felsenbeinbrüche (Schläfenbeinbrüche)

Brüche der Otobasis = **laterobasale Frakturen** = Schädelbasisfrakturen mit Eröffnung der schleimhautausgekleideten Mittelohrräume. Es handelt sich um Berstungsbrüche durch Druckeinwirkungen auf den Schädel.

Gefahr: Aufsteigende Infektion, Meningitis (siehe auch frontobasale Frakturen im Nebenhöhlenbereich, S. 173).

Prognose: Abhängig von der Schwere der gleichzeitigen Hirnschädigung oder von eintretenden endokraniellen Komplikationen.

Je nach Verlaufsrichtung der Fraktur:

1. Felsenbeinlängsbruch (Pyramidenlängsbruch) – Berstung durch Seitendruck – verläuft von der Schläfenbeinschuppe oder dem Warzenfortsatz durch die Paukenhöhle und entlang der Vorderkante der Felsenbeinpyramide (paralabyrinthärer Bruch, Abb. 49 rechts). Er durchsetzt das Dach der Paukenhöhle und die hintere obere knöcherne Gehörgangswand (Trommelfellrand) und führt zu einer Trommelfellzerreißung im hinteren oberen Quadranten der Pars tensa (Abb. 50). Nach Abheilung kann man häufig einen überhäuteten Bruchspalt oder eine Stufenbildung in der hinteren oberen Gehörgangswand (Trommelfellrandbruch) bei der Otoskopie erkennen (Abb. 51 und Farbaufnahme 9).

Symptome und Befund (Mittelohrschädigung):

- **Blutung aus dem Gehörgang,** bei Durazerreißung Liquorabfluß.
- **Schalleitungsschwerhörigkeit** (besonders hochgradig bei Luxation oder Fraktur der Gehörknöchelchen). WEBER-Versuch: Lateralisation ins kranke Ohr.
  Bei Gehörknöchelchenluxation fehlt der Stapediusreflex (Impedanzmessung), im Tympanogramm findet sich ein steiler Kurvenverlauf (S. 51).
- Kein Vestibularisausfall.
- Periphere **Facialisparese** in 20%:
  Primäre (= Früh-) Lähmung. Prognose ungünstig, da häufig Zerreißung oder erhebliche Zerrung des Nerven.
  Sekundäre (= Spät-) Lähmung einige Tage nach dem Unfall. Prognose besser, da lediglich Blutung oder Ödem im Facialiskanal mit Kompression des Nerven (in 90% spontane Wiederkehr der Funktion).

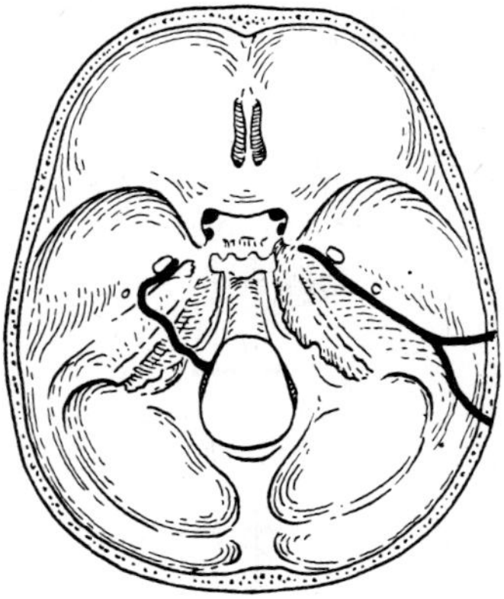

Abb. 49. Felsenbeinbrüche; rechts Längsbruch, links Querbruch

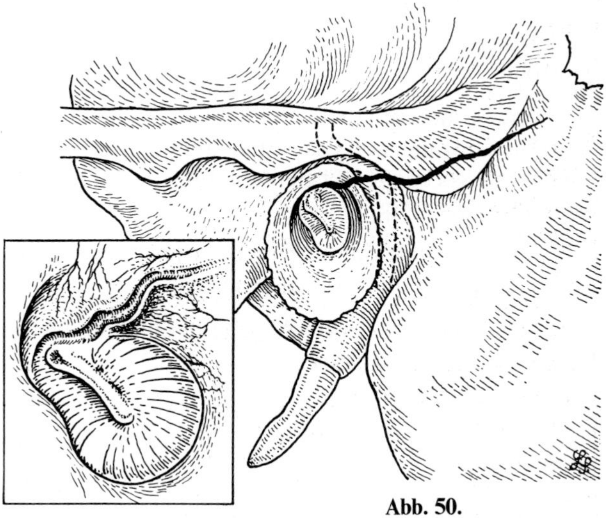

Abb. 51.
Trommelfellrandbruch

Abb. 50.
Felsenbeinlängsbruch linkes Ohr

GK 1.4.1

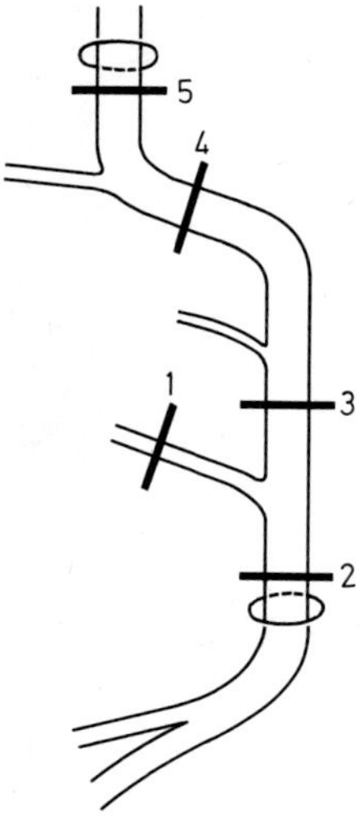

Abb. 52. Verletzungsstellen des N. facialis bei Felsenbeinlängsbruch linkes Ohr (s. Text)

Verletzungsstellen 1 – 5 (Abb. 52) und Möglichkeit einer topischen Diagnostik (S. 76):

1. Chorda tympani:
Sekretionsstörung der Glandula submandibularis und sublingualis sowie Geschmacksstörungen in den vorderen zwei Dritteln der Zunge ohne Facialislähmung.

2. N. facialis distal vom Abgang der Chorda tympani:
Facialislähmung ohne Störungen von 1.

3. N. facialis proximal vom Abgang der Chorda tympani:
Facialislähmung mit Störungen von 1.

4. N. facialis proximal vom Abgang des N. stapedius:
Facialislähmung mit Störungen von 1., Hyperakusis und Ausfall des Stapediusreflexes.

5. N. facialis proximal vom Abgang des N. petrosus major:
Facialislähmung mit Störungen von 4. und Verminderung der Tränensekretion.

Die häufigste Verletzungsstelle findet sich in der Gegend des Ganglion geniculi (Abgang des N. petrosus major) zwischen 4. und 5.

Röntgenaufnahmen nach Schüller und E. G. Mayer (eventuell Schichtaufnahmen oder Computertomographie) zeigen den Längsbruch.

Differentialdiagnose bei Blutung aus dem Gehörgang nach Unfall: Gehörgangsfraktur mit Einriß der Haut an der Vorderwand durch Sturz auf das Kinn und Eintreiben des Kieferköpfchens in den Gehörgang.

Therapie:

Niemals Ohrspülung oder Manipulationen im Gehörgang. Ohr steril abdecken.

Antibioticaschutz. Bettruhe. Im allgemeinen konservativ, jedoch:
Bei anhaltendem Liquorfluß Mastoidektomie und Duraplastik.
Bei sekundärer Facialisparese zunächst konservative Behandlung mit Corticoiden und Vitamin B_1, B_6 und B_{12}. Außerdem Elektrotherapie und Massage gegen eine Muskelatrophie. Wenn sich innerhalb der ersten 6 Tage nach Eintreten der Parese bei der Elektroneuronographie mehr als 90% der motorischen Fasern degeneriert zeigen, operative Freilegung des Nerven im intratemporalen Verlauf mit Dekompression des Nerven bzw. bei Zerstörung des Nerven Nervennaht oder Autonerventransplantation (S. 117) auf transtemporalem (Abb. 65e, S. 124) und transmastoidalem Weg. Bei primärer Lähmung stets operative Revision, bei ausbleibender Regeneration ist eine Reoperation nach 6 – 8 Monaten indiziert.
Bei Fortdauer der Schalleitungsschwerhörigkeit und Hörverlusten von 30 – 40 dB mit Veränderungen im Tympanogramm wegen Verdachts der Gehörknöchelchenluxation oder -fraktur tympanoplastische Maßnahmen zur Wiederherstellung der Schalleitung in der Paukenhöhle (S. 109).

Spätfolge: Traumatisches Cholesteatom infolge Einwachsens von Gehörgangsepidermis durch den Bruchspalt ins Mittelohr.
Therapie des Cholesteatoms: Ohroperation (siehe S. 107).

2. Felsenbeinquerbruch – Berstung durch Druck von der Stirn oder vom Hinterhaupt – verläuft quer durch die Felsenbeinpyramide und damit durch das Labyrinth (translabyrinthärer Bruch, äußerer Querbruch) oder den inneren Gehörgang (innerer Querbruch) und erreicht das Mittelohr im Bereich der medialen Paukenhöhlenwand (Promontorium), ohne das Trommelfell zu zerreißen (Abb. 49 links, S. 85). Seltener als Längsbruch.

Symptome und Befund:
Blutansammlung in der Paukenhöhle (**Hämatotympanum**) nur bei der Ohrspiegelung zu entdecken! (Farbaufnahme 10). Trommelfell intakt, keine Blutung aus dem Gehörgang.
Bei Eröffnung der Liquorräume am Boden des inneren Gehörgangs oder bei Durariß Abfluß von Liquor über die Pauke und die Tube durch die Nase. (Die Rhinoliquorrhoe kann eine frontobasale Fraktur mit Durariß am Nasendach vortäuschen!)

GK 1.4.2

- **Labyrinthausfall** irreversibel:
  a) Ausfall des Hörvermögens = Taubheit. WEBER-Versuch: Lateralisation ins gesunde Ohr.
  b) Ausfall des Vestibularorgans = Anfangs Spontannystagmus zur anderen Seite, Drehschwindel, Erbrechen. Nach Wochen oder Monaten zentrale Ausgleichsvorgänge (zentrale Kompensation) und Nachlassen der vestibulären Erscheinungen, die dann nur noch bei Belastungen aufzutreten brauchen (siehe S. 62).
- Periphere **Facialisparese** in 50% der Fälle, meist primäre Lähmungen (dann irreversibel).

Röntgenaufnahmen nach STENVERS (eventuell Schichtaufnahmen oder Computertomographie) zeigen den Querbuch.

Therapie:

- Antibioticaschutz (Meningitis häufiger als bei Längsbruch!), Bettruhe. Konservativ, jedoch:
- Bei anhaltendem Liquorfluß Ohroperation und Duraplastik, desgleichen bei Früh- oder Spätmeningitis. Lage der Facialisläsion im Bereich des inneren Gehörgangs und im Bereich des Ganglion geniculi für operative Maßnahmen erreichbar auf dem transtemporalen Zugang über die mittlere Schädelgrube (Abb. 65e, S. 124).

II. Tubenfunktionsstörungen

1.4.2

1. Akuter Tubenmittelohrkatarrh

Entstehung:

- Schwellung der Tubenschleimhaut mit Verschluß des Lumens. Dadurch
- ungenügende Belüftung der Paukenhöhle, deren Luft resorbiert wird. Die Folge ist ein Unterdruck und eine
- **Trommelfellretraktion** und unter Umständen eine
- Flüssigkeitsansammlung im Mittelohr, ein **Paukenexsudat** (Hydrops ex vacuo, „seröse Mittelohrentzündung").

Ursachen:

- Katarrhalische Erkrankungen der Nase und des Nasenrachenraumes.
- Behinderung der Nasenatmung durch vergrößerte Rachenmandel beim Kind, Septumdeviation, Muschelschwellung, Nasenrachentumor.
- Druckerhöhungen in der Außenluft und im Nasenrachenraum führen zu einem ungenügenden Druckausgleich, weil die Tube durch den erhöhten Druck im umgebenden Gewebe zusammengepreßt wird. Der Tubenöffnungsmechanismus funktioniert nicht mehr, z. B. beim Abstieg eines Flug-

zeuges (sog. Aero-Otitis media als Barotrauma). Bei Überdruck in der Pauke und erniedrigtem Druck im umgebenden Gewebe – z. B. beim Aufstieg des Flugzeuges – entweicht die Luft leicht in den Nasenrachenraum.

Symptome: Druck und Völlegefühl im Ohr, Rauschen, Schwerhörigkeit.

Befund: Trommelfellretraktion (Farbaufnahme 2) kenntlich an Hammergriffverkürzung,
vorspringendem kurzen Hammerfortsatz,
Entstehen einer hinteren Trommelfellfalte,
vom Umbo abgerücktem Lichtreflex.
Bei Erguß: Flüssigkeitsspiegel und gelbliches Exsudat durch das Trommelfell durchscheinend. Der Spiegel verschiebt sich bei Kopfbewegungen, nach „POLITZERN" sieht man Flüssigkeitsblasen (Farbaufnahme 12). Bei Aero-Otitis media oft blutiger Paukenerguß.
Das Trommelfell kann rosa sein, jedoch keine Trommelfellrötung oder Vorwölbung wie bei einer akuten Otitis media.
Schalleitungsschwerhörigkeit mit Veränderungen im Tympanogramm (S. 51).

Therapie: Tubenbelüftung normalisieren durch
abschwellende Nasentropfen,
Tubendurchblasung („POLITZERN", Tubenkatheter S. 68) – nicht bei akuter Rhinitis –,
Wärmebestrahlung (Sollux, Heizkissen) zur Resorption des Exsudates, unter Umständen
Paracentese (S. 93 u. 94) und Absaugen des Exsudats oder
Punktion der Paukenhöhle durch das Trommelfell.
Entfernung der Rachenmandel (Adenotomie), Septumoperation oder Nebenhöhlenbehandlung zur Beseitigung der behinderten Nasenatmung.

Prophylaxe beim Fliegen:
Bei der Landung des Flugzeuges durch Schlucken oder VALSALVA-Versuch (S. 68) für Druckausgleich sorgen.

2. Seromucotympanum

Entstehung: Durch anhaltende Tubenfunktionsstörungen und Unterdruck in der Pauke kommt es zu einer Umwandlung der Paukenhöhlenschleimhaut in ein aktiv sekretorisches, schleimbildendes Epithel. Das Sekret ist zunächst serös-schleimig, wird mehr und mehr eingedickt und schließlich zäh-schleimig, fadenziehend und viskös wie Leim („Leimohr", „glue ear"). Es kann nicht mehr resorbiert werden.

Vorkommen: Vor allem bei Kindern im Vorschul- und Schulalter, nicht selten beiderseits. Sehr häufig bei Gaumenspaltenkindern.

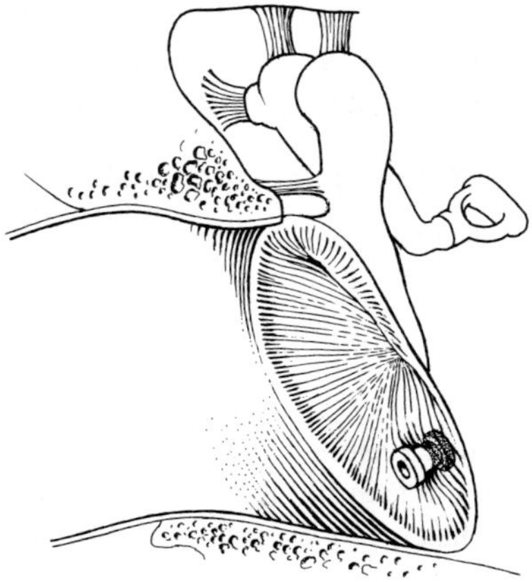

Abb. 53. Paukendrainage (Paukenröhrchen)

Symptome: Zunehmende Schwerhörigkeit, Druck- und Völlegefühl im Ohr.

Befund:

- Aufgehobene Trommelfelltransparenz,
- radiäre Gefäßinjektion des matten, milchigen und oft etwas vorgewölbten Trommelfells,
- Schalleitungsschwerhörigkeit (eine zusätzliche Verschlechterung der Knochenleitung kann durch eine Belastung des runden Fensters bedingt sein),
- im Tympanogramm flacher Kurvenverlauf (S. 51),
- ein lange bestehendes Mucotympanum behindert eine Pneumatisation des Warzenfortsatzes.

Therapie:

- **Paracentese** und Absaugen des Seromucotympanums.
- Bei zähem, schleimigem Sekret anschließend Einsetzen eines kragenknopfähnlichen Kunststoffröhrchens in das Trommelfell zur Belüftung und Trockenlegung der Paukenhöhlenschleimhaut (**Paukendrainage** Abb. 53). Die Schleimbildung sistiert. In der Zeit, in der das Röhrchen – meist mehrere Monate – liegen bleibt, möglichst kein Wasser in den Gehörgang kommen lassen. Das Röhrchen stößt sich fast immer von selbst in den Gehörgang ab, danach verschließt sich das Trommelfell wieder. In manchen Fällen muß die Paukendrainage wiederholt werden.
- Bei Rachenmandelhyperplasie stets zusätzlich Adenotomie.

Folgen: Ein unbehandeltes Seromucotympanum kann zu Adhaesivprozessen (s. u.) führen oder bei virulenter Infektion in eine chronische Mittelohrentzündung übergehen.

3. Chronischer Tubenmittelohrkatarrh

Tubenventilationsstörungen bleiben – vor allem beim Kind – über längere Zeit bestehen, wenn die Ursachen akuter Tubenmittelohrkatarrhe nicht beseitigt werden.

Dazu gehören:
Rachenmandelhyperplasie,
Adenoiditis,
behinderte Nasenatmung,
Nebenhöhlenentzündungen,
ungenügende Ausheilung antibiotisch behandelter Mittelohrentzündungen,
Gaumenspalte,
Nasenrachentumor.

Im Laufe von Monaten oder Jahren bilden sich Rückstände („**Residuen**") abgelaufener Entzündungen im Bereich des Mittelohres:
Schleimhautverdickungen,
Kalkeinlagerungen im Trommelfell (Farbaufnahme 13),
atrophische und retrahierte Trommelfellbereiche, in denen die Bindegewebsschicht fehlt,
cholesterinreiches, später organisiertes Exsudat in der Paukenhöhle,
fibröse Narben und Verwachsungen zwischen Gehörknöchelchen, Trommelfell und Paukenhöhlenwänden (**Adhaesivprozess**),
teilweise oder vollständige Atelektase des Paukenhöhlenlumens,
Versteifung der Gehörknöchelchenkette,
Paukensklerose (= **Tympanosklerose**), eine Reaktionsform der entzündlich veränderten Mittelohrschleimhaut mit zellarmem collagenen Bindegewebe und hyaliner Degeneration (= weiße, kalkige Plaques).
(Seromucotympanum s. oben unter 2.)
(Chronische Otitis media, S. 100)

Symptome:
Zunehmende Schwerhörigkeit, Ohrrauschen.

Befund:
Retraktion des stellenweise verdickten, kalkig-weißen, narbigen, atrophischen oder – selten – zentral defekten Trommelfells, das an der medialen Paukenhöhlenwand adhaerent sein kann (Farbaufnahme 14),
Schalleitungsschwerhörigkeit mit Veränderungen im Tympanogramm (S. 51).

Therapie:
Operative Maßnahmen: Tympanoplastik mit Lösen der Verwachsungen

(nicht selten Recidive durch erneute Narbenbildungen) und Entfernen tympanosklerotischer Massen.
Bei irreversiblem Tubenverschluß: Perforation des Trommelfells und Dauerdrainage durch Einlage eines Kunststoffröhrchens (Paukendrainage) zur Belüftung der Pauke vom Gehörgang aus.

Folgen:
Bei Dauerretraktion von Trommelfellanteilen können sich in den Retraktionstaschen Cholesteatome bilden (S. 103).

Differentialdiagnose:
Eine ständig **offenstehende (klaffende) Tube** wird oft verkannt und als chronischer Tubenkatarrh fehlgedeutet.

Ursache: Meist ein niedriger Gewebsdruck infolge geringer venöser Gefäßfüllung oder starker Abmagerung und Verringerung des peritubaren Fettkörpers.

Symptom: **Autophonie.** Die eigene Sprache dröhnt im Ohr, das eigene Atemgeräusch wird gehört. Die Autophonie verschwindet beim Liegen oder Pressen.

Befund und Nachweis: Trommelfellbewegungen mit der Atmung. Im Tympanogramm atemsynchrone Impedanzänderungen.

Test: Vorübergehende Besserung der Autophonie bei Kompression der Vena jugularis interna beiderseits.

Therapie: Kreislauf stabilisieren. Versuch: Einen engen Hemdkragen tragen lassen oder Paukendrainage.

III. Entzündungen

1. Akute Otitis media

1.4.3

Entstehung:
Meist aufsteigende Infektion vom Nasenrachenraum über die Tube ins Mittelohr im Anschluß an einen Schnupfen oder eine Erkältung.
Seltener Infektion durch einen Trommelfelldefekt (alter Defekt oder traumatische Perforation).
Seltener haematogen bei Infektionskrankheiten und Viruskrankheiten.

Erreger:
Meist haemolysierende Streptokokken.
Bei Kindern häufig Pneumokokken oder Haemophilus influenzae.

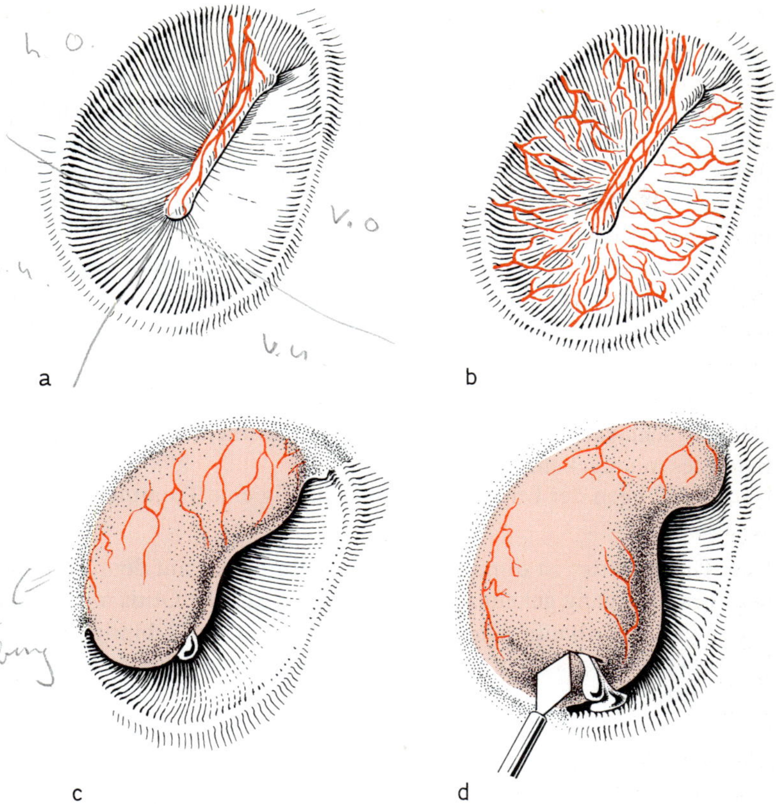

Abb. 54 a – d. Akute Otitis media. **a** Hammergriffinjektion; **b** radiäre Gefäßzeichnung; **c** stecknadelkopfgroße Spontanperforation; **d** Paracentese. (Jeweils rechtes Trommelfell.)

Schleichende Verlaufsform bei Streptococcus mucosus (Pneumococcus Typ III, siehe S. 95).
Viren (Grippeotitis).

Symptome:
Stechender Schmerz und Klopfen im Ohr.
Schalleitungsschwerhörigkeit, Ohrgeräusch.
Herabgesetztes Allgemeinbefinden, Kopfschmerzen, Fieber.

Befund:
Im Verlauf der unkomplizierten akuten Otitis media sind nacheinander folgende **Trommelfellbefunde** zu erheben:
Injektion der Hammergriffgefäße (Abb. 54 a).
Radiäre Gefäßinjektion (Abb. 54 b).

- Rötung und beginnende Vorwölbung des hinteren oberen Trommelfellquadranten, Verschwinden des Reflexes, Verschwinden der Trommelfellkonturen (Farbaufnahme 8), schollige Trübung der Trommelfelloberfläche durch aufgeplatzte Epithelschicht. Danach entweder Rückbildung des Befundes oder
- diffuse Rötung und Vorwölbung des Trommelfells mit Übergreifen der Rötung auf die Gehörgangswand, Einzelheiten des Trommelfells nicht mehr auszumachen. Schließlich
- stecknadelkopfgroße Perforation im vorderen unteren oder hinteren unteren Trommelfellquadranten am zweiten oder dritten Tag mit zunächst serösem, später eitrigem Sekretabfluß, „pulsierender Reflex" (Abb. 54 c) und
- Ohreiterung („Ohrenlaufen").

Danach schlagartige Besserung der Ohrenschmerzen. Rückbildung des Befundes in umgekehrter Reihenfolge.
Nach Abklingen der Entzündung bleibt häufig eine Trommelfellretraktion zurück.

Die **„Grippeotitis"** ist durch Bildung von Blutblasen auf dem Trommelfell und im Gehörgang gekennzeichnet (Hämorrhagische Otitis media, Myringitis bullosa, Farbaufnahme 11). Bei Perforation serös-blutige Sekretion. Bei der Grippeotitis nicht selten Labyrinthbeteiligung (toxisch) mit Hochtonverlust.

In den ersten Stunden oder Tagen der akuten Otitis media kann ein Druckschmerz auf dem Warzenfortsatz auftreten (initialer Druckschmerz). Er bedeutet keine Mastoiditis mit Knocheneinschmelzung, zeigt aber an, daß die gesamte Mittelohrschleimhaut einschließlich des pneumatischen Systems erkrankt ist.

Therapie:

- Bettruhe, Antineuralgica, Antipyretica.
- Penicillin für mindestens vier Tage in voller Dosis.
- Wärmebehandlung des Ohres (Sollux, Wärmflasche, Heizkissen). Nicht bei Komplikationen!
- Abschwellende Nasentropfen, falls die akute Otitis media bei einer Rhinitis aufgetreten ist.
  Ohrentropfen erreichen das Mittelohr nicht und sind wenig wirksam. Unter Umständen verschleiern sie das Trommelfellbild.
- Bei anhaltendem Fieber, Schmerzen und vorgewölbtem Trommelfell, ohne daß es zu einer Perforation kommt, und bei beginnenden Komplikationen (Labyrinthreizung, Facialisschwäche, Meningismus) wird erforderlich die

Paracentese (Abb. 54d): In örtlicher Betäubung oder in Oberflächenanaesthesie (Gehörgangsfüllung mit 4%igem Xylocain) – bei Kindern in Narkose – Schnitt im vorderen oder hinteren unteren Trommelfellquadranten (nicht im hinteren oberen Quadranten wegen der Gefahr einer Gehörknöchelchenluxation!).
Bei laufendem Ohr Gehörgangsreinigung durch Spülung mit körperwarmem Wasser und Austupfen mit Wattestäbchen.
Abschließend nach Abklingen der akuten Otitis media POLITZER-Behandlung, um die Tubendurchgängigkeit wieder herzustellen und einem bleibenden Unterdruck in der Paukenhöhle vorzubeugen.

Die akute Otitis media muß nach 2 – 3 Wochen abgeheilt sein, sonst Verdacht, daß sich eine Mastoiditis entwickelt (S. 96).

Sonderformen der akuten Otitis media

a) **Scharlachotitis** oder **Masernotitis** entstehen hämatogen, sind heute selten, neigen zu nekrotisierender Entzündung im Mittelohr mit Einschmelzen des Trommelfells und Fortschreiten zur Mastoiditis und zur Labyrinthkomplikation. Sie hinterlassen nach Abheilen der nekrotisierenden Entzündung bleibende Trommelfelldefekte und können in eine chronische Otitis media übergehen.

Therapie:
Hohe Antibioticagaben, wegen der zu erwartenden Komplikationen laufend Kontrollen, eventuell Ohroperation (s. u.).

b) Mucosusotitis

Erreger:
Streptococcus mucosus (Streptococcus pneumoniae Typ III).

Verlauf:
Schleichend, blande, symptomarm.

Befund:
Trommelfellveränderungen gering, Trommelfell verdickt, rosa.
Hammergriff verstrichen.
Schalleitungsschwerhörigkeit oft deutlich.
Kaum Schmerzen, trotzdem in der dritten Woche fast unmerklich Knocheneinschmelzung im Warzenfortsatz (latente Mastoiditis). Von hier aus nicht selten cerebrale Komplikation: Meningitis.

Bei Patienten (vor allem bei älteren Männern) mit blander, aber nicht heilender akuter Otitis media Klärung der

Diagnose durch:
Paracentese und Erregernachweis im Sekret und
Röntgenaufnahme nach SCHÜLLER, die die Knocheneinschmelzung im Warzenfortsatz aufdeckt.

Therapie:
Hohe Antibioticagaben,
bei Knocheneinschmelzung Mastoidektomie.

c) Säuglingsotitis

Ursache:
Aufsteigende Infektionen durch die kurze, weite Tube sind leicht möglich. Die vergrößerte Rachenmandel begünstigt die Entstehung einer Otitis.

Symptom: Die Säuglinge greifen sich ans Ohr (Ohrzwang).

Befund: Trommelfellrötung.

Verlauf:
Vom Antrum mastoideum aus (**Antritis,** der Warzenfortsatz ist noch kaum pneumatisiert!) ist über die noch nicht verschlossene Sutura mastoideosquamosa nach wenigen Tagen ein retroauriculärer Durchbruch möglich.

Therapie:
Wie bei Otitis media der Erwachsenen. Bei retroauriculärem Durchbruch Antrotomie.

Okkulte Otitis (bzw. Mastoiditis) des Säuglings:
Daran ist zu denken, wenn sich Säuglinge mit Ernährungsstörungen und Intoxikationen nicht erholen.

Befund:
Das Trommelfell ist oft n i c h t pathologisch verändert.

Therapie:
Bleibt eine antibiotische Behandlung ohne Erfolg, Antrotomie. Danach Besserung im Befinden der Säuglinge.
Histologisch lassen sich osteomyelitische Prozesse im spongiösen, noch kaum pneumatisierten Warzenfortsatzknochen nachweisen.

2. Mastoiditis

Entstehung:
Mit einer Mastoiditis ist zu rechnen, wenn eine akute Otitis media nach zwei bis drei Wochen nicht ausgeheilt ist. Diese Komplikation ist durch die antibiotische Behandlung der akuten Otitis media in den letzten Jah-

ren seltener geworden. Ihre Entstehung wird gefördert durch erschwerten Sekretabfluß, Virulenz der Erreger, schlechte Abwehrlage und ungenügende oder verzettelte antibiotische Behandlung der akuten Otitis media. Es handelt sich um eine eitrige Einschmelzung der Zellen im pneumatisierten Warzenfortsatz, nicht selten auch der Zellen des Jochbogenansatzes (Zygomaticitis) und zusätzlich gelegentlich der Zellen der Felsenbeinspitze = Pyramidenspitze (Petrositis, Petroapicitis). Alle diese Zellen stehen mit der Paukenhöhle in Verbindung.

Symptome und Befund:
Die Symptome der akuten Otitis media bestehen weiter oder werden deutlicher, wie z. B. vermehrt Ohrenschmerzen und pulssynchrones Klopfen im Ohr, Verstärkung der Schalleitungsschwerhörigkeit, erneut Auftreten von Fieber, Blutbildveränderung (Leukocytose, Linksverschiebung), Anstieg der BKS und zusätzlich
Senkung der hinteren oberen Gehörgangswand (dem Antrum mastoideum benachbart) (Abb. 55.1, S. 99),
Druckschmerz auf dem Warzenfortsatz,
im Röntgenbild nach SCHÜLLER Verschattung der Zellen und Einschmelzung der Zellsepten.

Durchbruch des Eiters:

a) durch das Planum mastoideum (Subperiostal-Absceß) (Abb. 55.2).

Symptome:
teigige Schwellung auf dem Warzenfortsatz,
Verstreichen der hinteren Ohrmuschelfalte,
retroauriculär starker Druckschmerz, später Rötung und Absceßbildung (Farbaufnahme 24),
Abstehen der Ohrmuschel vom Kopf;

b) durch die Warzenfortsatzspitze unter den Ansatz des M. sternocleidomastoideus **(BEZOLD-Mastoiditis)** (Abb. 55.3).

Symptome:
Schwellung und Druckschmerz der seitlichen Halsweichteile, Schiefhaltung des Kopfes;

c) durch den Jochbogenansatz **(Zygomaticitis)** (Abb. 55.4).

Symptome:
Schwellung und Druckschmerz vor dem Ohr,
ödematöse Schwellung der Lider;

d) im Bereich der Pyramidenspitze **(Petroapicitis)** (Abb. 55.5).

Symptome:
tiefsitzender Kopfschmerz,
meningitische Zeichen,
GRADENIGO-Syndrom: während einer Mittelohreiterung
  Abducensparese,
  Trigeminusneuralgie,
  Oculomotoriusparese (nur gelegentlich).

Die *Diagnose* der Pyramidenspitzenzelleneiterung wird durch die Röntgenaufnahme nach STENVERS gesichert.

Differentialdiagnose der Mastoiditis:
Gehörgangsfurunkel (S. 81), Lymphadenitis (S. 319), Parotitis (S. 326).

Weitere Komplikationen, die unter 4. und 5. ab S. 110 beschrieben werden und auch bei der chronischen Otitis media epitympanalis (nicht pneumatisierter Warzenfortsatz!) auftreten, sind:

Einbruch der Entzündung
- in das Labyrinth (diffuse Labyrinthitis) (Abb. 55.6),
- in den Sinus sigmoideus (Sinusthrombose, Sepsis) (Abb. 55.7),
- in das Schädelinnere (endokranielle Komplikationen: Meningitis, Hirnabsceß im Schläfenlappen oder im Kleinhirn) (Abb. 55.8),
- in den Facialiskanal (Facialisparese) (Abb. 55.9).

Therapie:
Bei Einschmelzung des Knochens im pneumatischen System des Mittelohres darf kein Versuch einer konservativen Therapie unternommen werden. Um weitere Komplikationen zu verhindern, ist operatives Vorgehen erforderlich:

Mastoidektomie (=Antrotomie) (Abb. 58 a, S. 106):

Von einem retroauriculären Hautschnitt aus Ausräumen aller Warzenfortsatzzellen mit Hammer und Meißel oder dem Bohrer bis das Antrum mastoideum weit freiliegt. Bei der Operation ist auf die Dura der mittleren Schädelgrube, auf den Sinus sigmoideus, auf den Nervus facialis, auf das Labyrinth (horizontaler Bogengang) und auf den – auf der Antrumschwelle liegenden – kurzen Amboßschenkel zu achten. Die Jochbeinzellen und – falls eine Petroapicitis vorliegt – die Pyramidenspitzenzellen sollen mit ausgeräumt werden. Gehörgang und Paukenhöhle bleiben unberührt.

Prognose:
Falls keine weiteren Komplikationen eintreten, gut. Ausheilung mit normalem Hörvermögen.

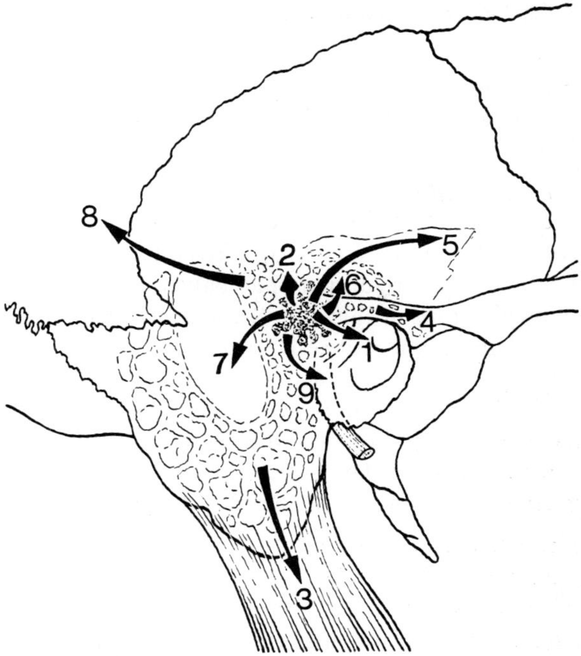

Abb. 55. Komplikationen der Mastoiditis (rechtes Ohr). 1. Durchbruch durch den Gehörgang (Senkung der hinteren oberen Gehörgangswand); 2. Durchbruch durch das Planum mastoideum; 3. Durchbruch durch die Warzenfortsatzspitze; 4. Durchbruch durch den Jochbogenansatz; 5. Durchbruch im Bereich der Pyramidenspitze; 6. Einbruch in das Labyrinth; 7. Einbruch in den Sinus sigmoideus; 8. Einbruch in das Schädelinnere; 9. Einbruch in den Facialiskanal

3. Chronische Otitis media

1.4.4

Ätiologie:

Die **akute Otitis media** (S. 92) entsteht bei virulenter Infektion vom Nasenrachenraum über die Tube, die während der Infektion höchstens kurzdauernd verschwollen ist. Die Warzenfortsatzpneumatisation ist meist ausgedehnt, daher ist die typische Komplikation der akuten Otitis media die Mastoiditis.

Die **chronische Otitis media** ist die Folge anhaltender frühkindlicher Tubenventilationsstörungen und von Infekten (S. 15). Bei blandem Verlauf und ohne bakterielle Entzündung führen Tubenventilationsstörungen eher zum Seromucotympanum, chronischem Tubenmittelohrkatarrh und Adhaesivprozeß.

Die Warzenfortsatzpneumatisation (S. 15) fehlt oder ist gehemmt, daher ist eine Mastoiditis (Einschmelzung der Zellbälkchen) keine typische Komplikation der chronischen Otitis media. (Nur in Ausnahmefällen, wenn bei einer chronischen Otitis media eine Zellbildung im Warzenfortsatz vorhanden ist, kann es zur „chronischen Mastoiditis" mit Knochenzerstörungen, Umbauvorgängen und Zellobliterationen kommen.)

Merke:

Bei guter Tubenfunktion im Kindesalter später ausgedehnte Warzenfortsatzpneumatisation und bei Erkrankung:

- akuter Tubenmittelohrkatarrh,
- akute Otitis media,
- Mastoiditis.

Bei anhaltend schlechter Tubenfunktion im Kindesalter später gehemmte oder fehlende Pneumatisation und bei Erkrankung:

- Seromucotympanum,
- chronischer Tubenmittelohrkatarrh,
- chronische Otitis media,
- Cholesteatombildung.

Das auffallendste klinische Merkmal einer chronischen Otitis media ist der auf Dauer bestehenbleibende Trommelfelldefekt.

Eine chronische Mittelohrentzündung wird daher auch diagnostiziert, wenn ein Trommelfelldefekt z. B. nach einem Trauma oder nach einer nekrotisierenden akuten Otitis media (Scharlach) bestehen bleibt. Abgesehen von diesen Ausnahmen geht eine akute Mittelohrentzündung bei guter Tubenfunktion (und pneumatisiertem Warzenfortsatz) nicht in eine Otitis media chronica über.

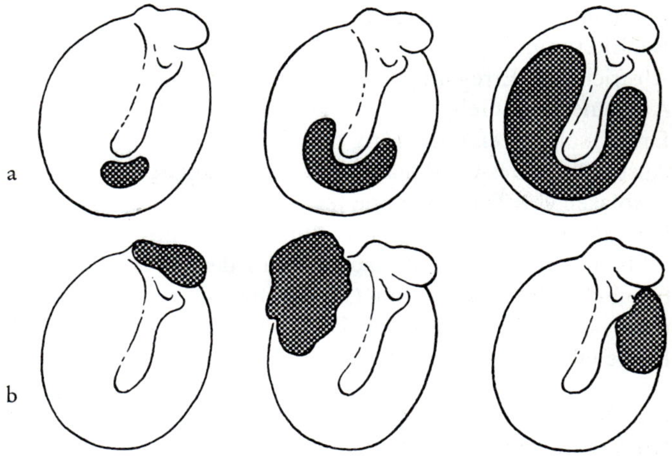

Abb. 56 a, b. Trommelfelldefekte. **a** zentrale Defekte bei der chronischen mesotympanalen Otitis media (Schleimhauteiterung); **b** randständige Defekte bei der chronischen epitympanalen Otitis media (Knocheneiterung). (Jeweils rechtes Trommelfell.)

Zwei Formen der chronischen Mittelohrentzündung sind zu unterscheiden:

a) Die chronische Schleimhauteiterung (chronische mesotympanale Otitis media).

Symptome:
Bei jeder Infektion durch die Tube (Schnupfen) oder durch den Gehörgang (Badewasser) schleimig-eitrige Sekretion ohne stärkere Ohrenschmerzen, zwischenzeitlich keine Ohrsekretion.
Sekret nicht riechend bzw. wird unter der Behandlung geruchlos.
Schalleitungsschwerhörigkeit.

Befund:
Zentraler Trommelfelldefekt in der Pars tensa (rund, oval, nierenförmig) (Abb. 56 a und Farbaufnahme 4).
Trommelfellrand (Anulus fibrosus) überall erhalten.
Paukenhöhlenschleimhaut: Bei akuter Exacerbation rot, feucht und verdickt; bei fehlender Sekretion blaß, grau, trocken. Selten Granulationen oder Polypenbildung.
Kaum Komplikationsgefahr, da keine Knochenzerstörung. Gelegentlich Arrosion des Hammergriffs oder des langen Amboßschenkels (Unterbrechung der Kette!).

Therapie:

Bei Eiterung:

- Abstrich zum Erregernachweis und Antibiogramm,
- Ausspülen des Gehörgangs mit körperwarmem Wasser unter schwachem Druck, solange eine Eiterung besteht,
- Austrocknen des Gehörgangs mit Wattestäbchen,
- Einblasen von Terramycinpuder oder
- Einträufeln von antibioticahaltigen Ohrentropfen, z.B. Leukomycin (Paraxin) oder Incut (je nach Ausfall der Erreger-Testung). Die Ohrentropfen können auch vom Gehörgang aus mit Hilfe des Politzerballons unter schwachem Druck in die Pauke und die Tube gebracht werden. Keine Ohrentropfen mit ototoxischen Substanzen (S. 130) verwenden!

Zur Verhinderung weiterer Eiterungen:

- Kein Wasser ins Ohr kommen lassen.
- Beim Baden Gehörgang mit gefetteter Watte verschließen.
- Falls erforderlich Nasenatmung freimachen durch Adenotomie, Septum- oder Nebenhöhlenoperation.

Bei über drei Monate trockenem Defekt:
Trommelfellverschlußplastik (Myringoplastik) zum Abschluß des Mittelohres und zur Besserung der Schalleitungsschwerhörigkeit (siehe Tympanoplastik Typ I, S. 109).

Differentialdiagnose:
Eine oder mehrere Perforationen im blaßroten Trommelfell (Zerfall miliarer Knötchen) und der trotz Behandlung fötide Geruch des Eiters sprechen für das Vorliegen einer – heute sehr seltenen – **Mittelohrtuberkulose** (Knochencaries!):
Diagnose durch Probeexcision aus den Granulationen und Erregernachweis im Ohreiter.

b) Die chronische Knocheneiterung (chronische epitympanale Otitis media) und **das Cholesteatom.**

Symptome:
Jahrelange fötide (stinkende) Eiterung.
Schalleitungsschwerhörigkeit.
Druck oder nur geringer Schmerz im Ohr.
Neigt zu Komplikationen, worauf die Symptome Schwindel, Erbrechen, Benommenheit, Fieber, Schüttelfrost, Ertaubung und Facialisparese hinweisen.

Befund:
Randständiger Trommelfelldefekt in der Pars tensa hinten oben (selten vorn oben) oder Defekt in der Pars flaccida (der stets als randständig zu gelten hat, da der Anulus hier fehlt). Der Defekt grenzt also an das Epitympanum (Abb. 56b, S. 101) und kann sich auf Teile der knöchernen lateralen Kuppelraumwand erstrecken.
Granulationen oder Polypen, die durch den Defekt in den Gehörgang wachsen (granulierende Ostitis! Mittelohrcarcinom durch Probeexcision ausschließen.) (Farbaufnahme 6).
Meist zusätzlich weißliche Schüppchen oder Massen im Defekt als Hinweis auf ein gleichzeitig vorhandenes
Cholesteatom (Perlgeschwulst):
Es besteht aus abgeschilferten, devitalen, zwiebelschalenartig geschichteten Epithelmassen, die von einer Schicht aus verhornendem Plattenepithel (Matrix) umgeben sind.

Entstehung drei Möglichkeiten:

1. **Sekundäres Cholesteatom**

Vorschieben von Plattenepithel aus dem Gehörgang durch einen randständigen Trommelfelldefekt im Bereich der Pars tensa hinten bzw. vorn oben in das Mittelohr. Primär besteht der Trommelfelldefekt, sekundär entwickelt sich das Cholesteatom. Kam früher häufiger nach Scharlach vor. Traumatisches Cholesteatom s. S. 87.

2. **Primäres Cholesteatom**

a) Viele Cholesteatome entstehen aufgrund von Tubenventilationsstörungen (z.B. infolge ungenügender Tubendurchgängigkeit) oder aufgrund einer Einengung der Belüftungswege zwischen Meso- und Epitympanum (z.B. infolge entzündlich verdickter epitympanaler Schleimhaut): Durch den auf diese Weise verursachten Unterdruck in der Paukenhöhle können sich Trommelfellretraktionstaschen bilden – meist im Bereich der Pars flaccida („Foramen Rivini"), seltener auch im Bereich wenig elastischer, atrophischer Bezirke der Pars tensa des Trommelfells (Tensacholesteatom) – meist hinten oben –, denen die mittlere Bindegewebsschicht fehlt. In diesen Retraktionstaschen schilfert sich das Epithel der äußeren Trommelfellschicht ab und sammelt sich an. Im Laufe von Jahren entwickelt sich ein Cholesteatom in der Paukenhöhle („Retraktions- oder Einsenkungscholesteatom").

b) Ein Teil der primären Cholesteatome entwickelt sich bei geschlossenem Trommelfell durch aktives („papilläres") Einwachsen von Epithelzapfen aus proliferiertem Epithel der hinteren oberen Gehörgangswand und der Pars flaccida des Trommelfells in das lockere, u.U. entzündlich veränderte verdickte subepitheliale Bindegewebe im Epitympanum, das dann als Nährgewebe (Perimatrix) dient („Immigrations- oder Einwanderungscholesteatom"). Bei der Cholesteatomentwicklung im Kindesalter kann auch noch nicht zurückgebildete epitympanale hyperplastische Schleimhaut (Reste der embryonalen Schleimhaut) als Perimatrix zur Verfügung stehen. Sie behindert zudem die Belüftung des Epitympanums und des Antrums und verhindert dadurch die Warzenfortsatzpneumatisation in den ersten Lebensjahren.

Am Beginn der primären Cholesteatome besteht also kein Trommelfelldefekt. Die sich entwickelnden Cholesteatome sind u. U. auch mit dem Untersuchungsmikroskop nur schwer zu erkennen (Okkulte Cholesteatome). Sie arrodieren zunächst Hammerkopf und Amboßkörper.

Das Hinzutreten von Entzündung, Eiterung sowie Trommelfell- und Knochenzerstörung kann beim primären und beim sekundären Cholesteatom (beide auch Pseudocholesteatome genannt) gleiche klinische Bilder mit randständigem epitympanalen Trommelfelldefekt ergeben. Besteht keine Eiterung, verbirgt sich das Cholesteatom gelegentlich hinter einer epitympanalen Kruste, die dem Trommelfell fest anhaftet (Farbaufnahme 5).

3. **Kongenitales Cholesteatom**

Embryonale Keimversprengung führt im Felsenbein zur Bildung des sehr seltenen angeborenen „wahren" oder echten Cholesteatoms (=Epidermoid).

Röntgenaufnahmen nach SCHÜLLER, STENVERS und E. G. MAYER zeigen die Größe der Knochenzerstörung und die Ausdehnung des Cholesteatoms durch scharf begrenzte Aufhellungen periantral im Bereich der lateralen Kuppelraumwand (sog. laterale Attikwand), der hinteren oberen Gehörgangswand und des Labyrinthblockes (vor allem des horizontalen Bogengangs) an.

Prognose:
Hängt von eintretenden Komplikationen ab.

Komplikationsgefahr durch Knochendestruktion infolge Druck und Entzündung (Ostitis) (Abb. 57):

- Zerstörung der Gehörknöchelchen – meist zuerst des langen Amboßschenkels – führt zu erheblicher Schalleitungsschwerhörigkeit.

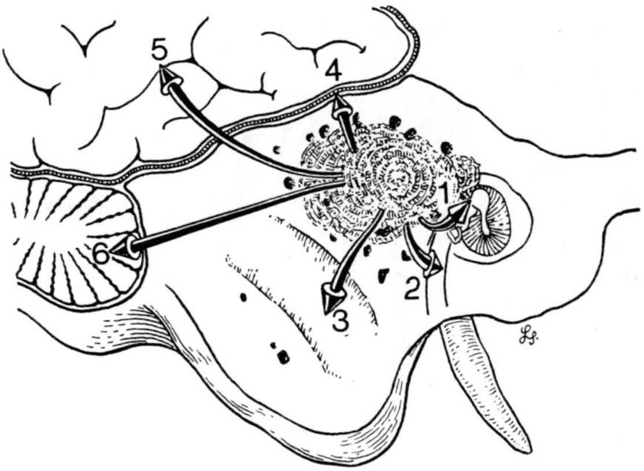

Abb. 57. Komplikationen durch Knochendestruktionen bei Cholesteatomeiterung. 1. Zerstörung der Gehörknöchelchen; 2. Einbruch in den Facialiskanal; 3. – 6. endokranielle Komplikationen: 3. Durchbruch in den Sinus sigmoideus; 4. Meningitis; 5. Schläfenlappenabszeß; 6. Kleinhirnabszeß. (Labyrinthkomplikationen nicht dargestellt s. Abb. 40 u. 41, S. 65 und Text S. 110)

Arrosion des im Antrum mastoideum gelegenen Knochenwulstes des horizontalen Bogenganges führt zu einer Fistelbildung zum Bogengangslumen (Labyrinthfistel, circumscripte Labyrinthitis) und bei Belastungen zu kurzdauernden Drehschwindelzuständen.

Bei Prüfung des **Fistelsymptoms** (S. 64 u. Abb. 40 u. 41) zeigt sich dann fast immer

durch **K**ompression ein Nystagmus zur **k**ranken Seite,

durch **A**spiration ein Nystagmus zur **a**nderen Seite.

Einbruch in das Labyrinth (Innenohrcholesteatom oder diffuse Labyrinthitis) (S. 110),

Einbruch in den Facialiskanal (Facialisparese) (S. 116),

Einbruch in den Sinus sigmoideus (Sinusthrombose, Sepsis) (S. 111),

Einbruch direkt in das Schädelinnere (endokranielle Komplikationen: Meningitis, Hirnabsceß im Schläfenlappen oder Kleinhirn) (S. 113 u. 114).

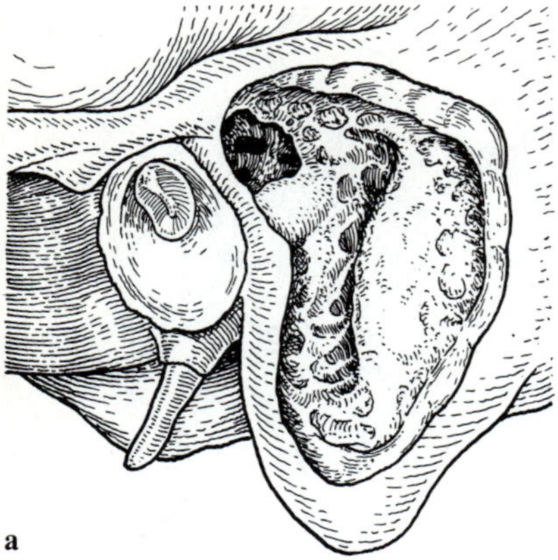

a

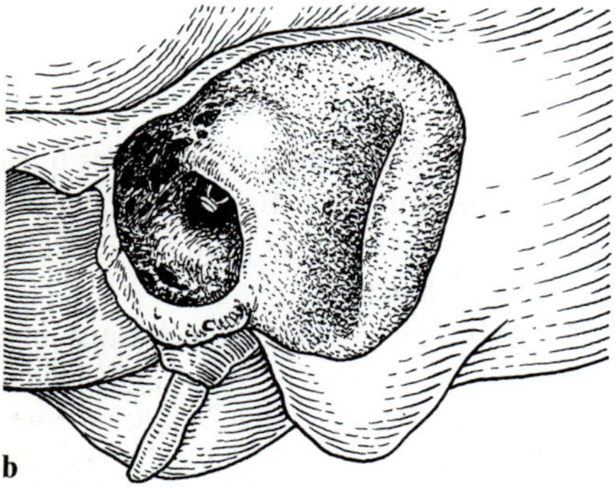

b

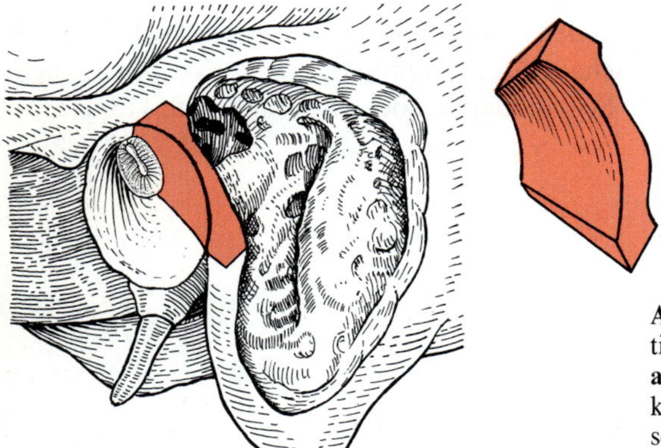

c

Abb. 58 a – c. Ohroperationen im Warzenfortsatz. **a** Mastoidektomie; **b** Radikaloperation; **c** osteoplastische Operation (nach FELDMANN). Jeweils linkes Ohr

Therapie:

Konservative Behandlung führte nur sehr selten bei sehr kleinen trockenen Kuppelraumcholesteatomen durch Spülung mit dem Paukenröhrchen zur Ausheilung und wird heute kaum noch durchgeführt. Von Ohrentropfen ist keine Besserung zu erwarten. Die optimale Therapie auch im Hinblick auf die Erhaltung oder Verbesserung des Hörvermögens ist die

Operative Behandlung. Ziele der Operation sind:
Entfernung des Cholesteatoms einschließlich der Matrix,
Ausheilung der Knocheneiterung sowie Vorbeugung und Behandlung otogener Komplikationen,
Wiederherstellung der durch die Knocheneiterung unterbrochenen Schallleitungskette im Mittelohr und
Verschluß des Trommelfelldefektes zum Abschluß der Paukenhöhle nach dem Gehörgang mit Hilfe von freiem Fascientransplantat (Fascie des M. temporalis).

Durchführung:

Radikaloperation:
Sie wird in letzter Zeit nicht mehr so häufig ausgeführt und diente ursprünglich der Beseitigung des Krankheitsprozesses bei chronischer Knocheneiterung:
Durch den Gehörgang (transmeatal, endaural) oder von retroauriculär Bilden einer Knochenhöhle, die das Epitympanum, das Antrum mastoideum und die von der Entzündung ergriffenen Warzenfortsatzanteile umfaßt und durch Wegnahme der lateralen Kuppelraumwand und der hinteren knöchernen Gehörgangswand (im Gegensatz zur Mastoidektomie, S. 98) eine breite Verbindung zum äußeren Gehörgang bekommt (Abb. 58b und Farbaufnahme 7, „offene Technik"). Gesunde Anteile der Gehörknöchelchen und des Trommelfells werden erhalten. Die Höhle epithelisiert sich im Laufe einiger Wochen. Große Höhlen werden durch Einlegen von Muskel-Bindegewebstransplantaten verkleinert, um dadurch die bei großen Höhlen ständig notwendige Nachbehandlung (Säuberung der Höhle) zu vermeiden.
Um keine zum Gehörgang offenen Höhlen („Radikalhöhlen") zu schaffen, einen natürlichen Gehörgang zu erhalten und die von der Tube her belüfteten Mittelohrräume nicht auszuschalten, ist man seit einigen Jahren bemüht, die knöcherne hintere Gehörgangswand zu belassen („geschlossene Technik") oder destruierte Teile mit Knochen oder Knorpel wieder aufzubauen. Die Cholesteatomentfernung wird auf diese Weise jedoch erschwert.

Osteoplastische Operation:
Eine größere Sicherheit, das Cholesteatom restlos zu entfernen und Residual- oder Rezidivcholesteatome zu vermeiden, ist zu erreichen, wenn – anstatt die Gehörgangswand primär zu erhalten – die hintere Gehörgangswand mit der lateralen Kuppelraumwand temporär entfernt und nach der Sanierung des Mittelohres wieder eingesetzt wird (osteoplastische Meato-Attico-Antrotomie, Abb. 58c, oder osteoplastische Epitympanotomie).

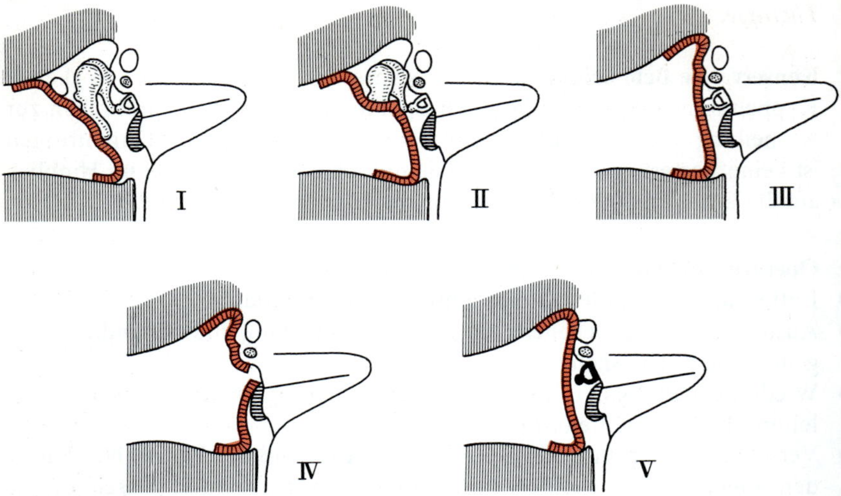

Abb. 59. Fünf Grundtypen der Tympanoplastik nach WULLSTEIN (s. Text)

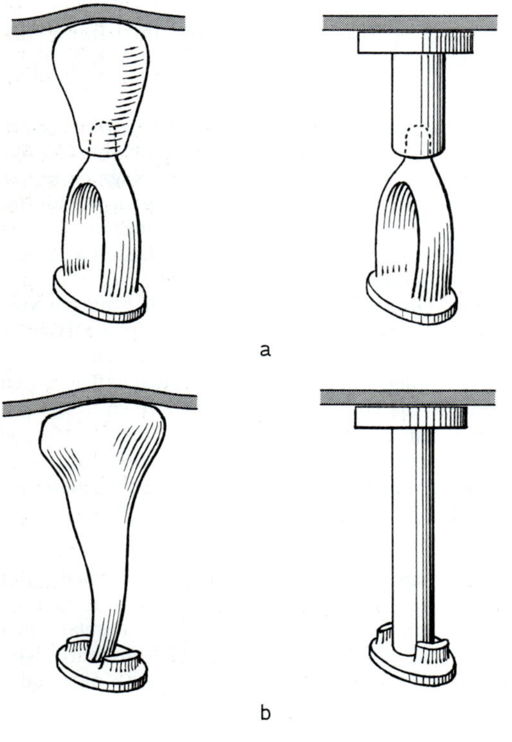

Abb. 60 a, b. Tympanoplastik Typ III mit Interposition von Amboßteil oder Keramik, **a** zwischen Trommelfellebene und Steigbügelköpfchen; **b** Zwischen Trommelfellebene und Steigbügelfußplatte (Columellaeffekt)

Tympanoplastik: Sie stellt den restaurierenden Eingriff am Schalleitungsapparat dar und dient der Hörverbesserung. Man unterscheidet (nach WULLSTEIN) fünf Grundtypen der Tympanoplastik (Abb. 59):

Typ I: Myringoplastik (Trommelfellplastik). Bei Trommelfelldefekt und erhaltener schwingungsfähiger Gehörknöchelchenkette freie Transplantation und Unterfütterung des Defektes mit Temporalisfascie (Prüfung vor der Operation durch Prothesenversuch: Bereits der Verschluß des Trommelfelldefektes mit einer Wattekugel muß eine deutliche Gehörverbesserung ergeben).

Typ II: Bei defekter Gehörknöchelchenkette Wiederaufbau einer Kette. Dazu werden vorwiegend Gehörknöchelchen Verstorbener verwendet (z. B. Interposition eines allogenen (= homologen) cialitkonservierten Amboß oder Implantation von Trommelfell mit gesamter Kette).

Typ III: Bei defekter Gehörknöchelchenkette direkte Übertragung des Schalldrukkes vom Trommelfell bzw. Transplantat zum Innenohr durch Interposition z. B. eines allogenen Amboßteiles oder eines Keramikstempels zwischen Trommelfellebene und erhaltenem Steigbügel (Stapeserhöhung) oder seiner Fußplatte (= Columellaeffekt, benannt nach der Columella, dem einzigen Gehörknöchelchen der Vögel); es resultiert eine normal hohe Pauke (Abb. 60). Bei Anlagerung des Trommelfells bzw. des Transplantates direkt an den erhaltenen Steigbügel entsteht eine flache Pauke (klassischer Typ III in der Abb. 59).

Typ IV: Ohne Schalldruckübertragung durch Gehörknöchelchen, dient nur dem Schallschutz des runden Fensters, um Interferenzen des Schalles, der gleichzeitig ovales und rundes Fenster treffen würde, zu vermeiden. Kleine Pauke.

Typ V: Bei Mißbildungen im Bereich des ovalen Fensters oder unlösbar fixierter Steigbügelfußplatte (z. B. durch Narben). Anlegen eines Fensters im horizontalen Bogengang, Decken von Fenster und Pauke mit freiem Fascientransplantat oder Gehörgangshautlappen (entsprechend der bis 1955 üblichen Fensterungsoperation bei Otosklerose, S. 120).

Bei Typ I – III mit Schalldrucktransformation kann die Schalleitungskomponente der Schwerhörigkeit postoperativ weitgehend verschwinden. Bei Typ IV und V, für die nur selten eine Indikation besteht, bleibt wegen der fehlenden Schalldrucktransformation ein Hörverlust von 25 dB zwischen Luft- und Knochenleitungsschwelle im Tonaudiogramm nachweisbar.

Voraussetzung für eine Hörverbesserung durch eine Tympanoplastik sind eine durchgängige Tube und ein funktionstüchtiges Innenohr.

Die Tympanoplastik wird unter dem Operationsmikroskop mit Bohrern und Fräsen und entsprechend feinen Instrumenten unter antibiotischem Schutz durchgeführt.

Bei der chronischen mesotympanalen Otitis media, bei Gehörknöchelchenluxationen oder -frakturen, bei Mittelohrmißbildungen und bei Adhaesivprozessen wird die Tympanoplastik allein wegen der zu erwartenden Hörverbesserung durchgeführt.

Bei der chronischen epitympanalen Otitis media (Knocheneiterung, Cholesteatom) erfolgt die Tympanoplastik im Anschluß an die operative Behandlung der Ostitis und die Entfernung des Cholesteatoms.

GK 1.4.4

4. Otogene entzündliche Komplikationen

Sie sind heute seltener geworden durch die antibiotische Therapie der akuten Otitis media und die frühzeitige operative Therapie der chronischen Knocheneiterung (Cholesteatomeiterung).

a) Diffuse Labyrinthitis (Über circumscripte Labyrinthitis = Labyrinthfistel siehe S. 104):

Seröse Labyrinthitis: Durchtritt von Toxinen durch die Fenster bei akuter Otitis media (Frühlabyrinthitis).

Symptome und Befund:
Drehschwindel und Erbrechen.
Spontannystagmus nach der kranken Seite (Reiznystagmus). Schallempfindungsschwerhörigkeit. Beim WEBER-Versuch wird der bisher wegen der akuten Otitis media ins kranke Ohr lokalisierte Ton plötzlich im gesunden Ohr gehört.
Die seröse Labyrinthitis kann ohne bleibende Funktionsstörungen ausheilen.
Gefahr des Übergangs in die

Eitrige Labyrinthitis: Einbruch von Erregern durch die Fenster bei akuter Otitis media, durch Knochenzerstörung bei der chronischen Knocheneiterung oder nach Felsenbeinquerfrakturen.

Symptome und Befund:
Subjektive Erscheinungen (Drehschwindel und Erbrechen) stürmischer als bei der serösen Labyrinthitis.
Spontannystagmus zur gesunden Seite (Ausfallsnystagmus). Taubheit.
Ausheilung stets unter Funktionsverlust des Innenohres, das später allmählich knöchern obliterieren kann.

Gefahr:
Fortschreiten der Infektion über den inneren Gehörgang oder im Verlauf einer **akuten totalen Labyrinthostitis** (STENVERS-Aufnahmen und Röntgenverlaufsbeobachtungen!) zur Meningitis.

Therapie:
Tritt die Labyrinthitis allein oder zusammen mit einer Meningitis in den ersten Tagen einer akuten Otitis media auf (sog. **Otitis media acutissima**), hohe Antibioticagaben und Paracentese.
Besteht die akute Otitis media schon einige Tage und muß mit Knocheneinschmelzungen gerechnet werden, dann Mastoidektomie.
Bei chronischer Knocheneiterung (Otitis media epitympanalis mit oder ohne Cholesteatom) Radikaloperation. Bei fortschreitender Labyrinthnekrose Labyrinthektomie.

Außer dieser **tympanogenen Labyrinthitis** kommen sehr selten vor die **meningogene Labyrinthitis** bei Meningokokkenmeningitis (Labyrinthausfall!) und die

Labyrinthitis bei Lues (gleichzeitig mit syphilitischer Meningitis oder Pleuritis im zweiten und dritten Stadium). Teils entzündliche, teils degenerative Prozesse.

Diagnose:

Schallempfindungsschwerhörigkeit, die in ihrer Stärke wechseln kann. Wechselnde Vestibularisbefunde.

(Bei allen unklaren Innenohrerkrankungen serologische Untersuchungen auf Lues!).

Therapie:

Antisyphilitische Behandlung (hohe Penicillindosen).

Congenitale Lues:

HUTCHINSON-Trias:

fortschreitende Schallempfindungsschwerhörigkeit,
Keratitis parenchymatosa,
Schmelzdefekt am Rand der Schneidezähne (Tonnenzähne).

Gelegentlich TULLIO-Reaktion (S. 66): Schwindel durch akustische Reize (Verwachsungen zwischen Stapesfußplatte und häutigem Labyrinth?).
Gelegentlich Fistelsymptom (S. 104) ohne Arrosion des horizontalen knöchernen Bogengangs (= HENNEBERT-Fistelsymptom).

b) Sinusthrombose, otogene Sepsis

Entstehung:

Die Thrombophlebitis entsteht nach Knochenarrosion der Sinusschale zwischen erstem und zweitem Knie des Sinus sigmoideus bei Mastoiditis oder chronischer Knocheneiterung. Ein perisinuöser Absceß geht der Sinusphlebitis meist voraus.

Symptome:

Septisches Fieber, Schüttelfrost durch Einschwemmung von Erregern und infizierten Thrombenteilen in die Blutbahn. Schlechtes Allgemeinbefinden, hohe BKS, Blutbildveränderungen (Leukocytose und Linksverschiebung).
Auftreten von Eitermetastasen in Lunge, Herz, Nieren, Gehirn.

Befund:

Druckschmerz:

auf dem Warzenfortsatz,
hinter dem Warzenfortsatz am Emissarium mastoideum (GRIESINGER-Zeichen),

- im Bereich der Kieferwinkellymphknoten,
- eventuell entlang der Vena jugularis interna.

Diagnose zusätzlich
- aus Röntgenaufnahme des Warzenfortsatzes nach SCHÜLLER (Knochenarrosion),
- aus Angiographie,
- aus Erregernachweis im Blut während oder nach einem Schüttelfrost und
- aus Liquorpunktion: KINDLER-Zeichen:
  Bei Kompression der Vena jugularis int. bds. steigt der Liquordruck (QUECKENSTEDT-Versuch), bei Sinusthrombose kommt es bereits zur Drucksteigerung bei Kompression allein der gesunden Seite.
- Außerdem Begleitmeningitis.

Therapie:
- Bei Mastoiditis Mastoidektomie, bei Cholesteatom Radikaloperation.
- Zusätzlich Freilegen, Schlitzen und Abtragen der lateralen Sinuswand, Ausräumen des Thrombus, Abtamponieren des Sinusrohres. Bei Thrombosierung bis in die Vena jugularis interna Resektion der Vene im Gesunden, um ein Fortschreiten der Phlebitis zu verhindern.
- Hohe Antibioticagaben.

Prognose:
Unbehandelt infaust.
Besser, je früher die kombinierte operative und antibiotische Behandlung einsetzt (insgesamt etwa 70% Heilungen).

5. Endokranielle otogene Komplikationen

a) Extraduralabsceß (Epiduralabsceß, epidurales Empyem)

Entstehung:
Bei Mastoiditis oder chronischer Knocheneiterung durch Knochenarrosion und Absceßbildung zwischen Schläfenbein und Dura, z. B. perisinuöser Absceß, Lokalisation am Tegmen antri oder an der Pyramidenspitze (GRADENIGO-Syndrom, S. 98).

Symptome:
Wenig und uncharakteristisch.
Dumpfer Kopfschmerz, Brechreiz, subfebrile Temperatur,
dazu Zeichen der Mastoiditis oder der chronischen Knocheneiterung.

Gefahr:
Sinusthrombose, Meningitis, Hirnabsceß.

Therapie:
Mastoidektomie (bei Mastoiditis), Radikaloperation (bei chronischer Knocheneiterung) mit Freilegen der Dura.

b) Otogene Meningitis

Übergreifen einer eitrigen Entzündung auf die weichen Hirnhäute (Leptomeninx der Hirnbasis, später der Konvexität und Beteiligung des Cerebrums = Meningoencephalitis).

Entstehung bei:
akuter Otitis media in den ersten Tagen (Otitis media acutissima) direkt über Gefäßkanäle oder über eine Labyrinthitis (Frühmeningitis),
Mastoiditis,
chronischer epitympanaler Otitis media (Cholesteatom) direkt, über einen Extraduralabsceß oder über eine Labyrinthitis,
Übergreifen einer Sinusphlebitis,
laterobasalen Brüchen.

Symptome und Befund:
Nackensteife,
Kopfschmerz,
Lichtscheu, Unruhe, Erbrechen,
Verwirrtheit oder Bewußtlosigkeit,
Fieber,
KERNIG-Zeichen positiv (bei angewinkeltem Oberschenkel kann das Knie nicht gestreckt werden), LASEGUE-Zeichen (das gestreckte Bein kann nicht angehoben werden),
BRUDZINSKI-Zeichen (bei passiver Kopfbeugung werden Knie und Ellenbogen gebeugt).

Diagnose
wird durch **Liquorpunktion** gesichert. In örtlicher Betäubung oder in Narkose:

Lumbalpunktion:
Punktion des Lumbalsackes zwischen 4. und 5. Lendenwirbeldornfortsatz in 6 – 7 cm Tiefe bei stark gekrümmtem Rücken in Seitenlage oder

Suboccipitalpunktion:
Punktion der Cisterna cerebellomedullaris in 4 – 5 cm Tiefe durch die Membrana atlantooccipitalis hindurch bei vorgebeugtem Kopf.

Liquorbefund:
Farbe trüb statt farblos,
Druck erhöht über 200 mm Wassersäule,
Eiweißgehalt erhöht (PANDY-Probe positiv: Trübung in konzentrierter Carbollösung),

- Zellzahl erhöht bis auf mehrere 1000/3 Zellen, vorwiegend Granulocyten (normal bis 8/3 Zellen). Bei meningitischer Reizung oder bei Hirnabsceß nur geringe Erhöhung der Zellzahl, vorwiegend Lymphocyten (seröse Meningitis).
- Bakteriennachweis im Liquor gelingt nicht immer.

Therapie:
- Nur bei Otitis media acutissima sind hohe antibiotische Therapie (Penicillin oder Breitbandantibiotica, z. B. Cephalosporine oder Gyrasehemmer) und Paracentese ausreichend.

Sonst
- sofort zusätzliche operative Behandlung des Mittelohrprozesses (Mastoidektomie, Radikaloperation, Sinusoperation) mit Freilegen der Dura.
- Wiederholte Liquorpunktionen.
- Wenn Bakteriennachweis und Resistenzbestimmung möglich, gegebenenfalls Wechsel des Antibioticums und gezielte Antibioticatherapie. Dabei kommen auch Antibiotica mit begrenztem Wirkungsbereich (Erythromycin, Staphylex) in Frage.

Prognose:
Unbehandelt infaust.
Durch operative Behandlung und Antibiotica 90% Heilungen.

c) Otogener Hirnabsceß

Entstehung:
Als Komplikation eher nach akuter Exacerbation einer chronischen Knocheneiterung (Cholesteatom) als nach akuter Otitis media. Der Absceß bildet sich über einen Extraduralabsceß und einen Subduralabsceß oder von der erkrankten Dura über Gefäßbahnen in der weißen Hirnsubstanz – selten in der Hirnrinde – per continuitatem. Neigung zur Kapselbildung.

Symptome und Befund:
Im Initialstadium wiederholt **plötzliches Erbrechen** bei geringem Krankheitsgefühl.
Im Latenzstadium dazu Kopfschmerzen, Schlafbedürfnis, Mattigkeit, Appetitlosigkeit, eventuell Meningismus.
Im manifesten Stadium zusätzlich **Herdsymptome:**

Bei **Schläfenlappenabsceß,** der vom Tegmen antri ausgeht (mittlere Schädelgrube):

Amnestische Aphasie: Gegenstände können wegen der Wortfindungsstörung nicht benannt werden, falls Absceß bei Rechtshändern im linken Schläfenlappen liegt.
Sensorische Aphasie: Läsion des WERNICKE-Sprachzentrums mit Störung des Sprachverständnisses.
Pulsverlangsamung als Hirndrucksymptom.

Prognose:
Bei operativer Behandlung Heilung in 50% der Fälle.
Unbehandelt: Einbruch in das Unterhorn des Seitenventrikels.

Bei **Kleinhirnabsceß,** der vom inneren Gehörgang oder dem Sinus sigmoideus ausgeht (hintere Schädelgrube):
Rotierender Nystagmus zur kranken Seite.
Gleichgewichtsstörungen.
Ataxie, Vorbeizeigen, Fallneigung (unabhängig von Kopfdrehungen) und Gangabweichung zur kranken Seite.
Adiadochokinese (Unfähigkeit, schnelle antagonistische Bewegungen wie Pronation und Supination auszuführen).
Hirndruck (Stauungspapille) häufiger als bei Schläfenlappenabscessen.

Prognose:
Wegen schlechter Absceßkapselbildung ungünstiger als bei Schläfenlappenabscessen.
Unbehandelt: Einbruch in die basalen Liquorräume und Lähmung der medullären Zentren.

Diagnose bestätigt durch:
Computertomographie (hat die früher übliche Arteriographie ersetzt),
Eingehende otologische, neurologische, ophthalmologische und neuroradiologische Zusatzuntersuchungen.
Liquorpunktion:
Begleitmeningitis,
starke Druckerhöhung,
normaler Liquorzucker,
relativ wenig Zellen, vorwiegend Lymphocyten.
Liquor vorsichtig abtropfen lassen wegen Gefahr der Einklemmung der Kleinhirntonsillen!

Therapie:
Ein frischer, wenig abgekapselter Absceß wird nach der Ohroperation von der Operationshöhle aus auf dem Überleitungsweg durch Duraschlitzung und **Absceßeröffnung nach außen** mit nachfolgender Drainage und Tamponade behandelt. Abgekapselte Abscesse werden durch den Neurochirurgen nach Kraniotomie durch – evtl. stereotaktische – **Punktion und Spülung** zur Ausheilung gebracht oder müssen **total exstirpiert** werden.

GK 1.4.4

IV. Facialislähmung

Funktionsdiagnostik (S. 76)

a) Otogen, entzündlich

Durch Übergreifen der Entzündung

- in den ersten Tagen der akuten Otitis media über Knochendehiscenzen auf den Facialiskanal,

  Therapie: Paracentese, Antibiotica;

- im weiteren Verlauf der akuten Otitis media und Mastoiditis oder der chronischen Knocheneiterung durch Knocheneinschmelzung,
  Therapie: Mastoidektomie bzw. Radikaloperation, unter Umständen Facialisdekompression: Auffräsen des knöchernen Facialiskanals und Freilegen des N. facialis unter Verwendung des Operationsmikroskops.

b) Idiopathische Parese (Bell)

Ursache: Wahrscheinlich entzündliches Ödem des Nerven, gefolgt von Abflußstauung und Kompression des Nerven im engen knöchernen Kanal (sog. „rheumatische Lähmung").

Verlauf: Wiederkehr der Nervenfunktion in 95% der Fälle. In 5% bleibende Lähmung durch Degeneration der Axone.

Therapie: Infusionen zur Durchblutungsförderung wie bei M. Menière (S. 123).
Corticosteroide, Vitamin B_1, B_6 und B_{12}. Uhrglasverband.
Massage, Elektrisieren (nur bis zur Wiederkehr mimischer Spontanbewegungen). Bei zunehmendem, fast vollständigem Axonverlust (Elektroneuronographie!) operative Dekompression des Nerven im intratemporalen Verlauf zu erwägen.

c) Traumatische Paresen

Ursachen:
Felsenbeinfrakturen (*Therapie* S. 87).
Parotisverletzungen (*Therapie:* möglichst Nervennaht).
Operative Eingriffe an Mittelohr und Parotis (*Therapie:* sofortige Revision des Nerven).

d) Paresen durch Tumoren

Ursachen:
Acusticusneurinom (S. 134).
Glomustumor (S. 117).

Mittelohrcarcinom (s. unten).
Maligne Parotistumoren (S. 329).
Außerdem Paresen bei Ohrmißbildungen (S. 77) und Zoster oticus (S. 131).

Bei bleibender Facialisparese und Gesichtslähmung rekonstruktive Maßnahmen möglich (Facialisplastik):

- Nervennaht.
- Autonerventransplantation (aus N. auricularis magnus oder N. suralis).
- Nervenpfropfung (N. hypoglossus oder N. accessorius → N. facialis).
- Cross-over-Technik (Äste der gesunden Seite werden durch ein Autonerventransplantat mit der kranken Seite verbunden).
- Muskel- und Fascienplastik zur Hebung der Gesichtsweichteile.

V. Tumoren

1.4.5

1. Verhornende Plattenepithelcarcinome bei Erwachsenen und **Sarkome** bei Jugendlichen
entwickeln sich in der Pauke oder wachsen vom äußeren Gehörgang ein.

Befund:
Anfangs Sekretion und Hörstörung wie bei chronischer Knocheneiterung,
dann Bildung blutender Granulationen und sanguinolentes Sekret,
sehr fötide Sekretion, Abstoßen von Sequestern,
frühzeitige Facialisparese, Einbruch und Zerstörung des Innenohres,
stärkere Schmerzen,
Metastasen in den regionären Lymphknoten.

Diagnose:
Durch histologische Untersuchung und Röntgenaufnahmen (Tomographie und Computertomographie), die die Ausdehnung der Knochenzerstörung anzeigen.

Therapie:
Ausgedehnte Operation u.U. mit Parotidektomie – bei Metastasen mit Neck dissection – und Nachbestrahlung.

Prognose: Ungünstig.

2. Glomustumoren, ausgehend vom Glomus jugulare oder vom Glomus tympanicum.

Histologisch: Nichtchromaffine Paragangliome des Parasympathicus.

Symptome: Pulssynchrones Ohrensausen, Schalleitungsschwerhörigkeit, pulssynchrone Impedanzänderungen im Tympanogramm (S. 51).

GK 1.4.6

Befund:
Der Tumor scheint rötlich bläulich – gelegentlich pulsierend – durch das Trommelfell hindurch, meist vom Hypotympanum ausgehend (Abb. 61), oder bricht durch das Trommelfell in den Gehörgang ein.
Bei fortgeschrittenen Glomus tympanicum-Tumoren Nervenlähmung Nn. V, VII, VIII, bei Glomus jugulare-Tumoren Nervenlähmungen Nn. IX, XI, XII und Recurrenslähmung (aus N. X). Tumor gefäßreich!
Später Einwachsen in die mittlere und hintere Schädelgrube.

Diagnose:
Durch histologische Untersuchung nach Trommelfellaufklappung, Röntgenaufnahmen (Tomographie), Computertomographie, Angiographie.

Therapie:
Frühzeitige radikale Operation des langsam wachsenden Tumors. In späten Stadien (Einwachsen in das Schädelinnere) kann der Tumor inoperabel werden, dann Bestrahlung.

VI. Otosklerose

1.4.6

Erkrankung der knöchernen Labyrinthkapsel.

Pathologische Anatomie:
Knochenumbauprozesse: Herdförmige Resorption des normalen Strähnenknochens der Labyrinthkapsel und überschüssige Bildung eines geflechtartigen spongiösen Knochens, der bei Jugendlichen stark vascularisiert sein kann und der später – im inaktiven Stadium – in einen mehr sklerotisch-kompakten Knochen übergeht.

Ursache:
Nicht bekannt (Stoffwechselstörung? Entstehung aus embryonalen Knorpelresten? Hormonelle Einflüsse?).

Auftreten:
Häufiger bei Frauen als bei Männern zwischen dem 20. und 40. Lebensjahr. Zunahme während der Schwangerschaft, familiäres Vorkommen, unregelmäßig dominanter Erbgang. Vorwiegend bei der weißen Rasse.

Sitz:
Selten und klinisch nicht nachweisbar sind Herde in der Schneckenkapsel. Sie führen zur Degeneration der Sinneszellen und zur Innenohrschwerhörigkeit durch Veränderung der Zusammensetzung der Peri- und Endolymphe.

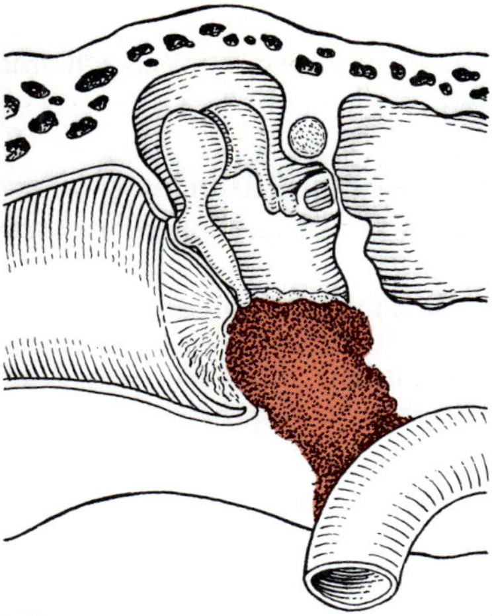

Abb. 61. Glomustumor

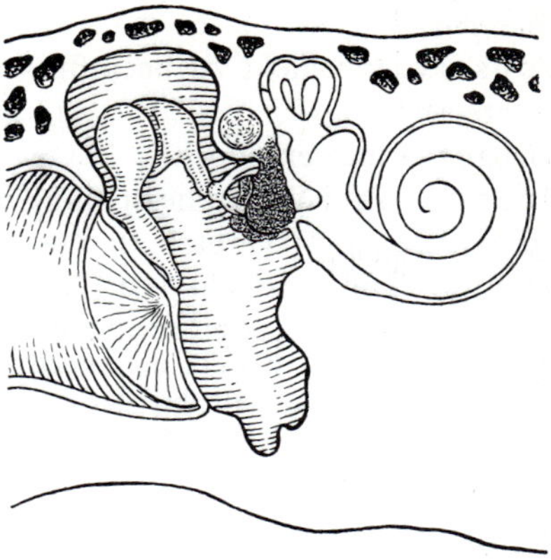

Abb. 62. Otoskleroseherd im Bereich des ovalen Fensters

Die häufigeren Herde im Bereich der ovalen Fensternische – oft vom vorderen Rand ausgehend – führen zur Fixierung des Steigbügels (Stapesankylose, Abb. 62) mit typischen

Symptomen:
Ohrensausen (tiefer Ton) und zunehmende Schwerhörigkeit, ein Ohr ist stärker betroffen als das andere; im Lärm wird oft besser verstanden (Parakusis WILLISII), z. T. wohl deshalb, weil die den Normalhörigen störenden tiefen Lärmgeräusche nicht gehört werden und der Gesprächspartner im Lärm unwillkürlich lauter spricht. Keine Ohrenschmerzen.

Befund:
Normales oder gelegentlich leicht rosa durchscheinendes (= SCHWARTZE-Zeichen) Trommelfell und (meist) pneumatisierter Warzenfortsatz.
Tube frei durchgängig.
Schalleitungsschwerhörigkeit:
Knochenleitungs-Luftleitungsdifferenz und CARHART-Mulde (S. 44) im Tonaudiogramm,
RINNE-Versuch negativ,
WEBER-Versuch: Lateralisation in das schlechter hörende Ohr.
GELLÉ-Versuch negativ (S. 41): kein Schwanken der Lautstärke.
Stapediusreflex nicht auslösbar (S. 49).
Bei Innenohrbefall zusätzlich Innenohrschwerhörigkeit.

Therapie:

Konservativ nicht zu beeinflussen (gegen Ohrgeräusche Versuch mit Sedativa).

Hörgerät, besser jedoch

Operation zur Wiederherstellung der durch die Stapesfixation behinderten Schalleitung (symptomatische Therapie) – sofern das Innenohr noch genügend funktionstüchtig ist:

Fensterungsoperation (Abb. 63): In den vierziger und fünfziger Jahren vielfach ausgeführte Operation, bei der die knöcherne Kuppe des horizontalen Bogenganges abgeschliffen und das neue Fenster zum Innenohr mit Haut abgedeckt wurde. Wird heute nur noch in Ausnahmefällen (z. B. Mittelohrmißbildungen) durchgeführt. Nachteile waren:
Postoperativer Schwindel,
Wegfall der Schalldruckübertragung zum Innenohr über die Gehörknöchelchenkette und dadurch Bestehenbleiben einer Schalleitungsschwerhörigkeit von 25 dB,
Notwendigkeit der Nachbehandlung der Operationshöhle (Radikalhöhle).

Stapesmobilisation (ROSEN): Indirekte Mobilisation durch Bewegen des Stapesköpfchens (Abb. 64 a) oder direkte Mobilisation durch Ummeißeln der Fußplatte führten zur – meist nur vorübergehenden – Hörverbesserung. Reankylosen kamen häufig vor, daher keine Dauererfolge.

Crurotomie: Durchtrennen des vorderen Schenkels und der Fußplatte bei Befall nur der vorderen Anteile der Fußplatte (Abb. 64 b).

Fußplattenresektion (Platinektomie): Ersetzen der Stapesfußplatte durch Bindegewebe bzw. Venenwand (= Interposition) (Abb. 64 c).

Stapedektomie (= Stapesplastik): Nach Trommelfellaufklappung Resektion des gesamten Stapes einschließlich der Fußplatte und Ersatz durch einen Drahtbügel, der am Amboßschenkel fixiert wird. Der Abschluß zum ovalen Fenster erfolgt durch Bindegewebe, auf das der „Drahtsteigbügel" aufgesetzt werden kann (Abb. 64d) oder das in den Draht eingebunden wird (SCHUKNECHT, Abb. 64e). Schließlich läßt sich die Fußplatte auch lediglich durchbohren (Nadel oder Laserstrahl) und ein eingesetzter Kunststoffstempel (Drahtteflonpiston) überträgt die Schwingungen in das Vestibulum (Abb. 64f, auch als Stapedotomie bezeichnet).

Die Stapedektomie (bzw. die Stapedotomie) wird heute allen anderen Methoden vorgezogen. Sie führt in 90% der Fälle zu einer Hörverbesserung. In 1% kommt es zu einer Hörverschlechterung durch eine Schädigung des Innenohres.

Differentialdiagnose:

- Adhäsivprozeß, dabei:
  Trommelfellveränderungen,
  Tympanogrammkurve flach,
  Fehlen der Warzenfortsatzpneumatisation,
  eventuell Tubendurchgängigkeit behindert.
- Mittelohrmißbildungen.
- Bei unklarer Schalleitungsschwerhörigkeit **Probetympanotomie** (Vorklappen des Trommelfells und Inspektion der Paukenhöhle).

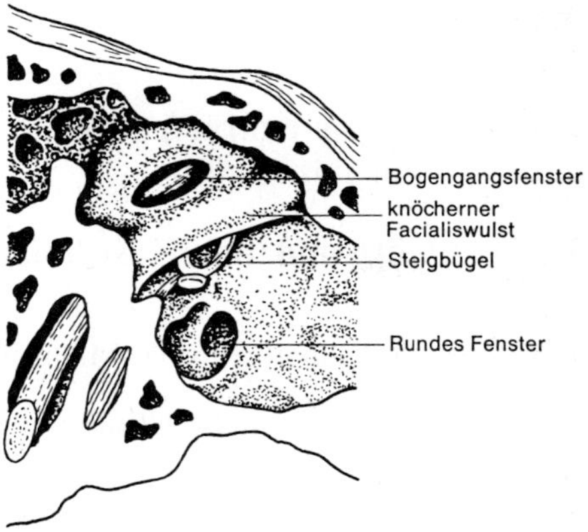

Abb. 63. Fensterungsoperation am horizontalen Bogengang

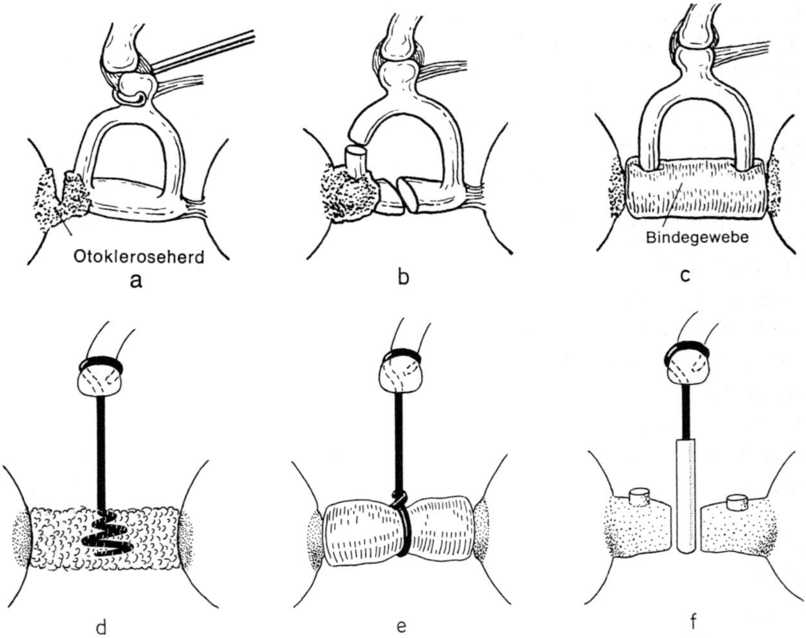

Abb. 64 a – f. Stapesoperationen. **a** indirekte Mobilisation; **b** Crurotomie; **c** Fußplattenresektion (= Interposition); **d - f** Stapedektomie. Die heute bevorzugten Methoden sind die Stapesplastik nach SCHUKNECHT (**e**) und die Stapedotomie (**f**) s. Text

Prüfungsaufgaben zu Klinik Mittelohr s. Anhang Aufgaben 58 – 97.

GK 1.5, 1.5.1

Klinik des Innenohres

1.5

I. Entzündliche Erkrankungen

(s. bei Labyrinthitis, S. 110)

II. Cochleäre und/oder vestibuläre Störungen

1.5.1

1. Menière-Krankheit (Morbus Menière)

- Hydrops des häutigen Labyrinthes infolge
quantitativ (oder qualitativ) fehlerhafter Endolymphproduktion – möglicherweise durch Störungen der Elektrolytregulation auf dem Boden vasomotorischer Störungen – oder
- gestörter Resorption der Endolymphe im Saccus endolymphaticus oder
- eines Verschlusses des Ductus endolymphaticus!

Vorkommen:
Besonders bei vegetativ labilen Patienten, gelegentlich nach psychischer Belastung, Föhneinbrüchen, Nikotin- oder Alkoholabusus.

Auslösung:
Schwindelanfall und Hörverschlechterung können durch eine Ruptur des hydropischen Endolymphschlauches im Bereich der Reissner-Membran mit darauf folgender Durchmischung der Perilymphe mit kaliumreicher Endolymphe ausgelöst werden. Angenommen wird eine Intoxikation der Haarzellen und der nervösen Elemente durch das Kalium.

Symptome (Trias! Menière-Syndrom):
- Drehschwindelanfälle oder Schwankschwindelanfälle mit Übelkeit und Erbrechen.
- Einseitiges Ohrgeräusch (Sausen), Druck und Völlegefühl im Ohr.
- Einseitige Schwerhörigkeit, häufig verbunden mit Diplakusis (die Töne werden im kranken Ohr höher empfunden).

Verlauf:
Die Drehschwindelanfälle dauern Minuten bis Stunden und wiederholen sich in Tagen oder Wochen.

Befund:

Im Anfall:
- Spontannystagmus meist zur kranken, gelegentlich zur gesunden Seite.
- Innenohrschwerhörigkeit mit für M. Menière typischer wannenförmiger Hörschwellenkurve im Tonaudiogramm (‚Hydropskurve"), also Haupthörverlust im tiefen und mittleren Frequenzbereich (Baßschwerhörig-

keit Abb. 28a, S. 45). Gelegentlich kommt es zu Beginn der Erkrankung zunächst zur Hörstörung und erst später zu dem typischen Schwindelanfall („monosymptomatischer MENIÈRE“).

- Positives Recruitment (Abb. 28 a, S. 45).

Im Intervall:
Die Vestibularisprüfung kann anfangs normale Funktionen, nach mehreren Anfällen dann eine Untererregbarkeit des betroffenen Vestibularorgans ergeben.
Die Schwerhörigkeit bessert sich nur anfangs im Interfall oder Fluktuation des Hörvermögens, später wird sie von Anfall zu Anfall stärker, bis das Ohr schließlich ertauben kann.
Das Ohrensausen ist während des Anfalls stärker als im Intervall.

Therapie:

Im Anfall:
- Bettruhe.
- Symptomatisch gegen Schwindel z. B. Vomex A, Bonamine oder Sedativa.

Im Anschluß an einen Anfall oder im Intervall:
- Durchblutungsförderung durch Infusionen mit niedermolekularen Dextranlösungen (Rheomacrodex) oder HAES-steril (Hydroxyaethylstärke) mit Zusatz von Dusodril, Complamin, Ronicol, Trental o. ä. Vor der ersten Dextraninfusion Promit (Hapten zur Vermeidung einer allergischen Reaktion) vorspritzen!
- Entwässerung: salz- und flüssigkeitsarme Kost, Diuretica (Esidrix).
- Falls erforderlich Herz- und Kreislauftherapie (Blutdruck!).
Zur Nachbehandlung Betahistin (z. B. Vasomotal, Aequamen), Dusodril retard, Complamin retard, Sibelium oder Trental per os.

Zur Prophylaxe gegen weitere Anfälle:
- Vermeiden psychischer Insulte.
- Einschränken von Nikotin, Alkohol, Kaffee.
- Gegebenenfalls Halswirbelsäulenbehandlung.
- Gegebenenfalls antiallergische Behandlung.

Kann die Krankheit dadurch nicht beherrscht werden, kommen operative Eingriffe in Frage:
- Entlastung und Drainage des endolymphatischen Systems durch **Saccotomie:** Eröffnung des Saccus endolymphaticus an der hinteren Pyramidenfläche (Abb. 65 a).
- **Ausschaltung** des Vestibularorgans durch Einbringen von ototoxischen Medikamenten (Gentamicin S. 130) in die Paukenhöhle.
- **Durchschneidung** (Neurektomie) des N. vestibularis im inneren Gehörgang (transtemporal Abb. 65 e).

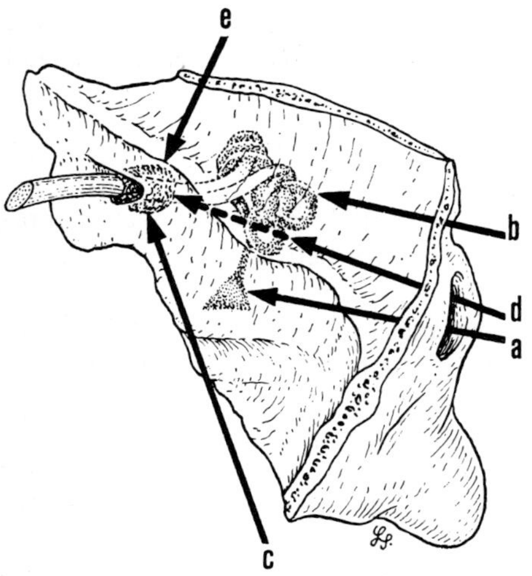

Abb. 65. Operative Zugangswege zum Innenohr und zum inneren Gehörgang. **a** Saccotomie; **b** Labyrinthausschaltung (häutiges Labyrinth) durch ein Fenster im horizontalen Bogengang oder durch das ovale Fenster;
c – e Operationen am inneren Gehörgang: **c** über die hintere Schädelgrube; **d** translabyrinthär; **e** über die mittlere Schädelgrube (transtemporal)

- **Zerstörung** des häutigen Labyrinthes durch ein Bogengangsfenster oder durch das ovale Fenster hindurch (Abb. 65 b) (Kommt vor allem bei bereits erloschenem Hörvermögen in Frage).

Differentialdiagnose bei Schwindel mit/ohne Hörstörung (Neuritis n. vestibularis S. 126):

- Als **Lermoyez-Syndrom** bezeichnet man ein Syndrom, das der Symptomentrias der Menière-Krankheit ähnelt, bei dem es jedoch während des Schwindelanfalls oder unmittelbar danach zu einer Hörverbesserung kommt.
  Therapie: Wie bei Morbus Menière.
- **Kleinhirnbrückenwinkeltumor** (bzw. Acusticusneurinom S. 134) muß durch Röntgenaufnahmen nach Stenvers, neurologische Untersuchung, Computertomogramm und neuerdings Kernspintomogramm ausgeschlossen werden. Das Recruitment (S. 45) ist beim Acusticustumor häufig negativ. Entscheidende Hinweise geben die akustisch evozierten Potentiale (S. 49).
- **Halswirbelsäulenveränderungen** (Fehlstellungen, Osteochondrose) durch Röntgenaufnahmen aufdecken.
  Verspannungen der Hals- und Rückenmuskulatur mit einer gestörten Funktion der oberen HWS-Gelenke können über den Ramus dorsalis der Rückenmarkswurzeln und die Verbindungen mit den Vestibulariskerngebieten Schwindel und Nystagmus hervorrufen (proprioceptiver Cervicalnystagmus S. 67). Außerdem können knöcherne Veränderungen im unteren HWS-Bereich über Durchblutungsstörungen (Kompression der A. vertebralis oder Irritation des N. sympathicus) zu Cervicalnystagmus, Drehschwindelerscheinungen und Schwerhörigkeit führen (**Cervicalsyndrom**).

Therapie: Orthopädische Behandlung, u. U. Manualtherapie.

COGAN-Syndrom: Schwindel, Ohrgeräusche, Schwerhörigkeit und interstitielle Keratitis (Autoimmunprozeß).

- **ALPORT-Syndrom:** Innenohrschwerhörigkeit und hereditäre Nephritis bei vasculären Veränderungen, gelegentlich mit Katarakt und Netzhautdystrophie. (Kein Schwindel.)

USHER-Syndrom: Innenohrschwerhörigkeit und Retinitis pigmentosa.

Subclavian-steal-Syndrom: („Anzapfsyndrom" der A. vertebralis): Schwindel infolge cerebraler Mangeldurchblutung. Wegen Verschluß oder Stenose der A. subclavia fließt das arterielle Blut aus dem Cerebrum unter Strömungsumkehr in der A. vertebralis der betroffenen Seite in den Arm.

- **Vertebro-basiläre Insuffizienz:** Mangeldurchblutung z. B. bei Arteriosklerose oder bei basilärer Impression: Schwindel sowie neurologische Symptome durch Fehlstellung Wirbelsäule – Schädelbasis (Diagnose durch seitliche Röntgenaufnahme).
- **WALLENBERG-Syndrom:** Schwindelzustände und Hörstörungen sowie neurologische Symptome bei Durchblutungsstörungen im Versorgungsgebiet der A. vertebralis, A. basilaris oder A. cerebelli inf. post.
- **Cerebrale Durchblutungsstörungen** mit Schwindel bei endokraniellen Krankheiten oder Herz- und Kreislaufkrankheiten (Hyper- oder Hypotonie).
- **Multiple Sklerose:** U. a. pathologische Vestibularisbefunde und Störungen der willkürlichen Blickmotorik sowie Veränderungen des optokinetischen Nystagmus als Ausdruck der zentralen oculomotorischen Funktionsstörung. Hirnstammprozesse (retrocochleäre Schwerhörigkeiten) lassen sich durch Ableitung akustisch evozierter Potentiale (S. 49) aufdecken.

2. Hörsturz (akuter Hörverlust, Sudden deafness)

Mögliche *Ursachen:*

- Durchblutungsstörung zunächst unklarer Genese, z. B. infolge
  a) Verminderung der kardialen Leistungsfähigkeit,
  b) Blutdruckänderungen, insbesondere hypotoner Kreislaufregulationsstörung,
  c) vasomotorischer Störungen, Gefäßprozessen, venöser Stase bei Acusticusneurinom,
  d) Halswirbelsäuleneinflüssen,
  e) ungenügender Sauerstoffversorgung des Innenohres aufgrund cochleärer Mikrozirkulationsstörungen mit Verklumpung der Erythrocyten (Sludge-Phänomen), Störungen der Blutviskosität,
  f) psychischer Belastungen (?), „Streß",
- Virusinfektion.
- Allergische oder focusbedingte Reaktion. Autoimmunpathologisches Geschehen.
- Ruptur des runden Fensters durch Innenohrdruckerhöhung mit Austritt

von Perilymphe ins Mittelohr („Perilymphfistel"), u.U. traumatisch bedingt.

- Stoffwechselstörungen (z. B. Hyperlipämie, Diabetes mellitus).
- Innenohrembolie.

Symptome:

Plötzlich auftretende einseitige Schwerhörigkeit.

Gefühl „wie Watte im Ohr", Druck im Ohr, Ohrgeräusch.

Kein Drehschwindel wie bei Morbus MENIÈRE, selten vestibuläre Zeichen (fast stets allerdings bei Fensterruptur).

Häufig als Cerumen obturans oder Tubenkatarrh fehlgedeutet.

Befund:

Innenohrschwerhörigkeit (positives Recruitment).

Tonaudiogramm: entweder „Hydropskurve" wie bei M. MENIÈRE oder Steilabfall im hohen Frequenzbereich oder völlige Ertaubung.

WEBER-Versuch: Stimmgabel wird ins besser hörende Ohr lateralisiert. (Wegen dieser deutlichen Lateralisation über Knochenleitung ist der RINNE-Versuch auf dem kranken Ohr oft nicht durchführbar. Die Knochenleitung scheint dort besser zu sein als die Luftleitung.)

Therapie:

- Zur Verbesserung der Durchblutung Stellatumblockaden (täglich 10 ml 1%iges Novocain ohne Suprareninzusatz 10 Tage lang). Technik nach HERGET:

  Nach Seitwärtsdrängen der großen Halsgefäße Einstich im Exspirium am medialen Rand des M. sternocleidomastoideus in der Mitte zwischen Ringknorpel und Sternoclaviculargelenk (HORNER-Symptomenkomplex: Ptosis, Miosis, Enophthalmus bei erfolgreicher Sympathicusausschaltung = Grenzstrangblockade). Cave Pleuraverletzung und Pneumothorax!
- Rheomacrodexinfusionen (Dextran 40-Infusionen) oder HAES-steril zur Verbesserung der Fließfähigkeit des Blutes (Antisludge-Therapie) mit Zusatz von durchblutungsfördernden Medikamenten wie bei M. MENIÈRE. Nachbehandlung mit Dusodril retard oder Calciumantagonisten (z. B. Nimotop).
- Operativ bei Verdacht auf Fensterruptur. Corticosteroide bei Immunkrankheit.

Bei Behandlungsbeginn in der ersten Woche Restitution in 90% der Fälle, bei späterem Behandlungsbeginn geringere Heilungsaussichten.

3. Neuronitis vestibularis (Vestibularis-Neuronopathie, Neuritis n. vestibularis)

Mögliche *Ursachen:*

- Virusinfekt.
- Mikrozirkulationsstörungen.

Symptome und *Befund:*

- Plötzlich einsetzender erheblicher Drehschwindel (mit Erbrechen).

Heftiger Spontannystagmus (zur gesunden Seite).
Einseitige vestibuläre periphere Untererregbarkeit oder Unerregbarkeit.
Keine Hörstörung.

Therapie:
Symptomatisch Antivertiginosa wie bei M. MENIÈRE,
Rheomacrodexinfusionen oder HAES-steril, Corticosteroide,
Vitamin B_1, B_6 und B_{12},
vestibuläres Training (gezielte Bewegungsübungen mit steigenden Anforderungen an das vestibuläre System), um die zentrale Kompensation bei einseitigem peripheren Ausfall (S. 62) zu fördern.
Zur Nachbehandlung Vasomotal nach Abschluß des Trainings.

Verlauf:
Abklingen des Schwindels in wenigen Tagen, nicht selten mit völliger Erholung der Funktion des Vestibularorgans (während dieser Zeit „Erholungsnystagmus" zur kranken Seite).

4. Kinetosen (Seekrankheit, Reisekrankheit, „Bewegungskrankheit")

Auftreten von Übelkeit und Erbrechen bei unphysiologischen Beschleunigungsvorgängen sowie bei übermäßiger und unkoordinierter Reizung des Vestibularapparates mit Auswirkungen auf das vegetative Nervensystem (optisch-vestibuläre Konfliktsitutation).

Therapie: Kopf ruhig halten. Vomex A, Bonamine, Torecan, Dramamine (= Antivertiginosa). Achtung: Die Medikamente machen müde!

5. Caisson-Krankheit (Preßluftkrankheit, Dekompressionskrankheit)

Vorkommen:
Als Barotrauma bei zu schnellem Ausschleusen nach Arbeiten unter hohem Druck im Senkkasten unter Wasser (Caisson) oder nach Tieftauchen.

Ursache:
Durch die rasche Dekompression wird Stickstoff im Blut frei. Folge: Gasembolien im Innenohr.

Symptome:
Kurz nach dem Ausschleusen oder dem Auftauchen plötzlich Schwerhörigkeit und Ohrensausen, Schwindel und Erbrechen, u. U. Bewußtseinstrübung.

Therapie:
Sofortiges Wiedereinschleusen, anschließend langsame Dekompression.

6. Akustisches Trauma

Ursache:
Durch Knall, Explosion, Lärm oder stumpfes Schädeltrauma Degeneration von Haarzellen im CORTI-Organ.

GK 1.5.1

Das Ohr kann sich dem Schalldruck zunächst in Grenzen anpassen (Adaptation). Bei stärkeren Einwirkungen kommt es zu vorübergehendem oder bleibendem Tonschwellenschwund (Temporary threshold shift = TTS oder Permanent threshold shift = PTS).
Eine akustische Überlastung führt zu Stoffwechselstörungen (O_2-Mangel) oder direkten mechanischen Schäden der Sinneszellen.

Befund:
Innenohrschwerhörigkeit (sensorische Schwerhörigkeit, Haarzellschaden) mit Senke der Hörschwellenkurve bei c^5 = 4000 Hz (Abb. 27e, S. 43) oder Abfall der Kurve im hohen Tonbereich.
Positives Recruitment (SISI-Test positiv. LANGENBECK-Test: CORTI-Organschaden).
Ohrgeräusche.

Erklärung des – stets zuerst auftretenden – Hochtonverlustes bei allgemeinen akustischen Belastungen: Der basale Schneckenbereich wird, da ihn Schwingungen aller Frequenzen durchlaufen, mehr belastet als der obere Schneckenbereich, den nur noch Schwingungen mit niederer Frequenz erreichen (vergleichbar einem Teppich auf der Treppe in einem mehrstöckigen Haus).

Erklärung der c^5-Senke bei akustischem Trauma: Aufgrund der Hydrodynamik des Innenohres (Wanderwelle) kommt es – z. B. bei Einwirkung von Industrielärm, der durchaus nicht nur aus hohen Frequenzen besteht, – in der Basalwindung der Schnecke nahe dem Übergang in die mittlere Windung zu einem Energiemaximum. Dieses Gebiet entspricht 4000 Hz (c^5) und liegt an der oberen Grenze größter Schwellenempfindlichkeit = größter Hörschärfe des Ohres (1000 – 4000 Hz).

a) Knalltrauma (Schalldruckwelle 1 – 2 msec)

Kurzdauernde akute Schädigung, meist durch Mündungsknall. In den ersten Tagen oft deutliche Besserung. Keine Progredienz der Schwerhörigkeit zu erwarten.

b) Explosionstrauma (Schalldruckwelle über 2 msec)

Häufig verbunden mit Trommelfellzerreißung (gelegentlich mit Luxation der Gehörknöchelchenkette), dann kombinierte Schalleitungs-Schallempfindungsschwerhörigkeit. Progredienz der Hörstörung möglich. Hörverlust über dem gesamten Tonbereich kommt vor.

c) Chronisches Lärmtrauma (Lärmschwerhörigkeit)

Berufskrankheit (Nr. 2301) durch jahrelange Tätigkeit bei einem Lärmpegel über 85–90 dB (A) (Kesselschmiede, Motorenprüfstände, Flugplatz u. ä.) Einstellungs- und Überwachungsuntersuchungen sind bei Lärmarbeiten vorgeschrieben! Individuelle Empfindlichkeit gegen Lärm.

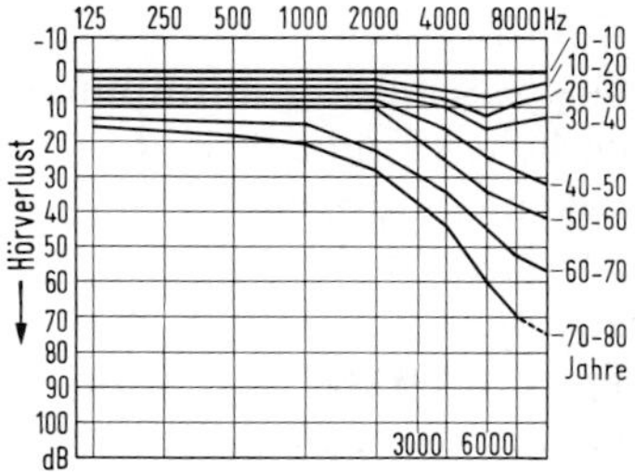

Abb. 66. Hörschwellenkurven in den verschiedenen Altersstufen (Mittelwerte, nicht auf Einzelfall anwendbar)

Meldepflicht bei Verdacht auf Lärmschwerhörigkeit!
Entschädigung ab 20% Minderung der Erwerbsfähigkeit (S. 345).
Anfangs Erholung des Hörvermögens in Lärmpausen, nach Jahren im Lärm beiderseits symmetrisch Verbreiterung der Hochtonsenke im Tonaudiogramm. Nach Aufgabe der Lärmarbeit keine Progredienz.

Prophylaxe:
Persönlicher Schallschutz durch Ohropax, Selectone-Ohrstöpsel, Kapselgehörschützer, Schutzhelm, gegebenenfalls Arbeitsplatz wechseln.

Anmerkung: Das akute Lärmtrauma ist selten und kommt vor bei plötzlicher, sehr starker Lärmeinwirkung mit Lärmpegeln über 120 dB (A), z. B. Düsenlärm aus nächster Nähe, oder bei Lärmeinwirkungen mit Lärmpegeln zwischen 90 und 120 dB (A) und gleichzeitiger Minderdurchblutung des Ohres durch Verdrehung der Halswirbelsäule, z. B. Lärmarbeit bei ungünstiger Körperhaltung („Akustischer Unfall").

d) Stumpfes Schädeltrauma

Als Commotio labyrinthi mit und ohne Schädelbasisfrakturen oft gemeinsam mit zentralen oder peripheren Vestibularisfunktionsstörungen. (Nach stumpfen Schädeltraumen auch zentrale Hörstörungen!)

7. Altersschwerhörigkeit (Presbyakusis)

Degenerative Prozesse vorwiegend im CORTI-Organ und weniger im Hörnerven (Ganglion spirale cochleae) nicht zuletzt durch lebenslange exogene und endogene Einwirkungen (Lärm, Durchblutungsstörungen, ototoxische Einflüsse, Ernährung, Hypertonie, Diabetes), hinzu kommt der Altersabbau des Gehirns.

Symptome:
Seitengleiche Hörverschlechterung zunehmend ab dem 55. Lebensjahr (Abb. 66), besonders für hohe Töne. Bei Störgeräusch und bei mehreren Gesprächspartnern (Konferenz, Cocktailparty) schlechtes Sprachverständnis.
Ohrgeräusch, vor allem in ruhiger Umgebung.

Befund:

Doppelseitige Schallempfindungsschwerhörigkeit mit größtem Hörverlust im hohen Tonbereich (Tonaudiogramm) und bei hochgradiger Schwerhörigkeit mit stärkerem Diskriminationsverlust (Sprachaudiogramm).
SISI-Test meist positiv. Zentrale Hörfunktionen herabgesetzt.

Therapie:

Bei stärkerer Schwerhörigkeit Hörgerät (siehe S. 133).
Gegen das subjektive Ohrgeräusch Versuch mit Sedativa o.a. (siehe S. 136). Besserung des Ohrgeräusches auf die Dauer meist nur durch Gewöhnung bzw. Verdrängung. Manche Patienten empfinden einen „Tinnitus-Masker" (Rauschgenerator, der ähnlich einem Hörgerät konzipiert ist) zur Verdeckung des subjektiven Ohrgeräusches angenehm.

8. Toxische Schäden des Innenohres

Ursachen:

- Infektionskrankheiten (Mumps S. 327, Fleckfieber, Meningitis, Zoster oticus S. 131).
- Stoffwechselstörungen durch Schilddrüsen-, Leber- oder Nierenkrankheiten.
- Medikamente. Ototoxisch z. B. Chinin, Salicylsäure, Furosemid und Etacrynsäure (Diuretica), manche Cytostatica (z. B. Cisplatin) und vor allem die Aminoglycosid-Antibiotica, z. B. Streptomycin, Neomycin, Kanamycin, Gentamicin und Tobramycin, die in das Innenohr gelangen und in der Perilymphe wegen schlechter Resorptionsmöglichkeiten eine hohe Konzentration erreichen. Es kommt zu irreparablen Haarzellschäden – und zwar ähnlich wie bei den akustischen Schäden vor allem der äußeren Haarzellen. Besonders gefährlich bei gleichzeitigen Nierenschäden. Vor und während der Gabe dieser Medikamente stets Nierenfunktion und Innenohrfunktion (Tonaudiogramm!) überprüfen.
- Industrieerzeugnisse (Kohlenmonoxyd, Nitrobenzol, Anilin).

Symptome:

Zunehmende beiderseitige Schwerhörigkeit bis Taubheit.
Vestibuläre Schwindelerscheinungen.
Ohrgeräusch (steht gelegentlich als erstes Symptom im Vordergrund der Beschwerden).

Befund:

Schallempfindungsschwerhörigkeit oder Taubheit.
Zentrale oder periphere Vestibularisfunktionsstörungen.

Therapie:

Grundleiden behandeln, ototoxische Substanzen absetzen.

Anmerkung: Bei akuter Alkoholintoxikation tritt bei Körperseitenlage ein Lagenystagmus auf, der anfangs zum unten liegenden Ohr, nach einer Stunde zum oben liegenden Ohr gerichtet ist.

9. Zoster oticus (Herpes zoster oticus)

Ursache: Neurotropes Zostervirus.

Symptome und Befund:
Auftreten von schmerzhaften Bläschen in der Ohrmuschel und im Gehörgang im Rahmen eines Infektes.
Neuritis im Bereich
des N. facialis (Facialisparese mit schlechter Tendenz zur Besserung);
des N. cochlearis (Schwerhörigkeit mit häufig negativem Recruitment kann sich bessern, Taubheit nicht); dazu oft
des N. vestibularis (Schwindel und Nystagmus, vestibuläre Erregbarkeitsverminderung oder Unerregbarkeit); selten
des N. trigeminus (Trigeminusneuralgien) und u. U. auch
des N. glossopharyngeus (Schluckbeschwerden und Bläschenbildung im Rachen).
Liquorveränderungen: Lymphocyten- und Eiweißvermehrung.
Virusserologie.

Verlauf:
Innerhalb von vier Wochen Restitutio oder aber Defektheilungen.

Therapie:
Antineuralgica.
Gammaglobulin, antivirale Therapie (Zovirax).
Vitamin B_1, B_6, und B_{12}, Elektrotherapie der Facialisparese.
Antibiotica ohne sicheren Effekt, erforderlich aber zur Verhinderung einer Superinfektion der Läsionen nach Platzen der Bläschen (Salbe).

10. Angeborene und frühkindlich erworbene Hörstörungen

Meist ohne Beteiligung des Vestibularapparates.
Eine Taubheit hat ein Fehlen der Sprachentwicklung zur Folge (**Taubstummheit,** S. 337).

Ererbt: Zwei Formen der hereditären Schwerhörigkeit:

a) Sporadische (recessive) Schwerhörigkeit oder Taubheit
Kann bereits bei der Geburt bestehen.
Häufig bei Verwandtenehen, beide Eltern müssen Träger der Erbanlage sein.
Entwicklungsstörungen im Bereich von Schnecke, Hörnerv und zentralen Bahnen.

b) Dominante (progressive) Schwerhörigkeit

Wird meist erst jenseits des Kindesalters manifest, progredienter Verlauf. Hörverlust beiderseits vor allem im mittleren und hohen Frequenzbereich. Ein Elternteil muß Träger der Erbanlage sein.
Entwicklungsstörungen im Bereich der Schnecke.

Anmerkung: Degenerative progressive Innenohrschwerhörigkeiten können im Zusammenhang mit anlagebedingten Erkrankungen der Haut, der Augen und der inneren Organe vorkommen.

Pränatal erworben:
Embryopathia rubeolosa (Rötelnerkrankung der Mutter während der Schwangerschaft im zweiten und dritten Schwangerschaftsmonat).
Thalidomidschäden 1960/61 (bei Einnahme des Medikamentes Contergan Anfang des zweiten Schwangerschaftsmonats) meist kombiniert mit Mittelohrmißbildungen und Mißbildungen des äußeren Ohres (S. 77).
Connatale Lues (S. 111).
Toxoplasmose (selten).
Stoffwechselerkrankungen der Mutter (z. B. Diabetes mellitus, Hypothyreose). Alkoholabusus der Mutter.

Perinatal erworben:
Geburtstraumen: Perinatale Asphyxie, mechanische Geburtsschäden.
Kernikterus durch Hyperbilirubinämie bei Erythroblastosis foetalis (Rh-Inkompatibilität), seltener bei Frühgeburten.

Postnatal erworben:
Labyrinthitis oder Meningitis (mit Ausfall des Vestibularapparates), Infektionskrankheiten, Viruskrankheiten (Mumps, Masern).
Anmerkung:
Bei Verlust des Gehörs bis zum 7. Lebensjahr geht der bis dahin bereits vorhandene Sprachschatz wieder verloren.

Befund:
Taubheit oder alle Grade der Schallempfindungsschwerhörigkeit, im Tonaudiogramm vom pancochleären Typ, oft isolierte Hörverluste im mittleren Frequenzbereich oder Hochtonverluste. Frühzeitige Untersuchung aller „Risikokinder"!

Diagnose:
Pädaudiologische Untersuchung (S. 48) mit dem Ziel der Früherfassung, der Früherkennung und der Frühbetreuung schwerhöriger Kinder.

Therapie:
Je nach Grad der Hörstörung u. U. Schwerhörigenschulen oder Gehörlosenschulen (früher Taubstummenanstalten).

Sprachanbildung:
Hörreste werden durch Hörgeräte ab dem ersten Lebensjahr ausgenutzt,
Hörtraining,
Pädaudiologische Beratung und Hausspracherziehung,
„Absehen vom Mund" (Lippenablesen) üben.

11. Hörgeräte

Falls ein hörverbessernder operativer Eingriff zur Rehabilitation eines Schwerhörigen nicht indiziert ist, kommt die ärztliche Verordnung eines Hörgerätes in Frage. Es besteht aus Mikrophon, Verstärker und Hörer (= Lautsprecher). Der Hörer ist mit einem individuell angefertigten Ohrpaßstück verbunden, das den Gehörgang möglichst schalldicht abschließen muß. In den modernen elektronischen Hörapparaten wird der Schall über Transistoren verstärkt. Besonders kleingehaltene Geräte können im Brillenbügel (Hörbrillen), hinter dem Ohr (HdO-Geräte) oder im Gehörgang (Im-Ohr-Geräte) getragen werden. Kastengeräte (Taschengeräte) werden vorwiegend für Kinder verordnet, u. U. mit Knochenleitungsbügel bei Ohrmißbildungen. Bei einer Schalleitungsschwerhörigkeit werden technisch wenig aufwendige Geräte als Verstärker benötigt. Bei einer Schallempfindungsschwerhörigkeit sind im Frequenzgang veränderbare Breitbandgeräte erforderlich, die z. B. im hohen Tonbereich ansteigend die Frequenzen bis 4000 Hz verstärken und bei denen sich die Lautstärkespitzen durch Amplitudenbegrenzung (PC = Peak Clipping) oder automatische Verstärkungsregelung (AGC = Automatic Gain Control) abschwächen lassen (wichtig bei positivem Lautheitsausgleich = Recruitment!). Eine annähernd seitengleiche Schwerhörigkeit ermöglicht eine beiderseitige Versorgung und damit ein stereophones Hören (Richtungsgehör). Mit einer „Cros-Hörbrille" (**C**ontralateral **r**outing **o**f **s**ignals) kann bei einseitig Tauben durch Anbringen des Mikrophons am Bügel des tauben Ohres und Zuleiten des Schalles in das gut hörende offene Ohr durch Ausnutzen des Kopfschallschattens ein Richtungsempfinden erreicht werden. („Bicros"-Versorgung: Bei seitendifferenter Schwerhörigkeit Mikrophone auf beiden Seiten und Zuleiten des Schalles auf das besser hörende Ohr.)
Zur Verordnung eines Hörgerätes sind ton- und sprachaudiometrische Untersuchungen erforderlich, letztere mit und ohne Gerät über Lautsprecher, bei Kindern mit Hilfe der BERA (S. 49). Die Anpassung erfolgt beim Hörgeräte-Akustiker. Eine Indikation zum Tragen eines Hörgerätes besteht ab einem beiderseitigen Hörverlust von über 25 dB im Bereich 500 – 3000 Hz bei der Tonaudiometrie bzw. einem Hörverlust für Zahlwörter über 25 dB oder einem Diskriminationsverlust über 50% (Sprachlautstärke 60 dB) bei der Sprachaudiometrie und außerdem, falls Umgangssprache nur noch aus unter 6 m Entfernung verstanden wird.

GK 1.5.2, 1.5.3

Bei einem Hörverlust von 30 – 60 dB im Hauptsprachbereich kann mit Hörgerät im allgemeinen eine Normalschule besucht werden, ab 60 dB kommt eine Schwerhörigenschule in Frage.
Wenn lediglich Hörreste bestehen, werden leistungsfähige Geräte zum **Hörtraining** eingesetzt, bei dem Vokal-, Konsonanten- und Lautunterscheidungsübungen durchgeführt werden. Das Hörtraining ist mit einem Ablesetraining verbunden. Der hochgradig Schwerhörige lernt so, sein Lautunterscheidungsvermögen voll auszunutzen. Neben dem Hören wird vor allem das Verstehen der Sprache verbessert.
In Entwicklung sind elektrische Reizgeräte, deren Elektroden bei Ertaubten mit erhaltener Leitfähigkeit des Nerven an die Schnecke angelagert oder in die Schnecke eingepflanzt werden, um den Hörnerven zu stimulieren („Hörprothese", Cochlea Implantate). Das Sprachsignal wird in einem am Körper zu tragenden Processor verarbeitet und transcutan über einen Empfänger an die Elektroden weitergeleitet.

Anhang: **Sonderschulwesen**

Früher erlernten Taube die Gebärdensprache („Taubstummenanstalten"), heute wird die Lautsprachmethode (Einüben artikulierten Sprechens und Absehen vom Mund) bevorzugt. Schwerhörige sind frühzeitig zu erfassen und nach Feststellung des Grades der Schwerhörigkeit und des Intelligenzgrades einzuschulen. Dazu stehen Sonderkindergärten, Schwerhörigenklassen und -schulen, weiterführende Schulen und Sonderberufsschulen zur Verfügung. Als Hilfsmittel werden dort individuelle Hörgeräte, Einzel- und Gruppentrainer und Vielhöreranlagen eingesetzt.

III. Verletzungen

1.5.2

(Felsenbeinquerbruch S. 87).

IV. Tumoren

1.5.3

Acusticusneurinom (Kleinhirnbrückenwinkeltumor)

Neurinom im inneren Gehörgang oder im Kleinhirnbrückenwinkel, meist ausgehend vom N. vestibularis. Zusammensetzung aus Zellen der SCHWANN-Scheide und reichlich Bindegewebselementen.

Symptome bei intrameataler Ausbreitung mit Druck auf den VIII. Hirnnerven im inneren Gehörgang:

- Zunehmende einseitige Schwerhörigkeit (erstes Symptom) oder Hörsturz,
- Ohrensausen,
- Schwindel, Gleichgewichtsstörungen (Nur bei Belastungen, selten Dauerschwindel, kaum Anfallsschwindel. Bei allmählichem Vestibularisausfall – wie meist – kann Schwindel fehlen).

Nachbarschaftssymptome:
Sensibilitätsstörungen im äußeren Gehörgang (HITSELBERGER-Zeichen durch Irritation des sensiblen Astes des N. auricularis post. des N. facialis),
Facialisparese (oft zuerst Schwäche des M. orbicularis oculi und Geschmacksstörung durch Ausfall der Chorda tympani), bei extrameataler Ausdehnung Trigeminushypaesthesien (Cornealreflex abgeschwächt), Abducensparese, später Hirndrucksymptome.

Befund:
Einseitige neurale Schwerhörigkeit (Hochtonschwerhörigkeit), später Taubheit.
Latenzverlängerung bei BERA (S. 49) wichtigster Befund.
Recruitment kann negativ sein (Abb. 28b, S. 45), ebenso der SISI-Test (0 – 15% = negativ S. 46).
Pathologische Hörermüdung (S. 47).
Ermüdbarkeit oder Fehlen des Stapediusreflexes (S. 49).

Einseitige Untererregbarkeit oder Ausfall des Vestibularorgans (thermische Prüfung!), nicht selten Spontannystagmus zum gesunden Ohr, Lagenystagmus, galvanische Reizschwelle erhöht.

Erweiterung des inneren Gehörgangs, später Destruktion der Pyramidenspitze auf der Röntgenaufnahme nach STENVERS (auch Schichtbild!).

Computertomogramm. Bei kleinen Tumoren mit Versuch einer Luftfüllung des inneren Gehörgangs (Pneumocisternomeatographie). Dabei Darstellung des Tumors.
Neuerdings Kernspintomographie.
Bei diagnostischen Zweifeln Cisternoskopie.

Liquorveränderungen (Eiweißvermehrung), später bei Kleinhirnbrückenwinkeltumoren:
Kleinhirnzeichen (Ataxie, Adiadochokinese) und
Stauungspapille.

Therapie:
Operative Entfernung nach suboccipitaler Trepanation der hinteren Schädelgrube durch den Neurochirurgen (Abb. 65c, S. 124), bei Tumoren im inneren Gehörgang translabyrinthär (Abb. 65d, S. 124) oder bei sehr kleinen Tumoren und erhaltenem Hörvermögen transtemporal (Abb. 65 e, S. 124) durch den Otochirurgen.

Differentialdiagnose:
MENIÈRE-Krankheit (dabei Recruitment positiv, Baß-Schwerhörigkeit, BERA keine Latenzverlängerung, Fehlen von Liquorveränderungen, neurologische Befunde, Röntgenbefunde und Computertomogramme unauffällig).

GK zu 1

Hinweise zur Tinnitustherapie

Ohrgeräusche sind nicht selten zu beeinflussen, wenn sie durch Erkrankungen des Mittelohres bedingt sind, wie z. B. bei einem Tubenkatarrh, einer Mittelohrentzündung oder einer operativ zu behandelnden Otosklerose. Auch bei einem M. MENIÈRE oder einem Hörsturz kann das Ohrgeräusch verschwinden, wenn sich das Krankheitsbild auf entsprechende Behandlung bessert. Diee Geräusche sind meist von tieferer Frequenz (Sausen, Rauschen, Brausen).

Ein therapeutischer Einfluß auf Geräusche höherer Frequenz (Pfeifen, Piepsen oder hohes Zischen), wie sie bei Erkrankungen oder Traumen der Haarzellen vorkommen, ist nur selten möglich.

Da es sich beim Tinnitus um subjektive Empfindungen handelt, ist eine Objektivierung des Therapieerfolges kaum möglich. Je besser es dem Patienten gelingt, sein Ohrgeräusch zu verdrängen oder sich daran zu gewöhnen, was u. U. durch Gabe von Sedativa aber durchaus auch durch Placebo unterstützt werden kann, desto günstiger ist die Situation – als desto erfolgreicher wird subjektiv aber auch eine evtl. Therapie beurteilt. Die Behandlung eines zu hohen oder niedrigen Blutdruckes oder einer Herzkreislauferkrankung ist sinnvoll und kann das subjektive Ohrgeräusch beseitigen. Häufig werden durchblutungsfördernde Mittel, Calciumantagonisten oder Vitamine empfohlen, ohne daß ein Effekt objektiv nachweisbar ist. Antiarrhythmica, deren Einfluß man durch Ableitung der akustisch evozierten Potentiale (BERA) objektivieren kann, führen in manchen Fällen zu einer Unterdrückung der Ohrgeräusche.

Günstige Erfahrungen bei Ohrgeräuschen wurden auch mit elektrischer Reizung des Innenohres (Gleichstrom) gemacht.

Prüfungsaufgaben zu Klinik Innenohr s. Anhang Aufgaben 98 – 117.

Zusammenstellung der Ohrsymptomatik

1. Schmerz

a) **Ohrenschmerzen** bei

Gehörgangsfurunkel
Perichondritis der Ohrmuschel
akuter Otitis media
Mastoiditis
Aufflackern einer chronischen Otitis media
Zoster oticus

b) **Druckgefühl im Ohr** bei

Cerumen obturans
Fremdkörper im Gehörgang

Tubenmittelohrkatarrh
MENIÈRE-Krankheit
Hörsturz

c) **Ausstrahlende Schmerzen ins Ohr** (Otalgie) bei
Erkrankungen des Kiefergelenks (COSTEN-Syndrom)
Parotiserkrankungen
Zahnerkrankungen (Dentitio difficilis)
Rachenentzündungen (Seitenstrangentzündung, Tonsillitis)
Zungengrundentzündung und -tumoren
Kehlkopfentzündung (Perichondritis, Tumoren)
Lymphadenitis am Hals und Tumormetastasen
Neuralgien der Nn. V, IX und X
Halswirbelsäulenveränderungen

d) **Druckschmerz**
am Tragus bei Gehörgangsfurunkel
auf dem Warzenfortsatz bei Mastoiditis
in der Umgebung des Ohres bei Lymphadenitis

2. Absonderung

a) **Ohrenschmalz:**
gelb oder braun, flüssig oder fest

b) **Eiter:**
rein eitrig bei Furunkel
serös-eitrig im Beginn einer akuten Mittelohrentzündung unmittelbar nach der Trommelfellperforation oder bei nässendem Ekzem
schleimig-eitrig bei perforierter akuter Mittelohrentzündung oder chronischer Schleimhautentzündung
schmierig-eitrig und fötide bei chronischer Knocheneiterung oder Gehörgangsekzem

c) **Blut:**
rein blutig bei Ohrverletzungen und Felsenbeinlängsfraktur
serös-blutig bei Grippeotitis
blutig-eitrig bei malignen Tumoren oder granulierender Entzündung

d) **Liquor:**
wasserklar oder mit Blut vermischt bei Felsenbeinlängsfraktur

3. Schwellung

a) **vor dem Ohr** bei
Parotitis, Parotistumor, Sialose
Gehörgangsfurunkel vor dem Tragus

Zygomaticitis am Jochbogenansatz
Lymphadenitis im Parotisbereich

b) **hinter dem Ohr** bei
Gehörgangsfurunkel in der Umschlagfalte
Mastoiditis auf dem Warzenfortsatz
Sinusthrombose am Emissarium mastoideum
Lymphadenitis (infolge Gehörgangsfurunkel oder infizierter Wunden)

c) **der hinteren oberen Gehörgangswand vor dem Trommelfell** bei
Mastoiditis (Durchbruch vom Antrum mastoideum)

4. Ohrgeräusche (Tinnitus aurium)

(Die subjektive Lautheit und Frequenz eines Geräusches kann mit dem Tonaudiometer erfaßt – „objektiviert“ – werden.)

Sausen, Brummen, Rauschen (therapeutisch beeinflußbar) bei
Gehörgangsverschluß
Mittelohrkrankheiten
Otosklerose
MENIÈRE-Krankheit
Hörsturz

Zischen, Pfeifen (therapeutisch schwer zu beeinflussen) bei
akustischem Trauma
Innenohrkrankheiten
Erkrankungen des Hörnerven
Durchblutungsstörungen
Intoxikationen

Pulsierend (therapeutisch beeinflußbar durch Behandlung des Grundleidens) bei
akuter Otitis media und Mastoiditis (klopfend)
Hypertonie
Glomustumor
Angiomen
cerebralen Gefäßmißbildungen
Aneurysmen (gelegentlich objektiv mit Stethoskop nachweisbar)
Myoklonus des M. tensor tympani oder der Gaumenmuskulatur.

5. Schwerhörigkeit

Schalleitungsstörung bei
Verlegung des Gehörgangs (Atresie, Cerumen, Fremdkörper)
Mittelohrerkrankungen, -verletzungen und -mißbildungen

Schallempfindungsstörung (*sensorineural*) bei
Innenohrmißbildungen
Intoxikationen
hereditärer Schwerhörigkeit
Altersschwerhörigkeit (vorwiegend sensorisch)
sensorisch bei
Labyrintherkrankungen (CORTI-Organschäden: Recruitment positiv)
vasculären Schäden (Recruitment positiv)
MENIÈRE-Krankheit (Recruitment positiv)
Hörsturz (Recruitment positiv)
neural bei
Erkrankungen des Hörnerven (Recruitment nicht selten negativ)
Acusticustumor (Recruitment nicht selten negativ)
zentralen Schwerhörigkeiten

Kombinierte Schwerhörigkeit (Schalleitungs-Schallempfindungsschwerhörigkeit) bei
gleichzeitiger Erkrankung des Mittel- und des Innenohres, z. B.
bei Otosklerose oder
bei Mittelohrentzündung mit Labyrinthbeteiligung

6. Vestibulärer Schwindel

Periphere Labyrinthaffektionen
Labyrinthitis
Labyrinthausfall
Labyrinthtrauma
Labyrinthintoxikation
Labyrinthlues
MENIÈRE-Krankheit
Commotio labyrinthi
experimentelle Vestibularisprüfungen

Retrolabyrinthäre Affektionen
Neuronitis vestibularis
Zoster oticus
Acusticusneurinom
Intoxikationen

Cerebrale Affektionen
Kleinhirnerkrankungen
Hirnerkrankungen
Hirntumoren
Hirndurchblutungsstörungen
Hirnverletzungen (Commotio oder Contusio cerebri)
Hirnstammerkrankungen

Nase, Nebenhöhlen und Gesicht

Entwicklung

Der Gesichtsschädel bildet sich aus mehreren Wülsten des Vorderkopfes. Aus dem **Stirnwulst** entstehen der mediale und der laterale **Nasenwulst,** die die Riechgruben und später die Riechschläuche umgeben. Aus dem medialen Nasenwulst werden Nasenrücken und vorderes Septum, aus den lateralen die Nasenflügel.

Von den **Oberkieferwülsten** aus wachsen die **Gaumenfortsätze,** die den Gaumen bilden und damit Mund- und Nasenhöhle voneinander trennen. Durch das Zusammenwachsen von Nasenseptum und Gaumenplatte entsteht die rechte und die linke Nasenhaupthöhle (Abb. 67).

An der lateralen Nasenwand bilden sich aus Schleimhautwülsten und Skeleteinlagerungen die **Nasenmuscheln.** Dazwischen entstehen Ausbuchtungen des Nasenepithels, die zur Ausbildung der **Nasennebenhöhlen** führen. Zur Zeit der Geburt sind Kieferhöhle und Siebbeinzellen nur klein, Stirnhöhle und Keilbeinhöhle noch gar nicht vorhanden. Das Wachstum der Nebenhöhlen ist erst zwischen dem 15. und 20. Lebensjahr beendet.

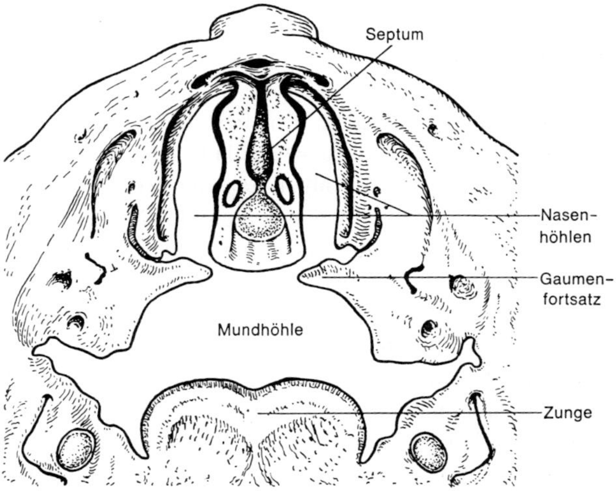

Abb. 67. Entwicklung der Nasenhöhlen und der Mundhöhle (nach STARCK)

GK 2.1

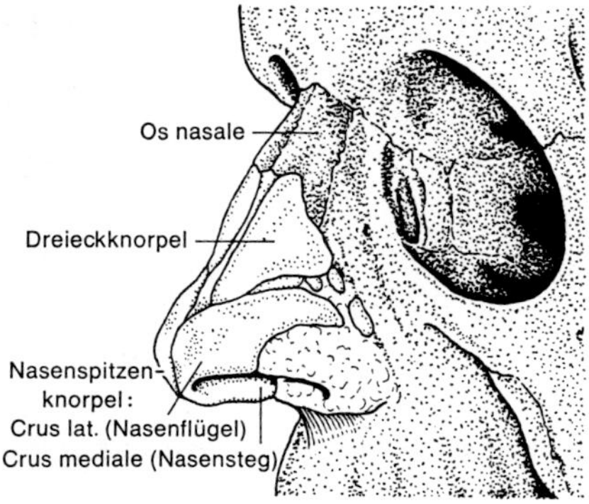

Abb. 68. Äußere Nase

Anatomie

2.1

I. Äußere Nase (Abb. 68)

A. Knöcherner Teil

Der feste knöcherne Teil setzt sich auf jeder Seite zusammen: lateral aus dem Stirnfortsatz des Oberkiefers, cranial aus dem Nasenfortsatz des Stirnbeins und medial aus dem Nasenbein **(Os nasale).** Die Öffnung der knöchernen Nase ist die **Apertura piriformis.**

B. Knorpliger Teil

Der bewegliche knorplige Teil besteht auf jeder Seite aus dem **Dreieckknorpel** (Cart. triangularis = Cartilago nasi lateralis), der mit der knöchernen Nase und dem knorpligen Septum verbunden ist, und dem **Nasenspitzenknorpel,** der mit dem Crus mediale (Nasensteg, Columella) und dem Crus laterale (Nasenflügel) die Form des Nasenlochs und den Nasendom bildet. Das die knorplige Nase stützende **knorplige Septum** (Cartilago septi nasi) ist für die Höhe der Nasenspitze und zusammen mit den knöchernen Nasenbeinen für die Höhe des Nasenrückens und die Form der äußeren Nase entscheidend (Höckernase, Sattelnase, Schiefnase!).
Der von äußerer Haut mit Talgdrüsen und Haaren (Vibrissae, Furunkelbildung aus den Haarfollikeln!) ausgekleidete, vom Nasenspitzenknorpel umschlossene Teil des Naseninneren ist der Nasenvorhof **(Vestibulum na-**

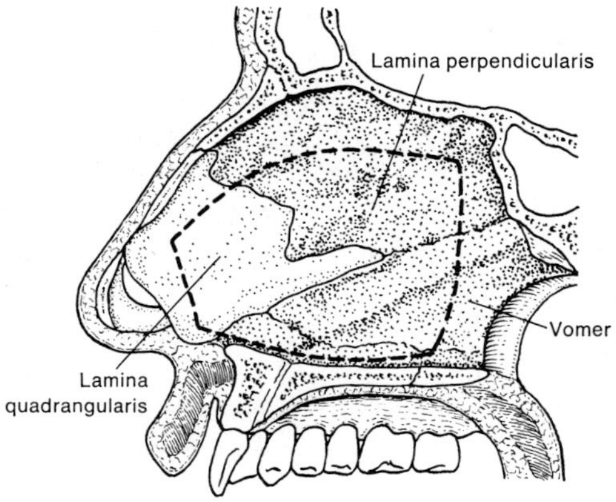

Abb. 69. Nasenscheidewand (eingezeichnet Ausdehnung der subperichondralen Septumresektion s. S. 219)

si). Er endet am atemphysiologisch wichtigen „inneren Nasenloch" (= Nasenklappe, Limen nasi) an der unteren Kante des Dreieckknorpels.

Gefäße und Nerven:

A. dorsalis nasi aus A. ophthalmica (A. carotis interna).
A. angularis aus A. facialis (A. carotis externa).
Die V. angularis hat Abfluß einerseits über die V. ophthalmica zum Sinus cavernosus (Cavernosusthrombose bei Oberlippen- und Nasenfurunkel!), andererseits über die V. facialis in die V. jugularis interna.
Lymphabfluß besteht über die submandibulären Lymphknoten.
Motorische Versorgung der mimischen Muskulatur durch N. facialis.
Sensible Versorgung durch N. trigeminus.

II. Innere Nase

A. Nasenhaupthöhle

1. Nasenwände

Die **Nasenscheidewand (Septum nasi,** Abb. 69) trennt rechte und linke Nasenhöhle und bildet jeweils die mediale Nasenwand. Das Septum besteht aus dem vorderen knorpligen Teil (**Lamina quadrangularis** = Cartilago septi nasi) und dem hinteren knöchernen Teil, der sich aus der **Lamina perpendicularis** des Siebbeins und dem **Vomer** zusammensetzt. Die vordere Kante der Nasenscheidewand gehört zum Nasensteg. Verbiegungen der

GK 2.1

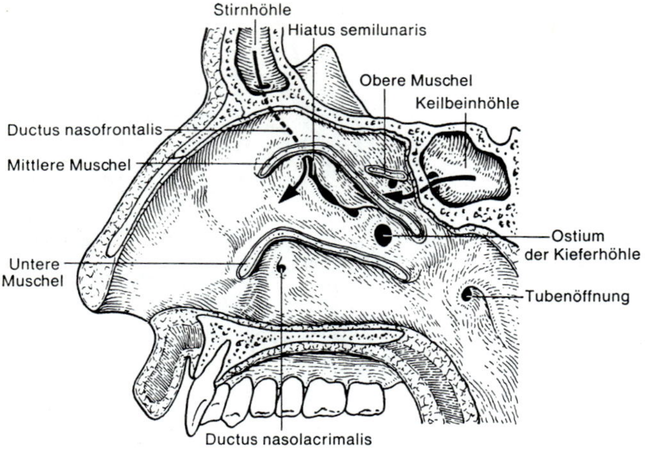

Abb. 70. Laterale Nasenwand (Muscheln abgetrennt)

Nasenscheidewand und Leistenbildungen am Vomer sind häufig und können die Nasenatmung behindern.

Die **Nasenhaupthöhle** reicht vorn von der **Nasenklappe** bis hinten zu den **Choanen.** (linker + rechter „Ausführungsgang" d. Nasenhöhlen zum Nasenrachenraum [handschriftlich; am Rand: hintere Öffng. d. Nasenhöhlen]

Das Dach wird gebildet vom Nasenbein, der **Lamina cribrosa** des Siebbeins (Teil der Schädelbasis!) und dem Keilbeinkörper.

Der Boden entspricht dem harten Gaumen. Er enthält im vorderen Abschnitt den Canalis incisivus mit dem N. nasopalatinus.

Die laterale Nasenwand (Abb. 70) ist zusammengesetzt aus Teilen des Oberkiefers, des Tränenbeins, des Gaumenbeins und des Keilbeins. Sie trägt die **Nasenmuscheln,** von denen die obere und die mittlere Muschel zum Siebbein gehören, die untere dagegen einen selbständigen Knochen bildet. Os ethmoidale

Unter der unteren Muschel (=unterer Nasengang) mündet der Tränennasengang **(Ductus nasolacrimalis).**

Unter der mittleren Muschel (=mittlerer Nasengang) liegt das Infundibulum ethmoidale, das sich nasenwärts über den Hiatus semilunaris öffnet. Hier münden der Ausführungsgang der Stirnhöhle **(Ductus nasofrontalis)** und der der Kieferhöhle (Ostium). Es münden unter der mittleren Muschel außerdem die vorderen Siebbeinzellen und

unter der oberen Muschel (= oberer Nasengang) die hinteren Siebbeinzellen. (Nasengänge und Nebenhöhlenöffnungen = „ostiomeatale Einheit".)

Das Ostium der Keilbeinhöhle liegt hinter der oberen Muschel.

Jede Nasenmuschel bedeckt mit ihrem eingebogenen Rand einen Nasengang, in den sich jeweils die Ausführungsgänge d. Nebenhöhlen + d. Nasentränengangs ö

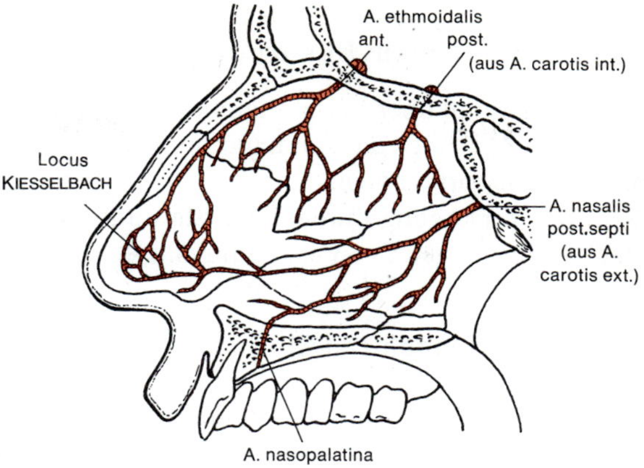

Abb. 71.
Gefäßversorgung der Nase (Nasenseptum)

---

2. Auskleidung

Die Schleimhautauskleidung besteht in der **Regio respiratoria** aus einem mehrschichtigen, Schleimdrüsen enthaltenden **Flimmerepithel,** dessen Flimmerstrom zum Rachen hin gerichtet ist. Lediglich in der **Regio olfactoria** im Bereich der oberen Muschel, dem Nasendach und den obersten Septumanteilen, die zusammen die Rima olfactoria bilden, findet man **Sinnesepithel,** bestehend aus Riechzellen (bipolare Nervenzellen, primäre Sinneszellen) und Stützzellen. Von hier aus gelangen die marklosen **Fila olfactoria** (N. olfactorius = N. I) durch die Lamina cribrosa zum Bulbus olfactorius (möglicher Weg aufsteigender Infektionen zum Schädelinneren!). In den Nasenmuscheln befindet sich **Schwellgewebe,** das Bluträume enthält und durch das das Nasenlumen reflektorisch verengt oder erweitert werden kann. Schwellgewebspolster an den Ostien können den Abfluß aus den Nasennebenhöhlen behindern.

3. Gefäßversorgung (Abb. 71)

Von oben:
Aa. ethmoidales ant. et post. aus A. ophthalmica (A. carotis interna).

Von hinten:
Die A. nasalis post. lat. für die laterale Nasenwand und die A. nasalis post. septi für das Nasenseptum entstammen der A. sphenopalatina aus A. maxillaris (A. carotis externa).
Die A. nasalis post. septi geht über in die A. nasopalatina und verläuft durch das Foramen incisivum zum Gaumen, wo sie mit der A. palatina major anastomosiert.

GK 2.1

Im vorderen Septumabschnitt findet sich ein oberflächlich liegendes Gefäßgeflecht, der **Locus Kiesselbach** (häufige Blutungsquelle).

Venöser Abfluß über V. ophthalmica und V. facialis.
Lymphabfluß über die submandibulären, die retropharyngealen und die tiefen Halslymphknoten.
Sensible Versorgung durch den ersten und zweiten Trigeminusast (N. V1 und N. V2). Vegetative Versorgung S. 148.

B. Nasennebenhöhlen (Abb. 72)

Die Nebenhöhlen sind mit dünnem Flimmerepithel ausgekleidet. Der Flimmerstrom ist zur Reinigung der Höhlen nach den Ostien gerichtet, in der Kieferhöhle also nach oben, in der Stirnhöhle nach unten. Durch die Ostien (Ausführungsgänge) stehen die Nebenhöhlen mit der Nasenhaupthöhle in Verbindung. Alle Nebenhöhlen haben topographische Beziehungen zur Orbita bzw. zum N. opticus.
Die Nebenhöhlen (außer der Kieferhöhle) grenzen mit ihren knöchernen Wänden an die Schädelhöhle und stehen dadurch in Kontakt mit den Hirnhäuten (Meningitisgefahr!).

1. Kieferhöhle (Sinus maxillaris = Antrum Highmori)

Die Kieferhöhle hat die Form einer vierseitigen Pyramide, deren Basis die mediale Wand ist.

a) Die **mediale (nasale) Wand** entspricht der lateralen Wand der Nasenhaupthöhle. Sie ist in den oberen Abschnitten bindegewebig (Fontanelle). An ungünstig hochgelegener Stelle befindet sich das **Ostium,** das über das Infundibulum in den Hiatus semilunaris (siehe Abb. 70, S. 144) des mittleren Nasengangs mündet.

b) Die **obere (orbitale) Wand** bildet das Kieferhöhlendach und entspricht dem Orbitaboden. In dieser Wand verläuft der N. infraorbitalis (N. V2), gelegentlich ohne knöcherne Abdeckung zur Kieferhöhle (dadurch Gefährdung des Nerven bei Kieferhöhlenentzündungen und bei Operationen!).
Im hinteren Winkel zwischen medialer und oberer Wand kann man bei Operationen die hinteren Siebbeinzellen erreichen.

c) Die **vordere (faciale) Wand** enthält im oberen Abschnitt das Foramen infraorbitale, durch das der Nerv austritt. Im lateralen Winkel zwischen oberer und vorderer Wand liegt die Jochbeinbucht (Recessus zygomaticus).

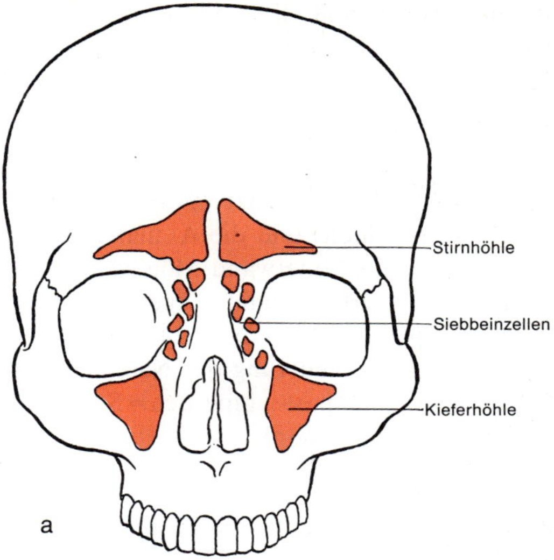

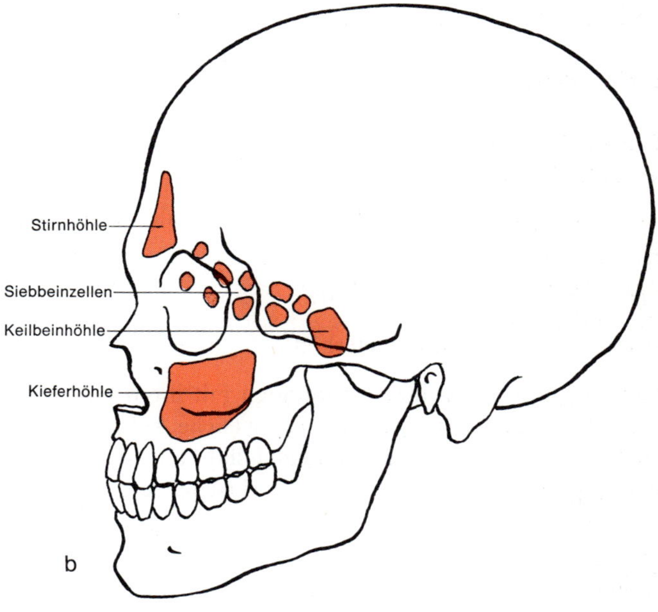

Abb. 72 a, b. Topographie der Nasennebenhöhlen

d) Die **untere Wand** bildet den Kieferhöhlenboden mit der Alveolarbucht (Recessus alveolaris). Hier wölben sich häufig, nur durch dünne Knochenlamellen getrennt, die Wurzeln der vier Backenzähne vor (Ausgang der odontogenen Kieferhöhleneiterungen, vor allem vom 2. Prämolaren und vom 1. Molaren).

e) Die **hintere Wand** grenzt an die Fossa pterygopalatina, die den venösen Plexus pterygoideus und die A. maxillaris enthält (dort nach Wegnahme der Kieferhöhlenhinterwand Möglichkeit der Unterbindung der Arterie). In der Fossa pterygopalatina liegen auch das vom N. petrosus major (über N. canalis pterygoidei = N. VIDIANUS) versorgte Ganglion pterygopalatinum (vegetative Steuerung der Nasenschleimhaut und der Schwellkörper in den Muscheln: parasympatisch = Sekretion und Vasodilatation, sympatisch = Vasokonstriktion).

2. Siebbeinzellen (Cellulae ethmoidales = Sinus ethmoidalis)

Etwa 8 – 10 Zellen, sie grenzen

a) vorn oben an die Stirnhöhle,

b) oben (Siebbeindach) an die Schädelbasis (Gefahr aufsteigender Infektionen und intrakranieller Komplikationen!),

c) lateral (Lamina papyracea = Lamina orbitalis) an die Orbita (Durchbruch von Siebbeineiterungen in die Orbita!),

d) medial an die oberen Bezirke der lateralen Nasenwand mit mittlerer und oberer Muschel,

e) hinten an die Keilbeinhöhle,

f) unten lateral an die Kieferhöhle.

Die vorderen Siebbeinzellen münden mit ihren Ostien in den mittleren, die hinteren in den oberen Nasengang (siehe Abb. 70, S. 144). Eine der vorderen Siebbeinzellen **(Bulla ethmoidalis)** kann sich in den mittleren Nasengang vorwölben und die mittlere Muschel zum Septum drängen.

3. Stirnhöhle (Sinus frontalis)

Sie entwickelt sich zwischen Lamina externa und interna des Stirnbeins, ist rechts und links oft verschieden groß, buchtenreich und gekammert und von der Stirnhöhle der anderen Seite durch das **Septum interfrontale** getrennt. Gelegentlich kann sie ganz fehlen (Aplasie).

a) Der **Boden** der Stirnhöhle grenzt an die Orbita und entspricht Teilen des Orbitadaches (Durchbruch von Stirnhöhleneiterungen in die Orbita!). Im Orbitadach läuft der erste Trigeminusast (N. V1) nach vorn zum Foramen supraorbitale.

b) Die **Hinterwand** ist ein Teil der vorderen Schädelbasis (Gefahr intrakranieller Komplikationen!).

c) Die **Vorderwand** entspricht den supraorbitalen Stirnpartien.

Der Ausführungsgang **(Ductus nasofrontalis)**, nicht selten geschlängelt, liegt am tiefsten Punkt der Stirnhöhle, kann durch Siebbeinzellen eingeengt sein und mündet vorn im Hiatus semilunaris in den mittleren Nasengang (siehe Abb. 70, S. 144).

4. Keilbeinhöhle (Sinus sphenoidalis)

Sie liegt im Keilbeinkörper rechts und links, meist verschieden groß, durch ein Septum getrennt.

a) Den **Boden** bilden das Dach der Choane und das Rachendach.

b) Die **Hinterwand** ist sehr dick (Clivus). Dahinter liegt die hintere Schädelgrube.

c) Das **Dach** grenzt an die Sella turcica mit der Hypophyse (operativer Zugang zur Hypophyse) und an die vordere und mittlere Schädelgrube (benachbart Canalis opticus und Chiasma opticum).

d) Die **Seitenwand** hat enge Beziehungen zur A. carotis interna und zum Sinus cavernosus (Cavernosusthrombose!).

e) In der **Vorderwand** befindet sich oben das Ostium. Es mündet hinter der oberen Muschel (siehe Abb. 70, S. 144).

Physiologie

I. Nasenatmung

Der Hauptluftstrom streicht bei der Inspiration zwischen unterer und mittlerer Muschel vom Naseneingang zur Choane, bei der Exspiration etwas tiefer in der Gegenrichtung durch die Nase.
Die respiratorischen, vegetativ gesteuerten Funktionen der Nase bestehen in

GK 2.1

1. **Regulieren des Atemstromes** und

2. **Erwärmen der Atemluft** (32 – 34 Grad C) durch unterschiedliche Blutfüllung der Schleimhaut und der Schwellkörper der Muscheln.

3. **Reinigen der Atemluft** von Staubteilchen und von kleinen Fremdkörpern durch die Haare (Vibrissae) des Nasenvorhofs und durch den vom Flimmerepithel unterhaltenen Sekretstrom, der zum Rachen gerichtet ist. Im viscösen Sekretfilm sind gegen Bakterien und Viren gerichtete Wirkstoffe sowie Immunglobuline enthalten.

4. **Anfeuchten der Atemluft** durch Wasserverdunstung und Abgabe von Nasensekret, das gleichzeitig die Schleimhaut vor Austrocknung schützt.

Eine Behinderung der Nasenatmung führt zur Mundatmung und wirkt sich ungünstig auf die tiefen Atemwege aus (Austrocknung, Reizung, Entzündung der Schleimhaut).

Reflektorisch durch Sympathicus und Parasympathicus (Ggl. pterygopalatinum), hormonell, durch Entzündungen oder durch mechanische, thermische und chemische Reize kann es zu verstärkten Füllungszuständen der Muscheln und zu vermehrter Sekretion kommen. Einatmen von warmer Luft führt zum Abschwellen, Einatmen von kalter Luft zum Anschwellen der Muscheln und zu vermehrter Sekretion. Der Niesreflex wird durch Reizung der Trigeminusäste ausgelöst.

II. Geruchssinn

Bei schnuppernder Atmung gelangen Luftwirbel mit wasserlöslichen Riechstoffen in gas- oder staubförmigem Zustand vom Naseneingang her und beim Schlucken oder Ausatmen über den Nasenrachenraum (gustatorisches Riechen) bis in die Regio olfactoria. Vieles, was man zu schmecken glaubt, wird in Wahrheit gerochen. Über den Geschmackssinn werden nur die Geschmacksqualitäten süß, salzig, sauer und bitter wahrgenommen. Bei konstanter Riechstoffkonzentration kommt es rasch zu einer Adaptation und damit Minderung der Geruchsempfindung. (Anosmie S. 158.)

III. Sprachbildung

Die Nase und auch die Nasennebenhöhlen dienen beim Sprechen als Resonanzraum. Die Konsonanten m, n und ng (sog. Resonanten oder

Rhinophone) werden gesprochen, ohne daß der Nasenrachenraum durch das Gaumensegel abgeschlossen ist. Die Luft strömt durch die Nase aus.

Beim geschlossenen Näseln (**Rhinophonia clausa** = Rhinolalia clausa) ist dieser Luftstrom durch eine verlegte Nase behindert, die Sprache klingt tot; Stockschnupfensprache bei Rhinitis, vergrößerter Rachenmandel, Tumoren, Polypen. Der Resonanzraum fehlt.

Beim offenen Näseln (**Rhinophonia aperta** = Rhinolalia aperta) haben alle Laute einen nasalen Beiklang. Es fehlt der Abschluß des Nasenrachenraumes, z. B. bei Vorliegen einer Gaumensegellähmung oder einer Gaumenspalte.

Nachweis des offenen Näselns:

1. Beim Vorhalten eines Spiegels vor die Nase entsteht bei den Verschlußlauten p und t ein Atemfleck;

2. bei der a/i-Probe (GUTZMANN) spürt man beim Zuhalten der Nase ein Vibrieren der Nasenflügel während des Vokals i. Das i hat außerdem einen nasalen Beiklang.

Eine weitere Funktion der Nebenhöhlen ist nicht bekannt. Bei der Entwicklung der Form der Nebenhöhlen sollen statische Momente eine Rolle spielen. Die pneumatischen Räume führen zu einer Gewichtserleichterung des Schädels.

Untersuchungsmethoden

2.2

I. Anamnese

Bei der **Erhebung der Vorgeschichte** ist zu fragen nach:

1. Schmerzen: wo lokalisiert, zu welcher Tageszeit besonders heftig?

2. Behinderung der Nasenatmung: ständig oder nur unter besonderen Bedingungen, einseitig oder beidseitig?

3. Sekretabfluß: wäßrig, eitrig, blutig, krustig, nach vorn oder in den Rachen?

4. Störungen der Geruchswahrnehmung?

GK 2.2.1

II. Inspektion

2.2.1

Bei der **Inspektion** von Nase und Gesicht ist zu achten auf:

1. Form der äußeren Nase (angeborene, traumatische, tumoröse Veränderungen).

2. Verfärbung (Entzündung, Hämatom der Nase, der Augenlider, des Gesichtes).

3. Schwellung (Furunkel, Trauma, Emphysem der Gesichtsweichteile).

4. Befund im Naseninneren:

A. Rhinoscopia anterior (Abb. 73)

Lichtquelle und Stirnreflektor werden wie bei der Otoskopie gehandhabt. Das Speculum (HARTMANN) wird in die geöffnete **linke Hand** gelegt, der Daumen befindet sich oben auf dem Gelenk. Der Zeigefinger stützt sich während der Untersuchung der rechten und der linken Nasenseite an der rechten Wange des Patienten ab.
Bei der Einführung des geschlossenen Speculums ist darauf zu achten, daß die Branchen senkrecht stehen und die vorderen Kanten der Branchen etwas vom Septum wegzeigen, um die Schleimhaut des Septums nicht zu verletzen. Im Nasenvorhof wird das Speculum geöffnet, es spreizt die Nasenflügel ab. Der Nasenvorhof wird besichtigt.

Danach Inspektion der Nasenhaupthöhle in zwei Einstellungen (Abb. 73 a u. b):

a) Der Kopf des Patienten wird mit der **rechten Hand** gering nach vorn geneigt. Man übersieht dann den Nasenboden, den unteren Nasengang, die untere Muschel und medial die unteren Anteile des Septums mit dem Locus KIESSELBACH. Bei weiter Nase kann man die Choanen sehen.

b) Durch Rückwärtsführen des Kopfes des Patienten werden der weiter hinten liegende Kopf der mittleren Muschel und der klinisch wichtige mittlere Nasengang sowie die oberen Septumanteile sichtbar. (Die Ostien selbst sind bei der Spiegeluntersuchung nicht zu sehen.)

Die häufigsten **pathologischen Befunde** sind: Septumdeviation oder Leistenbildung, Schleimhautschwellung, Muschelschwellung, Schleimhautulceration, Blut, Eiter, Polypen, Borkenbildung, selten Tumoren, Fremdkörper.

Bei geschwollener Schleimhaut läßt sich das Nasenlumen nach Einsprayen von schleimhautabschwellenden Medikamenten (z. B. Otriven oder Tyzine) besser übersehen.

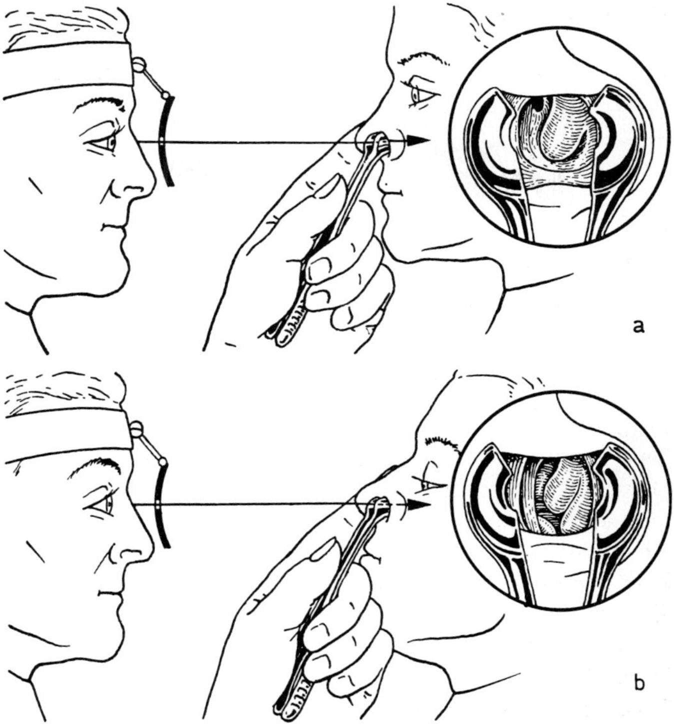

Abb. 73 a, b. Rhinoscopia anterior. **a** Einstellung untere Muschel und Nasenboden; **b** Einstellung mittlere Muschel und mittlerer Nasengang

Zur Oberflächenanaesthesie und gleichzeitigen Abschwellung werden Pinselungen, Watteeinlagen oder ein Spray mit Pantocain (1%ig) und Suprarenin (1: 1000, ein Tropfen auf 1 ml Pantocain) bzw. ein Xylocain-Spray verwendet.

Will man die mittlere Muschel von lateral nach medial zum Septum drängen, um den mittleren Nasengang zu erweitern und bessere Abflußbedingungen aus den Nebenhöhlen zu schaffen, so kann ein längeres Speculum nach Anaesthesie in den mittleren Nasengang unter die mittlere Muschel geschlossen eingeführt und dann vorsichtig geöffnet werden. Dieses Abspreizen der mittleren Muschel wurde früher auch zu diagnostischen Zwecken als **Rhinoscopia media** ausgeführt.
Mit schmalen Optiken lassen sich die Verhältnisse im mittleren Nasengang einschließlich der Nebenhöhlenostien genauer inspizieren (Nasenendoskopie S. 159).

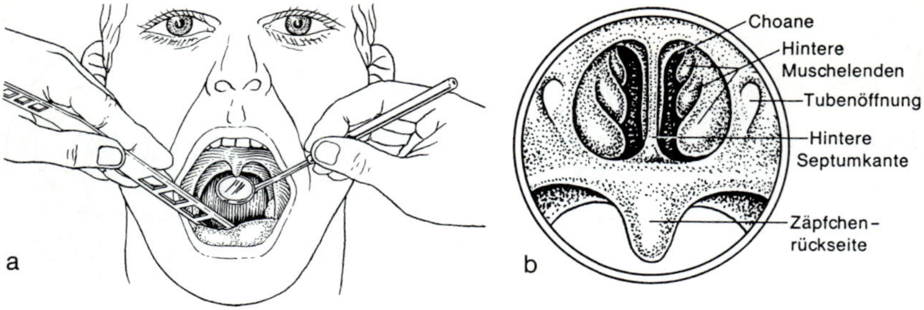

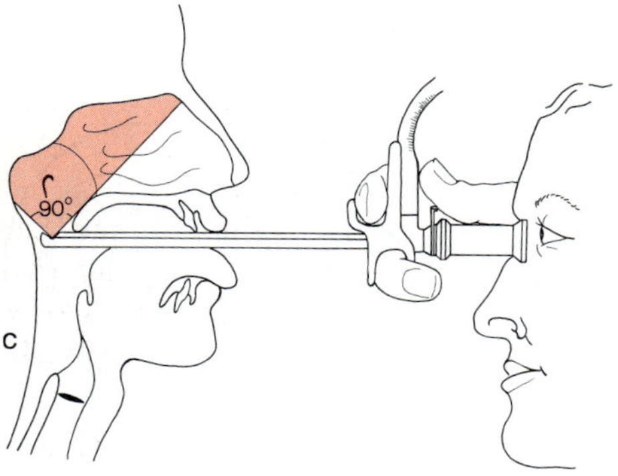

Abb. 74 a–c. Postrhinoskopie. **a** Halten von Spatel und Spiegel; **b** postrhinoskopisches Bild; **c** Lupenendoskop zur Nasopharyngoskopie (um 180° gedreht zur indirekten Laryngoskopie, S. 270)

B. Rhinoscopia posterior (Postrhinoskopie) (Abb. 74)

Benötigt werden ein Mundspatel (linke Hand) und ein kleines gestieltes Spiegelchen (rechte Hand) (Abb. 74 a).
Der Stiel des auf der Glasseite angewärmten Spiegelchens wird wie ein Federhalter gehalten. Man überprüft die Erwärmung des Instrumentes durch Auflegen der Metallseite auf den eigenen Handrücken.

Mit dem Mundspatel wird die Mitte der Zunge sanft, aber tief heruntergedrückt (nicht an den Zungengrund kommen, da sonst Würgreiz auftritt).

Das Gaumensegel darf nicht kontrahiert sein, der Patient soll versuchen, durch die Nase zu atmen oder zu schnüffeln, damit das Gaumensegel einen möglichst großen Abstand von der hinteren Rachenwand bekommt.
Das Spiegelchen wird – ohne Zunge, Gaumen oder Rachenhinterwand zu berühren – an der Uvula vorbei in den Raum zwischen Gaumensegel und Rachenhinterwand geführt und nach oben gerichtet. Es muß genau von dem Lichtstrahl des Stirnreflektors getroffen werden.
Man erkennt dann im Spiegel ein Teilbild des Nasenrachenraumes. Durch geringe Kipp- und Drehbewegungen des Spiegels lassen sich der gesamte Nasenrachenraum und die Choanen übersehen.
Am besten orientiert man sich zunächst an der senkrecht stehenden

hinteren Kante der Nasenscheidewand und sucht dann die Choanen mit den hinteren Muschelenden, das Rachendach und seitlich die Tubenwülste mit den Tubenöffnungen auf (Abb. 74 b und Farbaufnahme 34).

Pathologische Befunde sind: Verdickte hintere Muschelenden, Polypenbildung, schleimiges/eitriges Sekret, vergrößerte Rachenmandel, Tumoren. Gelingt die Untersuchung wegen des Würgreizes nicht, lassen sich durch einen Pantocain/Suprarenin-Spray (S. 153) oder einen Xylocain-Spray Zunge und Rachen unempfindlich machen.

Erschlafft das Gaumensegel nicht und kann deshalb die Postrhinoskopie nicht durchgeführt werden, schiebt man nach Anaesthesie je einen dünnen Gummischlauch (Nelaton-Katheter) durch jede Nasenseite, faßt ihn im Rachen und führt ihn zum Mund wieder heraus. Das aus dem Nasenloch und dem Mund heraushängende Schlauchende wird auf jeder Seite über der Oberlippe geknotet und so das Gaumensegel vorgezogen. (Von gleicher Wirkung ist der Velotraktor: Instrument zum selbsttätigen Vorziehen des Gaumensegels.) Es lassen sich dann zur besseren Übersicht auch größere Spiegel verwenden. Unter Benutzung des Operationsmikroskopes können pathologische Befunde an der Schleimhaut noch genauer betrachtet werden.

Die Postrhinoskopie kann auch ohne Stirnreflektor mit Hilfe einer Nasenoptik oder einer Weitwinkeloptik (**Lupenendoskop** Abb. 74 c), die durch den Mund eingeführt und bis zur Rachenhinterwand vorgeschoben wird, ausgeführt werden (Nasopharyngoskopie). Das Bild erscheint im Lupenendoskop wie bei der Spiegeluntersuchung am Patienten seitenrichtig jedoch anders als bei der Spiegeluntersuchung oben/unten vertauscht.

III. Palpation

2.2.2

Zu beachten sind bei der Palpation

1. des Nasengerüstes: Krepitation und Stufenbildung nach Frakturen,

2. der Orbitabegrenzung: Stufenbildung nach Frakturen, Vorwölbung durch Mucocele oder Tumor,

3. der Nebenhöhlen: Druck- oder Klopfschmerz der Stirnhöhlenvorderwand, Druckschmerz des Stirnhöhlenbodens oder Druckschmerz der Kieferhöhlenvorderwand bei Nebenhöhlenentzündungen,

4. der Austrittspunkte des N. trigeminus: Druckschmerz an den Foramina supraorbitale, infraorbitale oder mentale bei Neuralgien,

5. des Nasensteges mit Anheben der Nasenspitze: Feststellung, ob eine Abweichung der vorderen Septumkante besteht (Subluxatio septi),

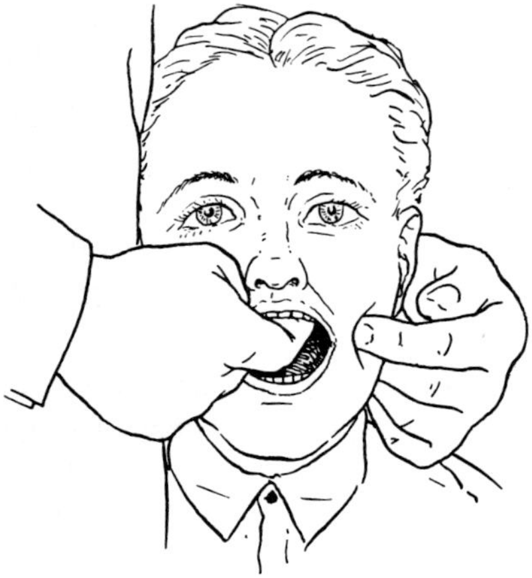

Abb. 75. Palpation des Nasenrachenraumes

Abb. 76. Halten eines Kindes bei der hno-ärztlichen Untersuchung

6. des Nasenrachenraumes (nur in Ausnahmefällen vorzunehmen) (Abb. 75):

a) bei Kindern Feststellung einer vergrößerten Rachenmandel, falls die Postrhinoskopie nicht gelingt,

b) bei Verdacht auf Tumoren, insbesondere auf ein Nasenrachenfibrom, Feststellung der harten Konsistenz.

Man stellt sich seitlich rechts hinter den Kranken, fixiert mit dem linken Arm den Kopf und drückt mit dem linken Zeige- oder Mittelfinger die Wange zwischen die Zahnreihen, um zu verhindern, daß der Kranke den Mund schließt. Mit dem rechten Zeigefinger (Gummifingerling!) gelangt man dann durch den Mund hinter das Gaumensegel und kann den Nasenrachenraum austasten.

Unruhige Kinder sollten bei der Palpation und bei Spiegeluntersuchungen von einer Hilfsperson gehalten werden:
Einer der Eltern nimmt das Kind auf den Schoß, fixiert die Beine des Kindes zwischen den Knien bei überkreuzten Unterschenkeln, hält mit der einen Hand beide Arme und Hände des Kindes fest und fixiert den Kopf des Kindes mit der anderen Hand an der Brust (Abb. 76).

IV. Funktionsprüfungen

A. Prüfung der Luftdurchgängigkeit der Nase

2.2.3

1. Qualitative Methoden

Beobachtung der Nasenflügel bei der Ein- und Ausatmung.
Bei wechselweisem Zuhalten eines Nasenloches durch die Nase ein- und ausatmen lassen. Bei Säuglingen Vorhalten einer Flaumfeder.
Auf einen vor die Nasenlöcher gehaltenen Spiegel oder auf eine Metallplatte ausatmen lassen und die Größe und Form des Atemniederschlages rechts und links feststellen.

2. Quantitative Methode

Rhinomanometrie (Rhinorheographie)

Messung der Druckdifferenz (Δp) zwischen Naseneingang und Nasenrachenraum bei der Einatmung und bei der Ausatmung durch automatisch registrierende Manometer, wobei gleichzeitig die Strömungsgeschwindigkeit (der Volumenfluß ($\dot{V}$)) gemessen wird. Das Verhältnis von Widerstand zu Strömungsgeschwindigkeit – sog. Widerstandskoeffizient $\left(W = \frac{\Delta p}{\dot{V}}\right)$ – gibt Auskunft über den respiratorischen Funktionszustand der Nase.

3. Ursachen der behinderten Nasenatmung

a) Subluxation, Deviation oder Leistenbildung des Septums,

b) Muschelschwellung bei Rhinitis acuta, chronica, vasomotorica oder allergica,

c) Sekret, Polypen, Borken, Fremdkörper,

d) Tumoren der Nase und der Nasennebenhöhlen,

e) Rachenmandelvergrößerungen und Tumoren des Nasenrachenraumes,

f) Synechien oder Atresien,

g) Formveränderungen der äußeren Nase (oft zusammen mit Septumdeviationen).

B. Riechprüfung (Olfactometrie)

1. Qualitative Methoden

Feststellung der Wahrnehmung und der Erkennung von Riechstoffen:

a) Vor jedes Nasenloch werden nacheinander reine Riechstoffe (Olfactoriusreizstoffe) gehalten, z. B. Wachs, Vanille, Lavendel, Terpentinöl, Birkenteer, Zimt u. ä. Der Patient schnüffelt an den vorgehaltenen Proben.

b) Danach Prüfung von Riechstoffen mit Trigeminusreizkomponente, z. B. Menthol (kühl), Formalin, Salmiak, Essigsäure (stechend).

c) Danach Prüfung von Riechstoffen mit Geschmackskomponenten (Reizung des N. glossopharyngeus), z. B. Chloroform (süß), Pyridin (bitter).

Bei Ausfall des Riechvermögens (**Anosmie,** siehe unten und S. 170) werden die Stoffe unter a) nicht wahrgenommen, die Stoffe unter b) und c) gespürt bzw. geschmeckt.

Bei eintretender **Hyposmie** geht zuerst die Erkennungsschwelle, dann die Wahrnehmungsschwelle verloren.

Unter **Parosmie** wird Fehlriechen verstanden, z. B. Kakosmie: dem Patienten erscheint alles übelriechend. Diese Störung deutet auf cerebrale Prozesse (Hirntumoren) hin.

2. Quantitative Methode

Mit dem Olfactometer wird versucht, die Reizschwellen in relativen oder absoluten Werten zu bestimmen. Wegen des bisher großen Aufwandes hat diese Methode noch keine klinische Bedeutung erlangt. Eine objektive Olfactometrie ist durch Aufzeichnung olfactorisch evozierter Hirnrindenpotentiale (Computer-Olfactometrie) möglich.

3. Ursachen der Riechstörungen

a) Respiratorische Hyp- bis Anosmie bei behinderter Nasenatmung.

b) Neurogene Anosmie:
bei toxischer Schädigung des Riechepithels oder der Fila olfactoria, bei Viruskrankheiten (Grippe) oder chemischen Einwirkungen,
bei Trauma durch Abriß der Fila olfactoria bei Schädelbasisbrüchen,
bei zentralen Störungen durch Contusio cerebri oder Hirntumoren.

GK 2.2.5

V. Untersuchung der Nasennebenhöhlen

Nach Prüfung auf Druck und Klopfschmerzhaftigkeit gibt die **Rhinoskopie** Hinweise auf eine Nebenhöhlenerkrankung:

a) Durch Eiterstraßen
im mittleren Nasengang (Ausführungsgang von Stirnhöhle, vorderen Siebbeinzellen, Kieferhöhle),
über der mittleren Muschel (hintere Siebbeinzellen),
an der Rachenhinterwand (Keilbeinhöhle).

b) Durch Auftreten von Polypen im mittleren Nasengang.

Die **Postrhinoskopie** mit Spiegel oder Optik kann Eiter in der Choane oder an der Rachenhinterwand, vor allem bei Beteiligung der hinteren Siebbeinzellen oder der Keilbeinhöhle, und Choanalpolypen ergeben.

A. Endoskopie

2.2.5

Bei der **Endoskopie der inneren Nase** werden die Nasenhaupthöhle und die Nasengänge, insbesondere der mittlere Nasengang mit Geradeaus- und Winkeloptiken abgesucht, ob sich Hinweise für krankhafte Veränderungen z. B. im Bereich der Ausführungsgänge der Nebenhöhlen finden.

Die **Antroskopie (Sinuskopie)** ist gebräuchlich zur Untersuchung der Kieferhöhlen bei Tumorverdacht und zur Schleimhautdiagnostik:
Mit einem Trokar Punktion der Kieferhöhle durch den unteren Nasengang oder die Fossa canina im Mundvorhof und Einschieben des Endoskops mit verschiedenen Winkeloptiken, gegebenenfalls Probeexcisionen oder transnasale operative Eingriffe in der Kieferhöhle nach Erweiterung des Zuganges im unteren Nasengang.
Mit Endoskopen kann nach einer BECK-Bohrung (S. 167) auch die Stirnhöhle untersucht werden.

B. Diaphanoskopie

Lichtdurchleuchtung der Nasennebenhöhlen zur orientierenden Untersuchung, in der Praxis noch gebräuchlich.

1. Kieferhöhle: Im verdunkelten Zimmer wird dem Patienten ein elektrisches Lämpchen in den Mund gehalten. Die Lippen sind zu schließen. Bei gesunden, lufthaltigen Kieferhöhlen findet man ein seitengleiches Aufleuchten
a) der Pupillen,
b) eines sichelförmigen Bezirkes unter den Augen und
c) beider Wangen.

GK 2.2.6

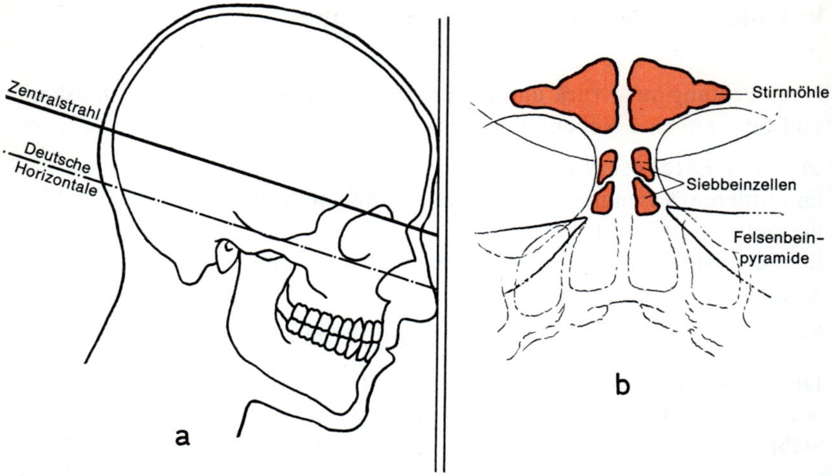

Abb. 77 a, b. Occipito-frontale Röntgenaufnahme. **a** Einstellung; **b** wichtigste Konturen

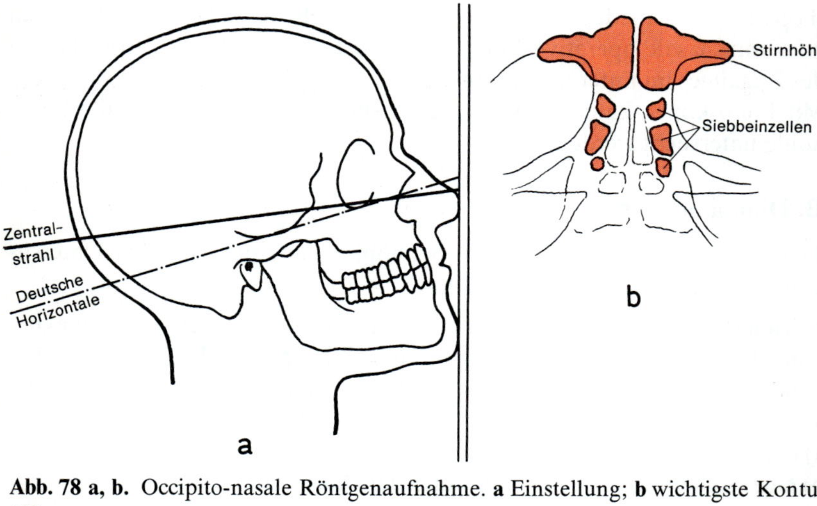

Abb. 78 a, b. Occipito-nasale Röntgenaufnahme. **a** Einstellung; **b** wichtigste Konturen

Leuchtet eine Seite nicht auf, ist mit einem krankhaften Prozeß auf dieser Seite zu rechnen. (Oberkieferprothese vorher herausnehmen!)

2. Stirnhöhle: Nacheinander wird das Lämpchen medial an den rechten und linken Stirnhöhlenboden gebracht. Eine lufthaltige Stirnhöhle leuchtet auf. Der Vergleich zwischen rechts und links hat jedoch bei den Stirnhöhlen für einen pathologischen Prozeß geringeren Aussagewert, da die Stirnhöhlen oft asymmetrisch angelegt sind. Besser sind Röntgenaufnahmen.

C. Röntgenuntersuchung 2.2.6

Sie dient zur Darstellung von entzündlichen Schleimhautschwellungen, Sekretansammlungen, Tumoren und Frakturen.
Übersichtsaufnahmen des Schädels sind wegen der Überlagerung der Nebenhöhlen durch Teile der Schädelbasis – insbesondere der Felsenbeinpyramiden – nicht geeignet, alle Nebenhöhlen frei darzustellen. Es werden daher folgende Spezialaufnahmen angefertigt:

1. Occipito-frontale Aufnahme (Abb. 77)

Stirn und Nase liegen der Platte an.

Gut dargestellt: Stirnhöhlen.

Schlecht: Kieferhöhlen, weil von der Schädelbasis (Felsenbeine) überlagert.

2. Occipito-nasale Aufnahme (Abb. 78)

Die Nase liegt der Platte an. (Zentralstrahl = Zielstrahl 15° gegenüber Deutscher Horizontalen angehoben.)

Gut dargestellt: Stirnhöhlen und Siebbeinzellen.

Schlecht: Kieferhöhlen, weil in den unteren Abschnitten von den Felsenbeinen überlagert.

GK 2.2.6

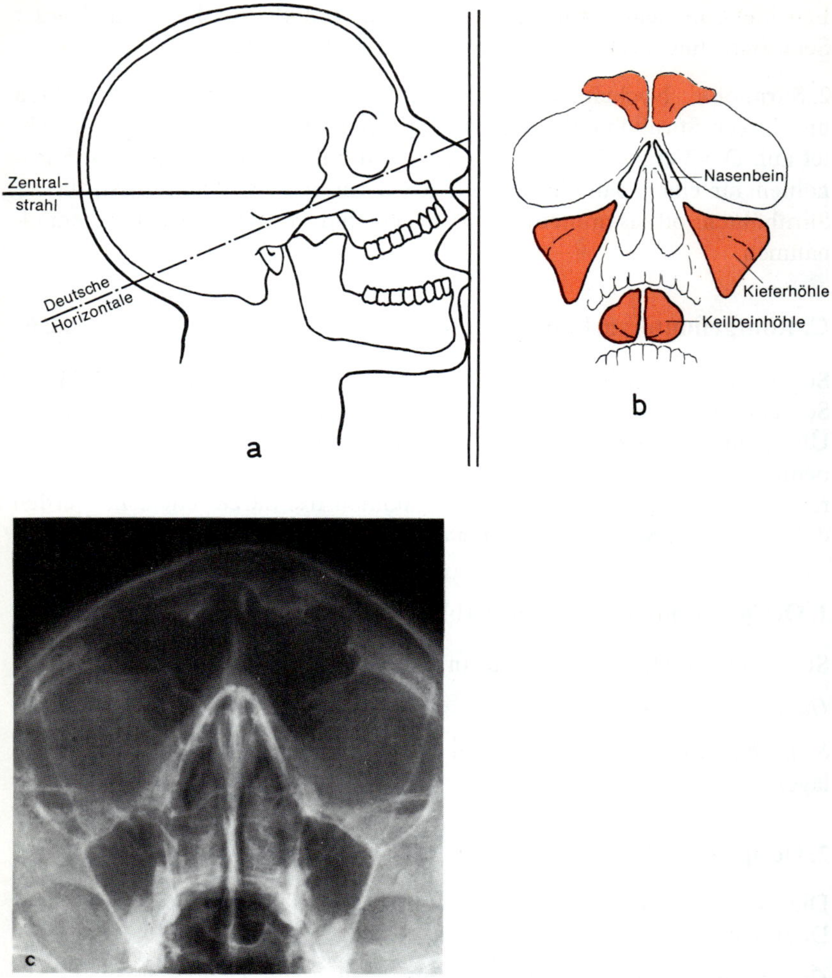

Abb. 79 a – c. Occipito-dentale Röntgenaufnahme. **a** Einstellung; **b** wichtigste Konturen; **c** Röntgenbild

3. Occipito-dentale Aufnahme (= occipito-mentale Aufnahme = halbaxiale Aufnahme) (Abb. 79)

Die Nase und der weit geöffnete Mund mit dem Kinn liegen der Platte an. (Zentralstrahl 30° gegenüber Deutscher Horizontalen angehoben.)

Gut dargestellt: Kieferhöhlen, Keilbeinhöhlen (die sich in den geöffneten Mund projizieren) sowie Jochbeine und Kiefergelenke, außerdem die Nasenpyramide. Stirnhöhlen durch Schrägstellung verzeichnet.

Schlecht: Siebbeine, weil von den Nasenbeinen überlagert. Die Felsenbeine stören nicht mehr, weil sie sich unterhalb der Kieferhöhlen abzeichnen.

Diese Aufnahme wird stets zur ersten Übersicht der Nebenhöhlen angefertigt, weil die Kieferhöhlen am häufigsten erkranken.

4. Überkippte axiale Aufnahme (Welin) (Abb. 80)

Der Zentralstrahl kommt von submental, die Platte liegt an der Stirnhaargrenze.

Gut dargestellt: Stirnhöhlenvorder- und -hinterwand beiderseits und die Tiefenausdehnung der Stirnhöhlen.

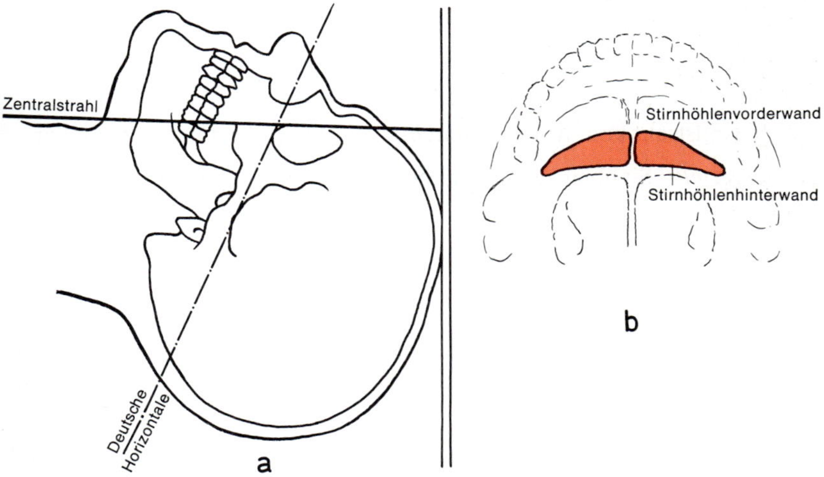

Abb. 80 a, b. Überkippte axiale Röntgenaufnahme. **a** Einstellung; **b** wichtigste Konturen

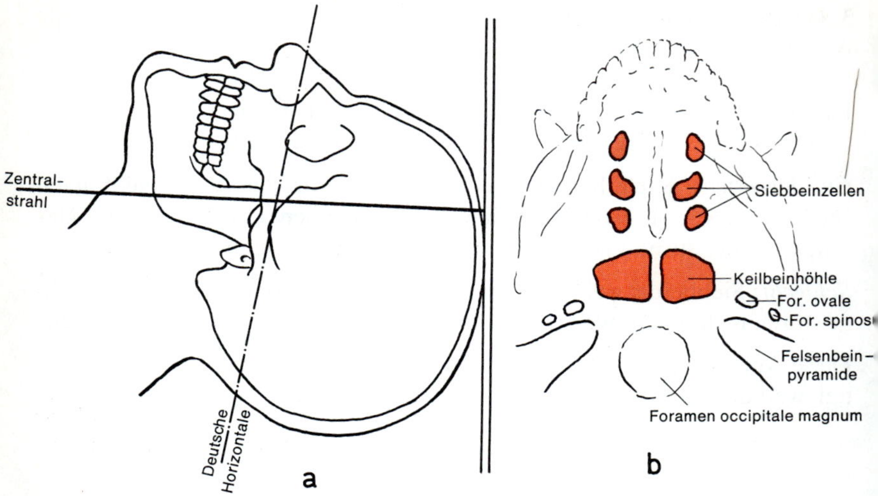

Abb. 81 a, b. Axiale Röntgenaufnahme. **a** Einstellung; **b** wichtigste Konturen

Die Aufnahme dient der Feststellung von Frakturen der Stirnhöhlenwände und zur Klärung, ob eine Stirnhöhlenverschleierung bei den sagittalen Projektionen 1 – 3 auf einer flachen Stirnhöhle oder auf einer Erkrankung des Stirnhöhlenlumens beruht.

5. Axiale Aufnahme (Abb. 81)

Der Zentralstrahl kommt von submental, die Platte liegt dem Scheitel an.

Gut dargestellt: Siebbeinzellen, Keilbeinhöhlen und Schädelbasis.

6. Seitliche Aufnahme (bitemporal)

Gut dargestellt: Stirnhöhlen und vordere Schädelbasis mit Siebbeinzellen und Keilbeinhöhlen sowie Sella turcica, wobei sich allerdings die Strukturen der rechten und der linken Seite aufeinanderprojizieren. Nasenrachenraum.

Auf einer *weichen* seitlichen Aufnahme sind die Weichteile der Nase und Nasenbeinfrakturen gut zu erkennen.

7. Schrägaufnahme nach Rhese

Zur Darstellung der hinteren Siebbeinzellen und des Foramen opticum bei retrobulbären Prozessen. (Sehnerven Kanal!)

8. Kontrastmittelaufnahmen

Nach den geschilderten Nativaufnahmen können die gleichen Aufnahmen mit Kontrastmittelfüllung einer oder mehrerer Nebenhöhlen wiederholt werden, um zum Beispiel Schwellungen der Schleimhaut, Polypen oder Cysten besser darzustellen.

9. Tomographie

Röntgenschichtaufnahmen können in allen geschilderten Aufnahmerichtungen durchgeführt werden und helfen, die Ausdehnung eines Tumors, Knochendestruktionen oder Frakturverläufe aufzudecken.

10. Computertomographie

Gemessen werden die Dichteunterschiede in den verschiedenen durchstrahlten Geweben aufgrund von Absorptionswerten (geringere Strahlenbelastung als bei den Röntgenschichtaufnahmen). Gute Darstellung von Tumorausdehnung und Knochendestruktionen im Nasennebenhöhlenbereich, bei Schädeltraumen Nachweis der Frakturen und intrakranieller Blutungen. Nachweis rhinogener Hirnabscesse.

D. Sonographie (Ultraschalldiagnostik) (Abb. 82a)

Die Methode (Sonographie A-Mode) wird eingesetzt zur Erkennung von knöchernen Anomalien, Ergüssen, Schleimhautschwellungen und Tumoren (anstelle oder) zur Ergänzung des Röntgenbefundes. Sie hat sich vor allem bei der Verlaufskontrolle von entzündlichen Nebenhöhlenerkrankungen bewährt, um wiederholte Röntgenuntersuchungen zu vermeiden.

Im Echogramm zeigen sich außer dem Vorderwandecho

bei lufthaltiger Kieferhöhle kein weiteres Echo (1),
bei sekretgefüllter Kieferhöhle ein Hinterwandecho (2),
bei mit Schleimhaut oder Tumorgewebe ausgefüllter Kieferhöhle Zwischenechos in variabler Höhe mit nachfolgendem Hinterwandecho (3) und
bei solitären Polypen, Cysten oder Tumorbildungen, die mit der Vorderwand direkt oder über Schleimhautschwellungen in Zusammenhang stehen, ein Echo an der Grenzschicht des Gewebes zur Luft (4).

GK 2.2.6

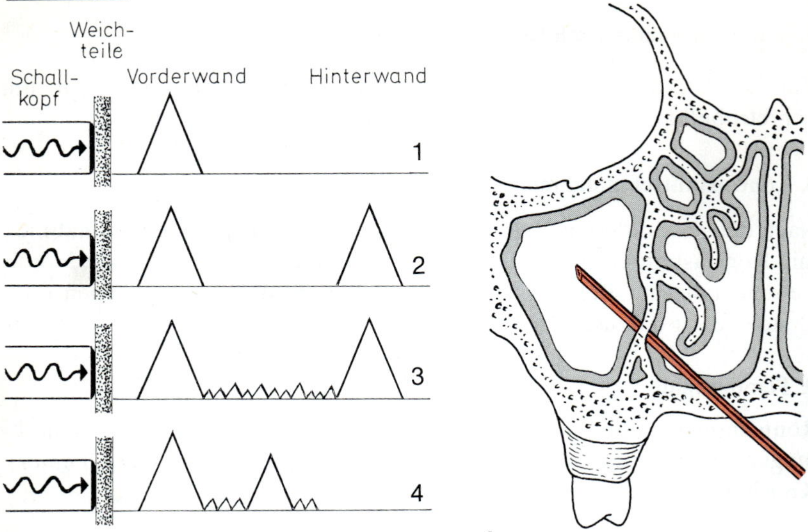

a b

Abb. 82 a, b. Kieferhöhlendiagnostik. **a** Sonographie (1 – 4 siehe Text S. 165); **b** Punktion und Spülung durch den unteren Nasengang

E. Spülung der Nebenhöhlen

Punktion und Spülung einer Nebenhöhle dienen

a) diagnostischen Zwecken (Feststellung, ob Sekret in der Nebenhöhle vorhanden ist, das auf Erreger und u. U. cytologisch untersucht werden kann. Außerdem Möglichkeit des Einfüllens eines Kontrastmittels zur Röntgenuntersuchung),

b) therapeutischen Zwecken (Entfernung des Eiters und Einfüllen eines schleimhautabschwellenden Medikamentes oder eines Antibioticums).

1. Kieferhöhle (Abb. 82)

a) Punktion mit spitzer Kanüle durch den unteren Nasengang unter der unteren Muschel und Spülung. Die Spülflüssigkeit fließt durch das Ostium in die Nase. Gebräuchlich, weil die Punktion ungefährlich und der Knochen der lateralen Nasenwand an dieser Stelle dünn ist.
Die Punktionsstelle wird vorher durch Einlage eines mit Pantocain/Suprarenin (S. 153) getränkten Wattestückes anaesthesiert.
Müssen Spülungen an mehreren Tagen wiederholt werden, empfiehlt sich vor allem bei Kindern die Einlage eines Kunststoffröhrchens durch die Punktionsstelle während dieser Zeit.

Wegen der Gefahr einer Luftembolie bei Anstich eines Schleimhautgefäßes darf sich im Spülsystem keine Luft befinden. Keine Lufteinblasung!

b) Kaum noch gebräuchlich ist das Einführen eines gebogenen stumpfen Röhrchens zur Spülung der Kieferhöhle durch das natürliche Ostium im mittleren Nasengang. Das Finden des Ostiums und das Einführen des Röhrchens sind oft erschwert und die Orbita ist bei hochgelegenem Ostium gefährdet.

c) Durch Fensterung der Kieferhöhle im unteren Nasengang kann eine Daueröffnung geschaffen werden, durch die das Sekret abfließt und eine wiederholte Spülung mit einem stumpfen Röhrchen möglich ist.

Bei einer Kieferhöhlenradikaloperation (S. 201) wird stets eine Daueröffnung zur Kieferhöhle im unteren Nasengang angelegt, durch die die Kieferhöhle jederzeit mit einem stumpfen Röhrchen ausgespült werden kann.

2. Stirnhöhle

a) In örtlicher Betäubung nach einem kleinen Schnitt in der Augenbraue und Anlegen eines Bohrloches in die Stirnhöhlenvorderwand (BECK-Bohrung) mehrere Tage lang Spülung der Stirnhöhle durch ein Kunststoffröhrchen. Die Spülflüssigkeit läuft durch die natürliche Öffnung in den mittleren Nasengang ab.

b) Einführen eines s-förmigen stumpfen Röhrchens durch den mittleren Nasengang in die Stirnhöhle. Wenig gebräuchliche Methode, weil die Sondierung wegen der Krümmung und Enge des Zuganges meist erschwert ist. Oft genügt ein Abspreizen der mittleren Muschel und eine Schleimhautabschwellung, um Sekret aus der Stirnhöhle zum Abfluß zu bringen oder absaugen zu können.

Prüfungsaufgaben zu Anatomie, Physiologie und Untersuchungsmethoden Nase und Nebenhöhlen s. Anhang Aufgaben 118 – 134.

Klinik der Nase, der Nasennebenhöhlen und des Gesichts

2.3

I. Frakturen

2.3.1

A. Nasenbeinfraktur (Abb. 83)

Meist durch stumpfe Gewalteinwirkung (Fall, Stoß).

Befund:
Schiefstand der Nase mit Impression der gegenüberliegenden seitlichen Nasenwand (Farbaufnahme 25) oder Einsinken und Verbreiterung der äußeren Nase je nach Richtung der Gewalteinwirkung (seitliches oder frontales Trauma). Anfangs oft verdeckt durch

- Schwellung der äußeren Nase infolge von Hämatomen.
- Nur selten Krepitation.
- Eventuell Platz- oder Rißwunden der Haut (verschmutzte, offene Verletzung).
- Nasenbluten durch Zerreißen der Schleimhaut.
- Behinderung der Nasenatmung und des Riechvermögens.

Diagnose:
Wird gesichert durch das seitliche Röntgenbild der Nase und die occipito-dentale Röntgenaufnahme zur Darstellung der Nasenpyramide.

Therapie:
Reposition in örtlicher Betäubung, in intravenöser Kurznarkose oder – besser wegen der Gefahr der Blutaspiration während der Versorgung – in Intubationsnarkose. Bei Schiefstand der Nase läßt sich eine Reposition in der ersten Woche meist durch kräftigen Daumendruck durchführen. Heftpflasterzug, Gips- oder Metallschiene zur Fixierung.
Bei eingesunkenem Nasenrücken sind das Aufrichten mit einem Elevatorium vom Naseninneren her mit Begradigung des oft frakturierten Septums und eine Tamponade der Nase für einige Tage notwendig. Versorgung äußerer Wunden. Schienung der äußeren Nase durch Gipsschale.
Bei stärkerer Frakturierung des knorpligen Septums ist eine operative Frakturbehandlung im Rahmen einer Septumplastik indiziert (S. 129). Drahtosteosynthesen sind bei Trümmerbrüchen der Nasenbeine nur selten erforderlich.

Wird die Reposition innerhalb der ersten 8 Tage versäumt, bleiben eine traumatische Septumdeviation, eine Breit-Sattelnase (bei Gewalteinwirkung von vorn) oder eine Schiefnase (bei Gewalteinwirkung von der Seite) zurück, die später rhinoplastische Eingriffe erfordern.

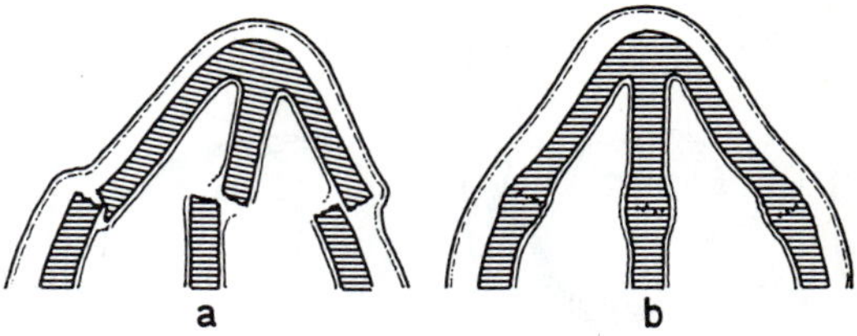

Abb. 83.
a Nasenbeinfraktur;
b Reposition

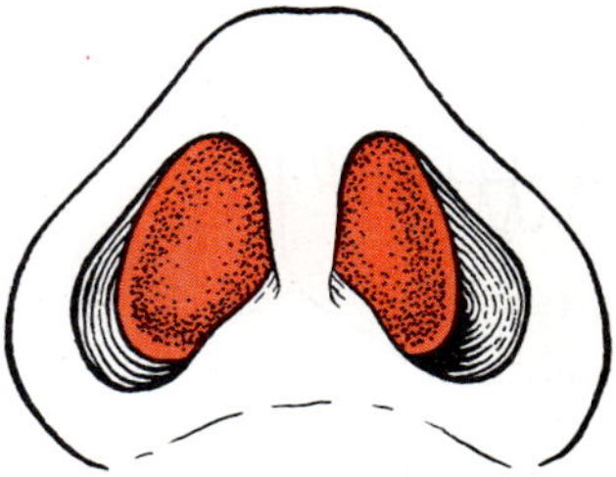

Abb. 84. Septumhämatom

Komplikationen:

1. **Septumhämatom** (Abb. 84). Kann sich durch eine Septumfraktur, ohne daß es zur Zerreißung der Schleimhaut kommt, bilden und sitzt – meist beiderseits – zwischen Perichondrium bzw. Periost und Knorpel.

Symptom: Kurze Zeit nach dem Trauma völlig verlegte Nasenatmung.

Befund: Kissenartige pralle Schwellung des Septums.

Therapie: Punktion oder – besser – Incision, Ablassen des Hämatoms und bds. Antamponieren des Perichondriums an den Knorpel.

2. **Septumabsceß** durch Infektion eines Septumhämatoms. Kann durch Nekrose des Knorpels zur Sattelnase führen.

Symptome und Befund: Wie bei Septumhämatom, zusätzlich Druckschmerz und Rötung des Nasenrückens. Meningitisgefahr!

Therapie: Incision, Ausräumen der Knorpelsequester und Streifeneinlage zwischen die Perichondriumblätter mit offener Nachbehandlung (Drainage) oder Einpflanzen von Knorpelstreifen zwischen die Septumblätter zur Stützung des Nasenrückens unter antibiotischem Schutz.

3. **Septumperforation** durch Trauma, häufiger als Folge einer Rhinitis sicca anterior (S. 185), einer Septumoperation (S. 219), einer Lues (S. 183), bei WEGENER-Granulomatose (S. 181) und bei jahrelangem Kokainschnupfen.

Symptom: Bei kleiner Perforation Pfeifgeräusch beim Atmen, bei großer Perforation Krustenbildung und rezidivierendes Nasenbluten.

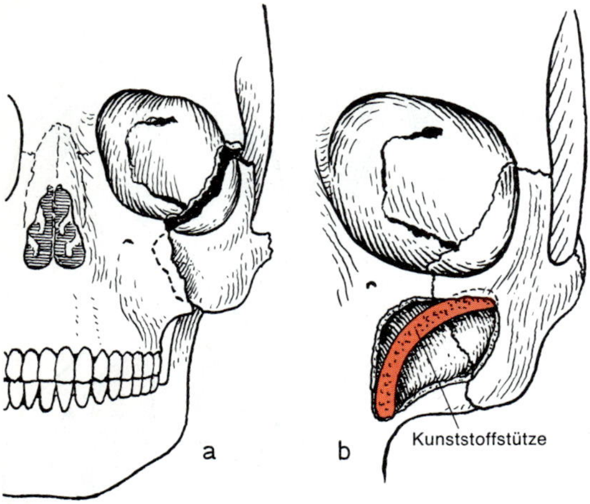

Abb. 85 a, b. Kieferhöhlen-Jochbeinfraktur. **a** Impression des Jochbeinkörpers in die Kieferhöhle; **b** Reposition durch eine in die Kieferhöhle eingebrachte Kunststoffstütze

Therapie: Konservativ mit weichen Salben zur Krustenlösung, operativ plastische Deckung mit gestielten Schleimhautlappen aus der Umgebung.

4. Auf Mitbeteiligung der Nebenhöhlen achten. Bei Frakturausläufern

a) bis an die Kieferhöhle kommt es zum Hämatom in der Kieferhöhle und diffuser Verschattung der Kieferhöhle im Röntgenbild,

b) bis in die Siebbeinzellen kann beim Schneuzen ein Hautemphysem der Lider auftreten,

c) bis in die Stirnhöhlen oder das Siebbein können bei Beteiligung der Stirnhöhlenhinterwand oder des Siebbeindaches lebensbedrohliche Komplikationen entstehen (siehe frontobasale Frakturen, S. 173).

Tritt nach einer Nasenbeinfraktur eine bleibende **Anosmie** auf, ist eine Beteiligung der Schädelbasis mit Schädigung der Fila olfactoria anzunehmen.
Bei behinderter Nasenatmung nach Nasenbeinfraktur besteht nur eine vorübergehende respiratorische Anosmie.

B. Nebenhöhlenverletzungen

1. Frakturen der Kieferhöhle und des Jochbeins (Laterale Mittelgesichtsfrakturen)

a) Kieferhöhlen-Jochbeinfraktur (Abb. 85)

Bei umschriebener Gewalteinwirkung auf das Jochbein und die Kieferhöhlenwände (Impressionsfraktur, Stückbruch, laterale Mittelgesichtsfraktur Abb. 85a) kommt es zur Fraktur durch laterale Orbitawand, Orbitaboden, laterale Kieferhöhlenwand und Jochbogen.

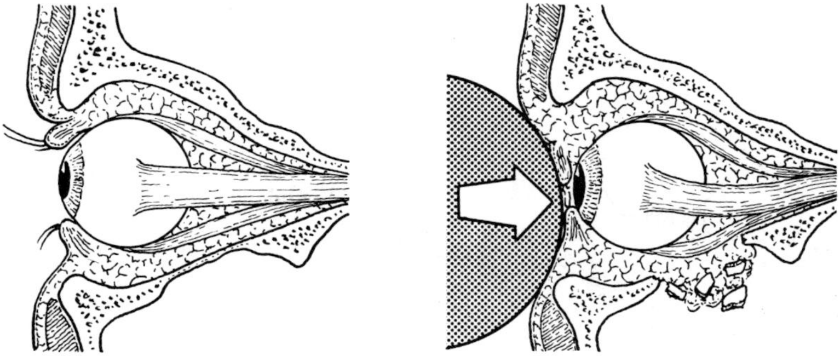

Abb. 86. Blow-out Fraktur

Symptome und Befund:
Monokelhämatom
Stufenbildung im unteren und lateralen Orbitarand,
Paraesthesien im Bereich des zweiten Trigeminusastes,
Doppelbilder durch Absinken des Bulbus,
Kiefersperre oder Kieferklemme.

Diagnose:
Röntgenuntersuchung (Tomogramm),
Prüfung der passiven Beweglichkeit des Bulbus (Duktionstest),
Prüfung der Augenmotilitätsstörungen durch Synoptometrie,
Antroskopie.

Therapie:
Kieferhöhlenoperation nach CALDWELL-LUC unter Erhaltung der Schleimhaut (siehe S. 201) und Heraushebeln des imprimierten Jochbeinkörpers. Er wird durch eine federnde Kunststoffstütze (Supramid) oder einen aufblasbaren Ballon, die für 6 Wochen in die Kieferhöhle eingebracht werden, gestützt (Abb. 85 b). Gegebenenfalls Drahtung der Bruchstücke (Osteosynthese). Läßt sich das Jochbein bei alten Frakturen nicht mehr reponieren, dann Heben des Bulbus bei Doppelbildern durch Einbringen von Knorpel oder Kunststoffscheibchen auf den Orbitaboden.
Dekompression oder – bei weiterbestehenden Paraesthesien – u. U. Durchschneidung des zweiten Trigeminusastes.

b) Blow-out Fraktur, Orbitabodenfraktur (Abb. 86)

Nach Gewalteinwirkung auf den Bulbus (Ball, Faustschlag) bricht der Orbitaboden an seiner dünnsten Stelle – zusammen mit Orbitafett – in die Kieferhöhle ein, ohne daß die Fraktur durch den Infraorbitalrand geht (indirekte Orbitabodenfraktur).

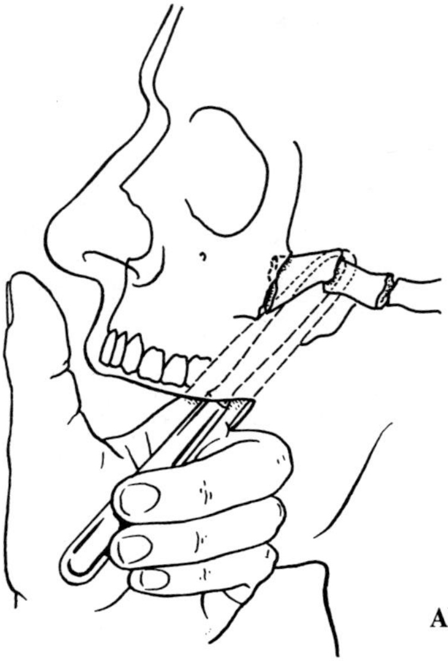

Abb. 87. Jochbogenfraktur

Symptome:

- Paraesthesien im Bereich des zweiten Trigeminusastes.
- Doppelbilder durch Absinken des Bulbus, Enophthalmus
- Bewegungseinschränkung des Bulbus beim Blick nach oben (besonders auffallend!) und unten durch Behinderung der Kontraktion oder Einklemmung des M. rectus inf. und des M. obliquus inf.

Diagnose: Siehe bei 1 a).

Therapie:
Entweder wie bei 1 a),
oder, falls die Kieferhöhle nicht nennenswert beteiligt ist, Einschieben einer Kunststoffolie oder einer dünnen Knorpelscheibe von einem Lidrandschnitt im Unterlid aus unter das Periost am Orbitaboden, um den Bulbus zu heben. Schlechtere Ergebnisse sind zu erwarten, wenn außer dem Absinken des Bulbus auch ein Enophthalmus – durch Zerstörung und Zugrundegehen von orbitalem Fettgewebe – besteht.

c) Isolierte Jochbogenfraktur (Abb. 87)
Bei rein seitlicher Gewalteinwirkung kommt es zu einem typischen Dreieckbruch des Jochbogens.

Symptome:
Abflachen der seitlichen Gesichtspartien,
Kieferklemme (Mundöffnung erschwert) oder Kiefersperre (Occlusion unmöglich).

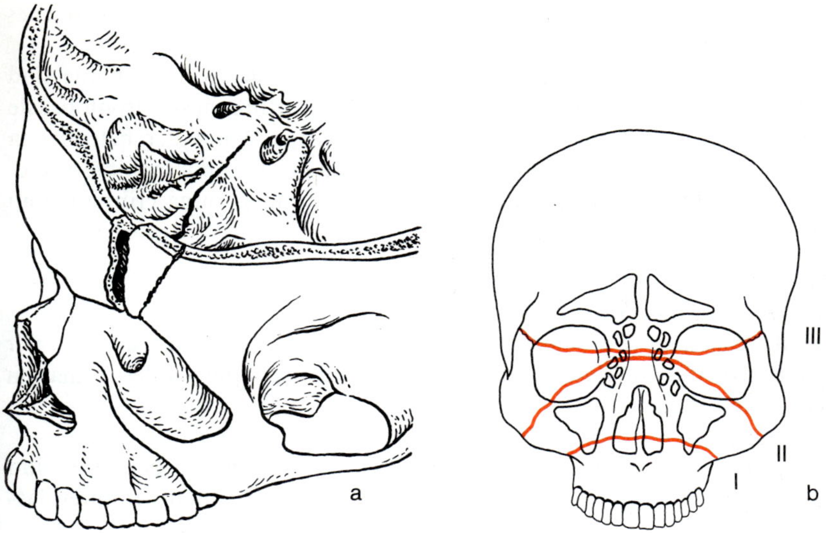

Abb. 88. **a** Frontobasale Fraktur, **b** Le Fort-Frakturen I–III

Therapie:
Von einem Schnitt im Mundvorhof aus wird der Jochbogen mit einem Elevatorium ohne Eröffnung der Kieferhöhle herausgehebelt oder von außen mit einem Haken herausgezogen. Halten die Bruchstücke nicht von selbst in der richtigen Position, wird eine Drahtung oder Verschraubung mit Metallplatten erforderlich (Osteosynthese).

2. Frakturen der oberen Nebenhöhlen (Frontobasale Frakturen) (Abb. 88a)

Gefahr: Aufsteigende Infektion, **Meningitis.**

Ursachen: Verkehrsunfälle, Arbeitsunfälle.

Bei Gewalteinwirkung auf das obere Stirnbein strahlen die Frakturen von oben in die Nebenhöhlen ein (hohe frontobasale Fraktur = Escher Typ I: Ausgedehnte frontobasale Trümmerfraktur mit Impression des Stirnbeins).

Bei Gewalteinwirkung auf die Stirn-Nasenwurzelgegend kommt es zu typischen Impressionsbrüchen oder Stückbrüchen im Stirnhöhlen-Siebbeinbereich (mittlere frontobasale Fraktur = Typ II: Lokalisierte frontobasale Fraktur).

Bei Gewalteinwirkung auf das Mittelgesicht (PKW-Unfälle!) entstehen transversale oder zentrale Mittelgesichtsfrakturen = Oberkieferfrakturen nach Le Fort I – III, Abb. 88b. Die Frakturen Le Fort II und III können von unten in die Schädelbasis einstrahlen (tiefe frontobasale Frakturen = Typ III: Abriß des Mittelgesichtes von der Schädelbasis).

Bei Gewalteinwirkung mehr von seitlich-vorn Frakturen des Orbitadaches und der Stirnhöhle (Lateroorbitale frontobasale Fraktur = Typ IV).
Die Frakturen der Stirnhöhle, des Siebbeins und der Keilbeinhöhle sind immer dann **Schädelbasisbrüche** (Brüche der Rhinobasis, frontobasale Frakturen), wenn die zur Schädelbasis gehörige Wand der betroffenen Nebenhöhle mitverletzt ist, also bei Frakturen der Stirnhöhlenhinterwand, des Siebbeindaches (Dach der Siebbeinzellen und Lamina cribrosa) und des Keilbeinhöhlendaches.

Symptome:

- **Blutung aus Nase und Mund.**
- **Brillenhämatom** (Farbaufnahme 27) oder Monokelhämatom (auch an der Innenseite des Oberlides nachzuweisen!) und subconjunctivales Hämatom (Hyposphagma).
- Anosmie durch Abriß der Riechfäden.
- Eventuell Platzwunden auf der Stirn (die Zerstörungen in der Tiefe sind im allgemeinen erheblich größer, als die äußeren Wunden vermuten lassen).
- Sichere Zeichen einer gleichzeitigen **Durazerreißung** – oft am Übergang von der Stirnhöhle zum Siebbein, da hier der Knochen besonders dünn ist und zur Splitterung neigt – sind:
  a) **Rhinoliquorrhoe** (Abtropfen von wässriger Flüssigkeit aus der Nase).
  Nachweis von nur im Liquor vorhandenem β_2-Transferrin mittels Immunelektrophorese.
  Der Liquorabfluß wird bei Vorneigen des Kopfes und Kompression der Venae jugulares internae bds. stärker.
  Glukoteststreifen werden durch die Flüssigkeit gefärbt (der Liquor ist zuckerhaltig!).
  In den Liquorraum eingebrachter Farbstoff (Fluorescein) kann in der Nase im ultravioletten Licht nachgewiesen werden. Desgleichen lassen sich radioaktive Isotope, die vom Liquorraum durch die vordere Schädelbasis in die Nase gelangen, mit Hilfe der Szintigraphie feststellen.
  b) **Pneumatocephalus:** Nachweis der Luftfüllung der Liquorräume durch Röntgenaufnahmen.
  Häufig zusätzlich Commotio oder Contusio cerebri.
- Intrakranielle Blutungen können sich durch Pulsverlangsamung anzeigen, dazu homolaterale Pupillenerweiterung und Lichtstarre.

Diagnose:

Durch Röntgenaufnahmen. 80% aller Frakturen lassen sich röntgenologisch darstellen. Erforderlich sind:

- Schädelübersichtsaufnahmen in 2 Ebenen (a. p. und seitliche Projektion),
- Spezialaufnahmen in occipito-frontaler, -nasaler und -dentaler Aufnahmerichtung,

Überkippte axiale Röntgenaufnahme (WELIN).
Für die Beurteilung der Schädelbasis im Nebenhöhlenbereich, also Stirnhöhlenhinterwand, Siebbeindach und Keilbeinhöhlendach, sind davon besonders wichtig:
die seitliche Aufnahme (vordere Schädelbasis),
die WELIN-Aufnahme (Stirnhöhlenhinterwand) und
Röntgenschichtaufnahmen (bei unklarem Frakturverlauf).
Computertomogramm bei Schädelhirntrauma mit Verdacht auf intrakranielle Blutung oder Kontusionsherd.

Therapie:
Sofortmaßnahmen und Allgemeinbehandlung:
Schockbekämpfung durch Infusionen (Auffüllen des Kreislaufs).
Freihalten der Atemwege (u. U. durch Intubation), bei längerer Bewußtlosigkeit Tracheotomie.
Blutstillung (vitale Indikation zum Eingriff bei epiduralen Blutungen durch Zerreißung der A. meningea media, bei endocraniellen Blutungen oder lebensbedrohlichen Blutungen aus Nase und Nasenrachenraum).
Stets Antibiotica und
Tetanusprophylaxe.

Im Nebenhöhlenbereich:
konservativ bei glatten Frakturen ohne Zeichen einer Komplikation,
operativ – stets erst nach Abklingen des Unfallschocks:
a) bei Frühmeningitis (zusätzlich Meningitisbehandlung),
b) bei Auftreten eines Pneumatocephalus,
c) bei Durazerreißung mit Liquorfluß,
d) bei eingedrungenen Fremdkörpern (Schußverletzungen!),
e) bei Trümmer- oder Splitterbildungen an der Schädelbasis,
f) bei vor dem Unfall bereits infizierten Nebenhöhlen.

a – d absolute Indikationen, e – f relative Indikationen (wegen der Möglichkeit der Duraverletzung und der Gefahr einer Meningitis). Keinesfalls reicht die Versorgung der äußeren Hautwunden aus.

Die **Operation** besteht in einem Eingriff an Stirnhöhle und Siebbeinzellen von außen mit Enttrümmerung und Anlegen weiter Zugänge zur Nase, um Sekretstauungen an der Schädelbasis zu verhindern (S. 200), gegebenenfalls in einer Versorgung der Durazerreißung, in einer Reposition einer imprimierten Nasenwurzel (Dish-face) und in einem Wiederaufbau der Stirnhöhlenvorderwand durch Drahtung der Bruchstücke oder bei vollständiger Zertrümmerung in einer Verödung der Stirnhöhle:

Schnitt in der Augenbraue, bei hohen frontobasalen Frakturen Coronarschnitt mit Herunterklappen der Stirnhaut. Dabei Entsplitterung und Schaffen glatter Verhältnisse an der Schädelbasis sowie bei Durazerreißung extradurale Duraplastik mit einem frei transplantierten Galea-Perioststück oder Fascia lata-Streifen, die mit

Human-Fibrinkleber fixiert werden. Als allogenes (=homologes) Material findet lyophilisierte (gefriergetrocknete) Dura Verwendung. Eventuell Entfernung von zerstörtem Hirngewebe aus den Nebenhöhlen. Bei Keilbeinhöhlendachfrakturen und Durariß Tamponade der Keilbeinhöhle mit Muskel- oder Fasciengewebe. Bei intrakranieller Duraplastik durch den Neurochirurgen, die bei gleichzeitiger stärkerer Hirnverletzung erforderlich wird, darf die Nebenhöhlensanierung nicht unterlassen werden, da von den zertrümmerten Nebenhöhlen aus Spätkomplikationen drohen.

Eine Zusammenarbeit zwischen Hals-Nasen-Ohrenarzt, Augenarzt, Neurochirurgen (Durahirnverletzung), Kieferchirurgen (Mittelgesichtsverletzung) ist bei allen frontobasalen Frakturen erforderlich.

Spätkomplikationen bei ungenügend operativ versorgten frontobasalen Frakturen sind:

a) Liquorfistel: Der spontane Verschluß eines Durarisses kann durch einen Knochensplitter oder einen kleinen Hirnprolaps verhindert werden. Duranarben können beim Pressen oder Niesen wieder aufreißen.

b) Spätmeningitis: Kann noch nach Jahren bei einem Schnupfen auftreten, gelegentlich auch als rezidivierende Meningitis (meist Pneumokokkenmeningitis).

c) Hirnabsceß (S. 194).

d) Osteomyelitis des Stirnbeins (S. 193).

e) Muco- und Pyocele der Stirnhöhlen (S. 199).

Die Spätkomplikationen erfordern sofortige operative Behandlung.

Prognose:
Bei den frontobasalen Schädelhirnverletzungen ist die Prognose abhängig von endokraniellen Komplikationen, die durch die Nebenhöhlenoperation mit Duraplastik und gegebenenfalls neurochirurgische Eingriffe verhütet bzw. behandelt werden müssen.

II. Entzündungen

2.3.2

A. Äußere Nase

1. Naseneingangsekzem

Nach langdauernder Sekretion aus der Nase, bei Diabetes mellitus oder allgemeiner exsudativer Diathese, bei generalisiertem Ekzem.

Symptome und *Befund:*
Im von Haut ausgekleideten Nasenvorhof Jucken, Krusten- und Borkenbildung, Rhagaden im oberen Recessus.

Therapie:
Ätzen der Rhagaden mit 5%igem Argentum nitricum,
Einbringen von cortisonhaltiger Salbe in den Nasenvorhof,
Behandlung des zugrunde liegenden Leidens: z. B. Rachenmandel oder Nasenfremdkörper bei Kindern, Nebenhöhlenentzündung, Diabetes mellitus.

Folgekrankheit: Gesichtserysipel (Wundrose) mit scharf abgegrenzter Rötung der Haut (siehe S. 80).

2. Folliculitis des Naseneingangs

Rezidivierende Entzündung der Haarbälge durch Staphylokokken, die meist durch den bohrenden Finger in die Haut des Nasenvorhofs eingerieben werden.

Symptome und Befund:
Schmerzen und Spannungsgefühl in der Nasenspitze.
Rötung der Nasenspitze oder des Nasenflügels.
Krustenbildung im Nasenvorhof.
Im entzündungsfreien Zustand oft trockene Haut im Nasenvorhof.

Therapie:
Antibiotica- und cortisonhaltige Salben.
Epilation derjenigen Haare, deren Haarbälge sich immer wieder entzünden.
Im entzündungsfreien Zustand fetthaltige Salben.

3. Nasenfurunkel

Eitrig nekrotisierende Entzündung, die aus einer Folliculitis hervorgeht.

Symptome und Befund:
Ödematöse Anschwellung und Rötung der Nasenspitze und des Nasenrückens (Farbaufnahme 26), gelegentlich auf die Oberlippe übergehend.
Starke Schmerzen, Fieber.
Entleerung des Furunkelpfropfes meist in den Nasenvorhof, selten an der Nasenspitze nach außen.

Therapie:
Hochdosierte antibiotische Behandlung i. m. oder i. v. Bei schwerem Krankheitsbild Bettruhe und Breikost zur Ruhigstellung der Oberlippe.

Örtlich: Zur schnelleren Demarkierung und Abstoßung des Pfropfes feuchte Umschläge mit Alkohol. Antibioticahaltige Salben.

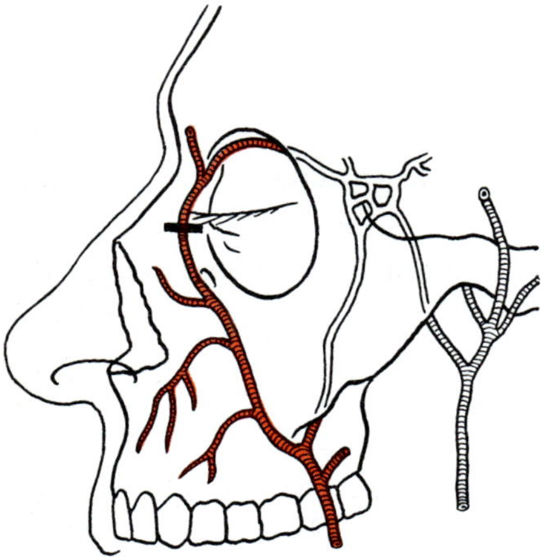

Abb. 89. Durchtrennung der Vena angularis

Niemals Ausdrücken des Furunkels!

Komplikationen:
Bei Nasenfurunkeln und mehr noch bei Oberlippenfurunkeln besteht die Gefahr einer Thrombophlebitis der Vena angularis mit Fortleitung zur Vena ophthalmica und zum Sinus cavernosus mit der Folge einer Meningitis:

Cavernosusthrombose (Thrombose des Sinus cavernosus)

Befund:
Erste Zeichen: Druckschmerz im Nasenaugenwinkel und Klagen über Sehstörungen.
Später: Hohes Fieber, septische Temperaturen, Schüttelfrost.
Ödematöse Schwellung der Nasolabialfalte und Lidödem.
Bei ausgebildeter Cavernosusthrombose Chemosis, Protrusio bulbi und Motilitätsstörungen. Entzündlicher Liquorbefund (Liquorpunktion!).

Therapie:
Beim ersten Zeichen einer Beteiligung der V. angularis elektrochirurgische Durchtrennung der Vene im Augennasenwinkel (Abb. 89).
Bei Cavernosusthrombose und Meningitis (Lebensgefahr!) höchste Antibioticadosen, Versuch einer Entlastung der Orbita bei Protrusio bulbi durch Entfernen der angrenzenden Nebenhöhlenwände. Anticoagulantien und fibrinolytische Therapie in Zusammenarbeit mit dem Internisten.

Differentialdiagnose:
Orbitalphlegmone ausgehend von entzündlichen Erkrankungen der Nasennebenhöhlen.

B. Nasenhaupthöhle

1. Akute Rhinitis

Der Schnupfen (Coryza) ist eine Viruserkrankung mit sehr kleinen noch nicht sicher typisierten Rhinoviren (Common cold). Ähnliche Symptome werden auch durch bekannte Virusgruppen, z. B. Adenoviren und Grippeviren, hervorgerufen (acute respiratory disease = ARD). Übertragung durch Tröpfcheninfektion.
Auslösend kann eine allgemeine örtliche Auskühlung (Zugluft) mit reflektorischen Durchblutungsänderungen der Nasenschleimhaut und dadurch erhöhter Anfälligkeit für virale Infekte sein.
Inkubation einige Stunden bis zwei Tage. Nach zwei weiteren Tagen kann der zunächst abakterielle Infekt durch Mischinfektion mit Kokken in einen bakteriellen übergehen. Nach 8 – 10 Tagen soll das Krankheitsbild abgeklungen sein.

Symptome:
Zunächst Kitzeln in der Nase oder im Nasenrachenraum, Niesreiz, Frösteln.
Danach Behinderung der Nasenatmung, Kopfdruck, wäßrige Sekretion aus der Nase, Augentränen (katarrhalisches Stadium).
Später ist die Nase völlig verlegt, das Sekret wird schleimig-eitrig.
Beeinträchtigung des Riechvermögens, Rhinophonia clausa.
Gegen Ende der Erkrankung Trockenheitsgefühl auf der Nasenschleimhaut.
Fieber besteht im allgemeinen nicht, bei Kindern jedoch gelegentlich.
Bei Infektion mit Adenoviren auf- bzw. absteigender Katarrh mit Beteiligung von Pharynx und Larynx und Fieber.

Befund:
Nasenschleimhaut gerötet und geschwollen, mit serösem oder schleimig-eitrigem Sekret bedeckt.
Muscheln verdickt.
Haut am Naseneingang entzündlich gerötet, gelegentlich Naseneingangsekzem.

Differentialdiagnose:
Manche Infektionskrankheiten (Masern, Scharlach, Varicellen) gehen mit den Symptomen einer akuten Rhinitis einher.
Bei der früher gelegentlich auftretenden Nasendiphtherie fanden sich Blutbeimengungen im Nasenschleim und fibrinöse Auflagerungen auf der Schleimhaut. Bei Säuglingen kommen gonorrhoische und syphilitische Rhinitiden vor.

Therapie:
Eine kausale Therapie des Schnupfens gibt es bisher nicht. Bei den ersten Schnupfensymptomen gelingt gelegentlich eine Kupierung mit einem Antihistaminicum.
Bei verlegter Nase helfen symptomatisch **abschwellende Nasentropfen** oder Sprays, z. B. Otriven, Nasivin, Tyzine, oder **orale Schnupfenmittel** (Rhinologica, enthalten Sympathicomimetica und Antihistaminica), z. B. Rhinopront. Für Kinder gibt es Nasentropfen in verdünnten Lösungen, z. B. „Otriven für Säuglinge und Kleinkinder". Je stärker die abschwellende Wirkung der vasoconstrictorischen Nasentropfen ist, desto stärker ist auch die nach 4 – 6 Stunden auftretende reaktive Hyperämie der Nasenschleimhaut und der Muscheln. Es werden dann erneut abschwellende Nasentropfen benötigt. Bei zu langem Gebrauch abschwellender Nasentropfen tritt eine Gewöhnung an die Tropfen ein. Die Patienten können dann ohne Verwendung der Tropfen alle 4 Stunden nicht mehr auskommen („Privinismus", der Name stammt von dem früher viel verwendeten Privin). Daher Absetzen der Tropfen möglichst nach einer Woche, weil sonst durch Ausschalten der natürlichen vegetativen Gefäßregulation Entstehen einer Rhinopathia medicamentosa, die der Behandlung bedarf (siehe vasomotorische Rhinopathie S. 188). Bei mehr trockener Schleimhaut Verwendung von schleimhautschonenden, weniger abschwellenden öligen Nasentropfen, z. B. Endrine oder Endrine mild.
Angenehm werden **Kamillendampfinhalationen** nach vorheriger Schleimhautabschwellung empfunden.
Jede Nasenseite einzeln ausschneuzen, um ein Einpressen des Nasensekretes in die Tube und das Mittelohr zu vermeiden.
Bei gleichzeitiger Grippe entsprechende Grippemittel (z. B. Fiobrol), gegebenenfalls Hustenmittel. Nach einer Grippeerkrankung bleiben gelegentlich eine Hyposmie oder eine Anosmie zurück, die sich durch eine Behandlung mit Corticosteroiden bessern können.

Komplikationen:
Durch Fortleitung akute Mittelohrentzündung oder Nebenhöhlenentzündungen bei bakterieller Mischinfektion.

Prophylaxe: Abhärtung (Sport, Sauna) und Vitamin C. Gegen einige Influenzavirusstämme (Grippe) Möglichkeit der jährlich zu wiederholenden Impfung.

2. Chronische Rhinitis

Unterhalten meist durch eine Nebenhöhlenentzündung bei Erwachsenen oder durch eine vergrößerte Rachenmandel bei Kindern.

Exogene Ursachen: Einwirkung von gewerblichen Noxen wie Staub, Hitze, Chemikalien.
Außerdem wird das Krankheitsbild der chronischen Rhinitis bei einer Allergie vom Typ III/IV nach COOMBS und GELL durch Bakterien beobachtet.

Befund:

- Eitrige Beläge auf der Nasenschleimhaut oder zäher Schleim.
- Verdickte Muscheln und polypöse Schleimhauthyperplasien mit behinderter Nasenatmung.

Therapie:
Ursachen ausschalten:
Nebenhöhlenentzündung behandeln,
Adenotomie,
gewerbliche Noxen vermeiden.

Örtlich: Isolierte Hyperplasien abtragen, insbesondere auch verdickte hintere Enden der unteren Muscheln.
Antibioticahaltige Nasentropfen nach Erregernachweis und Antibiogramm in Kombination mit Corticosteroiden (z. B. Volon A-Rhin antibioticahaltig oder Extracort Rhin). Zusätzlich Antibiotica per os.
Bei erheblicher Septumdeviation operative Begradigung der Nasenscheidewand.

Folgekrankheit:
Die hyperplastische Rhinitis kann in eine atrophische Form übergehen.

3. Unspezifische granulomatöse Rhinitis (Maligne Granulome)

Ursache: Allergisch-hyperergische Reaktion? Autoimmunreaktion? Fehlverhalten des Immunmechanismus? Immundefizit?

a) Granuloma gangraenescens

Befund:
Granulierende Ulcerationen mit Nekrosen und Gewebszerfall im Mittelgesicht beginnend (Midline granuloma). Durch unaufhaltsame Zerstörung von Haut, Weichteilen und Knochen entstehen Gesichtsdefekte.

Histologie: Unspezifische granulierende, nekrotisierende Entzündung.

Therapie: Corticosteroide, Antibiotica, Immunsuppressiva (Imurek), Cytostatica (Endoxan), Radiotherapie.

Prognose: Gelegentlich Übergang in Non-Hodgkin-Lymphome. Exitus nicht selten nach wenigen Monaten.

b) Wegener-Granulomatose

Erkrankt sind die oberen und unteren Luftwege (pneumogene Granulomatose).

Befund:

Initialstadium: Schnupfen mit Borkenbildung, Septumnekrose, knorplige Sattelnase ohne Hautzerstörung, gelegentlich auch granulierende Mittelohrentzündung mit Labyrinthitis und subglottische Laryngitis. Dazu pulmonale Infiltrate.

Im Generalisationsstadium Nierenbeteiligung.

Histologie: Unspezifisches Granulationsgewebe mit Riesenzellen, Eosinophilen und granulomatöser Entzündung in den kleinen Gefäßen (Vasculitis).

Therapie: Corticosteroide, Antibiotica, Immunsuppressiva (Imurek), Cytostatika (Endoxan).

Prognose: Exitus nicht selten nach wenigen Monaten.

4. Spezifische Rhinitiden

a) Tuberkulose der Nase

α) **Lupus**

Befund: An der Haut-Schleimhautgrenze im Nasenvorhof graurote Granulationen, Infiltrationen und Knötchen. Kleine Geschwüre neben narbigen Bereichen mit Bildung von Krusten und Borken. Langsames Fortschreiten. Es kann zu Zerstörungen des Knorpels und des Knochens kommen.

Diagnose: Durch Probeexcision.

Komplikation: Nach Jahren Entstehen eines Lupus-Carcinoms.

Therapie: Tuberculostatica, Vitamin D.

β) **Schleimhauttuberkulose**

Befund: Ausgedehnte schmierige Schleimhautulcerationen am Septum und an den Muscheln. Kommt bei fortgeschrittener Tuberkulose im Endstadium und bei Nachlassen der Abwehrkräfte vor.

Diagnose: Durch Probeexcision sowie Nachweis von Tuberkelbazillen.

γ) **Morbus Boeck** (Sarkoidose)

Ätiologie: Unklar, Zugehörigkeit zur Tuberkulose nicht sicher.

Befund: Chronische Granulome in Lymphknoten, Haut und Schleimhaut in Form von mehreren kleinen Knoten oder in Form von solitären größeren blauroten Knoten.

Diagnose: Durch Probeexcision.

Histologie: Epitheloidzellknötchen mit Riesenzellen ohne Verkäsung.

Therapie: Corticosteroide. Solide Knoten sind zu exstirpieren.

b) Lues der Nase

Rhinologisch von Interesse ist das tertiäre Stadium.

Befund:
Solides Gumma oder gummöse Infiltration im Bereich des knöchernen Septums oder der lateralen Nasenwand. Schmerzhafte Verschwellung der inneren und äußeren Nase oft mit regionärer Lymphknotenschwellung.
Später Nekrose der Infiltration mit Knorpel- und Knochensequestration und übelriechender Sekretion.
Endstadium: Sattelnase, Septumperforation (syphilitische Ozaena), Synechien im Naseninneren.

Therapie: Antisyphilitische Behandlung. Im Endstadium korrektive bzw. rekonstruktive Nasenplastik.

5. Tropenkrankheiten

a) Lepra

Vorkommen: Afrika, Asien (Indien), Südamerika, selten Südeuropa.

Erreger: Mycobacterium leprae.

Befund:
Anfangs serös-blutige Rhinitis. Grobknotige Infiltrationen (Leprome) der Gesichtshaut, des Nasenvorhofs, der vorderen Nasenscheidewand, der Zunge, der Lippen und der Ohrmuscheln. Hautnervenbeteiligung, z. B. Paraesthesie und Schwellung im Bereich des N. auricularis magnus. Augenbrauenverlust.
Später geschwüriger Zerfall der Leprome mit Einschmelzung des Nasenskelets, Septumdefekt und Einsinken der Nase. Schließlich Vernarbungen und Synechien in der Nase.
Geringe Ansteckungsgefahr durch das Nasensekret.

Diagnose: Durch Erregernachweis im Nasensekret.

Histologie:
Tuberculoide Form: Granulome mit Riesenzellen und Epitheloidzellen.
Lepromatöse Form: Anhäufung von Histiocyten und Plasmazellen.

Therapie: Langzeitsulfonamide, Tuberculostatica.

b) Rhinosklerom

Vorkommen: Südosteuropa (Polen), Indonesien, Südamerika.

Erreger: Klebsiella rhinoscleromatosis.

Befund: Anfangs Rhinitis mit Borkenbildung (ozaenaartig bei erhaltenem Geruchssinn). Später Knötchen, größere Granulome oder tumorähnliche Infiltrate in der Nase innen und außen mit Übergreifen der Veränderungen auf Rachen, Kehlkopf und Luftröhre. Keine Septumdefekte.
Bei Ausheilung ausgedehnte Narbenbildung, u.U. Kehlkopf- und Trachealstenosen.
Tröpfcheninfektion, geringe Ansteckungsgefahr.

Diagnose: Durch Erregernachweis im Nasensekret und im histologischen Präparat.

Histologie: Blasige MIKULICZ-Zellen (im Stadium der Granulombildung).

Therapie: Antibiotica (Streptomycin).

Prognose: Relativ gut.

c) Leishmaniose (Leishmaniosis mucocutanea)

Vorkommen: Südamerika, Indonesien.

Erreger: Leishmania brasiliensis.
Übertragung durch Sandfliegen (Zwischenwirt).

Befund: Knotige Verdickungen der Haut. Im Sekundärstadium Ulcerationen am Septum und an den Nasenflügeln, danach fötide Borken in Nase, Rachen und Kehlkopf.
Ausheilung mit entstellenden Substanzdefekten.

Diagnose: Durch Erregernachweis im Geschwürsausstrich und durch Leishmanintest (Komplementbindungsreaktion).

Histologie: Granulationsgewebe, das an Tuberkulose erinnert.

Therapie: Antimonpräparate, Pentamidin.

Prophylaxe: Bekämpfung der Sandfliege.

d) Blastomykosen

Vorkommen: Nord-, Mittel- und Südamerika.

Erreger: Hefeähnliche Pilze.

Befund: Ulcerationen der Gesichtshaut und polypöse Granulationen oder Ulcerationen im Bereich der Schleimhäute von Nase, Mundhöhle und Rachen. Lymphknotenschwellung am Hals.

Diagnose: Durch Pilznachweis im histologischen Präparat.

Therapie: Chirurgische Entfernung der polypösen Wucherungen. Antimykotica (Amphotericin B).

Differentialdiagnose: Rotz: Schleimhautulcera, fötide Sekretion.

6. Rhinitis sicca anterior

Entzündung und Atrophie der Septumschleimhaut hinter der Haut/Schleimhautgrenze.

Ursache:
Exogene Schädigungen wie Staub, Dämpfe, Hitze, bohrender Finger.

Befund:
Trockene Schleimhaut mit Krustenbildung und Ulcerationen im vorderen Septumabschnitt, gelegentlich Nasenbluten.
Im weiteren Verlauf kann es zur Septumperforation kommen.

Therapie:
Bepanthen Nasensalbe, Emser Nasensalbe, Nisita Nasensalbe gegen die trockene Schleimhaut und zum Lösen der Krusten. Plastische Deckung der Septumperforation durch gestielte Schleimhautlappen. Exogene Ursachen ausschalten.

7. Rhinitis atrophicans (sine foetore) und

Rhinitis atrophicans cum foetore (= Ozaena)

Ursache:
Nicht geklärt, tritt familiär auf, häufiger beim weiblichen Geschlecht (Osteuropa). Eine Infektion spielt wahrscheinlich keine entscheidende Rolle, eher dürften konstitutionelle Momente ausschlaggebend sein. Dafür sprechen auch die meist nur gering pneumatisierten Nebenhöhlen. Die atrophische Schleimhaut begünstigt allerdings sekundär eine Keimansiedlung. Gelegentlich traumatisch bedingt oder nach Tumoroperationen durch Verlust größerer Schleimhautbezirke.

Befund:
Weite Nase. Atrophie und fibröse Umwandlung der Schleimhaut und der Muscheln.
Da auch die Schleimdrüsen atrophieren, Trockenheit der Schleimhaut und Absonderung von sehr zähem Schleim, der eintrocknet und Krüstchen bildet (Farbaufnahme 29).
Kopfschmerzen.
In ausgeprägten Fällen bei hochgradiger Muschelatrophie mit erheblicher Bildung von gelbgrünen Krusten und Eiterborken, die durch ihre Zerset-

GK 2.3.2

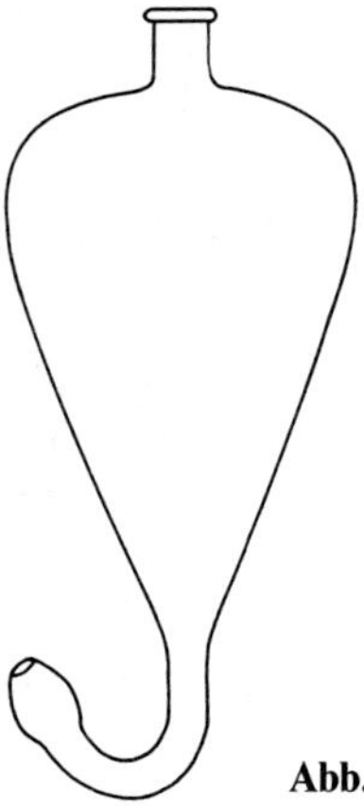

Abb. 90. Nasenspülglocke

zung einen aashaften Gestank verbreiten, sprechen wir von der Rhinitis atrophicans cum foetore = Ozaena (Stinknase).
Dabei besteht durch Mitbeteiligung des Epithels der Regio olfactoria eine Anosmie, so daß die Patienten den Gestank selbst nicht wahrnehmen. Durch den Foetor sind die Kranken meist nicht gesellschaftsfähig. Häufig erstreckt sich die trockene Schleimhaut mit der Krustenbildung bis in den Pharnyx und den Larynx.

Therapie:

a) Symptomatisch:

Zum Feuchthalten der Schleimhaut:

- Ölige Nasentropfen, z.B. Turipol, Lubrirhin oder Coldastop, keine abschwellenden Nasentropfen.
- Inhalationen und Spülungen mit körperwarmem Salzwasser oder Emser Salz-Lösung (Nasenspülglocke Abb. 90). Nasendusche mit Water-Pic-Gerät.
- Traubenzucker als Schnupfpulver (hygroskopische Wirkung).
- Hydergintropfen per os oder Nisita Nasensalbe.
- Vitamin A und E in hohen Dosen.
- Seeklima günstig, Hochgebirge ungünstig.

Zur Entfernung der Borken:
Neben Nasenspülungen mechanisches Ablösen.

Bei der Entfernung von Nasentamponaden, die einige Stunden gelegen haben, gehen die Borken mit heraus.

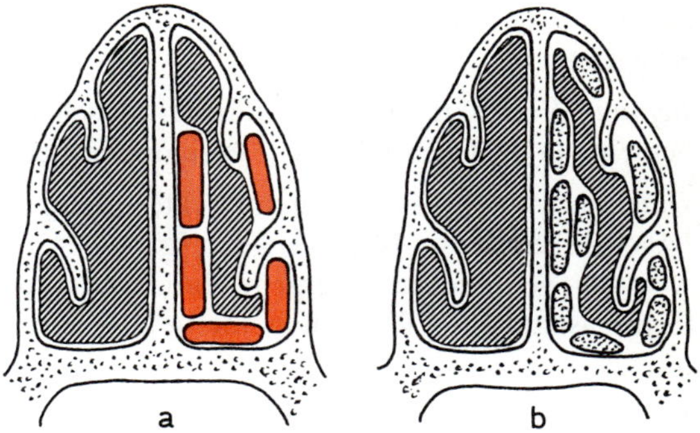

Abb. 91 a, b. Ozaena-Operation. Verengerung des Nasenlumens durch Einpflanzen von **a** Knorpelstückchen oder **b** mazerierten Rinderknochenstückchen

b) Operative Verengerung des Nasenlumens, um die Austrocknung zu vermeiden, durch Einpflanzen von Knorpelstückchen oder von maceriertem Rinderknochen (ECKERT-MÖBIUS) zwischen Perichondrium und Septumknorpel sowie subperiostal am Nasenboden und an der lateralen Nasenwand (Abb. 91).

Prognose: Bei ständiger Nasenpflege Zustand erträglich. Nach Operationen für Jahre anhaltende Besserung. Vollständige Ausheilung kaum zu erwarten.

Differentialdiagnose:
Rhinosklerom (S. 184)

8. Allergische Rhinopathie (Rhinitis allergica)

Am bekanntesten und am häufigsten **Heuschnupfen:** Symptome zur Zeit der Gras- und Getreideblüte (Mai bis Juli); saisonale Rhinitis im zeitigen Frühjahr bei Pollinose gegenüber Sträucher- und Bäumepollen.

Nicht saisonale, perenniale Rhinitiden bei Hausstauballergenen mit am Morgen verstopfter Nase (Milben, Schimmelpilzsporen, Tierhaaren, Matratzenfüllstoffen, Bettfedern, Haarschuppen u.a.) und Berufsallergenen (Bäcker und Müller: Mehl; Schreiner: exotische Hölzer), Selten Nahrungsmittelallergie (Milch).

Symptome: Juckreiz in der Nase, Niesattacken, erhebliche wäßrige Sekretion aus der Nase, Behinderung der Nasenatmung, Augentränen bei gleichzeitiger Conjunctivitis. Fortschreitende Allergeninvasion: Husten,

Asthma bronchiale. Neurodermitis atopica bei angeboren hohem IgE-Spiegel.

Befund: Verdickte, livide verfärbte Muscheln, wäßriger oder glasiger Schleim, in dem sich zahlreiche eosinophile Leukocyten finden.

Diagnose: Allergensuche durch Pricktest, Intracutantest, RAST (Radio-Allergo-Sorbent-Test: Nachweis des IgE als Antikörper). Aktualitätsnachweis der gefundenen Allergene durch Anamnese oder Provokationstest (Intranasalteste mit Rhinomanometrie).

Therapie:

- Bei Berufsallergenen Wechsel des Berufes.
- Elimination des Allergens: Falls durchführbar, während der Gräserblüte Aufenthalt in pollenarmer Umgebung, z. B. Hochgebirge, Nordseeinseln. Bei Milben- und Hausstauballergie möglichst Sanierung der Wohnung.
- Hyposensibilisierung durch Allergenextrakte in steigender Dosierung (z. B. Helisen präsaisonal bei Pollenallergie).
- Symptomatisch: Lomupren Spray oder Intal Nasal-Puder, um die Freisetzung der Mediatoren aus den Mastzellen zu hemmen, oder Corticosteroide örtlich (Beconase-Spray) oder abschwellende Nasentropfen mit Antihistamin- oder Cortisonzusatz (Otriven-Millicorten, Nasicortin) für kurze Zeit. Antihistaminica oder Antihistaminica mit Corticosteroiden per os (Celestamine) oder länger wirkend Volon A 40 Kristallsuspension. Erleichterung bringt auch Calcium.
- Eine Polyposis nasi oder eine erhebliche Nasenscheidewandverbiegung mit Verlegung der Nasenatmung sind operativ zu behandeln.

Sonderformen: Der Heuschnupfen gehört zur anaphylaktischen Reaktionsform der Allergie (IgE). Auch die anderen allergischen Reaktionsformen können in der Nase vorkommen, z. B. zellvermittelte Allergien, die morphologisch zu den hyperplastischen Rhinitiden zu rechnen sind (s. S. 180 chronische Rhinitis).

Differentialdiagnose: Symptome wie bei einer allergischen Rhinopathie kommen bei einer Analgeticaintoleranz vor: Anaphylaktoide Reaktion auf nicht steroidale Antiphlogistica wie Asthma bronchiale und Urticaria, sowie Sinusitis polyposa und Eosinophilie. (Therapie: Ebenfalls Lomupren bzw. Intal.)

9. Vasomotorische Rhinopathie (Vasomotorische Rhinitis)

Gestörte Funktion und Reaktion der Gefäßnerven im Bereich der Nasenschleimhaut, vor allem der Muscheln.
Auftreten bei Einnahme von Rauwolfia-Alkaloiden (Reserpinschnupfen), anderen Hypertensiva und beim Horner-Symptomenkomplex (Sympathicusausschaltung).

Vermutet als Ursache werden weiterhin eine reflektorische unspezifische Überempfindlichkeit (z. B. gegen Kälte, Rauch, Staub, Alkohol), psychische Komponenten und eine vegetative Dystonie. Häufig bei Mißbrauch von abschwellenden Nasentropfen („Privinismus" S. 180) oder beim Einwirken von thermischen oder chemischen Reizen auf die Nasenschleimhaut, z. B. witterungsbedingt durch Unterkühlung oder gechlortes Wasser in Badeanstalten. Hormonelle Einflüsse (z. B. Schwangerschaft: Rhinopathia gravidarum).

Symptome:
Wechselnd starke und auch seitenwechselnde lageabhängige Behinderung der Nasenatmung. Herabsetzung des Riechvermögens.
Absonderung eines wäßrigen oder glasig-schleimigen Sekretes, das in den Rachen hinunterläuft.
Niesreiz, benommenes Gefühl im Kopf.

Befund:
Wechselnd starke ödematöse Schwellung der Nasenschleimhaut und livide Verfärbung der verdickten Muscheln, besonders auch der hinteren Muschelenden. Meist findet sich dabei ein Muschelkontakt mit der Nasenscheidewand im Bereich einer Deviation oder Leistenbildung. Allergien können nicht nachgewiesen werden.

Therapie:
Antihistaminica (z. B. Tavegil, Teldane) oder für kurze Zeit in Kombination mit Corticosteroiden (z. B. Celestamine).
Erfolgversprechender: Operative Muschelverkleinerung durch Kaltkaustikstichelung der verdickten Muscheln, Abtragen der hinteren Muschelenden und bei Verbiegungen der Nasenscheidewand Septumoperation zur Wiederherstellung einer normalen Nasenatmung. Bei „Privinismus" (= Rhinopathia medicamentosa) unbedingt abschwellende Nasentropfen absetzen!
Empfohlen wird auch die Ausschaltung der parasympathischen Innervation der Nasenschleimhaut durch Unterbrechung des N. Vidianus (aus N. petrosus major, S. 16).

Differentialdiagnose:
Hinter der vasomotorischen Rhinopathie kann sich eine perenniale allergische Rhinopathie verbergen. Meist sind die Symptome der Rhinopathia allergica allerdings heftiger. Gegebenenfalls muß sie durch eine intensive allergologische Untersuchung – einschließlich intranasaler Teste und Nahrungsmittelkarenz – ausgeschlossen werden.
Das „Tropfen" der Nase beim alten Menschen in der Kälte läßt sich durch Einbringen von Bepanthen Nasensalbe in die Nase beeinflussen.

GK 2.3.2

C. Nebenhöhlenentzündungen

1. Akute Sinusitis

Ätiologie: Die akute Sinusitis entsteht fortgeleitet über die Ostien aus einer akuten Rhinitis und beherrscht nach wenigen Tagen das Krankheitsbild. Auslösend können sein: Schleimhautdisposition, Verschwellung der Nebenhöhlenausführungsgänge, Eindringen von Wasser beim Schwimmen (Badesinusitis), Virulenz der Erreger, allgemeine Abwehrschwäche. Seltener odontogen, nimmt dann fast immer einen chronischen Verlauf mit fötider Eiterung.
Pathologisch-anatomisch handelt es sich um eine ödematöse Schwellung der Nebenhöhlenschleimhaut mit anfangs schleimiger, später rein eitriger Absonderung, die häufig auch zum Rachen hin abfließt.

Häufigkeit:
Meist Kieferhöhle und Siebbein, seltener Stirnhöhle, sehr selten Keilbeinhöhle.
Pansinusitis = Erkrankung aller Nebenhöhlen.

Beschwerden:

Kieferhöhle und Siebbein: Schmerzen – besonders in den Vormittags- und Mittagsstunden – nicht nur über der Kieferhöhle, häufig Kopfschmerzen auch über der gleichseitigen Stirnhöhle oder hinter dem Auge lokalisiert. Druck- und Klopfempfindlichkeit der facialen Kieferhöhlenwand. Druckschmerz am Austrittspunkt des N. infraorbitalis (V2).
Behinderte Nasenatmung und Sekretabfluß.

Stirnhöhle: Erhebliche Schmerzen über der Stirn, starker Druckschmerz am Stirnhöhlenboden, besonders im inneren oberen Augenwinkel. Verstärkte Schmerzen beim Bücken.
Klopfempfindlichkeit über der Stirnhöhle (zart mit der Fingerkuppe klopfen!).

Keilbeinhöhle: Dumpfe, in den Hinterkopf ausstrahlende Schmerzen.

Ein Nebenhöhlenschmerz kann auch als „Unterdruckschmerz" auftreten, falls der Ausführungsgang der Nebenhöhle durch entzündliche Schwellung der Schleimhaut oder Erhöhung des Außendrucks, z. B. beim Tauchen oder beim Sturzflug (Barotrauma), verschlossen ist und die Luft aus dem Nebenhöhlenlumen resorbiert wird.

Differentialdiagnose der Kopfschmerzen:

Trigeminusneuralgie: Attackenartig auftretende Spontanschmerzen. Druckschmerz umschrieben an den Foramina supra- und infraorbitale.

Migräne: Stechender Halbseitenkopfschmerz mit Übelkeit und Erbrechen.

Cervikalsyndrom: Vom Nacken aufsteigende Schmerzen.

Arteriitis temporalis: Bohrende, oft pulsierende Schläfenschmerzen.

Meningitis: An Intensität rasch zunehmende Kopfschmerzen mit Benommenheit, Nackensteifigkeit, Erbrechen.

Intrakranielle Erkrankungen: Subarachnoidalblutung, postcommotionelle Beschwerden, Sklerose der Hirngefäße.

Medikamentenmißbrauch: „Phenacetinkopfschmerz".

Augenerkrankungen: z. B. Glaukom, nicht korrigierte Fehlsichtigkeit, Schielstellungen.

Vasomotorische Störungen und Blutdruckdysregulationen (Hypotonie, Hypertonie): Schmerzen im Hinterkopf oder in der Stirn lokalisiert (vasculärer Kopfschmerz).

COSTEN-Syndrom: Durch Bißanomalien (Occlusionsstörungen) einseitige Kopfschmerzen und Neuralgien.

BING-HORTON-Syndrom: Anfallsartige Schmerzen in der Augen-Schläfenregion.

CHARLIN-Syndrom: Anfallsartige Schmerzen im inneren Augenwinkel (Nasociliarisneuralgie).

Befund bei akuter Sinusitis:

Rhinoskopie: Schwellung der Schleimhaut im mittleren Nasengang oder
Schleimeiter im mittleren Nasengang, bei isolierter Stirnhöhleneiterung besonders weit vorn. Hyposmie oder Anosmie.

Postrhinoskopie: Eiter in der Choane, bei Keilbeinhöhleneiterung Eiterstraße an der Rachenhinterwand.

Diaphanoskopie – bei einseitiger Kieferhöhlenentzündung anwendbar – ergibt eine schlechtere Lichtdurchlässigkeit der betroffenen Seite.

Sonographie: Bei eitergefüllter Nebenhöhle Vorder- und Hinterwandechos.

Röntgenaufnahmen: Für Kieferhöhle besonders geeignet occipitodentale Aufnahme,
für Stirnhöhle und Siebbein occipito-nasale und WELIN-Aufnahme,
für Keilbeinhöhle occipito-dentale, seitliche und axiale Aufnahme.

Röntgenbefund: Wandständige Verschattung oder diffuse Verschattung bei Schleimhautschwellung. Sekretspiegel bei Eiteransammlung, der sich je nach Stellung des Kopfes verschiebt.

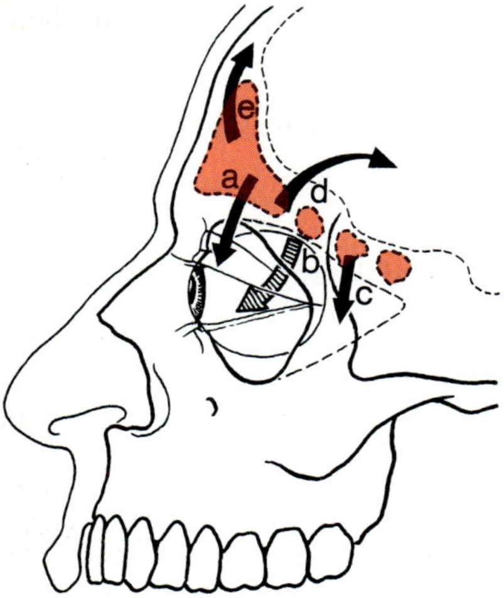

Abb. 92. Komplikationen der akuten Stirnhöhlen- und Siebbeineiterung. **a** Durchbruch am Boden der Stirnhöhle; **b** Durchbruch im Nasen-Augenwinkel (Siebbein); **c** Durchbruch in die hintere Orbita (Siebbein); **d** Durchbruch zum Schädelinneren (= endokranielle Komplikationen); **e** Stirnbeinosteomyelitis

---

Therapie:

a) Abschwellende **Nasentropfen** bzw. Nasenspray, z. B. Otriven, Tyzine, Nasivin u. a. (bei Kindern: Otriven für Säuglinge und Kleinkinder), um den Sekretabfluß aus den Nasennebenhöhlen zu ermöglichen.
Einlage von Watte, die mit abschwellenden Nasentropfen getränkt ist, unter die mittlere Muschel („hohe Einlage"). Eventuell zusätzlich Abspreizen der mittleren Muschel in örtlicher Betäubung und Absaugen des Sekretes aus den Nasennebenhöhlen.

b) Anwendung von trockener **Wärme** (Solluxbestrahlungen, Kopflichtbäder, Kurzwellen, Mikrowellen) oder
von feuchter Wärme (Kamillendampf) zur Verbesserung der Durchblutung und schnelleren Abheilung der Entzündung.
Unmittelbar vor Wärmeanwendung stets abschwellende Nasentropfen!

c) **Antibiotica** per os. Analgetica. Bei Fieber: Bettruhe.

Die akute Nebenhöhlenentzündung soll nach ein bis zwei Wochen ausgeheilt sein.
Sonst durch HNO-Arzt:

- bei Kieferhöhleneiterung: **Punktion** der Kieferhöhle durch den unteren Nasengang und **Spülung** (S. 166) sowie Füllung der Kieferhöhle mit einem Antibioticum.
- bei Stirnhöhleneiterung, falls das Sekret nicht abläuft:
  Beck-Bohrung im Bereich der Stirnhöhlenvorderwand und Durchspülen der Stirnhöhle (S. 167) oder
  Ausräumen der vorderen Siebbeinzellen („Spaltung der Stirnbucht") zur Schaffung besserer Abflußbedingungen.

Komplikationen (Abb. 92) zeigen sich an durch Lidschwellung und -rötung:

a) Beginnende Durchbrüche, erkenntlich am kollateralen Ödem – vor allem Lidödem –, lassen sich häufig noch durch die oben angegebene Therapie beherrschen.

b) Durchbrüche durch die knöchernen Wandungen:
Kieferhöhle: Kommt beim Kleinkind vor und führt zur **Oberkieferosteomyelitis.** Folgen: Abstoßung von Zahnkeimen.

Therapie: Antibiotica, sparsame Incisionen.

Siebbein: Durchbruch im Nasen-Augenwinkel mit Ober- und Unterlidschwellung und Rötung (Abb. 92 b) vor allem bei Kindern, deren Stirnhöhlen noch nicht angelegt sind.

Therapie: Siebbeineröffnung endonasal, bei Absceßbildung von außen.

Differentialdiagnose: Tränensackeiterung.

Stirnhöhle:
1. Durchbruch am Boden oder der Vorderwand der Stirnhöhle mit Oberlidschwellung und Rötung (Abb. 92 a und Farbaufnahme 28).

Therapie: Stirnhöhlenoperation von außen (S. 200).

2. **Stirnbeinosteomyelitis** (Abb. 92 e): Fortschreiten der Infektion in den Markräumen der Diploe des Stirnbeins selbst oder über die Diploevenen, vorwiegend bei Jugendlichen.

Befund:
Teigige Schwellung im Stirnbeinbereich oberhalb der Stirnhöhle. Nicht sehr hohe septische Temperaturen. Im Röntgenbild fleckige Aufhellungen im Stirnbein erst nach der 2. Woche.

Therapie:
Stirnhöhlenoperation von außen, Abtragen der Lamina externa des Schädelknochens und der Diploe im Erkrankungsbereich. Bei Verdacht auf oder nachgewiesenem Durchbruch zum Schädelinneren auch Entfernen der Lamina interna und Freilegen der Dura. Hohe Antibioticagaben. Cave endokranielle Komplikationen!

3. Durchbruch in die hintere Orbita (Abb. 92 c): Vom Siebbein oder der Stirnhöhle ausgehende Subperiostalabscesse mit Verdrängung des Bulbus nach unten außen. Bei Perforation des Subperiostalabscesses: Lidabsceß oder **Orbitalphlegmone** mit Protrusio bulbi. Bulbusbeweglichkeit eingeschränkt.

Therapie: Stirnhöhlen- und Siebbeinoperation von außen.

4. Durchbruch zum Schädelinneren = endokranielle rhinogene Komplikationen (Abb. 92 d).
Epiduralabsceß, Subduralabsceß: Symptome uncharakteristisch, dumpfer Kopfschmerz.

- **Stirnhirnabsceß:** geringe Herdsymptome:
  Desinteressiertheit, Enthemmung, plötzliches Erbrechen, Hirndruckzeichen, Liquorbefund.
  Diagnosesicherung durch Computertomogramm.
- Rhinogene eitrige **Meningitis** (Liquorbefund!).
- Thrombophlebitis des Sinus sagittalis sup.
- **Cavernosusthrombose:** Stauung und Lidschwellung, Chemosis, Exophthalmus, Beweglichkeitseinschränkung des Bulbus oft beiderseits, septisches Krankheitsbild (S. 178), Meningitis.

Therapie der Komplikationen:
Operative Behandlung der Nebenhöhlenerkrankung, Antibiotica.
(Im übrigen siehe bei Behandlung endokranieller otogener Komplikationen, S. 112).

2. Chronische Sinusitis

Geht aus der nicht ausgeheilten akuten bzw. subakuten Sinusitis hervor. Meist Kieferhöhle und Siebbein, selten Stirnhöhle, sehr selten Keilbeinhöhle.

Chronische Kieferhöhlenentzündung

(Odontogene Kieferhöhleneiterung s. unter 3.)

Auftreten in zwei Formen:

a) **Serös-polypöse Form:** In den Nebenhöhlen bildet sich polypöse Schleimhaut, die durch die Ostien in die Nase vorwächst. Auftreten von Polypen in der Nasenhaupthöhle (endonasale Polypen = **Polyposis nasi**). Große – meist in der Kieferhöhle oder den hinteren Siebbeinzellen – gestielte Polypen können sich nach dem Nasenrachenraum hin entwickeln **(Choanalpolyp).**
Zugrunde liegt häufig eine Schleimhautdisposition oder eine allergische Komponente. Nicht selten bei Asthmatikern. Gelegentlich bei Analgetica-Intoleranz (S. 188).

Pathologische Anatomie:
Die Polypen bestehen aus ödematöser Schleimhaut mit Einlagerung von eosinophilen Leukocyten (insbesondere bei allergischer Reaktion). Innerhalb der Schleimhaut kann es zur Bildung von Retentionscysten kommen.

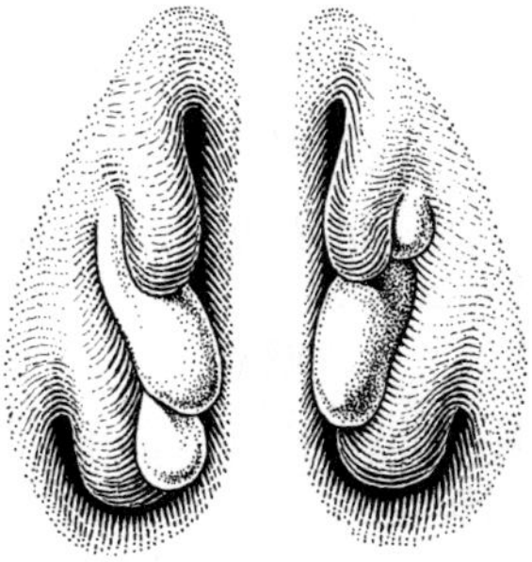

Abb. 93. Polypen im mittleren Nasengang beiderseits

Beschwerden:
Geringer als bei der akuten Sinusitis:
Dumpfer Kopfschmerz,
verstopfte Nase – meist beiderseits –, bei Polyposis nasi oder Choanalpolyp oft völlige Verlegung der Nasenatmung, dadurch
Rhinophonia clausa,
Hyposmie oder Anosmie,
Sekretabfluß (Schleim) in den Rachen (Rachenkatarrh!).

Befund:
Solange die Schleimhautpolypenbildung auf das Nebenhöhlenlumen beschränkt ist, läßt sich die Diagnose außer durch eine Sinuskopie nur durch eine Sonographie (S. 165), oder – besser – röntgenologisch stellen: wandständige, wolkige oder diffuse Verschattung der Nebenhöhle. Die Oberflächenkontur der Polypen zeigt sich im Röntgenbild am besten nach Einbringen eines Kontrastmittels in das Lumen der Nebenhöhle (z. B. bei chronisch polypöser Kieferhöhlenentzündung nach Punktion und Probeausspülung, wobei die Ausspülung wegen der polypösen Verschwellung des Ostiums häufig erschwert ist). Die Röntgenschichtuntersuchung deckt Schleimhautschwellungen in den Siebbeinzellen auf.
Die Diaphanoskopie eignet sich bei der polypösen Nebenhöhlenentzündung als Untersuchungsmethode nicht, weil der krankhafte Befund oft doppelseitig ist.

Bei Polyposis nasi: Rhinoskopisch grauglasige Polypen, die sich mit der Sonde umfahren lassen und deren Stiel meist in den mittleren Nasengang unter die mittlere Muschel zu verfolgen ist. Häufig doppelseitig (Abb. 93 und Farbaufnahmen 30 u. 31).

Bei Choanalpolyp: Postrhinoskopisch isolierter großer grauglasiger Polyp, der die Choane verlegt (Farbaufnahme 35) oder den Nasenrachenraum ausfüllt. Palpatorisch weich.

GK 2.3.2

Differentialdiagnose bei isoliertem Polypen am Nasendach: Meningoencephalocele: glatt, bei Betasten mit der Sonde fester als Polyp, Meningitisgefahr bei Verletzung.

Differentialdiagnose beim Choanalpolypen: Juveniles Nasenrachenfibrom: hart, grobhöckrig, am Dach breit gestielt (S. 250).

Therapie:
Konservativ nur bei geringer Schleimhautschwellung in den Nebenhöhlen:
Versuch mit Tantum oder Calcium, Kurzwellen, Mikrowellen, Aufenthalt im Mittelgebirge.
Bei stärkerer Schleimhautschwellung oder Polypenbildung in den Nebenhöhlen oder bei Polyposis nasi operative Behandlung:
Operation der betreffenden Nebenhöhle – fast ausschließlich Kieferhöhle und Siebbein – und endonasale Ausräumung der Polypen aus der Nasenhaupthöhle (s. Kieferhöhlen- und Siebbeinoperationen S. 201 – 203). Das Entfernen allein der Polypen aus der Nase führt in Kürze zu Rezidiven der Polyposis nasi von den Nebenhöhlen aus, es soll daher stets die Nebenhöhlenoperation gleichzeitig durchgeführt werden. Aber auch nach sorgfältiger Operation kann es bei entsprechender Schleimhautdisposition zu Rezidiven der Polypenbildung kommen.
Therapie der Rezidive:
Nachoperation und Nachbehandlung mit Corticosteroiden.

Das gleichzeitige Vorkommen von Nebenhöhlenpolyposis und Asthma bronchiale ist einerseits Ausdruck für die Disposition der gesamten Schleimhaut der Luftwege zu krankhaften – vorwiegend allergischen – Reaktionen (sog. **sinubronchiales Syndrom,** vor allem bei Kindern), andererseits verschlimmert die Nebenhöhlenentzündung aber auch die Erkrankung der unteren Luftwege. Letzteres gilt ebenso für eine Pharyngitis, Laryngitis, Tracheitis und Bronchitis, die durch die absteigenden Infekte der oberen Luftwege und das herabfließende Sekret bei Rhinitis, Sinusitis und Entzündung der Rachenmandel ungünstig beeinflußt werden. Auch Magenbeschwerden können nach Verschlucken des Sekretes auftreten. Bei Vorliegen dieser Zusammenhänge und in seltenen Fällen, in denen angenommen werden muß, daß die Nebenhöhlenentzündung als Focus wirkt, empfiehlt sich die möglichst baldige operative Verbesserung der Nasenatmung und die operative Behandlung der Nebenhöhlenerkrankung, außerdem internistische oder pädiatrische Behandlung.

KARTAGENER-Syndrom: Polyposis, Bronchiektasen, Situs inversus.

Mucoviscidose: Polyposis, cystische Pankreasfibrose, Sekretionsstörung der mucösen exokrinen Drüsen.

b) **Eitrige Form:** Die mäßig verdickte, oft fibröse Nebenhöhlenschleimhaut sondert eitriges Sekret ab (Kieferhöhlenempyem). Bei Mischformen von a) und b) ist die Schleimhaut stärker geschwollen und stellenweise polypös.

Beschwerden:
Kopfschmerzen – verstärkt beim Bücken – und Schmerzen über der erkrankten Nebenhöhle, meist Kieferhöhle. Die Schmerzen können aber auch fehlen.
Schnupfen – häufig einseitig –, eitrige Sekretion aus der Nase.
Abfluß von Eiter in den Rachen, besonders im Liegen (Rachen- und Kehlkopfkatarrh!).
Der Eiter kann bei ostitischen oder odontogenen Prozessen fötide sein.

Befund:
Rhinoskopisch: Da es sich meist um eine Kieferhöhlenentzündung handelt, Schwellung der Muscheln und der Schleimhaut – oft einseitig – im Bereich des mittleren Nasenganges. Eiter im mittleren Nasengang.
Bei Mitbeteiligung des hinteren Siebbeins auch Eiter auf der mittleren Muschel.
Postrhinoskopisch: Eiter in der Choane und Eiterstraße an der Rachenhinterwand, besonders bei Mitbeteiligung der hinteren Siebbeinzellen und der Keilbeinhöhle.
Diaphanoskopie: Die erkrankte Kieferhöhle leuchtet schlechter auf als die gesunde Seite (nur angezeigt bei einseitiger Eiterung).
Sonographie: Bei sekretgefüllter Kieferhöhle Vorderwand- und Hinterwandecho.
Röntgenbild: Wandständige Verschattung (gelegentlich mit Sekretspiegelbildung im Lumen) oder diffuse Verschattung.

Diagnose:
Die Diagnose der chronischen eitrigen Kieferhöhlenentzündung wird durch die Punktion und Spülung der Kieferhöhle gesichert, bei der sich Eiter entleert.

Therapie:
Die Spülung der Kieferhöhle (S. 166) ist zugleich eine therapeutische Maßnahme. Nach der Spülung wird die Kieferhöhle mit einem Antibioticum gefüllt. Kommt es nach 4 – 6 Spülungen nicht zu einer Ausheilung, muß auch bei der chronischen eitrigen Form der Kieferhöhlenentzündung eine Kieferhöhlenoperation – meist mit Siebbeinausräumung – durchgeführt werden.

Bei der seltenen **chronischen Stirnhöhleneiterung** versucht man einige Spülungen der Stirnhöhle von außen nach einer Beck-Bohrung oder endonasal nach Ausräumen der vorderen Siebbeinzellen und Spaltung der

Stirnbucht, ehe man sich zur Operation von außen entschließt. Eine Stirnhöhleneiterung kann auch ausheilen, ohne daß besondere Eingriffe an der Stirnhöhle selbst erforderlich sind, weil sich schon durch eine Operation des gleichzeitig erkrankten Siebbeins die Abflußverhältnisse aus der Stirnhöhle verbessern lassen.

3. Odontogene Kieferhöhleneiterung

Sie tritt einseitig auf. Das eitrige Sekret ist dünnflüssig und sehr fötide.

Entstehung: Durch Wurzelgranulome der Molaren (meist) oder der Prämolaren (seltener),
durch Wurzelreste, die bei der Extraktion in die Kieferhöhle gestoßen werden,
durch Eröffnung der Kieferhöhle bei einer Zahnextraktion = **Kieferhöhlenalveolarkammfistel.**

Therapie:
Kieferhöhlenoperation, gegebenenfalls mit Alveolarkammplastik = Schleimhautperiostlappenplastik (S. 202). Zahnbehandlung.

Zahncysten:
Radiculäre Zahncysten (von der Zahnwurzel ausgehend) oder folliculäre (von Zahnkeimen ausgehend um einen rudimentären Zahn) können sich in die Kieferhöhle oder den Nasenboden hinein entwickeln und das Kieferhöhlenlumen von unten her einengen bzw. den Nasenboden anheben.

Diagnose:
Rhinoskopie: GERBER-Wulst am Nasenboden.
Röntgenbild.

Therapie:
Kleine Cysten werden vom Mundvorhof her ausgeschält (Operation nach PARTSCH II). Große Cysten werden im Rahmen einer Operation der Kieferhöhle exstirpiert, der Hohlraum wird zur Nebenhöhle der Kieferhöhle oder der Nasenhaupthöhle gemacht (nach PARTSCH I).

4. Mucocele, Pyocele

Mit Schleim bzw. Eiter gefüllte und durch die Sekretretention erweiterte Nebenhöhle, deren knöcherne Wände sich verdünnen.

Ursache:
Verschluß des Ausführungsganges (Ostiums) durch Entzündung, Verwachsung, Tumor oder Trauma (auch postoperativ durch Obliteration des Zuganges zur Nase).

Häufigkeit:
Bedingt durch die Enge und Länge des Ausführungsganges am häufigsten Stirnhöhle (selten Siebbeinzellen, Keilbeinhöhle oder Kieferhöhle).

Symptome: Geringer Kopfdruck, eventuell Doppelbilder.

Befund:
Vorwölbung der Nebenhöhlenwandung (Stirnhöhlenboden).
Nennenswerter Druckschmerz nur bei Infektion (Pyocele).
Die dünne Wand federt bei Druck, dabei gelegentlich Pergamentknistern.
Verdrängung des Bulbus nach lateral und vorn **(Protrusio).**
Rhinoskopisch: Keine Besonderheiten oder aber Zeichen früherer Traumen, Operationen oder Entzündungen, z. B. Synechien (Narbenbildungen).
Röntgenologisch: Je nach Eindickung des Sekrets diffuse Verschleierung bis Verschattung der Höhle. Die Höhle erscheint aufgetrieben oder weniger buchtenreich als die Gegenseite. Oft Abbauvorgänge an den knöchernen Wänden (vor allem am Stirnhöhlenboden) durch den Sekretdruck. Oft ergibt erst die Röntgenschichtuntersuchung eine Sicherung der Diagnose.

Therapie: Radikaloperation der Stirnhöhle.

Differentialdiagnose:

a) **Pneumatocele** der Stirnhöhle: Erweiterte Stirnhöhle, mit Luft gefüllt. Ursache ungeklärt. Möglicherweise ehemalige Mucocele, aus der das Sekret abgeflossen ist oder aber exzessive Pneumatisation durch stärkeres Wachstum der Lamina externa gegenüber der Lamina interna.

b) Nebenhöhlentumoren (S. 206).

GK 2.3.2

D. Operationen an den Nasennebenhöhlen

Prinzip der Radikaloperation einer Nebenhöhle: Ausräumen der Schleimhaut und Schaffen einer breiten Dauerverbindung zur Nasenhaupthöhle. Postoperativ verkleinert sich die Nebenhöhle durch bindegewebige Schwarten an den knöchernen Wänden. In den letzten Jahren bemüht man sich, nur irreparabel erkrankte Schleimhaut zu entfernen, erholungsfähige aber zu erhalten.

1. Stirnhöhle

a) Radikaloperation nach JANSEN-RITTER mit Schleimhautplastik nach UFFENORDE (Abb. 94):

Hautschnitt von der Augenbraue bogenförmig zur seitlichen Nase. Wegnahme des knöchernen Stirnhöhlenbodens. Ausräumen der erkrankten oder zerstörten Schleimhaut. Wegnahme von Teilen des knöchernen Nasenbeins und Doppellappenplastik aus der Nasenschleimhaut vor dem Kopf der mittleren Muschel. Durch diese Schleimhautauskleidung des breiten Zuganges zur Nase wird einem narbigen Abschluß der operierten Stirnhöhle vorgebeugt. Später kaum sichtbare Narbe von der Augenbraue zur Nase.

Indikationen: Entzündliche Stirnhöhlenerkrankungen und frontobasale Frakturen.

b) Radikaloperation nach RIEDEL zur Verödung der Stirnhöhle:

Sorgfältige Entfernung aller Schleimhautteile aus der Stirnhöhle. Außer dem Stirnhöhlenboden wird auch die Stirnhöhlenvorderwand entfernt. Dadurch bleibt kein Stirnhöhlenlumen zurück, die Stirn sinkt postoperativ ein. Später kann eine plastische Operation mit Unterfütterung der Einsenkung durchgeführt werden.

Indikationen: Nur selten im Rahmen von Rezidivoperationen bei entzündlichen Erkrankungen. Frontobasale Frakturen mit Zertrümmerung der Stirnhöhlenvorderwand, bei denen ein Wiederaufbau mit Drahtung der Vorderwand nicht mehr möglich ist.

c) Osteoplastisches Vorgehen: Nach Bilden eines Deckels aus der Stirnhöhlenvorderwand, der nur vorübergehend aufgeklappt oder entnommen wird, Operation entweder unter Erhaltung der Schleimhaut oder unter Verödung des Lumens mit Fett nach Entfernen der Schleimhaut und Abdichten des Ausführungsganges zur Nase.

Indikationen: Stirnhöhlenosteomoperation unter Erhaltung der Schleimhaut bzw. Verödung bei Rezidivoperationen anstelle der RIEDEL-Operation.

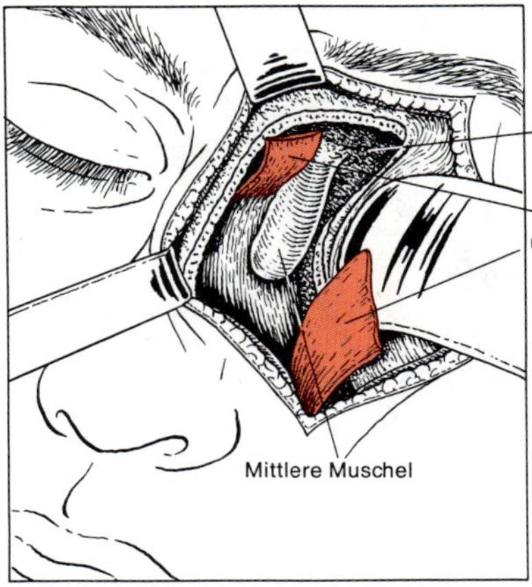

Abb. 94. Stirnhöhlenradikaloperation nach JANSEN-RITTER mit UFFENORDE-Plastik

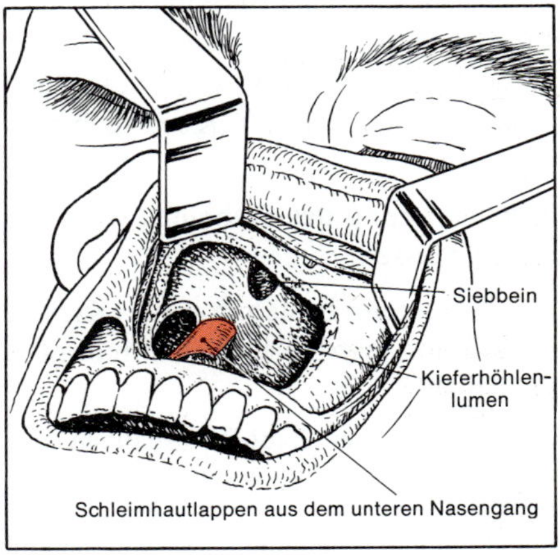

Abb. 95. Kieferhöhlenradikaloperation nach CALDWELL-LUC

---

2. Kieferhöhle

a) Radikaloperation nach CALDWELL-LUC (Abb. 95):

Schleimhautschnitt in der Umschlagfalte im Mundvorhof. Wegnahme eines Teiles der vorderen Kieferhöhlenwand im Bereich der Fossa canina unter Schonung des N. infraorbitalis. Ausräumen der erkrankten Schleimhaut. Wegnahme des Knochens und Schaffen eines Fensters zum unteren Nasengang mit Bilden eines Schleimhautlappens aus der Nasenschleimhaut, um den Zugang auf Dauer offenzuhalten.

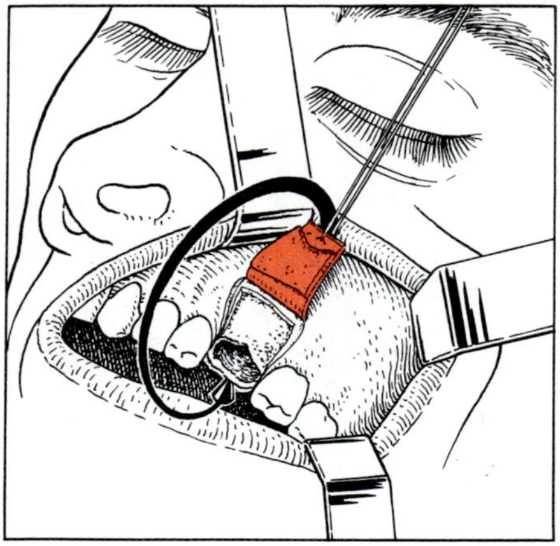

Abb. 96. Periost-Schleimhautplastik nach REHRMANN zum Verschluß einer Kieferhöhlenalveolarkammfistel

Indikationen: Ausgedehnte Polyposis der Kieferhöhle oder durch Spülbehandlung und Antibiotica nicht zu beherrschende Kieferhöhleneiterung. Auf diese Weise transmaxillärer Zugang zum Siebbein und durch das Siebbein hindurch zur Keilbeinhöhle und zum Nasenrachenraum.

Bei Miterkrankung des Siebbeins wird die transmaxilläre Siebbeinoperation angeschlossen.

Bei gleichzeitigem Bestehen einer Kieferhöhlenalveolarkammfistel nach Zahnextraktion wird die Schleimhautplastik nach REHRMANN durchgeführt (Abb. 96):

Trapezförmiger Schleimhaut-Periostlappen aus der buccalen Gingiva, der durch quere Incision des Periostes an der Basis verlängert wird. Der Lappen wird über die Fistel gelegt und an der palatinalen Seite der Alveole vernäht.

b) Osteoplastisches Vorgehen:
Die vordere Kieferhöhlenwand wird nur temporär herausgenommen und nach der Operation, bei der die Schleimhautpolypen abgetragen oder die gesamte erkrankte Schleimhaut entfernt werden, und nach der Schaffung des Fensters zum unteren Nasengang wieder eingesetzt (Vorteil: Keine narbige Einziehung von Wangenweichteilen in die Höhle).

c) Fensterung (und transnasale Kieferhöhlenoperation):

Gelegentlich wird zur Entlastung und Drainage der Kieferhöhle allein eine Fensterung der Kieferhöhle ausgeführt. Das Fenster wird endonasal durch Wegnahme des Knochens unter der unteren Muschel im unteren Nasengang angelegt, die Kieferhöhlenschleimhaut jedoch im Gegensatz zur Radikaloperation nach CALDWELL-LUC belassen oder durch das Fenster hindurch – soweit erkrankt – entfernt (konservierender Eingriff mit Hilfe des Endoskops = endonasale, endoskopisch gestützte Kieferhöhlenoperation).

3. Siebbein

a) Endonasale Siebbeinoperation:
Nach Abspreizen der mittleren Muschel lassen sich die Siebbeinzellen zwischen der mittleren Muschel und der Lamina papyracea ausräumen. Stets lateral von der mittleren Muschel, nie medial eingehen, da sonst Verletzungen der Lamina cribrosa möglich sind! Unter der mittleren Muschel kann als endoskopische Operation auch eine Resektion der medialen Infundibulumwand durchgeführt werden. In manchen Fällen heilen nach einer isolierten Siebbeinoperation entzündliche Schleimhauterkrankungen der benachbarten Kieferhöhle und nach „Spaltung der Stirnbucht" die Stirnhöhle aus, weil ihre engen Ausführungsgänge bzw. Ostien erweitert werden und die Höhlen dann besser belüftet sind (s. S. 198).

Indikation: Isolierte Siebbeinpolyposis, Infundibulumerkrankung.

b) Transmaxilläre Siebbeinoperation:
Ausräumen – vorwiegend der hinteren Siebbeinzellen – von der Kieferhöhle aus.

Indikation: Bei entzündlichen Kieferhöhlenerkrankungen im Anschluß an die Kieferhöhlenoperation, um die fast stets miterkrankten Siebbeinzellen auszuräumen.

c) Siebbeinausräumung von außen:
Hautschnitt von der Augenbraue bogenförmig zur seitlichen Nase. Wegnahme von Teilen des Tränenbeins und des Nasenbeins. Ausräumen der Siebbeinzellen. Beste Übersicht über das Siebbein und die Schädelbasis am Siebbeindach.

Indikationen: Entzündliche Siebbeinerkrankungen mit Durchbruch nach außen oder in die Orbita. Frontobasale Frakturen.
Bei Stirnhöhlenerkrankungen und Mitbeteiligung des Siebbeins wird die Operation im Rahmen der Stirnhöhlenoperation vom gleichen Hautschnitt aus durchgeführt.

Bei Keilbeinhöhlenerkrankungen auf diese Weise transethmoidaler Zugang zur Keilbeinhöhle und bei Hypophysenoperationen durch die Keilbeinhöhlenhinterwand zur Hypophyse. Die Hypophyse kann auch sublabial-transseptal-transsphenoidal erreicht werden.

III. Tumoren

A. Gutartige Geschwülste

1. Rhinophym („Pfundnase", „Kartoffelnase") (Farbaufnahme 32)

Oft verbunden mit einer Rosacea, meist bei älteren Männern. Als zusätzliche Faktoren werden Alkoholabusus („Säufernase"), Hitze- oder Kälteschäden, intestinale Erkrankungen und Fettstoffwechselstörungen angeschuldigt.

Befund:
Knollige Wucherungen (Hyperplasie, Pseudotumor) der Talgdrüsen der Haut im Bereich der knorpligen Nase mit Gefäßerweiterungen und Bindegewebsvermehrung. Sekundäre Entzündung.
Blaurote Verfärbung der tumorartigen Hautverdickungen, Teleangiektasien.

Therapie:
Dermabrasio oder Abtragen (Abschälen) der Hautverdickungen mit flachem Messer ohne Verletzung des Knorpelgerüstes der Nase. Die Epithelisierung der Wundfläche erfolgt aus dem Epithel angeschnittener Talgdrüsenausführungsgänge.

2. Osteom

Häufigkeit: Vorwiegend Stirnhöhle, seltener Siebbein, sehr selten Kieferhöhle.

Histologie: Kompakte oder spongiöse Struktur.

Symptom: Über lange Zeit allmählich zunehmender Kopfschmerz.

Diagnose:
Zunächst nur durch das Röntgenbild. Zur Lokalisation des Stiels Nebenhöhlenaufnahmen in mehreren Ebenen, auch WELIN-Aufnahme.
Später Verlegung des Ausführungsganges (Mucocelenbildung) oder
Verdrängung des Bulbus oder
Ausdehnung nach dem Endocranium zu mit Druckatrophie der Dura und endokraniellen Komplikationen.

Therapie:
Bei Beschwerden oder drohenden Komplikationen Operation von Stirnhöhle und Siebbein mit Exstirpation des knolligen Osteoms, wenn möglich durch osteoplastische Operation (S. 202).

Differentialdiagnose:
Ostitis fibrosa (Osteofibrosis deformans juvenilis, fibröse Dysplasie JAFFÉ-

LICHTENSTEIN): Langsam zunehmende, schmerzlose knöcherne Auftreibung von Oberkiefer oder Stirn, die operativ modellierend abgetragen werden kann.

B. Malignome

1. Äußere Nase

Im Bereich der äußeren Nase finden sich Basaliome, Plattenepithelcarcinome (Spinaliome) und Sarkome (selten).

Diagnose: Durch Probeexcision aus der höckrigen, oberflächlich ulcerierten Hautveränderung und histologische Untersuchung.

Differentialdiagnose: Rhinophym, leukämische Infiltrate, Morbus BOECK, Lupus erythematodes, Granuloma gangraenescens und WEGENER-Granulomatose (S. 182).

Therapie: Excision und rekonstruktive Plastik (S. 220). Bei kleinen Basaliomen kryochirurgische Therapie möglich. Bestrahlung (im knorpligen Bereich möglichst vermeiden).

2. Papillom

Histologie: Fibroepitheliale Geschwulst papillärer Bauart („inverted papilloma").

Verlauf: Klinisch oft bösartig durch Destruktion des Knochens mit Einbruch in das Endocranium.
Rezidivgefahr.

Befund: Leicht blutende, lappige, papillomatöse Granulationen, von der lateralen Nasenwand und den hinteren Nasenabschnitten ausgehend mit Verlegung der Nasenatmung.

Diagnose: Durch Probeexcision (Abgrenzung gegen Carcinom).

Therapie: Radikale Tumoroperation, kaum strahlensensibel.

3. Adenoidcystisches Carcinom (= Cylindrom)

Der klinische Befund gleicht dem der übrigen Carcinome (siehe 4.) bei etwas langsamerem Wachstum.

Therapie: Radikale Operation wie bei anderen Carcinomen. Kaum strahlensensibel.

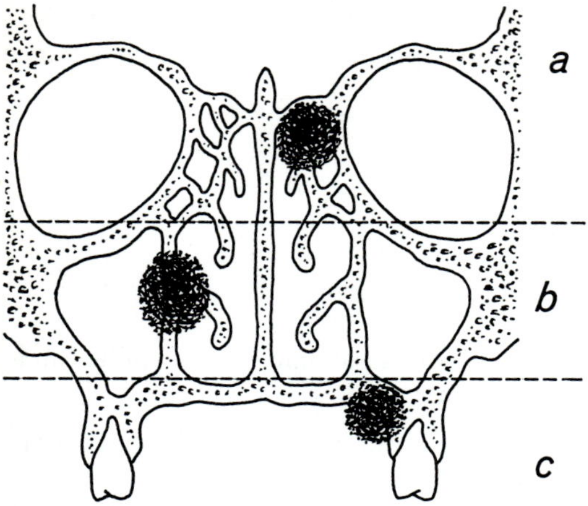

Abb. 97 a, b. Nebenhöhlenmalignome. Ursprung: **a** obere Etage, **b** mittlere Etage, **c** untere Etage

4. Übrige Carcinome und Sarkome

Histologie: Verhornendes Plattenepithelcarcinom oder (seltener) Adenocarcinom von Mund-, Nasen- oder Nebenhöhlenschleimhaut ausgehend. Sarkome (selten). Adenocarcinome werden als Berufskrebse nach der Verarbeitung von Harthölzern beobachtet.

Lokalisation (Abb. 97):

a) Ca der oberen Etage umfaßt: Kieferhöhlendach, Siebbein (maxilloethmoidalen Winkel) und Stirnhöhle (Einbruch in die Orbita und in das Endocranium!).

b) Ca der mittleren Etage umfaßt: Kieferhöhle und laterale Nasenwand (Einbruch in die Orbita und die Fossa pterygopalatina!).

c) Ca der unteren Etage umfaßt: Alveolarfortsatz, Gaumen und Kieferhöhlenboden (Einbruch in die Mundhöhle!).

Meist handelt es sich um Kieferhöhlencarcinome, seltener geht der Tumor vom Siebbein, der Stirnhöhle oder der Keilbeinhöhle aus.

Männer erkranken häufiger als Frauen (3 : 1).

Erste *Symptome* – bereits in einem fortgeschrittenen Stadium der Erkrankung:

Bei a): Doppelbilder bei Einbruch in die Orbita.

Bei a) und b): Einseitig behinderte Nasenatmung, Ausfluß von fötide riechendem, eitrigem, mit Blut vermischtem Sekret. Neuralgiforme Beschwerden im Bereich des 2. Trigeminusastes. Bei Infiltration der Flügelgaumengrube Kieferklemme. Bei Durabeteiligung starke Schmerzen.

Bei c): Vorwölbung des Gaumens oder des Alveolarfortsatzes. Prothese paßt nicht mehr. Zahnschmerzen. Zahnlockerung.

Befund:

Bei a): Beginnender Durchbruch zu erkennen an Rötung, Vorwölbung und Ulceration im Nasenaugenwinkel (Farbaufnahme 33), Protrusio bulbi bei Einbruch in die Orbita.

Bei a) und b): Blutende Granulationen oder polypöse Schwellungen im Bereich der lateralen Nasenwand (Farbaufnahme 36),
Auftreibung der Wange,
Verdrängung des Bulbus, Doppelbilder.

Bei c): Höckeriger Tumor oder Ulceration am harten Gaumen oder am Alveolarkamm. (KAPOSI-Sarkom S. 253.)
Metastasen sind relativ selten und spät (20%). Lymphabfluß in die submentalen und submandibulären Lymphknoten und in die tiefen Halslymphknoten.

Diagnose:
Durch Probeexcision (direkt oder bei Sinuskopie).
Röntgenaufnahmen (am besten Tomographie): Diffuse Verschattung durch den Tumor und Auflösung der knöchernen Kieferhöhlenwände. Außer Nebenhöhlenaufnahmen sind Schädelbasisaufnahmen anzufertigen.
Computertomogramm: Tumorausdehnung und Knochendestruktion zeichnen sich ab.

Therapie:
Operativ **(Oberkieferteilresektionen):**
Bei a) und b) nach Aufklappen der Oberwange durch Schnitt in der Mitte der Oberlippe und Verlängerung des Schnittes paranasal. Bei Einbruch in die Orbita zusätzlich **Exenteratio orbitae** nach Lidrandschnitten.
Bei c) vom Mundvorhof aus mit Teilresektion des Gaumens.

Nachbestrahlung mit Telekobalt (Megavolttherapie).

Später Defektprothese bzw. Epithese oder rekonstruktive Plastik (S. 220).
Bei regionären Lymphknotenmetastasen: Neck dissection (siehe S. 317) mit suprahyoidaler Ausräumung.
Inoperable Tumoren (Einbruch in das Endocranium oder breit in die Fossa pterygopalatina) werden einer palliativen Bestrahlung zugeführt. Nebenhöhlentumoren sprechen auf Cytostatica kaum an.

Prognose: 35% 5 Jahre recidivfreies Intervall (Tumoren der oberen Etage besonders schlecht).

IV. Nasenbluten (Epistaxis)

2.3.4

Ursachen:

A. Örtlich bedingtes Nasenbluten

a) Ruptur eines gestauten Gefäßes am Locus KIESSELBACH (siehe Abb. 71, S. 145) (sehr häufig!) durch kleinere mechanische Einwirkungen auf die knorplige Nase, bei Rhinitis sicca anterior, durch bohrenden Finger, durch starkes Schneuzen.

b) Traumatisch bei Nasenbeinfraktur oder Septumfraktur durch Zerreißen der Schleimhaut, bei Nebenhöhlenfrakturen und bei Schädelbasisfrakturen (frontobasalen Frakturen, S. 173).

c) Verletzung der Schleimhaut durch Fremdkörper (S. 212).

d) Sogenannter blutender Septumpolyp (Granuloma teleangiectaticum), der seinen Ausgang von der Schleimhaut des vorderen Septums nimmt und wahrscheinlich durch mechanische Reize bedingt ist.
Therapie: Abtragen unter Einbeziehen des Perichondriums.

e) Maligne Geschwülste der Nase und der Nasennebenhöhlen.

f) Juveniles Nasenrachenfibrom.

B. Symptomatisches Nasenbluten

a) Bei fieberhaften Infektionskrankheiten geringfügige Blutungen durch Hyperämie der Schleimhaut der Muscheln oder des Septums (Grippe, Masern oder Schnupfen).

b) Bei Gefäß- und Kreislaufkrankheiten arterielle heftige Blutungen aus größeren Gefäßen in den mittleren und hinteren Abschnitten der Nase (Arteriosklerose, Hypertonie, Nierenerkrankungen).

c) Bei hämorrhagischen Diathesen flächenhafte Schleimhautblutungen oft beiderseits (Hämophilie, Thrombopathie, Morbus WERLHOFF, Leukämie, Lebererkrankungen, Nasenbluten während der Menses, Marcumar-Überdosierung).

d) Bei Morbus RENDU-OSLER Blutungen aus Blutgefäßknötchen (Hämangiomen) im Bereich der Nasenscheidewand. Die Teleangiektasien sind meist auch auf der Mundschleimhaut und der Haut sichtbar. (*Therapie:* Laserchirurgie bzw. Kryochirurgie oder Excision der Septumschleimhaut und Transplantation von Spalthautläppchen.)

Diagnose:

Ist die Ursache des Nasenblutens nicht bekannt, sind – sobald die Blutung beherrscht ist – unbedingt gründliche Allgemeinuntersuchungen mit Blutdruckmessung, Herz- und Kreislaufuntersuchung, Blutbild und Blutgerinnungsstatus, Urinuntersuchung usw. erforderlich.

Nach Stillung des Nasenblutens – falls erforderlich – Infusionen, Transfusionen, Grundleiden behandeln.

Therapie:

1. **Allgemeine Maßnahmen** (auch ohne ärztliche Hilfe)

a) Aufrechtsitzen oder Liegen mit angehobenem Kopf und ausschneuzen.

b) Nasenflügel für einige Minuten zusammendrücken und damit einen Druck auf das vordere Septum ausüben.

c) Kalte Halsumschläge oder Eisaufschläge auf den Nacken.

2. Anwendung von **Hämostyptica** i. m. oder i. v. (Clauden, Sangostop, Tachostyptan, Adrenoxyl u. a.).

Entscheidender und wichtiger sind jedoch die

3. **örtlichen Maßnahmen.** Sie geschehen unter Sicht bei Verwendung des Nasenspeculums in Oberflächenbetäubung (Spray oder Gazetupfer bzw. Wattebäusche mit Pantocain/Suprarenin).

a) Umschriebene **Ätzung** des blutenden Gefäßes mit 40%iger Trichloressigsäure oder Chromsäureperle reicht meist bei Blutung vom Locus KIESSELBACH aus. Nachbehandlung mit weicher Salbe.
Beiderseitige Ätzung muß wegen der Gefahr einer Septumperforation unterbleiben.
Blutstillende ätzende Watte soll wegen der diffusen Schädigung der Schleimhaut nicht verwendet werden.

b) Verkochen des Gefäßes mit dem Thermokauter ist gelegentlich noch wirkungsvoller, aber auch schädigender für die Nasenschleimhaut.

c) **Tamponade,** falls die Gefäßblutung auf Ätzung nicht steht, eine diffuse Blutung vorliegt oder die Blutungsquelle nicht ausgemacht werden kann:

(1) **Vordere Tamponade** mit Gazestreifen, der mit Salbe getränkt sein kann und sich dann besser wieder entfernen läßt, entweder

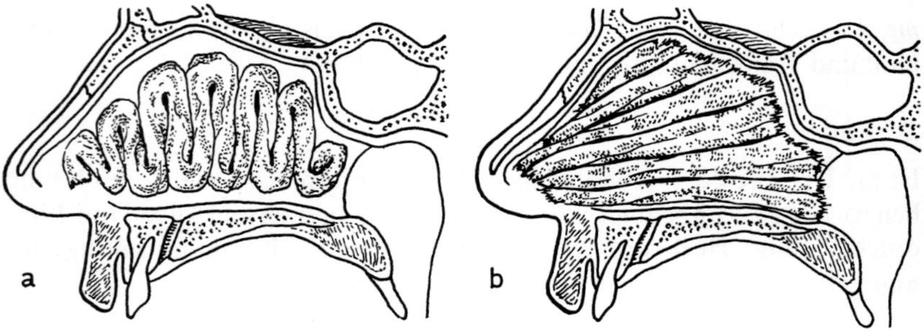

Abb. 98 a, b. Vordere Tamponade. **a** fortlaufend; **b** schichtweise

fortlaufend von hinten nach vorn (Abb. 98 a), wobei das hintere Tamponadeende in den Rachen abrutschen kann, oder
schichtweise in Form von vorgefertigten zigarettenförmig zusammengelegten Salbengazestreifen vom Boden zum Dach oder umgekehrt (Abb. 98 b).
Um einen ausreichenden Druck zu erzeugen, muß auch die nicht blutende Nasenseite tamponiert werden.

(2) **Hintere Tamponade** (BELLOCQ) ist erforderlich bei arteriellen Nasenblutungen aus den hinteren Nasenpartien, falls die vordere Tamponade nicht ausreicht, und bei Blutungen aus dem Nasenrachenraum (z. B. nach Operationen von Tumoren).

Ausführung: Die Enden eines dünnen Gummischlauches werden durch die Nase in den Nasenrachenraum vorgeschoben und aus dem Mund wieder herausgeleitet. An diese Enden werden zwei starke Fäden mit einem Gazetupfer oder einem Schaumstoffstück angebunden (Abb. 99 a). Beim Zurückziehen des Gummischlauches aus der Nase wird der Tupfer mit einem Finger durch die Mundhöhle in den Nasenrachenraum geschoben. Die Fäden werden (nachdem noch eine vordere Tamponade zusätzlich ausgeführt ist) am Naseneingang über einem zweiten Tupfer festgeknüpft. Soll lediglich eine Choane tamponiert werden, führt man die Fäden nur durch ein Nasenloch heraus. Zum Mund lose herausgeleitete Fäden dienen der späteren Entfernung des „Bellocq“ (Abb. 99 b).
Bei einer vorderen Tamponade, die länger als zwei Tage liegt, und bei jeder hinteren Tamponade muß für einige Tage ein Antibioticum gegeben werden, um aufsteigenden Infektionen in die Nebenhöhlen oder das Mittelohr vorzubeugen.
Es besteht auch die Möglichkeit, einen Druck auf die blutende Schleimhautstelle anstatt mit einer Gazetamponade mit einem aufblasbaren Ballonkatheter auszuüben bzw. mit einem Ballon die Choane abzudichten.

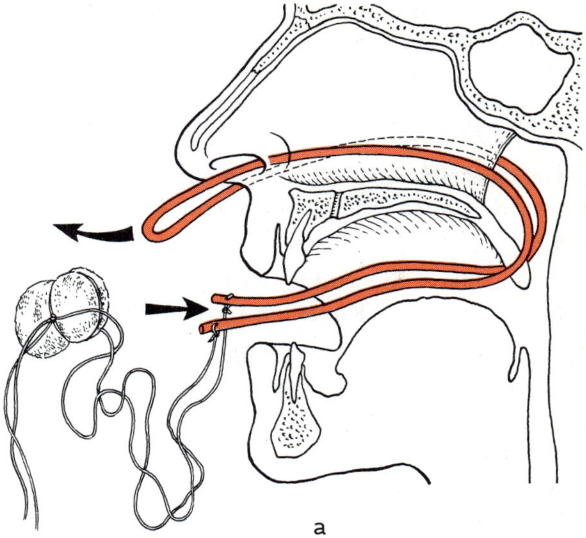

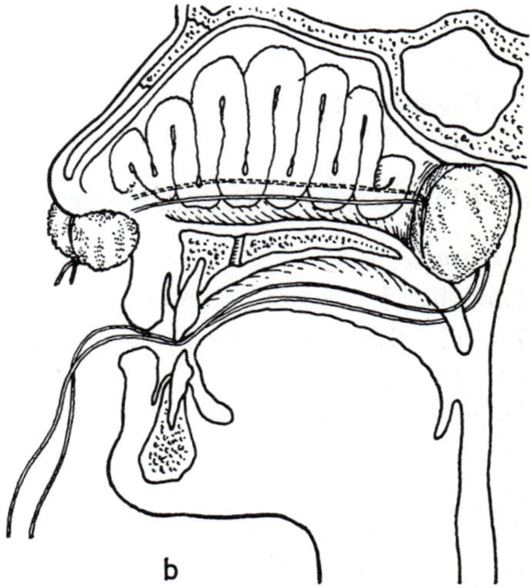

Abb. 99 a, b. Hintere Nasentamponade (BELLOCQ). **a** Anbinden des Tupfers an die Enden eines Gummischlauches; **b** „BELLOCQ-Tampon" in den Nasenrachenraum gezogen

GK 2.3.4

Läßt sich eine Blutungsquelle im hinteren Abschnitt der Nase wegen einer Nasenscheidewandverbiegung oder einer Leistenbildung nicht erreichen, muß unter Umständen eine operative Begradigung der Nasenscheidewand vor einer endgültigen Blutstillung durchgeführt werden.

4. **Gefäßunterbindungen** kommen nur bei heftigen arteriellen Blutungen in Frage, die durch Tamponaden und Kompression nicht zu beherrschen sind.

a) A. maxillaris: Sie wird in der Fossa pterygopalatina erreicht nach Wegnahme der hinteren Kieferhöhlenwand (SEIFFERT).

b) A. carotis externa, von der die A. maxillaris als letzter Ast abgeht: Sie wird vor dem M. sternocleidomastoideus erreicht und nach Abgang der A. lingualis unterbunden. (Evtl. Versuch einer Kompression bis zum Eintreffen des Operateurs.)

c) Aa. ethmoidales bei Blutungen aus den obersten Nasenabschnitten: Sie werden erreicht über einen Schnitt im Nasenaugenwinkel.

V. Fremdkörper

Bei Kindern häufig. Kugeln, Perlen, Münzen, Erbsen, Papier.

Symptome:
Zunächst: Einseitige Behinderung der Nasenatmung.
Später: Einseitiger eitriger Schnupfen, Sekret fötide, Kopfschmerzen, Nebenhöhlenentzündung.
Nach Jahren: Ablagerung von Kalksalzen um den Fremdkörper **(Rhinolith).**

Therapie:
Extraktion des Fremdkörpers nach Schleimhautabschwellung und Oberflächenanästhesie, bei Kindern Narkose.
Curetten oder Häkchen benutzen! Bei Verwendung von einfachen Pinzetten gleiten glatte runde Fremdkörper ab und gelangen dabei tiefer in die Nase.

Differentialdiagnose:
Bei Erwachsenen bei einseitigem fötidem Ausfluß an Tumor oder odontogenes Kieferhöhlenempyem denken!

GK 2.3.5

VI. Mißbildungen

2.3.5

1. **Gesichtsspalten** und **Nasenspalten** sind Folgen ungenügender Vereinigungen der Gesichtswülste oder entstehen durch pathologisches Einreißen von Membranen.

2. **Nasenfisteln** (Dermoidcysten) können bei der embryonalen Furchung der Nase entstehen und sind mit Haut ausgekleidete Gänge, die auf dem Nasenrücken in der Mittellinie beginnen und unter den Nasenbeinen bis zur Nasenwurzel oder zur Schädelbasis reichen.

Therapie: Exstirpation.

3. **Meningoencephalocelen** entstehen infolge angeborener Dehiscenz der Schädelbasis, meist am Siebbeindach, und wölben sich – gelegentlich pulsierend – ins Naseninnere vor. (Sie können mit Nasenpolypen verwechselt werden!)

Therapie: Abtragen und Duraplastik.

4. **Atresie des Naseneingangs** (selten), angeboren oder traumatisch.

Therapie: Plastische Operation zur Schaffung des Naseneingangs.

5. **Choanalatresie** (Farbaufnahme 37), angeboren einseitig oder doppelseitig, membranös oder knöchern.

Symptome:
Bei einseitiger Atresie aufgehobene Nasenatmung und Schleimabsonderung auf dieser Seite.

Bei doppelseitiger Atresie lebensbedrohliche Zustände bald nach der Geburt, weil die Säuglinge keine Luft durch die Nase bekommen (Dyspnoe und Cyanose). Nahrungsaufnahme erschwert, weil Saugen und Trinken ständig unterbrochen werden müssen, um zu atmen. Dabei Aspirationsgefahr. Die Pflege der Säuglinge ist schwierig, unter Umständen sind Sauerstoffgabe und Sondenernährung notwendig. (Später geschlossenes Näseln.)

Diagnose:
Beim Ausatmen entsteht kein Atemniederschlag auf einem vorgehaltenen Spiegel.
Bei Kindern durch Vorschieben feiner Gummischläuche durch die Nase, die dann nicht im Nasenrachenraum erscheinen.
Bei Erwachsenen durch Postrhinoskopie und Endoskopie.
Röntgendarstellung mit Kontrastfüllung der Nase im Liegen bei zurückgebeugtem Kopf.

Therapie:
Durchstoßen der Atresieplatte mit einem Trokar bringt nur vorübergehend Erleichterung. Besser:
Transpalatinal Freilegen und Ausstanzen der Atresieplatte, Schleimhautplastik. Anschließend für Wochen Einlage eines Kunststoffröhrchens in die Choane zur Vermeidung von narbigen Strikturen. Je später im Kindesalter die Operation durchgeführt werden kann, desto besser sind die Dauerergebnisse. Beim Erwachsenen kaum wieder narbige Verengerungen.

6. **Synechien** (Abb. 100)
Verwachsungen zwischen Septum und lateraler Nasenwand (Muscheln), angeboren, meist jedoch als Folge von Verletzungen, Entzündungen oder operativen Eingriffen.

Symptom: Behinderung der Nasenatmung.

Therapie:
Operative Durchtrennung und für einige Tage Einlegen von Salbenstreifen oder Kunststoffplättchen, um eine Epithelisierung zu erreichen und ein Wiederverwachsen der Wundflächen zu verhindern.

VII. Formfehler

Formfehler sind angeboren oder nach Traumen oder spezifischen Entzündungen erworben. Sie behindern nicht selten die Nasenatmung. Die operative Behandlung ist daher nicht nur als kosmetischer Eingriff, sondern als **funktionelle Rhinoplastik** (korrektive Nasenplastik) aufzufassen (S. 219).

1. **Höckernase** (Abb. 101). Sie kann den knöchernen und den knorpligen Teil des Nasenrückens betreffen.

Therapie:
Abtragen des Höckers und mediale Osteotomien nach Abheben der Weichteile vom Nasenvorhof aus, anschließend laterale und transversale Osteotomie beiderseits und Aneinanderdrängen der Ossa nasalia notwendig, um den – nach Abtragen des Höckers zu breiten – Nasenrücken zu verschmälern (Abb. 102). Nicht selten ist gleichzeitig eine hängende Nasenspitze zu heben.

2. **Breitnase.** Nach Traumen häufig mit knöcherner und knorpliger Schiefnase kombiniert.

Therapie:
Mediale, laterale und transversale Osteotomien und Verschmälern des Nasengerüstes (Abb. 103).

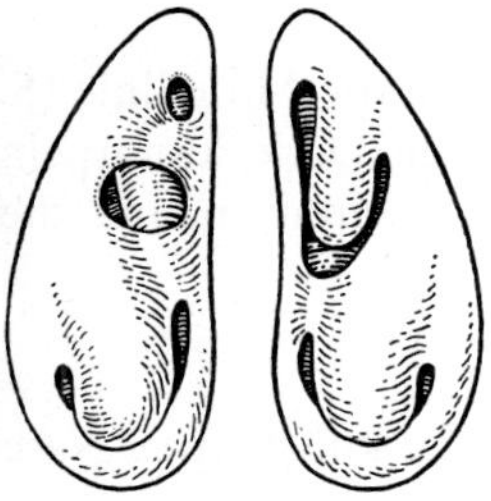

Abb. 100. Synechien zwischen Septum und Nasenmuscheln

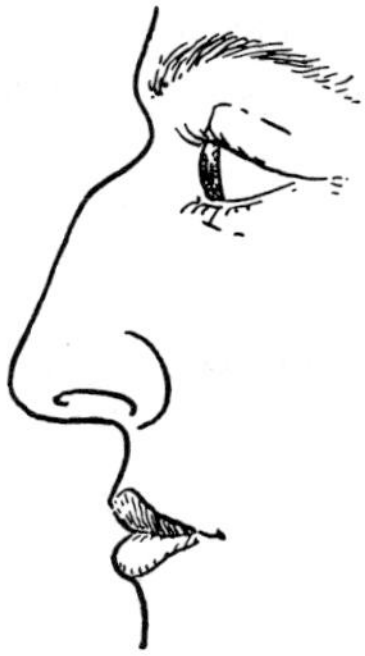

Abb. 101. Höckernase

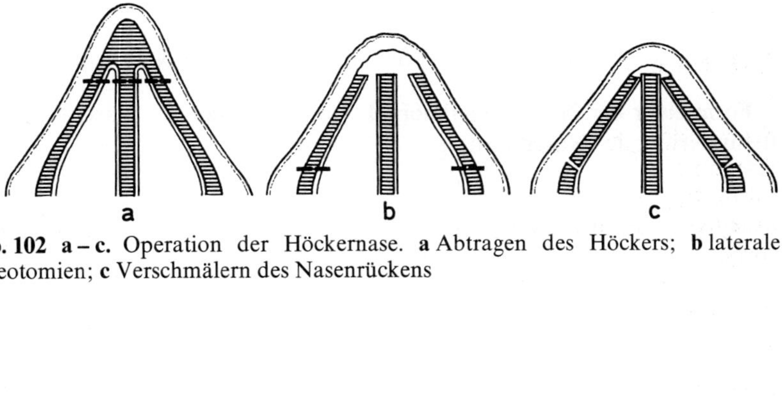

Abb. 102 a – c. Operation der Höckernase. **a** Abtragen des Höckers; **b** laterale Osteotomien; **c** Verschmälern des Nasenrückens

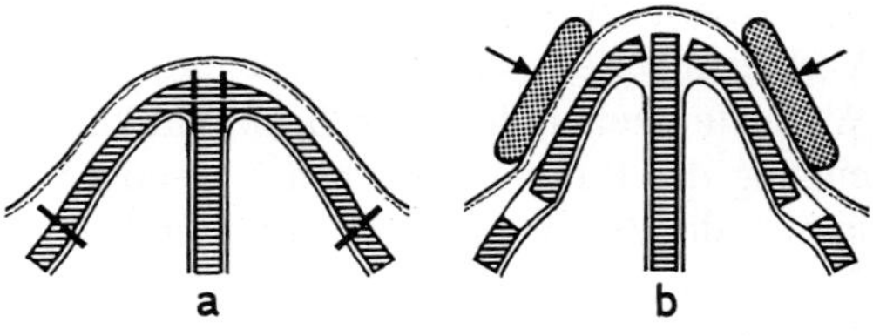

Abb. 103 a, b. Operation der Breitnase. **a** mediale und laterale Osteotomien; **b** Verschmälerung des Nasengerüstes. Während der ersten postoperativen Tage Schienenverband unter leichtem Druck

3. **Schiefnase.** Die knorplige Schiefnase ist oft lediglich durch einen Schiefstand der Nasenscheidewand mit Subluxatio septi bedingt.

Therapie:
Septumplastik mit Einstellen der Nasenscheidewand in die Mittellinie (S. 219) genügt meist, eventuell noch Korrekturen an den Dreieckknorpeln (Cartilago nasi lateralis), die das innere Nasenloch begrenzen und die „Nasenklappe“ bilden.

Bei gleichzeitiger knöcherner Schiefnase

Therapie: Zusätzlich Osteotomien zur Mobilisierung der knöchernen Nase (= Septorhinoplastik) (Abb. 104).

4. **Sattelnase.** Nach Traumen, malignen Granulomen oder spezifischen Rhinitiden (S. 181 u. 182). Außerdem bei zu ausgedehnten früheren Septumresektionen (Sattel im knorpligen Anteil, Abb. 105) oder als Folge einer Lues III (Sattel im knöchernen Anteil).

Therapie:
Einbringen eines Knorpelspanes aus der Rippe (autogener oder allogener = homologer Knorpel) oder aus Septumanteilen zur Stützung des Nasenrükkens. Bei fehlender knorpliger Stütze des Nasensteges und Absinken der Nasenspitze (Plattnase) Spaneinpflanzung auch in den Nasensteg.

5. **Formfehler der Nasenflügelknorpel** oder Ansaugen der Nasenflügel mit Behinderung der Nasenatmung.

Therapie:
Beseitigen der Formfehler nach Freilegen der Flügelknorpel vom Nasenvorhof aus.

VIII. Septumdeviation

Ursachen:

1. Die bei allen Angehörigen der weißen Rasse mehr oder weniger starke Verbiegung der Nasenscheidewand ist bedingt durch unterschiedliche Wachstumszeiten der knorpligen und knöchernen Anteile und durch Einengung des Raumes zwischen Nasendach und Gaumen beim Menschen infolge der Abknickung der vorderen Schädelbasis und eines hochstehenden harten Gaumens.
2. Traumatisch bedingt nach Nasenbeinfrakturen.

Eine Septumsubluxation (Abb. 106) kann durch ein Geburtstrauma entstehen.

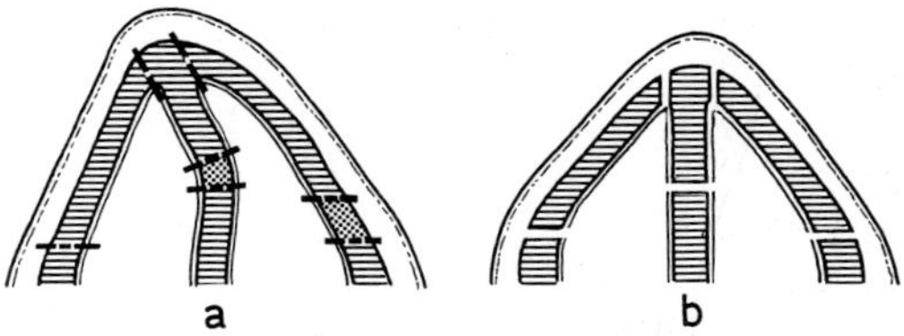

Abb. 104 a, b. Operation der Schiefnase. **a** mediale und laterale Osteotomien beiderseits und u. U. Entnahme eines Knochenkeiles aus der flachgestellten seitlichen Nasenwand und aus dem Septum; **b** reponiertes Nasengerüst

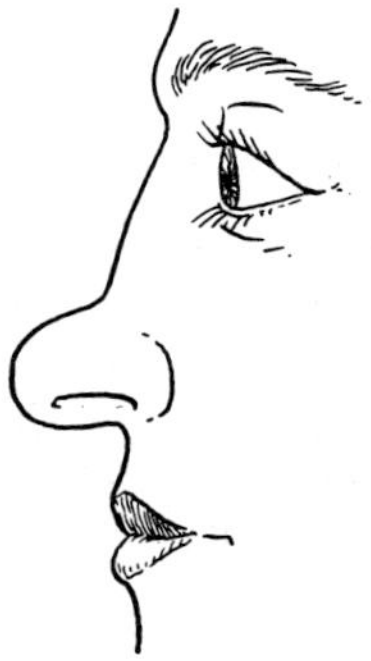

Abb. 105. Sattelnase

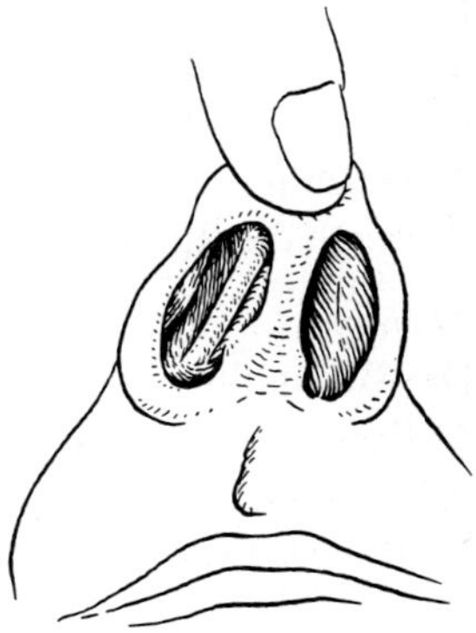

Abb. 106. Subluxation der vorderen Septumkante

Abb. 107. Septumdeviation und Bodenleiste

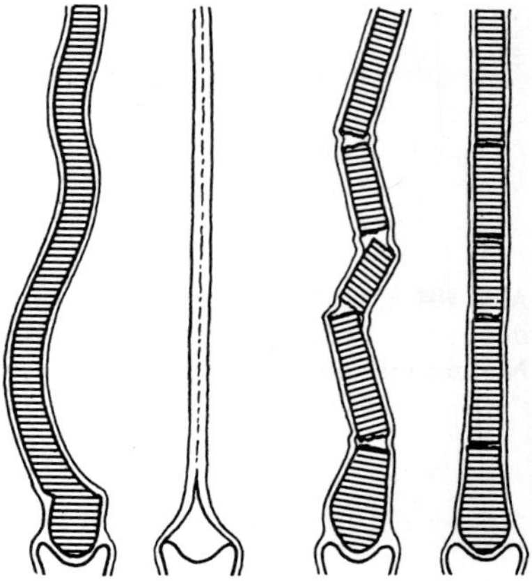

a b

Abb. 108 a, b. Septumoperationen. **a** subperichondrale Septumresektion (KILLIAN); **b** Septumplastik (COTTLE)

Symptome:

- Behinderte Nasenatmung, Beeinträchtigung des Riechvermögens, Schnarchen.
- Kopfschmerzen, besonders bei hochgelegener Deviation oder wenn das Septum durch die Verbiegung unter Spannung steht **(Spannungsseptum).**
- Schnupfen und Nebenhöhlenentzündungen heilen schlecht ab.
- Durch die Mundatmung trockene Rachenschleimhaut und häufige Rachen- und Kehlkopfkatarrhe, Anginen und Bronchitiden.

Befund:

Bei der Rhinoskopia anterior lassen sich Subluxation, Deviation, Leisten (Cristae) und Dornbildungen (Spinae) – nicht selten am Übergang von knorpligen zu knöchernen Anteilen der Nasenscheidewand (Abb. 107) – leicht feststellen. Häufig entsteht durch die ungenügende Luftdurchgängigkeit der Nase eine vasomotorische Muschelschwellung und eine Verdikkung der hinteren Enden der unteren Muscheln, die dann eine zusätzliche Atembehinderung darstellen. Die Nasenatmungsbehinderung wird objektiv durch die Rhinomanometrie registriert.

Therapie:

Die Behandlung kann nur operativ sein. Da nicht jede Septumdeviation zu Beschwerden führt, ist eine Indikation zur Operation nur bei Auftreten typischer Symptome gegeben. Bei atrophischer Nasenschleimhaut und bei Kindern (noch wachsender Gesichtsschädel!) ist man mit der Operation zurückhaltend.

Septumoperationen:

1. **Subperichondrale Septumresektion** (KILLIAN) (Abb. 108 a): Einseitiger Schnitt im Nasenvorhof durch Schleimhaut, Perichondrium und Knorpel. Mit einem Raspatorium beiderseits Ablösen des Perichondriums und des Periostes vom Knorpel und Knochen. Das Perichondrium und die Schleimhaut der Gegenseite sollen dabei nicht perforiert werden (Gefahr der bleibenden Septumperforation).
Entfernen des verlegenden Teiles des knorpligen und knöchernen Septums mit allen Leisten- und Spornbildungen. Am Nasensteg und am Nasendach muß ein Knorpelstreifen stehen bleiben, um ein späteres Absinken der Nasenspitze und eine Sattelnase zu vermeiden (Ausdehnung der Resektion siehe Abb. 69, S. 143).
Zusammendrücken der Schleimhautblätter durch Tamponade beider Nasenseiten für 24 Stunden, um ein Septumhämatom zu verhindern.
Verdickte hintere Muschelenden werden mit der Schlinge abgetragen.

2. **Septumplastik** (COTTLE) (Abb. 108b): Operationstechnisch schwieriger, aber zunehmend beliebter, weil das knorplige Septum als Stütze der Nase erhalten bleibt (funktionelle Septumchirurgie). Wird durchgeführt, wenn nur das knorplige Septum verbogen ist (häufig traumatisch) oder eine Subluxation besteht, außerdem im Rahmen der funktionellen Rhinoplastik und bei der operativen Reposition einer frischen Fraktur.
Es wird die Knorpelplatte vom knöchernen Nasenboden gelöst und durch Einschnitte im Knorpel spannungsfrei in die Mittellinie gestellt. Müssen Knorpelstreifen entfernt werden, werden sie – falls erforderlich – replantiert. Knochenleisten werden abgetragen.
Durch diese Operation läßt sich häufig auch eine knorplige Schiefnase beseitigen, denn ein Schiefstand des knorpligen Septums mit Subluxation zur Gegenseite führt zum Schiefstand der gesamten knorpligen Nase.

IX. Plastische Maßnahmen

2.3.6

Zur regionalen plastischen Chirurgie gehören die korrektive Nasenplastik bei Formfehlern und Mißbildungen und die rekonstruktive Nasenplastik bei Defekten, die traumatisch oder bei der operativen Tumorbehandlung entstanden sind.

Die **korrektive Nasenplastik** umfaßt das äußere Nasengerüst und die Nasenscheidewand, da nicht nur die äußere Form, sondern auch die Luftdurchgängigkeit der Nase berücksichtigt werden müssen (**funktionelle Rhinoplastik,** Septorhinoplastik).
Die Korrekturen werden vom Nasenvorhof aus durchgeführt:

a) Korrekturen der knorpligen Nase und des Septums durch Formen der Knorpel,

b) Korrekturen der knöchernen Nase durch Osteotomien bei Höckernase, Schiefnase und Breitnase (S. 214–216).

GK 2.3.6

Zusätzlicher Aufbau der Nase bei Plattnase und bei knorpliger und knöcherner Sattelnase (S. 216) durch autogenen oder allogenen (= homologen) Knorpel oder Knochen.

Die **rekonstruktive Nasenplastik** zur Deckung der Defekte und zum subtotalen bzw. totalen Nasenersatz verwendet neben Knorpel und Knochen:

a) freie Hauttransplantate oder freie gefäßgestielte Transplantate (mikrovasculäre Operationen),

b) freie zusammengesetzte Transplantate (Haut/Knorpel = Composite grafts) aus der Ohrmuschel,

c) Nahlappen aus Wange, Stirn oder Skalp (Verschiebelappen, Rotationslappen, Transpositionslappen, Insellappen) oder

d) Fernlappen (Rundstiellappen) von Hals, Arm, Brust oder Bauch.

Bei der **Gesichtsplastik** kommen entsprechende Nah- und Fernlappen zur Rekonstruktion von Stirn-, Wangen- und Lippendefekten zur Anwendung. Die Hautschnitte sind in die Spannungslinien der Haut zu legen.

Prüfungsaufgaben zu Klinik Nase, Nebenhöhlen und Gesicht s. Anhang Aufgaben 135 – 167.

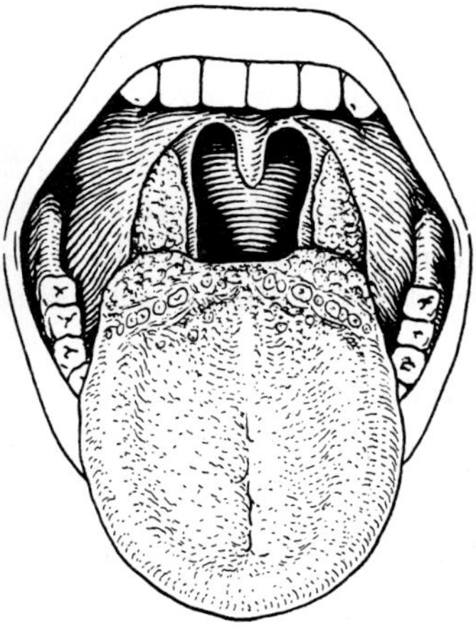

Abb. 109. Mundhöhle

Mundhöhle und Pharynx

Anatomie

I. Mundhöhle (Abb. 109)

Der **Mundvorhof** (Vestibulum oris) zwischen den Lippen und den Alveolarfortsätzen mit den Zahnreihen ist durch diese von der Mundhöhle abgegrenzt. Das Dach der Mundhöhle wird vom **harten Gaumen** und vom **weichen Gaumen** (mit dem Zäpfchen) gebildet. Nach hinten geht die Mundhöhle durch den **Isthmus faucium** in Höhe der vorderen Gaumenbögen in den Mundrachen (Oropharynx) über. Die Mundhöhle ist mit nicht verhornendem Plattenepithel ausgekleidet.
Die **Zunge** füllt bei geschlossenem Mund die Mundhöhle aus und liegt dem Gaumen an. Sie besteht aus Zungenspitze, Zungenkörper und Zungenwurzel (Zungengrund). Das Foramen caecum und die Papillae circumvallatae bilden die Grenze zwischen Körper und Wurzel. An der Oberfläche der Zunge (Zungenrücken) finden sich die Papillae fungiformes, filiformes und foliatae (Geschmacksknospen), am Zungengrund die flachen Zungenmandeln. Zwischen Zungengrund und Epiglottis liegen die **Valleculae epiglotticae.** Die Muskulatur der Zunge besteht außer der autochthonen Muskulatur aus den einstrahlenden Mm. genioglossi, hyoglossi und styloglossi. Vom **Mundboden** werden beiderseits nach Anheben der Zungenspitze die Plica sublingualis mit der Caruncula sublingualis (Abb. 110), der Mündung der Ausführungsgänge der Glandula sublingualis und der Glandula submandibularis (WHARTON-Gang), sichtbar. (Ausführungsgang der Gl. parotis S. 323.)

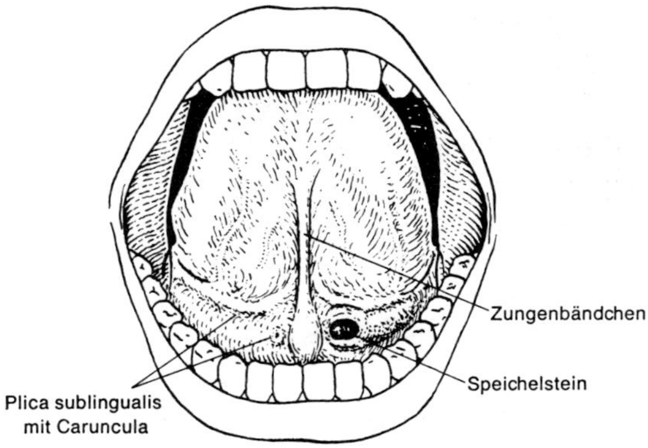

Abb. 110. Mundhöhle (Zungenspitze angehoben)

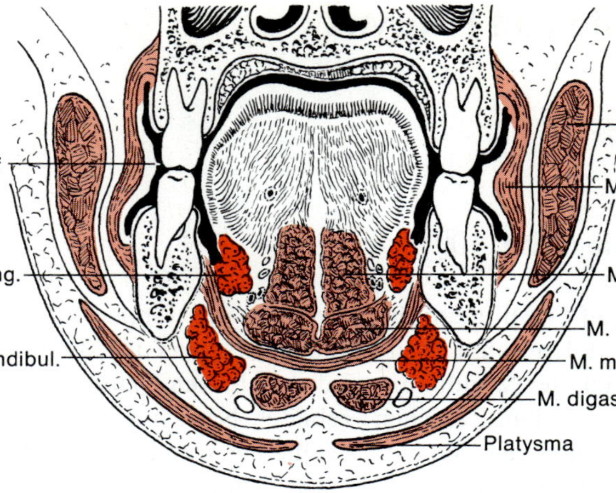

Abb. 111. Schnitt durch Mundhöhle, Zunge und Mundboden

Die Muskulatur des Mundbodens besteht aus den Mm. genioglossi, geniohyoidei und mylohyoidei (Abb. 111).
Das Zungenbein bekommt seinen Halt durch die am Unterkiefer bzw. an der Unterfläche des Schläfenbeins ansetzenden Mm. geniohyoidei, digastrici und stylohyoidei.

Gefäße:

A. lingualis (Zunge) mit A. sublingualis (Mundboden), A. palatina descendens (Gaumen) und A. facialis (Wange und Gesicht) aus der A. carotis externa.
Venenabfluß über die V. facialis in die V. jugularis interna.
Lymphabfluß über die submentalen und submandibulären zu den tiefen Halslymphknoten (auch kontralateral!).

Nerven der Zunge:

Motorisch: N. hypoglossus (XII),
Sensibel: N. lingualis (V3) und N. vagus (X) für Zungengrund,
Sensorisch: Geschmacksfasern am Zungengrund N. glossopharyngeus (IX) und an den vorderen Zweidritteln der Zunge Chorda tympani (aus N. facialis, s. S. 16/17).

Nerven des Gaumensegels:

Äste des N. glossopharyngeus (IX) und des N. vagus (X) für M. levator veli palatini und des N. trigeminus (V3) für M. tensor veli palatini.

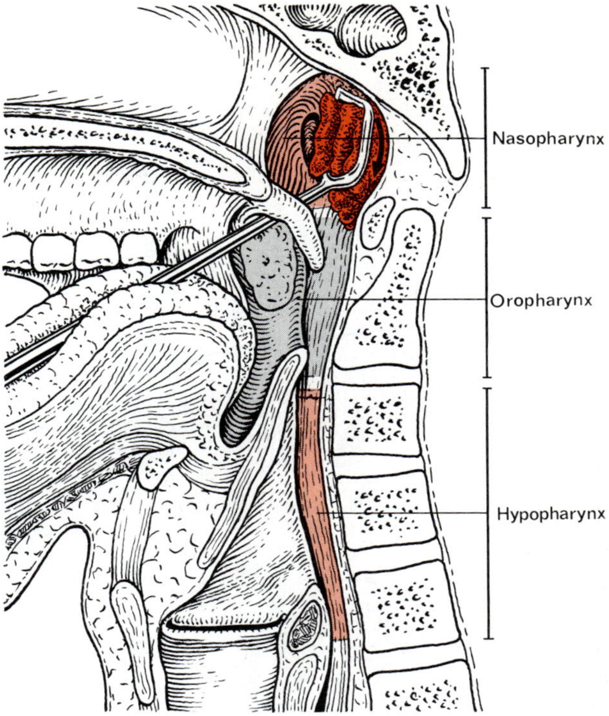

Abb. 112. Die Etagen des Rachenraumes (eingezeichnet Adenotomie s. S. 250)

Gesichtsnerven:

Motorisch: N. facialis (VII).
Sensibel: N. trigeminus (V).

II. Rachen (Pharynx)

Der Rachenraum besteht aus drei untereinander liegenden, jeweils vorn offenen Etagen, dem **Nasopharynx,** dem **Oropharynx** und dem **Hypopharynx** (Abb. 112).
Der Schleimhautmuskelschlauch des Pharynx reicht von der Schädelbasis bis etwa in Höhe des 6. Halswirbels. Die Schleimhaut trägt im Nasopharynx Flimmerepithel, im Oro- und Hypopharynx Plattenepithel.

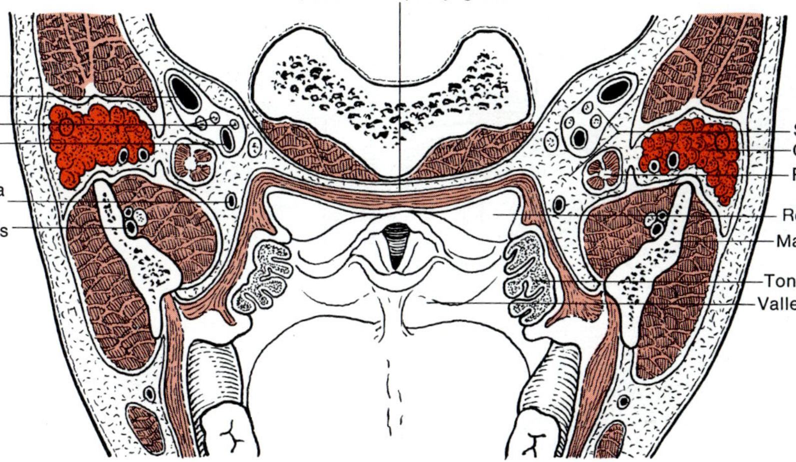

Abb. 113. Spatium retropharyngeum und Spatium parapharyngeum (durch das die großen Halsgefäße laufen)

Der spaltförmige, mit lockerem Bindegewebe ausgefüllte Raum zwischen Fascia praevertebralis und Fascia pharyngea wird als **Spatium retropharyngeum** bezeichnet. Das **Spatium parapharyngeum** (Abb. 113) liegt rechts und links neben dem Pharynxschlauch und enthält die großen Halsgefäße, die Nerven, Lymphbahnen und Lymphknoten und geht in das Mediastinum über. Tonsillenerkrankungen können auf das Spatium parapharyngeum übergreifen (Parapharyngealabsceß! Jugularisthrombose!).

1. Der **Nasopharynx** (Nasenrachen = Epipharynx) ist nach vorn über die Choanen zur Nase geöffnet. Die vordere untere Wand besteht aus der Rückseite des weichen Gaumens. Das Dach wird von einem Teil der Schädelbasis, der unteren Fläche des Keilbeinkörpers, gebildet. Am Rachendach und der hinteren oberen Pharynxwand sitzt (bei Kindern) die Rachenmandel. Seitlich findet sich rechts und links die **Tubenöffnung** mit dem sie oben und hinten umgreifenden Tubenwulst, der durch den Tubenknorpel gebildet wird (Abb. 74 b, S. 154). Die ROSENMÜLLER-Grube liegt zwischen dem Tubenwulst und der hinteren Pharynxwand.

2. Der **Oropharynx** (Mundrachen = Mesopharynx) reicht vom Zäpfchen (Uvula) bis zum Rand des Kehldeckels (Epiglottis). Er öffnet sich über den Isthmus faucium zur Mundhöhle. In ihm liegt zwischen den Gaumenbögen die **Gaumenmandel** (Tonsilla palatina). Der vordere und hintere Gaumenbogen laufen oben im spitzen Winkel zusammen und bilden dort den Recessus supratonsillaris. Teile des Zungengrundes und die Valleculae epiglotticae gehören zum Oropharynx.

3. Der **Hypopharynx** (Kehlkopfrachen, Schlund) umfaßt den Raum von der Epiglottis bis herab zur Ringknorpelhinterfläche und geht dort am Oesophagusmund in den Oesophagus über. Er steht mit dem Kehlkopfeingang in offener Verbindung. Der Hypopharynx ist durch den davorliegenden Kehlkopf in Ruhe nur spaltförmig ausgebildet mit zwei seitlichen Schleimhautbuchten, den **Recessus piriformes.**

III. Lymphatischer Rachenring (WALDEYER)

A. Zusammensetzung

Er umfaßt das lymphoepitheliale Gewebe, das sich angehäuft findet

1. in der Rachenmandel im Nasopharynx,
2. in den Gaumenmandeln im Oropharynx,
3. in den Zungenmandeln im Oro- und Hypopharynx,
4. in den Seitensträngen an der Rachenhinterwand rechts und links,
5. in einzelnen Lymphfollikeln in der Schleimhaut der Rachenhinterwand.

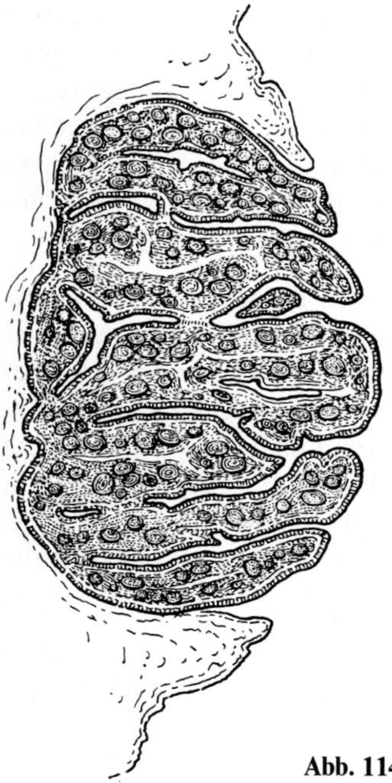

Abb. 114. Schnitt durch die Gaumenmandel

B. Entwicklung

Im 3. bis 4. Embryonalmonat beginnt die Enwicklung der Organe des lymphatischen Rachenringes durch Ansammlung von Lymphocyten unter der gefältelten Schleimhaut. Im 7. Monat entstehen in dem diffusen Lymphgewebe primäre Lymphknötchen (Primärfollikel). Die Sekundärfollikel mit Lymphocytenrandwall und hellen Zentren bilden sich erst nach der Geburt.

C. Gaumenmandel (Tonsilla palatina) (Abb. 114)

Die Gaumenmandel sitzt mit ihrer Kapsel dem peritonsillären Bindegewebe auf und ist zum größten Teil durch den vorderen Gaumenbogen bedeckt. Zahlreiche Krypten ziehen von der sichtbaren Oberfläche in die Tiefe des Mandelgewebes und verzweigen sich dort. Die Plattenepithel tragende Oberfläche wird dadurch erheblich vergrößert. Zwischen dem Epithel der Krypten und dem darunterliegenden lymphatischen Gewebe besteht ein sehr enger Kontakt durch Einwandern von Lymphocyten aus dem Tonsillengewebe in das Epithel (Retikulierung, Symbiose zwischen Epithel und Lymphocyten). Nahe dem Kryptenepithel und diesem auffällig zugeordnet finden sich in dem diffusen Lymphgewebe sekundäre Lymphknötchen (Sekundärfollikel) mit einem hellen Zentrum (Keimzentrum) und einer dem retikulierten Epithel zugewandten dunklen Lymphocytenkappe (Polkappe). Die Krypten enthalten Detritus (Mandelpfröpfe), der aus abgeschilfertem Epithel, Lymphocyten, Bakterien und eventuell Speiseresten besteht und beim Schlucken durch Kontraktion der Gaumenbögen und des Zungengrundes ausgepreßt wird.

D. Rachenmandel

Der lymphoepitheliale Aufbau entspricht dem der Gaumentonsille, die Krypten sind jedoch weniger verzweigt und enthalten Schleimdrüsen, die durch ihre Absonderung für eine Reinigung der Krypten sorgen. Die Oberfläche trägt Flimmerepithel.

Gefäße:

A. pharyngea ascendens und A. palatina ascendens (Ast der A. facialis) aus A. carotis externa.

Venenabfluß über die V. facialis und die V. jugularis int., Verbindungen bestehen zum Plexus pterygoideus und zum Sinus cavernosus.

Lymphabfluß vom Nasopharynx und der Rachenhinterwand über die retropharyngealen Lymphknoten im Spatium retropharyngeum zu den oberflächlichen und tiefen Halslymphknoten hinter und unter dem M. sternocleidomastoideus.

Die Gaumenmandeln besitzen keine zuführenden Lymphgefäße. Lymphabfluß von den Tonsillen über die Kieferwinkellymphknoten, die auf der Gefäßscheide an der Einmündung der V. facialis in die V. jugularis interna sitzen, zu den tiefen Halslymphknoten auf der Gefäßscheide vor dem M. sternocleidomastoideus. Dorthin auch Lymphabfluß vom Hypopharynx (Abb. 148, S. 314).

Nerven:

Motorisch: M. constrictor pharyngis von Ästen des N. vagus (X). (Bei Ausfall Schluckstörung.)

Sensibel:
Nasopharynx zweiter Ast des N. trigeminus (V2).
Oropharynx N. glossopharyngeus (IX).
Hypopharynx N. vagus (X).

GK 3.1

Physiologie

A. Schluckakt

Im Rachen kreuzen sich Luftweg (Nase-Rachen-Kehlkopf) und Speiseweg (Mund-Rachen-Oesophagus). Nur bei verlegter Nase kommt es zur Mundatmung. Durch die auf den Zungengrund gelangende Nahrung wird der Schluckreflex ausgelöst. Dabei schließen sich der Nasenrachenraum durch Anheben des weichen Gaumens an die Rachenhinterwand und der Kehlkopfeingang durch Höhertreten des Kehlkopfes und damit Druck des Zungengrundes auf die Epiglottis, die sich vor den Kehlkopfeingang legt. Die Stimmlippen verschließen die Glottis. Der Speisebrei wird über die Recessus piriformes durch Kontraktion des M. constrictor pharyngis in den Anfangsteil des Oesophagus geschluckt und gelangt durch die peristaltischen Kontraktionen der Oesophaguswand in den Magen.

B. Sprachbildung

Zur Artikulation und als Resonanzraum werden die Mundhöhle, der Rachen und die Nasenhöhle benötigt, wobei die richtige Lautbildung von der Zungenstellung und der guten Funktion des Gaumensegels abhängt (S. 150 u. 332).

C. Tonsillenfunktion

Mit dem übrigen lymphatischen Gewebe im Körper haben die Tonsillen gemeinsam die Aufgabe der Lymphocyten- und Plasmazellenbildung und der Antikörperbildung (Immunglobuline IgA, IgE, IgG, IgM). B-Lymphocyten, die sich in den Keimzentren finden, sind Vermittler der humoralen Immunabwehr, T-Lymphocyten vermitteln die zelluläre Immunabwehr.

Über die Krypten und das retikulierte Epithel bekommt das lymphoepitheliale Gewebe der Gaumenmandel ohne Frage besonders engen Kontakt mit Bakterien und anderen Fremdstoffen der Mundhöhle, die als Antigene wirken können und als solche „erkannt“ werden, wobei insbesondere IgD tragende Lymphocyten beteiligt sind. Über den Blutweg werden die Informationen durch Lymphocyten an das gesamte lymphatische System weitergeleitet und Abwehrstoffe bereitgestellt. Daß damit ein immunbiologisches Geschehen, eine „stille Feiung“, also im ganzen gesehen eine immunspezifische Schutz- oder Abwehrfunktion zusammenhängt, ist mit Sicherheit anzunehmen. Außerdem werden Lymphocyten über die Krypten in die Mundhöhle und damit in den Magen und den Darmtrakt abgegeben.

Vor allem in den ersten Lebensjahren („immunologische Lernphase“) ist die Tonsille als immunaktives Organ aufzufassen (Immunkomplexbildung aus Antigen und Antikörper S. 248).

GK 3.2, 3.2.1

Untersuchungsmethoden

3.2

A. Inspektion

3.2.1

1. Mundvorhof

Bei Reflektorbeleuchtung werden zur Besichtigung des Mundvorhofes mit einem Spatel Lippen und Wangen von den Zahnreihen abgehoben. Dabei Inspektion der Mündungsstellen der Parotisausführungsgänge gegenüber den zweiten oberen Molaren.

2. Mundhöhle

Durch Anhebenlassen der Zungenspitze können Veränderungen an den Ausführungsgängen der Glandulae submandibulares und sublinguales im Bereich der Plica sublingualis festgestellt werden. Bei Druck auf die Kopfspeicheldrüsen von außen muß sich klarer Speichel entleeren. Sondierung des Ausführungsganges der Gl. submandibularis bei Verdacht auf Steine oder Stenosen mit feinen Silbersonden von der Caruncula aus.

Weiterhin Prüfung der Beweglichkeit und der Oberflächenbeschaffenheit der Zunge. (Bei Hypoglossusparese weicht die Zunge beim Herausstrekken zur gelähmten, atrophischen Seite ab!) Der Spatel drückt danach tief, aber nicht brüsk den Zungenkörper hinunter. Der Spatel sitzt dabei in der Mitte des Zungenkörpers, der Mundboden kann nach unten ausweichen. (Zunge nicht herausstrecken lassen!)

3. Oropharynx

Nach Druck auf die Zunge läßt sich der Isthmus faucium übersehen. Die Beweglichkeit des Gaumensegels kann durch Sprechenlassen des Vokals a geprüft werden. (Bei einseitiger Lähmung des N. glossopharyngeus weichen das Zäpfchen, der weiche Gaumen und die Rachenhinterwand bei Kontraktion zur nicht gelähmten Seite ab! Kulissenphänomen!)

Die Schleimhaut an der Rachenhinterwand ist blaß und feucht. Pathologische Befunde sind: Trockenheit, firnisartiger Glanz, Tumor, Schwellung und Rötung der Seitenstränge, Eiterstraße vom Nasenrachenraum.

GK 3.2.2

Bei der Untersuchung der Gaumentonsille ist folgendes zu beachten:

a) die Größe (Hyperplasie, Tumor),

b) die Tonsillenoberfläche (Rötung, Stippchen, Fibrinbeläge und Ulcera, oberflächliche Narben, Zerklüftung),

c) die Beschaffenheit des vorderen Gaumenbogens (Rötung bei der chronischen Tonsillitis, Vorwölbung beim Peritonsillarabsceß),

d) die Luxierbarkeit der Tonsillen (bei chronischer Tonsillitis schlecht luxierbar),

e) der Druckschmerz (bei Peritonsillitis),

f) das Exprimat.

Die Zunge wird bei der Untersuchung zu d) – f) mit dem in der linken Hand liegenden Spatel nach unten gedrückt, während die rechte Hand mit einem zweiten Spatel oder einem Tonsillentaster die Tonsille durch Eindrücken des vorderen Gaumenbogens luxiert. Gleichzeitig wird dabei die Druckschmerzhaftigkeit geprüft und ein Teil des Krypteninhaltes ausgepreßt, der aus Pfröpfen oder Eiter bestehen kann (Abstrich!). Bei akuten Tonsillenentzündungen sollen die Tonsillen nicht ausgedrückt oder gequetscht werden.

Spiegeluntersuchung des Nasopharynx siehe unter Postrhinoskopie (S. 154), des Hypopharynx unter Laryngoskopie (S. 268).

B. Palpation

3.2.2

Finden sich bei der Inspektion krankhafte Veränderungen, ist eine Palpation erforderlich (Gummifingerling oder -handschuh!):
Tumorkonsistenz und Ausdehnung z. B. bei Tonsillen-, Zungen- oder Wangenveränderungen.
Bimanuelles Tasten von der Mundhöhle und von außen, z. B. bei Veränderungen der Gl. parotis und der Speicheldrüsen im Mundbodenbereich (S. 325).

An die Inspektion der Mundhöhle und des Oropharynx hat sich stets auch die Palpation der regionären Lymphknotengebiete (S. 316) submental und am Kieferwinkel anzuschließen!

C. Geschmacksprüfung

3.2.3

Geprüft werden die Geschmackskomponenten
süß mit Zuckerlösung,
sauer mit Zitronenlösung,
salzig mit Kochsalzlösung,
bitter mit Chininlösung.
Die Lösungen stehen in verschiedenen Konzentrationen zur Verfügung und werden nacheinander auf die Zungenoberfläche rechts und links, vorn und hinten mit einer Pipette aufgetropft. Zwischen den einzelnen Prüfungen muß der Mund gespült werden. Süß wird vor allem an der Zungenspitze, sauer am Zungenrand und bitter am Zungengrund wahrgenommen. Geschmacksempfindungen können auch durch elektrische Reizung der Papillen ausgelöst werden (Elektrogustometrie); dabei kommt es jedoch zur Mitreizung sensibler Nerven (N. lingualis aus V3).
Geschmacksausfall = Ageusie (in den vorderen zwei Dritteln der Zunge bei Läsion der Chorda tympani im Mittelohr). Minderung der Geschmacksempfindung (Hypogeusie) z. B. nach Röntgenbestrahlung der Mundhöhle.
Sensorische Innervation der Zunge S. 222.

D. Röntgenuntersuchung

1. Nasopharynx und Oropharynx

Zur Darstellung des Nasenrachenraumes und des Rachens, insbesondere bei Naso- und Oropharynxtumoren, eignen sich die seitliche Röntgenaufnahme des Schädels, die axiale Röntgenaufnahme (S. 164), Tomogramme sowie Computertomogramme, die die Ausdehnung der Tumoren wiedergeben. Neuerdings werden Weichteiltumoren am besten mit der Kernspintomographie (S. 317) erfaßt.

2. Hypopharynx

Die seitliche Halsaufnahme zeigt eine prävertebrale Verbreiterung der Weichteile an (z. B. bei Retropharyngealabsceß, Mediastinitis, Mediastinalemphysem, Luftschatten nach Oesophagusperforation) und läßt Fremdkörperschatten oder Luftschatten in der Umgebung sich röntgenologisch nicht darstellender Fremdkörper in der oberen Oesophagusenge erkennen.
Die Recessus piriformes, ein Divertikel oder eine Schluckstörung (Vaguslähmung) sind am besten bei einer Röntgendurchleuchtung mit Kontrastmittel (Breischluck) darzustellen. Bei Verdacht auf eine Perforation der Hypopharynxwand ist wasserlösliches Kontrastmittel zu verwenden!

Klinik der Mundhöhle und des Pharynx

3.3

I. Mundhöhle

A. Mißbildungen

3.3.1

Gaumenspalte (Abb. 115):

Ursache:
1. Genschäden, unregelmäßig dominanter Erbgang.
2. Intrauterin erworben. Embryopathien (Viruserkrankungen der Mutter, toxische Schäden).

Entstehung: Hemmungsmißbildung. Ungenügende Verwachsung der seitlichen Gaumenfortsätze.

Symptome:
Offenes Näseln (Rhinophonia aperta) durch ungenügenden Abschluß des Nasenrachenraumes und der Nase.
Bei Säuglingen Schwierigkeiten mit der Ernährung, da das Saugen unmöglich sein kann und die Fütterung mit dem Löffel notwendig wird. Austritt von Nahrung aus der Nase. Häufig entzündliche Mittelohrerkrankungen oder Mittelohrergüsse (Mucotympanum S. 89) mit bleibender Schalleitungsschwerhörigkeit durch die ungeschützt liegende Tubenöffnung und die ungenügende Mittelohrbelüftung (fehlende Kontraktion der Gaumenmuskeln).

Befund:
Die Spalte kann verschieden stark ausgebildet sein:
Submuköse Gaumenspalte. (Sie läßt sich unter der Schleimhaut des weichen Gaumens fühlen.)
Uvula bifida (doppeltes Zäpfchen) (Abb. 115 a).
Spaltbildung nur im weichen Gaumen (Abb. 115 b) oder
im weichen und harten Gaumen, evtl. kombiniert mit Kiefer- und Lippenspalte (Abb. 115 c).
Doppelseitige Spalte (Abb. 115 d).

Therapie: Operativer Verschluß der Lippe mit 6 Monaten, des weichen Gaumens im 2.–4. Lebensjahr und des harten Gaumens im 5.–6. Lebensjahr oder später nach Abschluß des Kieferwachstums, und zwar im Bereich des weichen Gaumens dreischichtig (Nasenschleimhaut, Muskulatur, Mundschleimhaut), im Bereich des harten Gaumens zweischichtig (Nasenschleimhaut, Mundschleimhaut). Bei velopharyngealer Insuffizienz Brückenlappenplastik zwischen Gaumensegel und Rachenhinterwand.
Kieferorthopädische Vor- und Nachbehandlung (evtl. Gaumenplatte).
Postoperativ Sprachübungsbehandlung durch Logopäden.

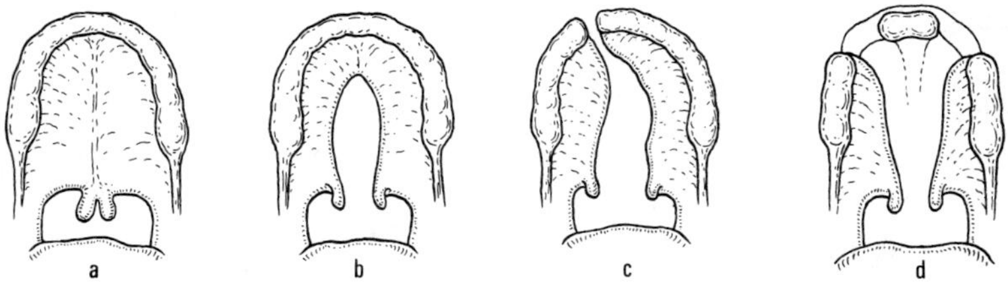

Abb. 115 a – d. Gaumenspalte. **a** Uvula bifida; **b** Spalte im weichen und hinteren Anteil des harten Gaumens; **c** Lippen-Kiefer-Gaumenspalte; **d** doppelseitige Spalte

---

Anmerkung: **Torus palatinus:** Selten vorkommender knöcherner Wulst am harten Gaumen im Verlauf der Sutura palatina mediana.

B. Verletzungen

1. Verbrühungen und Verätzungen

Ursachen:
Kinder trinken unbeobachtet aus der Tülle der Kaffee- oder Teekanne.
Verwechslung von Flascheninhalt (in Bier- oder Sprudelflaschen gefüllte Säuren oder Laugen).
Ungeschicktes Pipettieren.
Suicidale Absicht.

Symptome: Brennende Schmerzen im Mund, Schluckbeschwerden, Speichelfluß.

Befund: Kurzdauernde Rötung der Schleimhaut, evtl. Blasenbildung. Nach Minuten oder Stunden – je nach Schwere der Verbrühung oder Verätzung – ist die Mundschleimhaut mit weißlichen, festhaftenden Fibrinbelägen (Schorfen) bedeckt.

Therapie: Im Vordergrund steht die Behandlung der gleichzeitigen Oesophagusverätzung (S. 306).
Bei alleiniger Schädigung der Mundschleimhaut: Schmerzlinderung durch Anaesthesin Pastillen oder Laryngomedin-Spray, Mundspülen, Antibiotica, Corticosteroide.

2. Pfählungsverletzung des Gaumens

Ursache: Kinder stürzen mit einem Bleistift oder einem Stäbchen im Mund hin und perforieren sich den weichen Gaumen.

Komplikationsmöglichkeit: Verletzung der A. carotis communis oder ihrer Äste.

Therapie: Bei klaffender Wunde Naht der Gaumenschleimhaut.

GK 3.3.1

3. Zungenbiß

Ursache: Meist epileptischer Anfall.

Befund: Wegen der guten Blutversorgung der Zunge stärkere Blutung möglich, aber gute Heilungstendenz.

Therapie: Nur bei klaffender Wunde Naht.

C. Entzündungen

1. Stomatitis ulcerosa

Ursache: Zahnschäden, chemische, thermische, bakterielle Einwirkungen.

Symptome: Brennen, Schmerzen, Speichelfluß, Foetor ex ore, schlechter Geschmack, Nahrungsaufnahme erschwert.

Befund: Ulcerationen an Mundschleimhaut und Gingiva. Die Geschwüre haben einen nekrotischen, mit Fibrin bedeckten Grund. Im Abstrich fusiforme Bakterien und Spirillen.

Therapie: Auswischen der Ulcera mit 5%iger Chromsäurelösung, Penicillinlösung oder Farbstoffen (Pyoktanninlösung oder Gentianaviolett 1%), Mundspülen, Zahnbehandlung. (Siehe Angina PLAUT-VINCENTI S. 243.)

Differentialdiagnose:
Carcinom: Bei allen Ulcerationen der Mundschleimhaut stets an Carcinom denken und durch Probeexcision und histologische Untersuchung Befund abklären.

Lues:
Primäraffekt: Derbes Infiltrat oder Ulcus mit regionärer, schmerzloser Lymphknotenvergrößerung.

Diagnose durch Spirochätennachweis, später serologische Untersuchungen positiv (Luessuchreaktionen).

Sekundäres Stadium: Erytheme und flache Infiltrate, seichte Ulcera oder Papeln (**Plaques muqueuses,** Plaques opalines). Die Schleimhaut ist oft von einem weißlichen Fibrinschleier bedeckt (rauchige Trübung).

Diagnose durch serologische Untersuchung.

Tertiäres Stadium: **Gumma** im harten oder weichen Gaumen mit späterer Perforation des Gaumens und erheblichen narbigen Veränderungen.

Tuberkulose: Flache konfluierende Ulcera mit girlandenförmigen lividen, granulierenden Rändern.

Entstehung: Bronchogen oder hämatogen.

Diagnose durch Erregernachweis, Lungenröntgenuntersuchung und Probeexcision.

Blutkrankheiten: Bei **Agranulocytose** oder **akuten Leukosen** entstehen auf der Mundschleimhaut oder den Tonsillen schmutzig belegte, schwärzlich verfärbte tiefe Ulcera und Nekrosen ohne Lymphknotenbeteiligung.

Diagnose durch Blutbild!

Angulus infectiosus (Perlèche): Rhagaden oder Ulcerationen im Mundwinkel bei pyogener Infektion, Soor, Diabetes mellitus oder Lues (Carcinom ausschließen!)

2. Gingivostomatitis herpetica (Stomatitis aphthosa)

Ursache: Virusinfektion mit Herpes simplex-Virus.

Symptome: Fieber, starke brennende Schmerzen im Mund, Mundgeruch, Speichelfluß.

Befund: Anfangs Bläschen, bald darauf zahlreiche linsengroße Erosionen mit weißlichem Fibrinbelag, schmerzhafte Halslymphknoten.

Therapie: Betupfen der Aphthen mit 5%iger Chromsäurelösung, Virustatica (Zostrum) oder 1%iger Gentianaviolettlösung, Mundspülen, reizlose Kost. Laryngomedin-Spray.

Differentialdiagnose:

Chronisch recidivierende – habituelle – Aphthen: Ursache unbekannt, keine Virusinfektion. Oft bei vegetativ labilen Patienten Auftreten einzelner Aphthen in Schüben über Jahre hinweg jeweils für 8 – 10 Tage, gelegentlich in Abhängigkeit von den Menses. Kein Fieber.

Morbus Behçet: Multiple Aphthen, Hypopyon-Iritis, Genitalulcera. Allgemeine Vasculitis, Autoimmunkrankheit (?), kann in wenigen Jahren zur Erblindung und zum Tode führen.

Pemphigus vulgaris der Mundschleimhaut: Blasen, die platzen, und mit Fibrin bedeckte Erosionen, die später Narben hinterlassen.

Therapie: Corticosteroide, u. U. Immunsuppressiva. *Verlauf* in Schüben.

Erythema exsudativum multiforme: Fibrinbeläge und Blasen auf der Mundschleimhaut und den Lippen. Lymphknotenschwellungen. Fieber. Hautveränderungen.

GK 3.3.1

3. Soor (Candidiasis)

Ursache: Sproßpilze (Candida albicans), die auch als Saprophyten auf der Schleimhaut vorkommen. Auftreten der Krankheit bei resistenzgeschwächten, kachektischen Patienten, während einer Strahlen- oder Chemotherapie und nach längerer Antibioticabehandlung.

Symptome: Brennen in Mund und Rachen. Schluckbeschwerden.

Befund: Die düsterrote Mundschleimhaut ist von weißen Fleckchen, die zu Membranen zusammenfließen können, bedeckt. Die Membranen sitzen mäßig fest und lassen sich ablösen (Blutung). Sie können bis in den Oesophagus reichen.

Diagnose: Durch Abstrichuntersuchungen und Pilznachweis.

Therapie: Mundspülen und Pinseln der Pilzrasen mit Moronal (Nystatin) oder 1%igem Gentianaviolett.

II. Zunge und Mundboden

A. Entzündung

1. Glossitis

Symptome: Zungenbrennen und Schmerzen, besonders an der Zungenspitze und am Zungenrand.
Parästhesien und Geschmacksstörungen.

Befund: Gerötete Flecken und Streifen auf der Zungenoberfläche, die Papillen sind vergrößert und hochrot. Später kommt es zur Atrophie der glatten glänzenden, roten Schleimhaut.

Ursachen können sein: Scharfe Zahnkanten, Zahnstein, Vitaminmangel (A, B und C), Anaemia perniciosa (Zungenbrennen als Frühsymptom der HUNTER-Glossitis), Eisenmangelanaemie (Zungenbrennen bei PLUMMER-VINSON-Syndrom S. 240), achylische Chloranaemie, Diabetes mellitus. Zungenbrennen nicht selten psychogen verstärkt oder Zeichen einer larvierten Depression.

Diagnose: Blutbild – Magensaftuntersuchung – Serumeisengehalt.

Therapie: Grundleiden behandeln. Vitamin A, B und C, Eisenpräparate. Symptomatisch: Mundspülen mit Kamille, scharfe Speisen und Getränke sowie Nikotin meiden, Volon A Haftsalbe.

2. Zungen- und Mundbodenabsceß

Sie entwickeln sich in der Zunge oder den Logen und Spatien des Mundbodens.

Ursachen:
Verletzungen und Infektion der Zunge durch Einspießen von Fremdkörpern (Gräten, Knochensplitter).
Vom Zahnsystem (Molaren) oder von der Glandula sublingualis bzw. der Glandula submandibularis ausgehende Mundbodenabscesse oder -phlegmonen **(Angina Ludovici).**
Zungengrundabsceß nach einer Entzündung der Zungentonsillen (Angina lingualis).

Symptome:
Schwellung der Zunge. Starke Schmerzen bei Bewegungen der Zunge, beim Sprechen und Kauen, beim Betasten.
Bei Übergreifen auf den Mundboden harte Schwellung submental, bei tiefliegenden Abscessen zunächst ohne Rötung der Haut. Starke Druckschmerzhaftigkeit, Kieferklemme, Fieber.
Bei phlegmonösen Prozessen Gefahr des Weiterschreitens bis in das Mediastinum.

Therapie: Punktion und Incision der Zungenabscesse enoral, der Mundbodenabscesse und Phlegmonen submental oder submandibulär. Antibiotica.

Differentialdiagnose:
Actinomykose: Eintritt der Strahlenpilze über die Gingiva, defekte Zähne, die Speicheldrüsen oder über Verletzungen der Haut durch Gräser und Halme.

Befund: Brettharte, wenig schmerzhafte, blauviolette Infiltrate im Mundboden, Fistelbildungen nach außen oder wiederholte Abscesse. Nachweis von Actinomycesdrusen.

Therapie: Incisionen, Antibiotica.

B. Veränderungen der Zungenoberfläche

1. **Lingua plicata:** Die Zunge ist von Längs- und Querfurchen durchzogen; angeboren, erblich.

Differentialdiagnose:
MELKERSSON-ROSENTHAL-Syndrom: Zungen-, Lippen- und Wangenschwellung, recidivierende Facialisparese.

2. **Lingua geographica:** Durch oberflächliche Epithelabstoßung der Papillae filiformes runde oder girlandenförmige helle, rosafarbene oder rote Flecke mit grauweißen Säumen, Konstitutionsanomalie. Harmlos!

3. **Glossitis rhombica mediana:** In der Mitte des Zungenrückens geröteter erhabener Bezirk mit Atrophie der Papillen. Wahrscheinlich fissurales Angiom (Persistenz des Tuberculum impar). Harmlos!

4. **Leukoplakie:** Umschriebene – nicht abwischbare – Epithelverdickung von weißer Farbe (Hyperkeratose). Auf dem Boden einer Leukoplakie kann ein Carcinom entstehen!

Differentialdiagnose: Plaques muqueuses bei Lues.

5. **Haarzunge:** Schwarze oder braune Fäden auf dem Zungenrücken, die durch eine Hypertrophie und Verhornung der Papillae filiformes entstehen. Keine Beschwerden. Gelegentlich bei Mykosen.

Therapie: Entfernung der Fäden mit einer harten Zahnbürste oder Aufweichen mit 3%igem Salicylspiritus.

6. **Belegte Zunge:** Grauweißer Zungenbelag aus abgeschilferten Zellen, Speiseresten, Bakterien und Pilzen findet sich häufig bei Magen-Darm-Krankheiten, bei Fieber und bei Parodontose.

7. **Himbeerzunge:** Vorkommen bei Scharlach.

8. **HUNTER-Glossitis:** Glatte, graurote, trockene Zungenoberfläche mit Atrophie der Papillen bei perniziöser Anaemie.

Anm.: **Gelbfärbung** bzw. gelbbraune Querstreifung **der Zähne** bei Kindern gelegentlich nach Tetracyclingaben während der Zahnentwicklung. Schwangeren und Kindern bis zum 10. Lebensjahr sollten keine Tetracycline gegeben werden.
Zahnfleischpapillenhyperplasie nach längerer Behandlung der Epilepsie mit Hydantoinderivaten.
Zahnfleischbluten bei Gerinnungsstörungen (Marcumarüberdosierung) oder Vitamin C-Mangel.

III. Rachen

A. Entzündungen der Rachenschleimhaut

1. Akute Pharyngitis

Auftreten im Rahmen eines allgemeinen Virusinfektes der oberen Luftwege, bei Kindern unter Umständen hochfieberhafte Erkrankung.

Symptome: Kratzen und Brennen im Hals, Schluckbeschwerden, Trockenheitsgefühl.

Befund: Schleimhaut an der Rachenhinterwand gerötet, Schleimabsonderung. Die lymphatischen Gewebe (einzelne Lymphfollikel und die Seitenstränge) sind verdickt, hochrot und erhaben.
Bei Fieber, vorwiegender Beteiligung der Seitenstränge und Auftreten von Stippchen auf dem lymphatischen Gewebe sowie ausstrahlenden Schmerzen ins Ohr spricht man von einer **Seitenstrangangina** (gelegentlich bei tonsillektomierten Patienten).

Therapie:
Warme Halswickel.
Milde Öle durch die Nase in den Rachen laufen lassen, z. B. Turipol.
Linderung schaffen Lutschtabletten, z. B. Targophagin, Iversal, Hexoraletten, Siogeno. Antibioticahaltige Lutschtabletten sollten vermieden werden, da keine Wirkung auf die Virusinfektion besteht und ein Auftreten allergischer Reaktionen oder eine Soorerkrankung möglich sind.

2. Chronische Pharyngitis

Ursachen: Staubeinwirkung, chemische Reize am Arbeitsplatz, trockene Luft in Büroräumen, Nicotin- oder Alkoholabusus.
Ständige Mundatmung bei verlegter Nase infolge Septumdeviation, Muschelschwellung, Nebenhöhlenentzündung oder Rachenmandelhyperplasie.
Nicht selten bei hormoneller Umstellung im Klimakterium oder als Folge einer Strahlentherapie im Kopf-Halsbereich.

Symptome: Lästiges Trockenheitsgefühl im Hals, Räusperzwang, Absonderung von zähem Schleim, Globusgefühl (Kloßgefühl), Schluckzwang, Schluckbeschwerden beim Leerschlucken, Durstgefühl, Reizhusten.

GK 3.3.1

Befund:

a) Meist **atrophische Form = Pharyngitis sicca:** Schleimhaut trocken, atrophisch, firnisartig glänzend, mit etwas zähem Schleim bedeckt. Oft besteht gleichzeitig eine Rhinitis und Laryngitis sicca.

Differentialdiagnose: Die trockene atrophische Schleimhaut verbunden mit Zungenbrennen kann Teilsymptom eines **Plummer-Vinson-Syndroms** = sideropenische Dysphagie (Eisenmangel bei Frauen, Salzsäuremangel im Magensaft, hypochrome Anämie! In zehn Prozent der Fälle entwickeln sich Postcricoidcarcinome!) oder eines **Sjögren-Syndroms** (S. 327) sein.

b) Seltener **hyperplastische Form** entweder als

Pharyngitis granulosa (= granularis) mit Hyperplasie der Lymphfollikel, die über die Rachenhinterwand verstreut sind (Farbaufnahme 44) oder als

Pharyngitis lateralis mit Hyperplasie vorwiegend des lymphatischen Gewebes im Bereich der Seitenstränge, die bis auf Bleistiftdicke anschwellen können. Verbunden oft mit einer Hyperplasie der Zungentonsillen als Kompensation lymphatischen Gewebes nach Tonsillektomie.

Therapie:

- Rauchen, scharfe Gewürze, konzentrierte Alkoholika und berufliche Noxen meiden.
- Raumfeuchtigkeit erhöhen (Wasserverdunster in zentralgeheizten Räumen!).
- Inhalieren und Gurgeln mit Emser Salz zur Befeuchtung der Schleimhaut.
- Lutschen von Isla-Moos-Pastillen, Mucidan-Tabletten, Emser Pastillen.
- Öl durch die Nase in den Rachen bringen zur Linderung des Trockenheitsgefühls, z. B. Turipol, Coldastop Nasenöl (Schutzfilm auf der Schleimhaut).
- Bei Bestrahlungsfolgen Einsprayen der Mundhöhle mit synthetischem Speichel (Glandosane).
- Bei Pharyngitis lateralis Ätzen der Seitenstränge und evtl. des Zungengrundes mit Argentum nitricum 5%ig, strichförmig mit Trichloressigsäure 20%ig oder Kryochirurgie.
- Bei geringem organischen Befund, aber ausgeprägtem **Globusgefühl** (Funktionelle Schluckstörung, psychosomatisches Krankheitsbild, Globus nervosus, oft verbunden mit einer Carcinophobie) Linderung durch Valium oder Librium, psychische Führung. Eine organische Ursache der Schluckbeschwerden und des Globusgefühls ist erst dann ausgeschlossen, wenn durch Röntgenuntersuchungen auch keine Osteochondrose der Halswirbelsäule und kein verlängerter Processus styloideus nachgewiesen werden können und außerdem durch gründliche Untersuchung ein beginnendes Tumorwachstum im Oro- oder Hypopharynx ausgeschlossen wurde.

B. Hyperplasie des lymphatischen Rachenringes

Entstehung: Auf konstitutioneller Grundlage in den ersten Lebensjahren. Rückbildung in der Pubertät. Entzündliche Prozesse verzögern die Involution. Bei Erwachsenen findet sich im allgemeinen keine Rachenmandel mehr.

Ursache: Immunologische Abwehrvorgänge und endokrine Steuerung wahrscheinlich. Kohlenhydratreiche Kost fördert die Hyperplasie.
Geringe entzündliche Reaktionen bei Kindern – auch wenn sie mehrfach im Jahr vorkommen – sprechen für den Aufbau einer Immunabwehr, stärkere fieberhafte Entzündungen (Anginen) zeigen eher an, daß sie – wenigstens vorübergehend – geschwächt ist.

Symptome und Befund:

1. **Gaumenmandelhyperplasie:** Kloßige Sprache, bei rezidivierenden entzündlichen Prozessen Schluckbeschwerden und Schwellung der Kieferwinkellymphknoten.

2. **Rachenmandelhyperplasie:** Sogenannte adenoide Vegetationen (Adenoide), im Volksmund als „Polypen" oder „Wucherungen" bezeichnet:

Durch Verlegung des Nasenrachenraumes bei Kindern kommt es in typischer Weise

a) zu behinderter Nasenatmung mit offenstehendem Mund (Mundatmung) und dümmlichem Gesichtsausdruck, dabei oft hoher spitzer Gaumen,

b) zu Schnarchen, schlechtem Schlaf (und dadurch mäßigen schulischen Leistungen), geringem Appetit, Teilnahmslosigkeit, Rhinophonia clausa,

c) zu behinderter Luftdurchgängigkeit der Ohrtuben mit Tubenkatarrhen, Trommelfellretraktionen, Schalleitungsschwerhörigkeit, rezidivierenden akuten Mittelohrentzündungen, „Leimohr" (Seromucotympanum S. 89),

d) bei gleichzeitigen entzündlichen Prozessen des adenoiden Gewebes **(Adenoiditis)** zu Schleimabsonderung aus der Nase und in den Rachen, chronischer Rhinitis, Sinusitis und Bronchitis sowie regionären Lymphknotenschwellungen hinter dem M. sternocleidomastoideus.

Diagnose der Rachenmandelhyperplasie durch Postrhinoskopie (Farbaufnahme 38) oder Palpation des Nasenrachenraumes (falls die Postrhinoskopie bei Kindern nicht gelingt): Die Rachenmandel verdeckt als gelapptes, längsgefurchtes, rötliches – bei Palpation weiches – Gebilde die oberen Anteile der Choanen und bei starker Hyperplasie auch die Tubenöffnungen.

Therapie: Bei hyperplastischen und zu rezidivierenden Anginen neigenden Gaumentonsillen ist die Tonsillektomie, bei vergrößerter Rachenmandel mit obigen Symptomen a) – d) die Adenotomie indiziert (S. 249).

Differentialdiagnose bei behinderter oder verlegter Nasenatmung im Kindesalter:
a) Choanalatresie S. 213.
b) Nasenrachenfibrom S. 250.
c) Malignes Lymphom im Nasopharynx S. 253.

C. Entzündungen des lymphatischen Rachenringes

1. Akute Entzündung der Gaumenmandeln (Angina lacunaris, akute Tonsillitis)

Erreger: Meist β-hämolysierende Streptokokken. Selten Pneumokokken oder Staphylokokken.

Vorkommen: Vor allem bei größeren Kindern und jugendlichen Erwachsenen, selten nach der Involution des lymphatischen Gewebes, dann meist als akute Rezidive einer chronischen Tonsillitis.

Symptome: Schluckbeschwerden, Speichelfluß, Kopfschmerzen, Fieber, Abgeschlagenheit, Stiche ins Ohr.

Befund:
Anfangs nur Rötung und Schwellung der Gaumenmandeln **(Angina catarrhalis),**
dann Fibrinbeläge als Stippchen und Pfröpfe in den Krypten **(Angina lacunaris,** Farbaufnahme 45)
oder konfluierende und auf die Gaumenbögen übergreifende Beläge bei **Pneumokokkenangina.**
Ödeme der Gaumenbögen und des weichen Gaumens.
Druckschmerzhafte Halslymphknoten.

Stippchen können sich auch auf dem übrigen lymphatischen Gewebe des WALDEYER-Rachenringes finden:
- auf der Rachentonsille: **Angina retronasalis** mit Schwellung der Nackenlymphknoten,
- auf den Zungentonsillen: **Angina lingualis (Zungengrundangina)** mit Gefahr des Zungengrundabscesses, des Glottisödems und Epiglottisabscesses,
- auf den Seitensträngen: **Seitenstrangangina.**

Verlauf: In 3 – 6 Tagen klingen Fieber und Schluckbeschwerden ab.

Therapie: Bettruhe, Penicillin (1 – 2 Millionen täglich, mindestens 4 Tage lang), Analgetica, Kreislaufmittel.
Örtlich: Warme Halswickel, Mundspülen mit Kamillentee.

Differentialdiagnose (dazu Tonsillen- bzw. Schleimhautveränderungen bei Allgemeinerkrankungen):

Angina Plaut-Vincenti (Angina ulcero-membranacea): Einseitige Schluckbeschwerden, Ulceration einer Tonsille, kraterförmiges Geschwür am oberen Tonsillenpol, Foetor ex ore, schmerzhafte Lymphknotenschwellung am Kieferwinkel, im Abstrich Borrelia vincentii und Fusobacterium fusiforme.
Allgemeinbefinden wenig gestört.
Therapie: Auswischen des Ulcus mit 5%iger Chromsäure oder Antibioticalösung.
Angina agranulocytotica: Schmutzige Nekrosen auf den Tonsillen. Starker Foetor ex ore. (Blutbild!)
Spezifische Angina (Lues II): Etwa 8 Wochen nach Primärinfektion schleierartige weißliche, u. U. papulöse Beläge auf den Tonsillen und der Mundschleimhaut, Plaques muqueuses. (Luessuchreaktionen positiv!)
Tuberkulose: Flache Ulcera mit granulierenden Rändern. (Lungenaufnahme!)
Scharlachangina: Düsterrote Tonsillen und Rachenring.
Diphtherie: Weißliche, fibrinöse – bei Berührung leicht blutende – Membranen über die Tonsillen hinausreichend, süßlich riechend (Abstrich!), dazu Gaumensegellähmung. Nekrosen bis in die Submucosa. Schwellung der Kieferwinkellymphknoten. *Therapie:* Schon bei Verdacht Diphtherieserum und Penicillin.
Herpangina: Coxsackie-A-Virus. Kleine Aphthen-ähnliche Erosionen auf den vorderen Gaumenbögen, hohes Fieber, Lymphknotenschwellung.
Pfeiffer-Drüsenfieber (Lymphoidzellenangina, Monocytenangina, infektiöse Mononucleose): Viruserkrankung. Tonsillen verdickt, gerötet, Fibrinbeläge, außer Tonsillitis allgemeine Lymphknotenschwellungen, Milzschwellung, Leberschwellung, Myokarditis, Fieber. (Paul-Bunnell-Test, Monosticon Schnelltest in der 2. – 3. Woche positiv, im Blutbild Lymphocytose: Monocyten und atypische Lymphocyten, serologischer Nachweis von Epstein-Barr-Virus.)
Soor: Weißliche Stippchen oder Pilzrasen, darunter flache Erosionen der Schleimhaut (mykologische Untersuchung!).
Therapie: Moronal, Canesten.
Tonsillencarcinom: Ulceration der Tonsille, auf die Umgebung übergreifend. Probeexcision und histologische Untersuchung! (S. 255.)
Retroanguläre Leukoplakien findet man bei Zigarettenrauchern auf der Schleimhaut im Mundwinkel (Farbaufnahme 49).

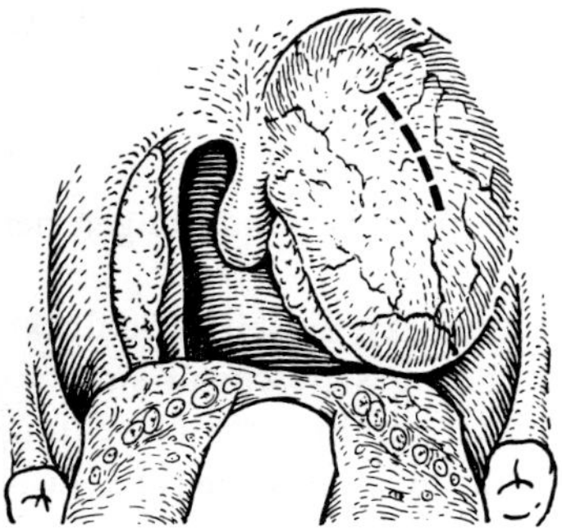

Abb. 116. Peritonsillarabsceß links (Incisionsstelle eingezeichnet)

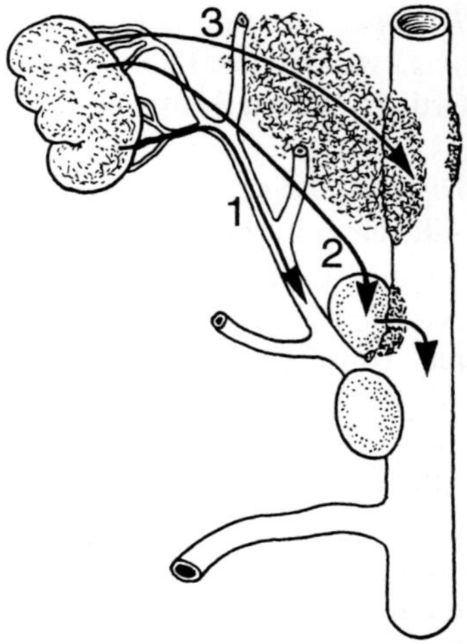

Abb. 117. Sepsis nach Angina. Einbruch in die Blutbahn. **1.** über die kleinen Mandelvenen; **2.** über die Lymphbahnen und die Kieferwinkellymphknoten; **3.** über eine Phlegmone des Spatium parapharyngeum

---

- **Glossopharyngeusneuralgie:** Stechende Schmerzen im Mesopharynx (Tonsille) ohne entzündliche Erscheinungen.

2. Komplikationen der Angina lacunaris

a) Folgekrankheiten:

Endocarditis, rheumatisches Fieber, Nephritis (daher nach jeder Angina lacunaris Urinkontrolle!). Immunkomplexe und hyperergische Reaktionen S. 248.

b) Örtliche Komplikation:

Peritonsillarabsceß (Paratonsillarabsceß) (Abb. 116 und Farbaufnahme 46). Die Entzündung breitet sich im Bindegewebe zwischen Tonsille und M. constrictor pharyngis aus (Peritonsillitis) und führt dort zu einer Abscedierung.

Symptome: Wenige Tage nach einer Angina lacunaris
- einseitige erhebliche Schluckbeschwerden,
- Stiche ins Ohr,
- kloßige Sprache,
- Kieferklemme (Mundöffnung behindert),
- erneut Fieberanstieg.

Befund:
Rötung und Vorwölbung des vorderen Gaumenbogens einer Seite,
einseitige Bewegungseinschränkung des weichen Gaumens,
Zäpfchen nach der anderen Seite gedrängt und ödematös,
Druckschmerz bei vorsichtigem Betasten des peritonsillären Gewebes,
schmerzhafte Schwellung der Kieferwinkellymphknoten.

Schwer zu diagnostizieren sind Abscesse, die sich hinter der Tonsille bilden und zu einer Verdickung des hinteren Gaumenbogens und einem Ödem des Kehlkopfeingangs führen **(Retrotonsillarabsceß!).**
Peritonsillarabscesse können in das Spatium parapharyngeum durchbrechen und ins Mediastinum absinken.

Differentialdiagnose:
- Uvulaödem bei Virusinfektionen, hereditäres angioneurotisches Ödem und als allergische Reaktion.
- Kieferklemme:

myogen: entzündlich (Peritonsillarabsceß, Dentitio difficilis) oder Tumorinfiltration (Kieferhöhlencarcinom, Tonsillencarcinom, Tumor in der Flügelgaumengrube),
neurogen: Tetanus (!),
arthrogen: Kiefergelenkserkrankung, Kiefergelenks- und Jochbogenfraktur (dabei auch Kiefersperre).

Therapie:
- Bei Peritonsillitis Versuch mit Penicillin (1 – 2 Millionen Einheiten pro Tag, 4 – 5 Tage lang).
- Bei Absceßbildung **Incision** und Spreizen auf der Höhe der Vorwölbung nach vorheriger Punktion (um den Absceß zu finden). Cave Verletzung der A. carotis!
Einige Tage lang Nachspreizen mit der Kornzange.
- Bei tiefliegenden Abscessen, die sich schlecht entleeren: **Absceßtonsillektomie** („heiße" Tonsillektomie).
- Bei rezidivierenden Abscessen Tonsillektomie vier Tage nach Absceßincision oder im absceßfreien Intervall.

c) Allgemeinkomplikation:

Sepsis nach Angina (Tonsillogene Sepsis)
Bakterieneinbruch in die Blutbahn auf drei Wegen (Abb. 117) möglich:

1. **Hämatogen** über die kleinen Mandelvenen → Vena jugularis interna mit Thrombophlebitis (Jugularisthrombose).

2. **Lymphogen** über die abführenden Lymphbahnen in die Kieferwinkellymphknoten, die der Vena jugularis interna anliegen. Über eine Periphlebitis kommt es zur Thrombophlebitis der Vena jugularis interna.

3. Über einen **Absceß** oder eine **Phlegmone** des Spatium parapharyngeum (Abb. 113, S. 224) Thrombophlebitis der Vena jugularis interna. (Außer tonsillogenen kommen auch odontogene Halsphlegmonen vor, die sich bis in das Mediastinum ausbreiten können).

Von dem infizierten Thrombus in der Vena jugularis interna wird infektiöses Material mit dem Blut verschleppt.

Symptome: Septische Temperaturen und Schüttelfrost.

Befund:
Druckschmerz und strangförmige Verhärtung der Vena jugularis interna vor dem M. sternocleidomastoideus.
Bei der lymphogenen Form verbackene druckschmerzhafte Lymphknotenpakete am Kieferwinkel.
Bei der phlegmonösen Form Infiltration der seitlichen Halsweichteile.
Im Blutbild Leukocytose und Linksverschiebung. Gelegentlich gelingt der Erregernachweis im Blut (Blutkultur), wenn Blut während des Schüttelfrostes entnommen wird.
Bei fortgeschrittenem Krankheitsbild Milzschwellung und septische Metastasen in Lunge, Leber, Haut.

Therapie:
- Hohe Gaben von Breitbandantibiotica (Cephalosporine, Gyrasehemmer) oder breitwirkende Penicilline (mehrere Millionen Einheiten täglich) und
- operative Behandlung:

Ausschaltung der Eintrittspforte = Tonsillektomie spätestens nach dem zweiten Schüttelfrost bei der hämatogenen Form.
Ausschaltung des Sepsisherdes = Resektion der Vena jugularis interna bei Thrombophlebitis der Vene.
Eröffnung und Ableitung des Spatium parapharyngeum bei phlegmonösen Prozessen in den Weichteilen.

Prognose: Bei antibiotischer und operativer Behandlung nicht ungünstig, jedoch stets ernstes Krankheitsbild.

3. Retropharyngealabsceß

Entsteht bei Abscedierung der retropharyngealen Lymphknoten nach Entzündungen im Nasenrachenraum meist bei Kindern im 1. und 2. Lebensjahr.

Symptome:
- Schluckbeschwerden,
- Verweigerung der Nahrung,

Behinderung der Nasenatmung,
steife Kopfhaltung,
subfebrile Temperaturen.

Befund:
Vorwölbung der Schleimhaut an der Rachenhinterwand. Bei Palpation prallelastisch oder Fluktuation.
- Lymphknotenschwellung hinter dem M. sternocleidomastoideus.
- Auf der seitlichen Röntgenaufnahme des Halses verbreiterter prävertebraler Weichteilschatten.

Therapie: Incision der Rachenhinterwand am liegenden Patienten mit rekliniertem Kopf, um eine Aspiration zu verhindern.

Differentialdiagnose: „Kalter" Retropharyngealabsceß als Folge einer Tuberkulose der Halswirbelkörper.

4. Chronische Tonsillitis

Die Entzündung spielt sich entweder nur in den Krypten (Kryptentonsillitis) oder auch im Parenchym und im peritonsillären Gewebe ab. Sie kann sich ohne stärkere akute Entzündung, aber auch nach rezidivierenden Anginen entwickeln.

Histologie: Die Krypten enthalten Detritus aus Epithelien, Bakterien, Lymphocyten und Leukocyten. Im Parenchym und im peritonsillären Gewebe finden sich entzündliche Infiltrate und narbige Veränderungen nebeneinander.

Symptome: Keine bis geringe Schluckbeschwerden. Bei Detritus Mundgeruch und schlechter Geschmack.

Befund:
- Tonsillenoberfläche zerklüftet und narbig verändert (vor allem nach früherer Tonsillotomie).
- Vordere Gaumenbögen gerötet.
- Schlechte Luxierbarkeit der Tonsillen bei peritonsillären Infiltraten und Vernarbungen.
- Aus den Tonsillen läßt sich Detritus und flüssiger Eiter ausdrücken.
- Die Tonsillen können vergrößert sein bei gleichzeitigem Vorhandensein von Hyperplasie und entzündlichen Veränderungen, sie können durchaus aber auch klein und atrophiert sein.

GK 3.3.1

5. (Sogenannte) Herdinfektion

In den chronisch entzündeten Tonsillen wird durch die Streptokokkenantigene eine Antikörperbildung induziert. Die Tonsillen wirken als Herd (Focus) durch Aufnahme und Weiterleitung von Antigenen sowie durch Abgabe von Antikörpern, die mit antigen wirksamen Substanzen Immunkomplexe bilden (Antigen-Antikörperkomplexe). Die Immunkomplexe führen in herdfernen Organen zu entzündlichen hyperergischen Reaktionen (fehlerhafter Ablauf der Immunreaktion).
„Abgekapselte" entzündliche „Herde" im Tonsillengewebe sind für die Auslösung einer Herdinfektion nach heutiger Kenntnis nicht mehr zwingend notwendig. Es genügen z. B. bereits Streptokokkendepots in den Tonsillenkrypten, um eine krankmachende Mittlerrolle zu spielen.

Die wichtigsten Krankheiten, die erfahrungsgemäß durch Streptokokken bedingt sein können, sind:
Rheumatisches Fieber, akuter fieberhafter Gelenkrheumatismus
(nicht dagegen primär chronischer Gelenkrheumatismus),
Glomerulonephritis und Herdnephritis,
entzündliche Herz- und Gefäßkrankheiten,
Pustulosis palmaris et plantaris,
entzündliche Augenkrankheiten,
Neuritiden (?).

Tests, die bei positivem Ausfall für ein Herdgeschehen sprechen, bei deren negativem Ausfall ein Herd jedoch nicht auszuschließen ist, sind:
Abstrich und Erregernachweis (häufig β-hämolysierende Streptokokken der Gruppe A),
Blutbild mit Zeichen für entzündliches Geschehen,
erhöhte Blutsenkung,
Antistreptolysintiter – nach allmählichem Anstieg hoch.
Provokationsteste: Kurzwellenbestrahlungen, Ultraschall, Quetschung der Tonsillen. Sie sind jedoch nicht gefahrlos, können zu einem Aufflackern der Herderkrankung führen und sollten daher unterlassen werden.

Auf das Vorliegen eines Tonsillenfocus kann aus der Vorgeschichte (rezidivierende Anginen), dem Befund (chronische Tonsillitis) und den Folgekrankheiten nur geschlossen werden. Ein Beweis ist erst durch den Erfolg der Therapie zu erbringen.

Therapie: Da Pinseln, Gurgeln, Antibiotica per os, Mandelabsaugen und Mandelkappen (Tonsillotomie) keinen Einfluß auf die chronische Tonsillitis oder die Immunkomplexbildung in den Tonsillen haben, kommt nur die Tonsillektomie in Frage.

GK 3.3.2

6. Mandeloperationen

3.3.2

a) Tonsillektomie (Mandelausschälung)

Indikationen:

- Chronische Tonsillitis mit subjektiven Beschwerden (Pfropfbildung, Schluckschmerzen),
- Herdverdacht (bei Operation antibiotischer Schutz!),
- rezidivierende Anginen (Operation im Intervall!),
- nicht abheilender oder wiederholter Peritonsillarabsceß (als Absceßtonsillektomie oder Operation im Intervall),
- Sepsis nach Angina,

hyperplastische Tonsillen nur dann, wenn sie bei Kindern ein mechanisches Hindernis darstellen. Die früher üblichen Tonsillotomien (Mandelkappungen) bei Kindern werden heute nicht mehr ausgeführt, da sie zu oberflächlichen Vernarbungen führen und eine Herdwirkung der Tonsillen nicht ausschalten.

Keine Operationen bei Agranulocytose oder Leukämie und während Poliomyelitisepidemien (postoperativ sonst gehäuft bulbäre Form der Poliomyelitis). Bei Hämophilie Tonsillektomie erst nach vorheriger Substitution oder als Kryotonsillektomie. Das Alter der Patienten stellt keine Gegenindikation dar. Bei trockenen Schleimhäuten (Pharyngitis sicca) sollte man zurückhaltend mit der Tonsillektomie sein, das gleiche gilt für offene Gaumenspalten. Eine Tonsillektomie bei Kindern unter vier Jahren während des Aufbaus der Immunabwehr und der „immunologischen Lernphase" ist nur nach strenger Indikationsstellung durchzuführen.

Ausführung:

Bei Kindern in Intubationsnarkose (am liegenden Patienten mit rekliniertem Kopf), bei Erwachsenen ebenso oder in örtlicher Betäubung.

Nach Schlitzen des vorderen Gaumenbogens wird die Tonsille halbscharf aus dem Tonsillenbett (vom oberen Pol angefangen) unter Schonung der Mm. palatoglossus et palatopharyngeus herauspräpariert und am Zungengrund mit einer Schlinge abgeschnürt. Blutende Gefäße werden unterbunden.

Mitunter Nachblutungen am Operationstag, sobald die Wirkung der Anaesthesieflüssigkeit (der Vasoconstringentien zugesetzt sind) nachläßt, oder am 6. bis 7. Tag, wenn sich die weißlichen Fibrinbeläge (Schorfe) abstoßen. Nach der Tonsillektomie hypertrophiert gelegentlich kompensatorisch das lymphatische Gewebe am Zungengrund oder an den Seitensträngen (Globusgefühl!).

b) Adenotomie

Indikationen:

Rachenmandelhyperplasie mit

- ständigem Schnupfen,
- Behinderung der Nasenatmung,

GK 3.3.3

- Schnarchen,
- Tubenventilationsstörungen, Seromucotympanum,
- rezidivierenden Mittelohrkatarrhen,
- Nasennebenhöhlenentzündungen,
- Bronchitis.

Ausführung:
In Intubationsnarkose in Rückenlage am reklinierten Kopf, um eine Blutaspiration zu vermeiden.
Abtragen der vergrößerten Rachenmandel mit dem BECKMANN-Ringmesser (Adenotom) (Abb. 112, S. 223).

IV. Tumoren

3.3.3

A. Gutartige Geschwülste

1. Juveniles Nasenrachenfibrom (Basalfibroid) (Abb. 118)

Auftreten bei männlichen Jugendlichen ab 10 Jahren. Lebhafte Wachstumstendenz. Rückbildungstendenz in manchen Fällen nach der Pubertät.

Ursache nicht bekannt, hormonelle Einflüsse?

Histologie: Gutartiger gefäßreicher Tumor: Angiofibrom.

Sitz: Ursprung von der Fibrocartilago basalis. Breitgestielte Basis am Rachendach (Unterseite des Keilbeinkörpers), füllt den Nasenrachenraum aus und wächst verdrängend und expansiv (klinisch bösartiger Eindruck) in die Nase, in die Nasennebenhöhlen und in die Fossa pterygopalatina.

Symptome:
- Verlegte Nasenatmung mit eitriger Rhinitis.
- Nasenbluten.
- Kopfschmerzen.
- Tubenmittelohrsymptome durch Verlegung der Tube.

Befund:
Postrhinoskopisch: Knolliger grauroter Tumor von glatter Oberfläche im Nasenrachenraum mit Ausläufern in die Choanen, Gefäßzeichnung an der Oberfläche.
Bei Palpation sehr hart.
Später Auftreibung des Gesichtsschädels.
Röntgenaufnahmen: Schichtaufnahmen in seitlicher und axialer Aufnahmerichtung zeigen den Tumor und die Knochendestruktion.
Bei der Angiographie füllt sich der gefäßreiche Tumor mit Kontrastmittel an.

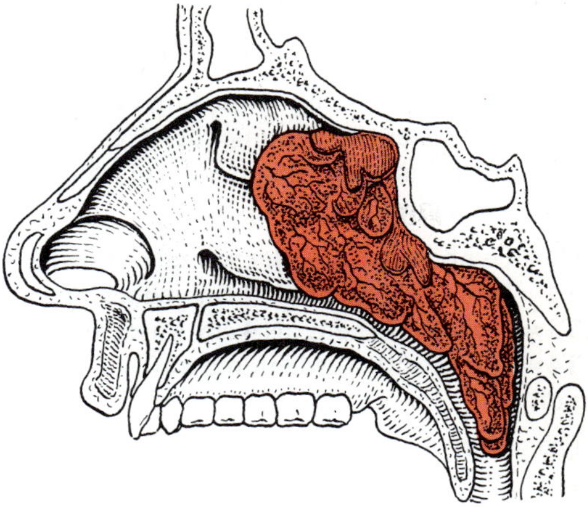

Abb. 118. Juveniles Nasenrachenfibrom

Im Computertomogramm wird vor allem die Tumorausdehnung deutlich.

Bei der Probeexcision erhebliche Blutungsgefahr!

Therapie: Meist kann eine spontane Rückbildung wegen der Blutung und der verlegten Nasenatmung nicht abgewartet werden. Der Tumor ist kaum strahlensensibel, daher Operation:
Transmaxillär oder transpalatinal Abtragen des Tumors, dabei heftige Blutung. Bei großen Tumoren vorher Unterbindung der Arteria maxillaris oder der Arteria carotis externa ratsam, evtl. Embolisation der Tumorgefäße.

Komplikation: Verbluten. Rezidivneigung, ab 25 Jahren jedoch nicht mehr.

Differentialdiagnose:

Rachenmandelhyperplasie: Bei Palpation weich, gelappt, längsgefurcht (Farbaufnahme 38).

Nasopharynxcyste: Bei Palpation prall elastisch, glatt (Farbaufnahme 39).

Choanalpolyp: Weich, glasig, nicht am Rachendach gestielt, sondern aus der Choane kommend.

2. Chordom

Ausgehend von Resten der embryonalen Chorda dorsalis.
Sitz an der Schädelbasis mit Einbruch in die hintere Schädelgrube und Vordringen in den Nasenrachenraum.

GK 3.3.3

B. Malignome

Die prätherapeutische Einteilung der in der Mundhöhle am häufigsten vorkommenden Malignome, der Carcinome, erfolgt nach dem **TNM-System** für Mundschleimhaut, Alveolarfortsätze, harten Gaumen, Mundboden und Zunge:

T1 = Tumor mit 2 cm oder weniger in seiner größten Ausdehnung.
T2 = Tumor mit mehr als 2 cm, jedoch nicht mehr als 4 cm Ausdehnung.
T3 = Tumor mit mehr als 4 cm Ausdehnung.
T4 = Tumor mit Ausdehnung auf Knochen, Muskeln usw. (Tiefeninfiltration).

Die gleiche Einteilung gilt für den Oropharynx.

Für den Nasopharynx wird die Klassifizierung T1–T4 je nach Anzahl der befallenen, den Raum begrenzenden Wände (Bezirke) und nach der Überschreitung des Organs, sowie dem Befall der Schädelbasis und der Hirnnervenbeteiligung vorgenommen.

N0–3 zeigt den unterschiedlich starken Befall der regionären Lymphknoten an (Halslymphknotenmetastasen S. 317), wobei die Einteilung abhängig ist von der Größe und der Anzahl der Lymphknoten sowie dem ein- oder beiderseitigen bzw. ipsi- oder kontralateralen Befall. (Die für alle Metastasen von Kopf-Halstumoren gültige Einteilung siehe S. 331.)

M0 und M1 bedeuten keine bzw. vorhandene Fernmetastasen.

1. Mundhöhle

a) Zunge, Mundboden

Fast stets **Plattenepithelcarcinome.** Entwicklung nicht selten im Bereich von Leukoplakien. Häufig langjähriger Alkoholgenuß und Rauchen.

Symptome: Brennende Schmerzen, verstärkt beim Schlucken. Speichelfluß, Foetor ex ore.

Befund: Ulceration am Zungenrand (Farbaufnahme 48) oder am Zungenrücken bis in den Zungengrund.
Bei Palpation ist in der Umgebung der Ulceration die Zunge meist in größerer Ausdehnung hart tumorös infiltriert, nicht selten übergehend auf den Mundboden (Farbaufnahme 43). Lymphknotenmetastasen oft beiderseitig.

Diagnose: Probeexcision und histologische Untersuchung.

Therapie:

- Bei Zungenrand- und Zungenrückencarcinom großzügige Excision – evtl. nach Unterbindung der A. lingualis – und suprahyoidale Ausräumung.

- Bei den prognostisch besonders ungünstigen verhornenden Plattenepithelcarcinomen von Zungengrund und Mundboden, die häufig bereits inoperabel zur Behandlung kommen, primär antineoplastische Chemotherapie durch kombinierte Cytostatica (Bleomycin, Methotrexat oder Cisplatin/5-Fluoro-Uracil) und anschließend – wenn möglich – Operation und Bestrahlung oder
- bei Operabilität Zungenteilresektion, Mundbodenteilresektion mit suprahyoidaler Ausräumung und Neck dissection im Block nach Unterkieferdurchtrennung oder -teilresektion, u. U. Neck dissection bds.

Prognose: Nur 15% 5 Jahre recidivfreies Intervall bei Zungengrundtumoren, günstiger bei Zungenrandtumoren.

Differentialdiagnose:
Zungengrundstruma: Schilddrüsenknoten in der Gegend des Foramen caecum. Vor evtl. Exstirpation durch Szintigraphie feststellen, daß weiteres Schilddrüsengewebe vorhanden ist, sonst anschließend Substitution erforderlich.
Kaposi-Sarkom: „Tumor"-Bildung am Gaumen bei erworbenem Immundefektsyndrom (AIDS S. 320).

b) Lippen und Wangen

Fast stets **Plattenepithelcarcinome** der Unterlippe oder der Wangenschleimhaut.
Leukoplakien sind als Präcancerosen aufzufassen (nicht selten multiples Auftreten).
Raucher, insbesondere Pfeifenraucher, sind besonders gefährdet.

Befund: Ulcus mit hartem Rand und Infiltration der Lippe (Farbaufnahme 50) bzw. Wange.

Diagnose: Probeexcision und histologische Untersuchung.

Therapie: Großzügige Excision (meist Keilexcision), gegebenenfalls rekonstruktive Plastik (S. 220). Bei Metastasen Exstirpation der regionären Lymphabflußgebiete submental und submandibulär, außerdem Neck dissection und Nachbestrahlung.

Differentialdiagnose: Syphilitischer Primäraffekt.

2. Nasopharynx

a) **Carcinome:** Meist Plattenepithelcarcinome, seltener Adenocarcinome, adenoidcystische Carcinome und Übergangszellcarcinome (Transitional Cell Carcinoma).
b) **Lymphoepitheliale Tumoren** (SCHMINCKE-REGAUD). Neue Nomenklatur: Undifferenziertes (anaplastisches) Nasopharynxcarcinom (gehäuft in Ostasien).

GK 3.3.3

c) **Maligne Lymphome** (Lymphoreticuläre Tumoren): Im Nasopharynx vorwiegend Non-HODGKIN-Lymphome mit verschiedenem Malignitätsgrad (S. 319), frühere Nomenklatur u. a. großfollikuläres Lymphosarkom (BRILL-SYMMERS), Retikulosarkom und das bereits im Kindesalter vorkommende lymphoblastäre Lymphosarkom. Beim BURKITT-Lymphom fanden sich EPSTEIN-BARR-Viren (auch bei undifferenzierten Nasopharynxcarcinomen wurden hohe Antikörpertiter gegen Capsidantigen des EPSTEIN-BARR-Virus nachgewiesen!).

Symptome:

Anfangs nur Tubenventilationsstörungen(!), behinderte Nasenatmung, schleimig-eitrige Absonderung mit Blutbeimischung.

In diesem Stadium oft nicht erkannt.
Später: Hirnnervenausfälle: Augenmuskellähmungen, Trigeminusneuralgien. Beteiligung des N. vagus und des N. glossopharyngeus bei Vorwachsen zum Foramen jugulare und durch Metastasen.

Befund: Postrhinoskopie oder Lupenendoskopie (S. 155): Primärtumor im Nasenrachenraum (Farbaufnahmen 40 u. 41), oft nur klein, im Tubenwinkel als höckriges Granulationsgewebe oder als Schleimhautulceration zu erkennen. Bei der Ohrspiegelung retrahiertes Trommelfell oder Seromucotympanum. Schalleitungsschwerhörigkeit.

Diagnose: Durch Probeexcision und histologische Untersuchung.

In der Hälfte aller Fälle werden zuerst die Lymphknotenmetastasen – nicht selten bds. – unter und hinter dem Ansatz des M. sternocleidomastoideus an der Schädelbasis und im Nacken entdeckt und nach Exstirpation und histologischer Untersuchung als Malignommetastasen erkannt.

Danach ist eine intensive Fahndung nach dem Primärtumor im Nasenrachenraum erforderlich – unter Umständen Narkose, Velotraktor, Endoskopie mit verschiedenen Optiken, Operationsmikroskop. (Das gleiche gilt bei älteren Patienten mit nicht zu beeinflussendem Tubenmittelohrkatarrh.)
Röntgenschichtaufnahmen der Schädelbasis in seitlicher und axialer Aufnahmerichtung, Computertomogramm oder Kernspintomogramm (S. 317).

Therapie:

- Lymphoepitheliale Tumoren und maligne Lymphome sind strahlensensibel und zeigen rasche Rückbildungen unter Megavolttherapie percutan. Bestrahlungen auch der abführenden Lymphwege im Nacken und in den seitlichen Halsweichteilen. Nicht selten Rezidive. Bei generalisierten malignen Lymphomen Cytostatica.

Auch bei Plattenepithelcarcinomen Strahlentherapie, weil die Tumoren operativ praktisch nie radikal zu exstirpieren sind (Einbruch in die Tube und die Schädelbasis!).
Bei Metastasen Neck dissection (S. 317). Percutane Nachbestrahlung (Megavolttherapie).
Bei Mukotympanon Paukendrainage.

Prognose: Nur 15% 5 Jahre recidivfreies Intervall, bei strahlensensiblen Tumoren etwas besser.

Differentialdiagnose: Bei übelriechenden Borken oder Sekret im Nasopharynx an *Bursitis pharyngealis* (TORNWALDT-Krankheit) denken: Entzündung einer Bursa pharyngea am Rachendach (Persistierende Tasche in der Mittellinie).

3. Oropharynx (Tonsille, Zungengrund)

a) **Carcinome** (in späteren Lebensjahren) und Übergangszellcarcinome.

b) **Lymphoepitheliale Tumoren (**SCHMINCKE-REGAUD).

c) **Maligne Lymphome** (Lymphoreticuläre Tumoren) (s. auch S. 318),

Symptome: Einseitige Schluckbeschwerden, Stiche ins Ohr.

Befund: Ulceration und geschwüriger Zerfall der Tonsille bei Carcinom (Farbaufnahme 47), mehr tumoröser Prozeß bei malignem Lymphom. Kieferklemme.
Bei Palpation erscheint die Tonsille verhärtet.
Ein Übergreifen auf Gaumenbögen, weichen Gaumen und vor allem Zungengrund verschlechtert die Prognose erheblich.
Frühzeitige Metastasierung in die Kieferwinkellymphknoten (Farbaufnahme 51).

Diagnose: Durch Probeexcision und histologische Untersuchung.

Therapie:
Tonsillektomie mit Einschluß der Gaumenbögen und evtl. Teilen des Zungengrundes.
Bei Inoperabilität primäre cytostatische Therapie (S. 253).
Bei Carcinommetastasen zusätzlich Neck dissection und Nachbestrahlung.
Bei Übergangszellcarcinom (Transitional cell carcinoma), lymphoepithelialem Tumor und malignem Lymphom Bestrahlung der Tonsillengegend und der seitlichen Halsweichteile. Bei malignen Lymphomen auch Chemotherapie.

GK 3.3.4

Differentialdiagnose:

- Bei Ulceration: Angina PLAUT-VINCENTI, Agranulocytose, Tuberkulose.
- Bei tumoröser Vergrößerung der Tonsille und der Lymphknoten: Hyperplasie, HODGKIN-Lymphom.

(**4. Hypopharynx** siehe S. 295)

V. Plastische Maßnahmen

3.3.4

Defekte im Bereich der Mundhöhle entstehen – abgesehen von Lippen-Kiefer-Gaumenspalten (S. 232) – durch Tumoroperationen. Defektplastiken werden vor allem an den Lippen, den Wangen und zur Abdeckung des Mundbodens erforderlich.

Man verwendet zur **Rekonstruktion**

a) von Lippendefekten Rotationslappen aus der gegenüberliegenden Lippe oder Verschiebelappen aus der Wange,

b) von Wangendefekten Hals-, Brust- oder Schulterlappen (Innenauskleidung mit Spalthaut) oder myocutane Insellappen des M. pectoralis major.

c) des Mundbodens eine Fixation der Restzunge an der Wangenschleimhaut oder einen durch die Wange gezogenen Stirnlappen,

d) eines funktionsfähigen Unterkiefers Knochenspäne oder Metallimplantate.

Anstelle von Nahlappen kommen auch Fernlappen (Rundstiellappen) aus der Bauchhaut in Frage sowie freie gefäßgestielte Transplantate.

Prüfungsaufgaben zu Mundhöhle und Pharynx s. Anhang Aufgaben 168 – 191.

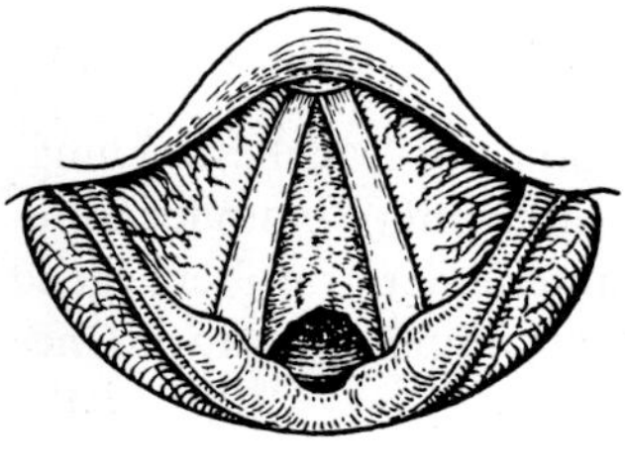

Abb. 119. Segelbildung zwischen den Stimmbändern

Larynx und Trachea

Entwicklung

Das Tracheo-Bronchialsystem entsteht durch Ausbuchtung aus dem Vorderdarm. Der vordere obere Anteil der Ausbuchtung bildet sich zum Kehlkopf um. Es entwickeln sich die Anlagen zur Supraglottis mit der Epiglottis und den Aryknorpeln und aus den oberen Trachealabschnitten Glottis und Subglottis mit dem Ringknorpel.

Das Zungenbein entstammt dem zweiten und dritten, der Schildknorpel dem vierten und fünften Schlundbogen. Beim Erwachsenen können die Kehlkopfknorpel, zuerst Schild- und Ringknorpel und später die Aryknorpel, verknöchern.

Der M. cricothyreoideus (äußerer Stimmlippenspanner) stammt – ebenso wie der M. constrictor pharyngis (Schlundschnürer) – aus Anteilen des vierten Schlundbogens und wird vom N. laryngeus sup. versorgt. Die innere Kehlkopfmuskulatur leitet sich vom sechsten Schlundbogen ab, ihre Innervation erfolgt durch den N. laryngeus inf. (= N. recurrens). Eine besondere Größenzunahme erfährt der Kehlkopf während der Pubertät.

Mißbildungen

1. Am häufigsten finden sich angeborene **Bildungsstörungen der Epiglottis.** Sie kann rinnenförmig, hufeisenförmig oder sehr schmal ausgebildet sein. Zusammen mit einer besonderen Weichheit beim Säugling ist sie dann Ursache eines inspiratorischen **kongenitalen Stridors** (Stridor laryngis).

Therapie: Zuwarten, bis sich die Kehlkopfknorpel festigen, evtl. vorübergehend Intubation.

2. **Segelbildung** (Diaphragma) in der vorderen Kommissur zwischen den Stimmbändern führt ebenfalls zu kongenitalem Stridor (Abb. 119).

Therapie: Thyreotomie und Einlegen einer T-förmigen Kunststoffplatte (siehe Abb. 137, S. 276) oder geschlossene Behandlung: Durchtrennen des Segels (Laserchirurgie) und evtl. Einnähen eines Kunststoffröhrchens, bis die Wundfläche überhäutet ist.

3. Ausweitungen des Sinus Morgagni im Sinne einer **Laryngocele** können angeboren oder erworben sein (Pressen, Husten, Glasbläser!). Befin-

det sich die Aussackung innerhalb des Kehlkopfes (innere Laryngocele), wölbt sich das Taschenband vor (Heiserkeit, Luftnot). Tritt sie dagegen zwischen oberer Schildknorpelkante und Zungenbein durch die Membrana hyothyreoidea in die Halsweichteile (äußere Laryngocele), kommt es zur Vorwölbung außen am Hals (Abb. 120).

Diagnose: Im Röntgenbild gute Darstellung des Luftsackes, bei Infektion Sekretspiegelbildung.

Therapie: Exstirpation von außen. Kleine innere Laryngocelen können endolaryngeal entfernt werden.

Anatomie

4.1

I. Das knorplige Kehlkopfgerüst (Abb. 121)

1. **Kehldeckel** (Epiglottis): Löffelförmiger, durchlöcherter, elastischer Knorpel, dessen Stiel (Petiolus) über der vorderen Stimmlippenkommissur liegt. Der freie Epiglottisrand reicht bis in Höhe der Mitte des Zungengrundes nach oben.

2. **Schildknorpel** (Cartilago thyreoidea): Zwei Platten aus hyalinem Knorpel, die vorn im rechten Winkel zusammengewachsen sind und mit der Eminentia laryngea (Adamsapfel) außen am Hals deutlich vorspringen. Die hinteren Ränder laufen oben und unten in die Schildknorpelhörner aus. Durch Bänder sind die oberen mit dem Zungenbein, die unteren mit dem Ringknorpel verbunden. Zwischen Zungenbein und Schildknorpeloberrand finden sich die Membrana hyothyreoidea, zwischen Schildknorpelunterrand und Ringknorpel das Ligamentum cricothyreoideum (= Ligamentum conicum, Stelle der Coniotomie!).

3. **Ringknorpel** (Cartilago cricoidea): Ein siegelringähnlicher hyaliner Knorpel mit der Platte hinten.

4. Zwei **Stellknorpel** (Cartilago arytaenoidea = **Aryknorpel**): Die kleinen Knorpelpyramiden sitzen der Ringknorpelplatte auf und sind mit ihr durch Dreh-Gleitgelenke verbunden. An der Basis der Pyramide dient der nach vorn gerichtete Processus vocalis als Ansatz für den M. vocalis, der nach lateral gerichtete Processus muscularis als Ansatz für die Mm. cricoarytaenoidei. Auf der Spitze der Pyramide sitzen die funktionell bedeutungslosen WRISBERG- und der SANTORINI-Knorpel.

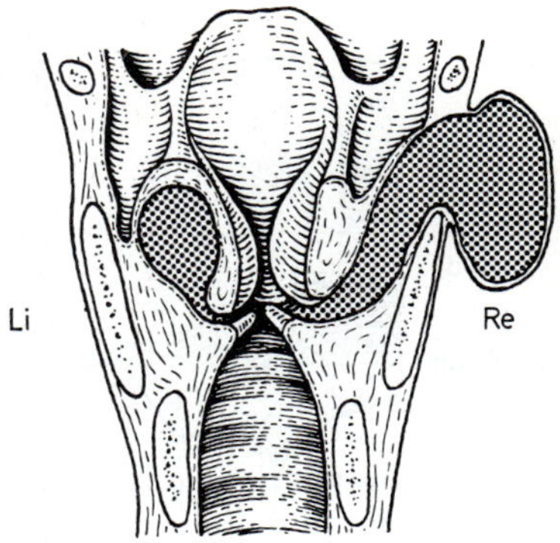

Abb. 120. Innere Laryngocele links. Äußere Laryngocele rechts.

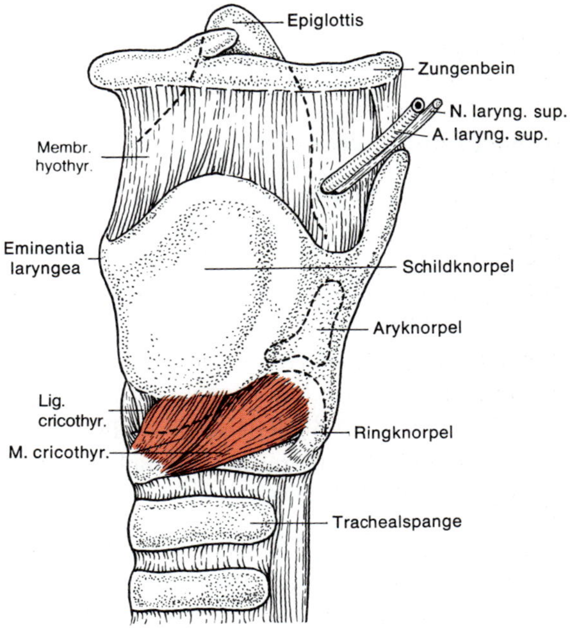

Abb. 121. Kehlkopf: Knorpelgerüst, Membranen, äußere Muskulatur

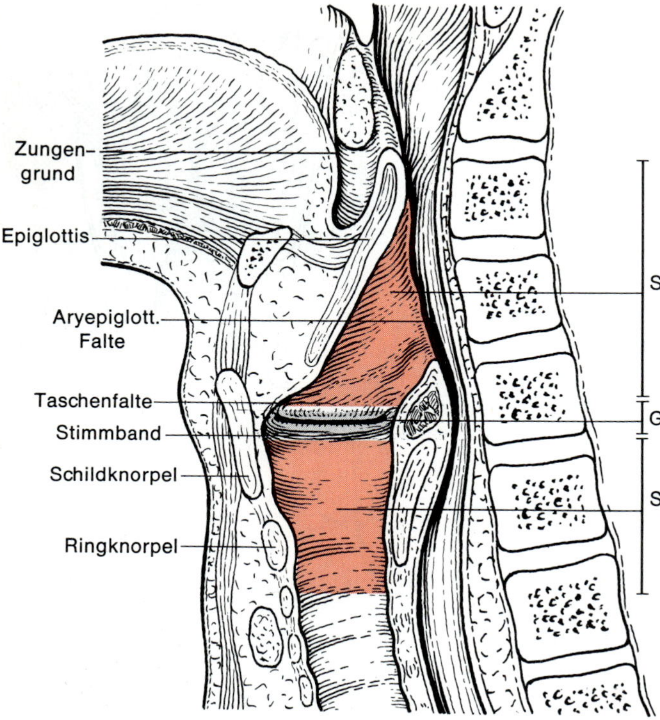

Abb. 122. Kehlkopfinneres (von der Seite)

II. Kehlkopfinneres (Abb. 122 u. Abb. 123)

Der **supraglottische Raum** (Vestibulum laryngis) reicht vom Kehlkopfeingang = Aditus laryngis (freier Epiglottisrand, aryepiglottische Falten, Aryknorpel) bis zu den Taschenfalten. Zwischen der Taschenfalte und der Stimmlippe findet sich auf jeder Seite der Eingang in den MORGAGNI-Ventrikel (Sinus MORGAGNI, Ventriculus laryngis).

Der **glottische Raum** (Rima glottidis, Stimmritze) liegt zwischen den Stimmlippen, die die Mm. vocales enthalten. Stimmband (Ligamentum vocale) = Fasern am Rand der Stimmlippe.

Der **subglottische Raum** reicht unterhalb der Stimmlippen bis zum unteren Rand des Ringknorpels.

Die **Recessus piriformes** liegen lateral von den aryepiglottischen Falten.

Der Kehlkopf ist mit mehrreihigem Flimmerepithel ausgekleidet.

Auf den Stimmlippen und stellenweise auch auf der laryngealen Epiglottisfläche findet sich geschichtetes Plattenepithel.

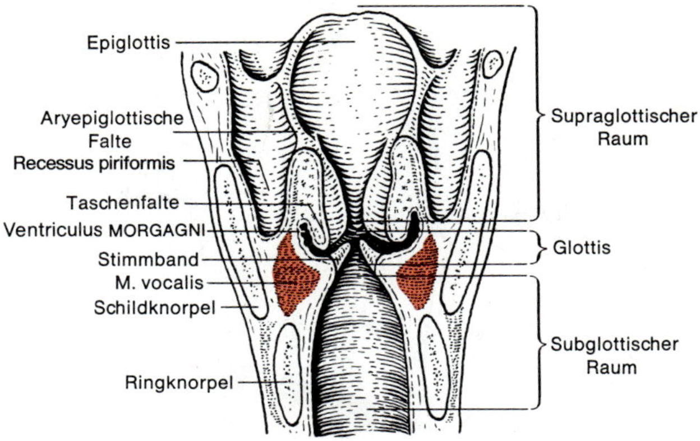

Abb. 123. Kehlkopfinneres (von hinten)

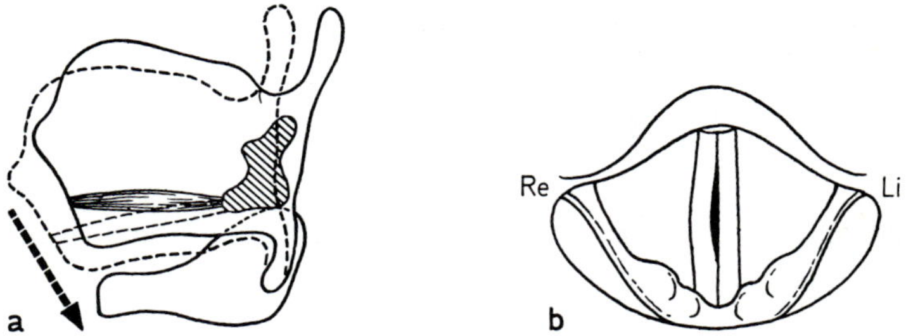

Abb. 124 a, b. Wirkung des äußeren Kehlkopfmuskels (M. cricothyreoideus). **a** Funktion; **b** Funktionsausfall rechts

---

III. Kehlkopfmuskulatur

A. Stimmlippenspanner

1. **M. cricothyreoideus:** Vom vorderen oberen Rand des Ringknorpels zum vorderen unteren Rand des Schildknorpels (Abb. 121, S. 259 u. Abb. 125).

Funktion: Nähert visierartig den Schildknorpel an den Ringknorpel und spannt dabei die Stimmlippe **(äußerer Stimmlippenspanner)** (Abb. 124 a).

Funktionsausfall: Betroffene Stimmlippe schlaff. Stimme heiser, kraftlos (Abb. 124 b).

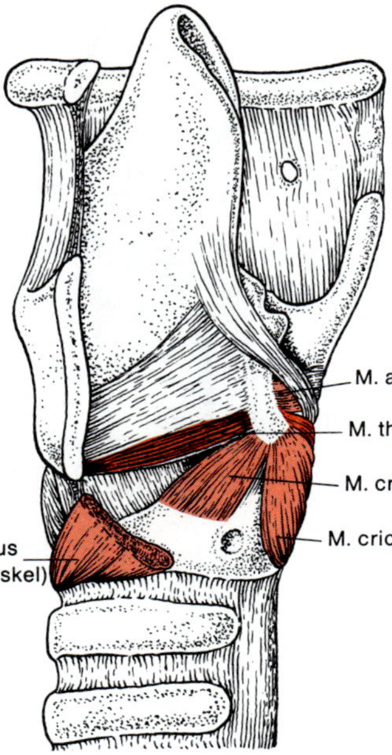

Abb. 125. Innere Muskulatur des Kehlkopfes (Schildknorpel links entfernt)

Innervation: Als **einziger** Muskel vom **N. laryngeus sup.** innerviert, da der Muskel außerhalb des Kehlkopfgerüstes liegt.

Alle übrigen an Atmung und Stimmbildung beteiligten Muskeln sind innere Kehlkopfmuskeln, setzen am Aryknorpel an (Abb. 125) und werden vom **N. laryngeus inf. (N. recurrens)** innerviert.

2. **M. vocalis** (M. thyreoarytaenoideus) (Abb. 126): Der mediale Anteil zieht von der Innenfläche der vorderen Schildknorpelabschnitte zum Processus vocalis des Aryknorpels. Der Muskel liegt in der Stimmlippe, deren freier Rand unter dem Epithel aus den elastischen Fasern des Stimmbandes (Ligamentum vocale) besteht. (Der laterale Anteil des M. thyreoarytaenoideus zieht zum Processus muscularis des Aryknorpels.)

Funktion: Spannung der Stimmlippen. Verengung der Stimmritze **(Rima glottidis)** und Feinregulierung des Tones.

Funktionsausfall: Einseitig: Schlaffe Stimmlippe. Beiderseits: Bei Phonation bleibt ein ovalärer Spalt zwischen den Stimmlippen bestehen („Internusschwäche“).

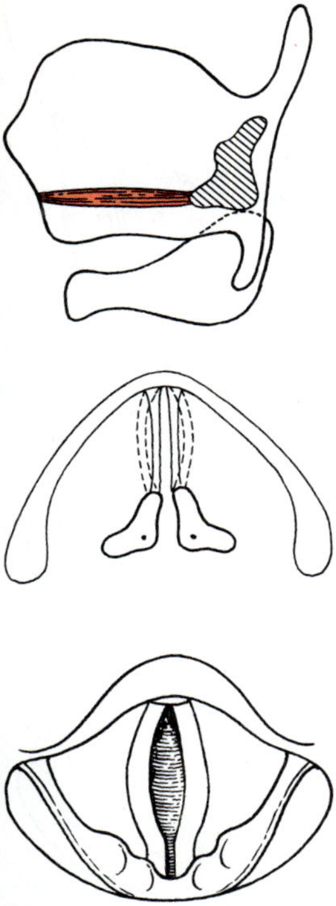

a Topographie

b Funktion

c Funktionsausfall

Abb. 126 a – c. M. vocalis.

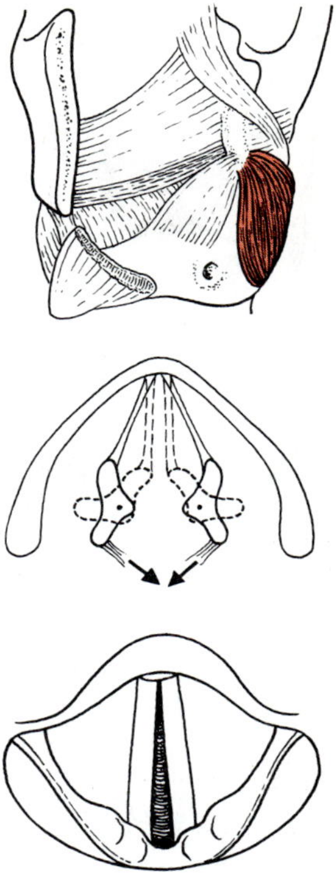

Abb. 127 a – c. M. cricoarytaenoideus posterior (M. posticus).

B. Stimmritzenöffner

M. cricoarytaenoideus posterior (M. posticus) (Abb. 127): Von der Ringknorpelplatte zum Processus muscularis des Aryknorpels.

Funktion: **Einziger Glottisöffner** durch Zug am Processus muscularis des Aryknorpels nach hinten medial.

Funktionsausfall: Die Glottis kann nicht geöffnet werden. Bei beiderseitiger Störung Atemnot!

GK 4.1

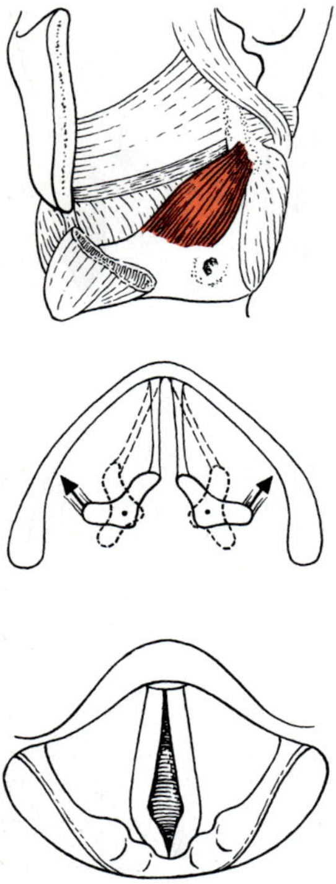

a Topographie

b Funktion

c Funktionsausfall

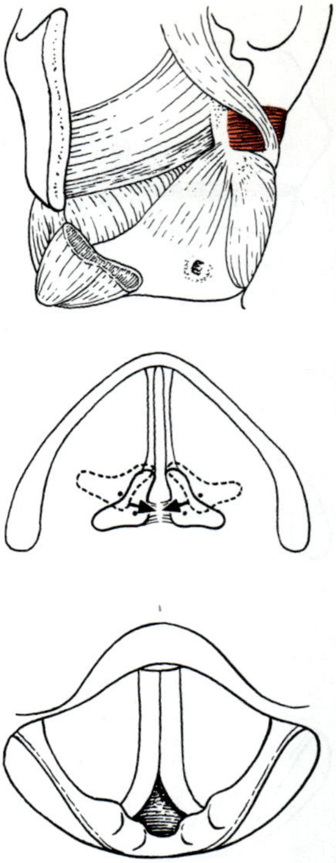

Abb. 128 a – c. M. cricoarytaenoideus lateralis (M. lateralis).

Abb. 129 a – c. M. arytaenoideus transversus (M. transversus).

C. Stimmritzenschließer

Außer dem bereits als Stimmlippenspanner erwähnten M. vocalis:

1. **M. cricoarytaenoideus lateralis** (M. lateralis) (Abb. 128): Von den seitlichen Abschnitten des Ringknorpels zum Processus muscularis des Aryknorpels.

Funktion: Schließt – abgesehen vom hinteren Drittel – die Glottis durch Zug am Processus muscularis des Aryknorpels nach vorn seitlich.

Funktionsausfall: Die Glottis kann nicht geschlossen werden. Bei beiderseitiger Störung besteht eine rhombusähnliche Glottisöffnung während der Phonation.

2. **M. arytaenoideus transversus** (M. transversus) (Abb. 129): Zwischen den Aryknorpeln.

Funktion: Schließt das hintere Drittel der Glottis durch Annäherung der Aryknorpel. Unterstützt vom M. arytaenoideus obliquus.

Funktionsausfall: Bei beiderseitiger Störung bleibt ein hinterer dreieckiger Spalt zwischen den Aryknorpeln während der Phonation bestehen.

IV. Kehlkopfnerven (Abb. 130, S. 266)

1. Der **N. laryngeus superior** geht im oberen Halsteil vom N. vagus (X) ab und versorgt
mit einem äußeren Ast motorisch den M. cricothyreoideus und
mit einem inneren Ast sensibel die obere Kehlkopfschleimhaut bis zum Stimmband. Dieser Ast gelangt zusammen mit der A. und V. laryngea superior durch die Membrana hyothyreoidea in den Kehlkopf.

2. Der **N. laryngeus inferior (N. recurrens)** geht im unteren Halsteil bzw. im oberen Thoraxbereich vom N. vagus (X) ab und tritt in den Brustraum ein. Der rechte Nerv zieht um die A. subclavia, der linke reicht noch tiefer herab und zieht um den Aortenbogen. Er ist daher durch Prozesse im Mediastinum stärker gefährdet! Sie steigen danach seitlich zwischen Trachea und Oesophagus wieder zum Kehlkopf hoch (Nähe zum unteren Schilddrüsenpol und zur A. thyreoidea inf.) und versorgen motorisch die innere Kehlkopfmuskulatur.
Der N. recurrens versorgt außerdem die Schleimhaut der subglottischen Region und der Trachea sensibel.

GK 4.1

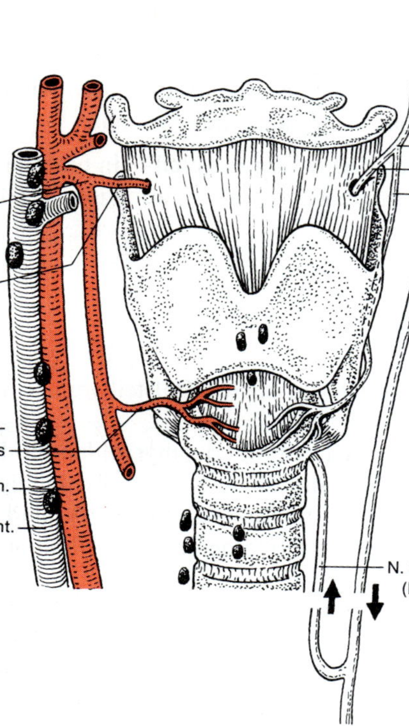

Abb. 130. Gefäße (rechte Kehlkopfseite), Nerven (linke Kehlkopfseite) und Lymphknoten des Kehlkopfes

V. Gefäße (Abb. 130)

A. laryngea superior und **Ramus cricothyreoideus** aus A. thyreoidea superior aus A. carotis externa (oder A. carotis communis).

A. laryngea inferior (nur für M. cricoarytaenoideus posterior) aus A. thyreoidea inferior aus A. subclavia.

Venenabfluß in die **Vena jugularis interna.**

Lymphabfluß:
Die Stimmlippen enthalten nur spärlich Lymphbahnen (prälaryngealer Lymphknoten). Abfluß aus den supraglottischen Abschnitten (Kehldeckel, aryepiglottischen Falten, Taschenfalten) in die tiefen Halslymphknoten auf der Gefäßscheide **(Nodi lymphatici cervicales profundi).** Abfluß aus den subglottischen Abschnitten in die **prä- und paratrachealen Lymphknoten** (siehe auch Abb. 148, S. 314).

VI. Trachea (Abb. 130)

Vom Ringknorpel bis zur Bifurkation 16 hufeisenförmige hinten offene Knorpelspangen, die durch elastisches Bindegewebe verbunden sind. Die Hinterwand der Trachea ist membranös (Paries membranaceus) und liegt auf dem Oesophagus. Die Schleimhaut trägt Flimmerepithel. Der seitlichen Trachealwand liegen die Schilddrüsenlappen an, sie sind vor der Trachea durch den Isthmus verbunden. Beim Schlucken hebt sich die Schilddrüse zusammen mit Kehlkopf und Luftröhre.

Physiologie

I. Schutzfunktion

Das Eindringen von Flüssigkeit oder Speisen in die tieferen Luftwege beim Schlucken wird auf folgende Weise vermieden:

1. Der Kehlkopf steigt beim Schlucken hoch. Dadurch drückt der Zungengrund die Epiglottis vor den Kehlkopfeingang und verschließt ihn. (Die Funktion des Kehldeckels kann auch der Zungengrund allein übernehmen.) Mit dem Kehlkopf heben sich die Schilddrüse, nicht jedoch Lymphknoten auf der Gefäßscheide oder Halscysten!
Das Heben und Senken von Zungenbein und Kehlkopf beim Schlucken ist im wesentlichen bedingt durch die Kontraktion der vom Zungenbein und Kehlkopf an der Schädelbasis und am Sternum ansetzenden Muskeln.

2. Die Stimmlippen legen sich aneinander und verschließen die Glottis.

3. Der Hustenreflex wird ausgelöst, sobald ein Fremdkörper in den Kehlkopf oder in die Trachea gelangt.

II. Atmung

Die engste Stelle im Kehlkopf liegt in Höhe der Glottis, die durch Auseinanderweichen der Stimmlippen bei der Einatmung weit geöffnet wird **(Respirationsstellung)** (s. Abb. 132 a, S. 270).
Stenosen im Kehlkopfbereich führen zu inspiratorischem Stridor, Trachealstenosen zu in- und exspiratorischem Stridor.

III. Stimmbildung S. 334

GK 4.2, 4.2.1

Untersuchungsmethoden

4.2

I. Inspektion

4.2.1

Die Besichtigung des Kehlkopfes von außen ist wichtig, um Prozesse zu erkennen, die auf das Kehlkopfgerüst übergegriffen haben (Tumoren, Perichondritis).
Beim Schluckenlassen sieht man bei schlankem Hals, daß der Kehlkopf mit der Schilddrüse unter der Haut nach oben steigt.

II. Laryngoskopie

A. Indirekte Laryngoskopie

Erstmals an sich selbst durchgeführt 1855 von dem spanischen Gesanglehrer García.
Gebrauch von Lichtquelle und Stirnreflektor wie bei der Otoskopie (S. 34).
Zur Laryngoskopie benötigt man ein **Mulläppchen,** um die Zunge zu fassen, und einen **Kehlkopfspiegel,** der eine größere Spiegelfläche als der zur Postrhinoskopie verwendete Spiegel besitzt.

Ausführung (Abb. 131):

Die Zunge wird mit der linken Hand vorgezogen: Der Daumen liegt auf der Zunge, der Mittelfinger an der Unterseite der Zungenspitze. Der Mittelfinger schützt das Frenulum der Zunge gleichzeitig vor den scharfen Kanten der unteren Schneidezähne. Der Zeigefinger wird verwendet, um eine herabhängende Oberlippe, gegebenenfalls auch einen Schnurrbart nach oben zu schieben. Das Licht wird auf die Uvula gerichtet.
Der auf der Glasseite angewärmte Spiegel, dessen Erwärmung auf dem eigenen Handrücken überprüft werden muß, wird wie ein Federhalter in die rechte Hand genommen und unter dem Gaumen entlang bis an das Zäpfchen geführt. Der Zungengrund darf dabei nicht berührt werden (Würgreiz!).

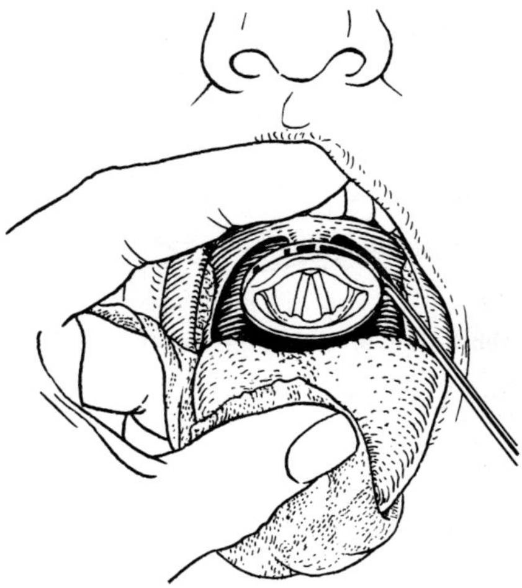

Abb. 131. Spiegeluntersuchung des Kehlkopfes

Das Zäpfchen wird auf die Hinterfläche des Spiegels geladen und nach hinten oben geschoben. Der Spiegelgriff wird im linken Mundwinkel abgestützt.
Durch das Hervorziehen der Zunge richtet sich die Epiglottis auf, und der Einblick in den Kehlkopf wird frei. Sagt der Patient „hi“, stellt sich die Epiglottis noch steiler.
Bei starkem Würgreiz kann der Rachen mit einem Pantocain-Suprareninspray oder einem Xylocainspray unempfindlich gemacht werden. Zahnprothesen sollen vor der Untersuchung entfernt werden.

Kehlkopfspiegelbild (Abb. 132 und Farbaufnahme 55)

Im Spiegel werden die **Seiten richtig wiedergegeben** (das rechte Stimmband erscheint im Spiegelbild auch auf der rechten Seite des Patienten), **vorn** (z. B. vordere Commissur) ist im Spiegel **oben, hinten** (z. B. Aryknorpel) ist im Spiegel **unten.** Man erkennt ganz oben über dem Kehlkopf im Spiegel den Zungengrund und die Valleculae epiglotticae.

GK 4.2.1

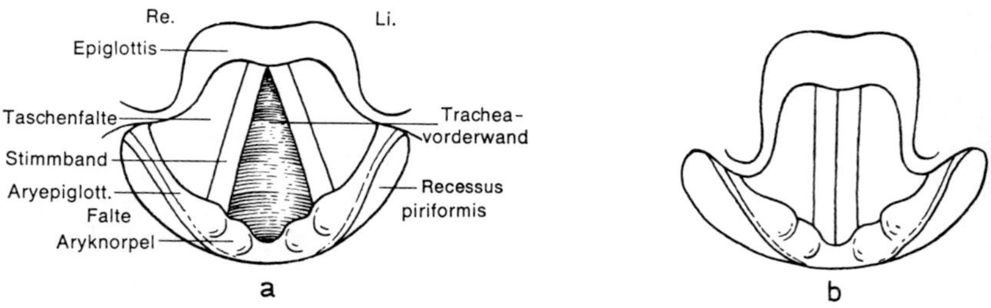

Abb. 132. a, b. Kehlkopfspiegelbild. **a** Respirationsstellung; **b** Phonationsstellung

Darunter liegt der Kehlkopfeingang, der oben vom freien Rand der Epiglottis, rechts und links von den aryepiglottischen Falten und hinten von den Aryknorpeln gebildet wird. Innerhalb dieser Begrenzung liegen lateral die Taschenfalten und weiter medial die weißen Stimmbänder, zwischen denen man bei der Respiration durch die dreieckige Glottis hindurch auf die Vorderwand der Trachea mit den oberen Trachealknorpeln sieht (Abb. 132 a).
Bei der Phonation („hi" sagen lassen!) legen sich die Stimmbänder in der Mitte der Glottis aneinander und verschließen sie (Abb. 132 b). Die Beweglichkeit der Aryknorpel zeigt sich außerdem an der Entfaltung der lateral von den aryepiglottischen Falten liegenden Recessus piriformes während der Phonation.
Nimmt der Patient gegenüber der normalen Haltung (Abb. 133) den Kopf weit zurück und steht der Untersucher, läßt sich die Kehlkopfvorderwand besonders gut sehen (Türck, Abb. 134 a). Beugt der stehende Patient den Kopf vor, bekommt der Untersucher einen besseren Aufblick auf die Kehlkopfhinterwand (Killian, Abb. 134 b). Man sollte daran denken, daß das im Spiegelbild in einer Ebene liegende Kehlkopfinnere eine Tiefenausdehnung von 8 – 10 cm vom Epiglottisrand bis in den subglottischen Raum hat.
Eine indirekte Laryngoskopie ist auch mit einer **Winkeloptik** (Lupenlaryngoskop = Lupenendoskop Abb. 74 c S. 154), die durch den Mund bis zur Rachenhinterwand vorgeschoben wird, möglich und kann weitere Aufschlüsse bringen. Außerdem läßt sich der Kehlkopf direkt mit dünnen flexiblen Endoskopen, die durch die Nase oder den Mund vorgeschoben werden, inspizieren.

Pathologische Befunde sind:
Rötung, Schwellung, Tumorgranulationen, Ulcerationen, Fremdkörper, Bewegungseinschränkung der Stimmlippen, Rückstände von Speichel im Recessus piriformis (bei Schlucklähmung).

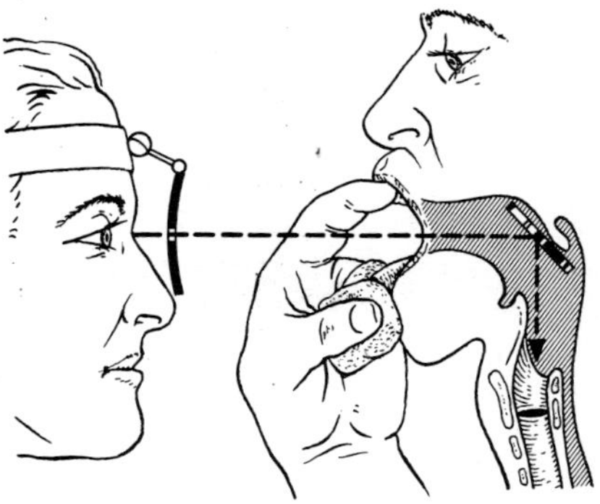

Abb. 133. Normale Haltung beim Spiegeln

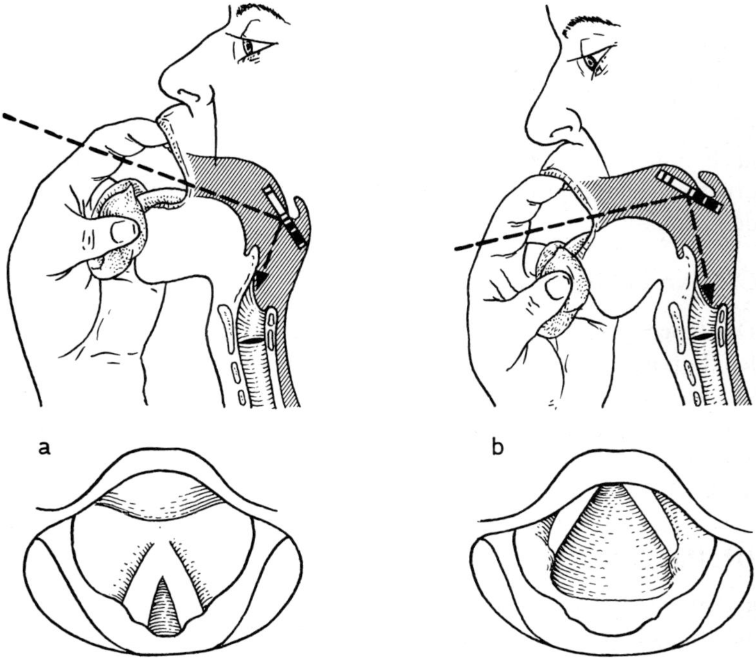

Abb. 134. **a** Besichtigung der Kehlkopfvorderwand (vordere Kommissur); **b** Besichtigung der Kehlkopfhinterwand

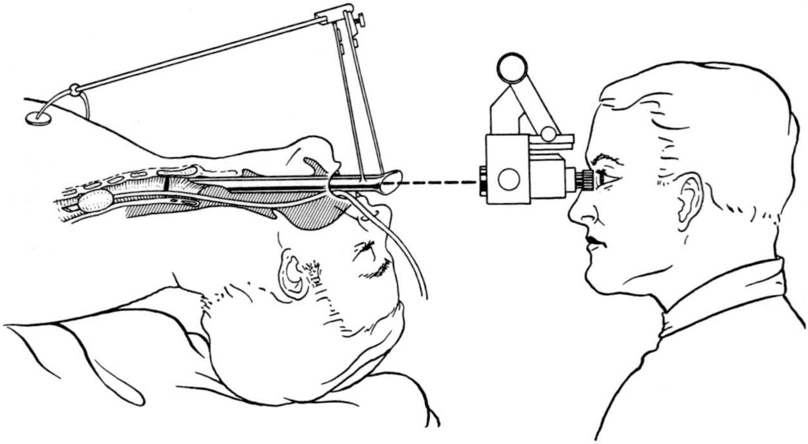

Abb. 135. Direkte Laryngoskopie zur Mikrochirurgie des Kehlkopfes

B. Direkte Laryngoskopie

Erstmals angegeben von dem Laryngologen Kirstein 1894.
Mit beleuchteten Rinnenspateln oder Rohren wird der Kehlkopf direkt eingestellt und betrachtet. Die Laryngoskope können durch Abstützen auf der Brust zu selbsttragenden Instrumenten werden (Stützautoskopie). Beim Einführen des Laryngoskopes wird – wie bei der Tracheoskopie, der Bronchoskopie und der Oesophagoskopie – der Kopf des Patienten weit nach hinten überstreckt und das Rohr über den mundbodenwärts gedrückten Zungengrund vorgeschoben, bis die Epiglottis aufgeladen werden kann.

C. Mikrolaryngoskopie

Das Operationsmikroskop gestattet es, im Zusammenhang mit der direkten Laryngoskopie am liegenden, narkotisierten Patienten (Intubation!) unter 6 – 40facher Vergrößerung Diagnose und Therapie von Stimmlippenveränderungen zu verfeinern (**Mikrochirurgie des Kehlkopfes** Abb. 135, endoskopische Operationen, laserchirurgische Kehlkopfbehandlungsmöglichkeit).

III. Palpation

4.2.2

Bei der Betastung wird die Konsistenz und die Druckschmerzhaftigkeit der Veränderung sowie die Beweglichkeit des Kehlkopfes beim Schlucken und die Lage der Schilddrüse zum Kehlkopfgerüst geprüft. Die Schilddrüse steigt mit dem Kehlkopf beim Schlucken nach oben!

GK 4.2.3

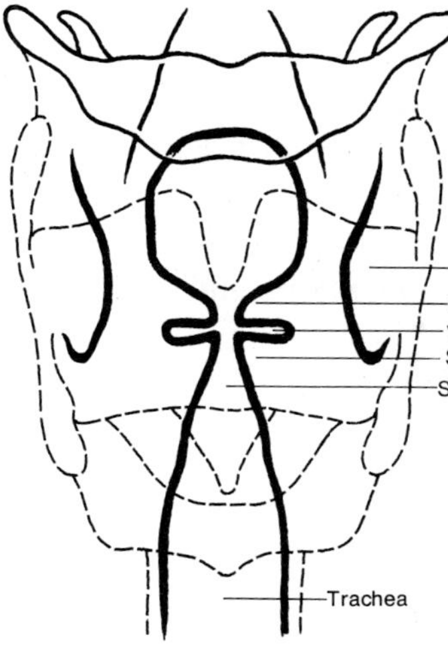

Abb. 136. Konturen des lufthaltigen Raumes bei der posterior-anterioren Röntgenaufnahme des Kehlkopfes

Von großer Bedeutung ist die Palpation der Lymphknotengebiete des Halses, um metastatische Prozesse zu erkennen und sich über Sitz, Ausdehnung und Verschieblichkeit der Metastasen zu orientieren (S. 316).

IV. Röntgenuntersuchung

4.2.3

Indikationen: Knorpelfrakturen, Stenosen, Kehlkopftumoren, Fremdkörper, Laryngocelen, Verlagerung oder Verdrängung des Kehlkopfes.

A. Nativaufnahmen

1. Seitliche Aufnahmerichtung:
Auf der Aufnahme zeigt sich das Knorpelskelet des Kehlkopfes um so besser, je stärker die Knorpel verkalkt sind. Weiche Aufnahmen dienen dazu, auch die Weichteile und den lufthaltigen Raum des Kehlkopfinneren zur Darstellung zu bringen.

2. Posterior-anteriore Aufnahmerichtung:
Der lufthaltige Raum mit Taschenfalten, Ventriculus MORGAGNI und Stimmlippen wird dargestellt (Abb. 136).

B. Tomographie

Überlagerungen durch die Wirbelsäule lassen sich durch Schichtaufnahmen vermeiden, die besonders gut die Ausdehnung von Kehlkopftumoren wiedergeben.

C. Computertomographie und Kernspintomographie

Sie zeigen derzeit am besten das Ausmaß der Tumorinfiltration in den Weichteilen.

D. Laryngographie

Ein vorsichtiges Besprühen der Kehlkopfschleimhaut mit Kontrastmittel macht Veränderungen der Konturen des lufthaltigen Kehlkopflumens auf Röntgenaufnahmen noch deutlicher.

Klinik 4.3

I. Verletzungen 4.3.1

A. Äußere Einwirkungen

1. **Stumpfe Gewalteinwirkung** (Verkehrsunfälle mit Aufprall auf das Lenkrad, Schlägerei, Strangulation) führt zu Schildknorpelfrakturen und Blutungen (Hämatom, Farbaufnahme 72) oder zu Ödemen in den Kehlkopfweichteilen. Atemnot! Bei Schleimhautzerreißung auch Emphyseme.

Therapie: Antibiotica, Corticosteroide, Calcium i.v., Eiskrawatte. Bei Einbruch des Kehlkopfgerüstes Tracheotomie und Stützen des Kehlkopfes durch Kunststoff- oder Gummirohr. (Innere Schienung des Kehlkopfes.)

2. **Scharfe Gewalteinwirkung** (Schnitt- und Stichwunden, sehr selten Schußverletzungen). Bei Schnittwunden durch Mord- oder Selbstmordversuch kommt es zur Eröffnung des Kehlkopflumens ober- oder unterhalb des Schildknorpels.

Gefahr: Blutung in die eröffneten Atemwege.

Therapie: Schockbekämpfung, operative Versorgung, Blutstillung, Tracheotomie.

Spätfolgen:
Larynx- oder Trachealstenosen bei ungenügender Frühversorgung der Verletzung (S. 276 u. 299).

B. Innere Einwirkungen

1. Fremdkörper

Gräten, Knochenstückchen, Nadeln in den Valleculae (oft auch in den Tonsillen), den Recessus piriformes oder der Glottis.

Symptome: Hustenreiz, Atemnot, stechender Schmerz in Kehlkopfhöhe. Hustenanfälle, wenn der Fremdkörper die Glottis passiert hat. Bei größeren Fremdkörpern, die in der Glottis hängen bleiben, Erstickungsgefahr. Bei längerem Liegen der Fremdkörper können Drucknekrosen entstehen. Bei plötzlichem Kehlkopfverschluß „Bolustod".

Diagnose: Indirekte Laryngoskopie. (Bei Rachenfremdkörper auch Tastbefund!)

Therapie: Entfernung aus dem Kehlkopf mit Spezialzangen bei indirekter oder direkter Laryngoskopie. Falls dazu keine Möglichkeit und drohende Erstickung, Kinder an den Füßen hochhalten, u. U. Nottracheotomie. (Siehe auch Bronchialfremdkörper S. 305.)

2. Intubationsschäden

a) Nach Verletzungen der Stimmbänder und Epitheldefekten bei der Intubation zur Narkose oder bei länger liegendem Tubus kann es zu umschriebener Granulationsbildung **(Intubationsgranulom)** in der Gegend des unmittelbar unter der Schleimhaut liegenden Processus vocalis des Aryknorpels – häufig bds. – kommen (Farbaufnahme 56).

Symptom: Heiserkeit tritt einige Tage oder Wochen nach der Intubation auf.

Therapie: Sorgfältige Abtragung – möglichst bei direkter Laryngoskopie mit Hilfe des Operationsmikroskops –, sonst kommt es nicht selten zu Rezidiven. Nach der Abtragung Stimmschonung. (Siehe auch Granulom S. 282.)

b) Nach Dauerintubation und dadurch bedingter Läsion der subglottischen Schleimhaut oder der Trachealschleimhaut kommt es zu entzündlichen Reaktionen (Ringknorpelperichondritis, Perichondritis der Trachealringe, Aryknorpelankylose) mit nachfolgender **Stenosierung** von Kehlkopf oder Trachea.

Symptome: Zunehmende Atemnot, Stridor.

Therapie: Operation (plastische Eingriffe S. 299).

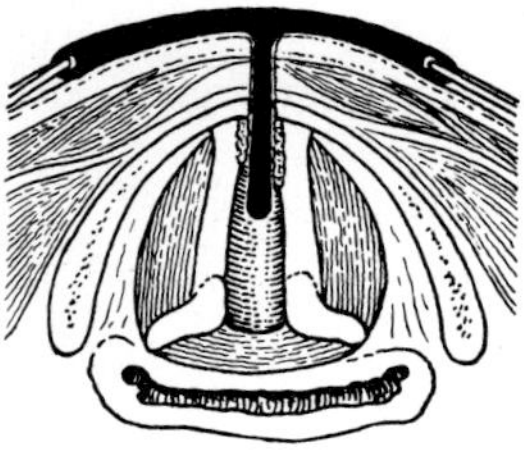

Abb. 137. T-Stück zur Behandlung von Stimmbandsynechien

3. Verbrühungen oder Verätzungen

Gefahr: Glottisödem, Stridor.

Diagnose: Anfangs ödematöse Schwellung und Rötung der Kehlkopfschleimhaut, nach einigen Stunden weißliche Fibrinbeläge.

Therapie: Corticosteroide. Bei Atemnot Tracheotomie, vor allem bei Verbrühungen im Kindesalter gelegentlich notwendig. Sonst siehe Oesophagusverätzungen S. 306.

4. Synechien (Narbensegel) zwischen den Stimmbändern der vorderen Kommissur sind Folgen von Verletzungen oder von Tumoroperationen im Kehlkopf. (Angeborene Segelbildung S. 257.)

Symptome: Heiserkeit, Atemnot.

Therapie: Spaltung des Schildknorpels (Thyreotomie), Durchtrennen der Synechien und Einlegen einer T-förmigen Kunststoffplatte für einige Wochen, bis die vorderen Anteile der Stimmbänder wieder überhäutet sind (Abb. 137); oder vorübergehendes Einnähen eines Kunststoffröhrchens in die vordere Kommissur bei geschlossenem Kehlkopf. Bei dünnen Narbensegeln Laserchirurgie.

5. Trachealstenose:

Symptome: Atemnot. Inspiratorischer u n d exspiratorischer Stridor bei Einengung der Trachea auf etwa die Hälfte des Lumens. (Bei Einengung des Kehlkopfes inspiratorischer Stridor.)

Ursachen:
- Intubationsfolge oder Komplikation nach Tracheotomie.
- Retrosternale Struma, die die Trachea von außen zusammendrückt (S ä b e l s c h e i d e n t r a c h e a).
- Intratracheale Struma.

Tracheomalacie, Tracheopathia chondroosteoplastica.
Narben nach Verletzungen.
Fremdkörper.
Tumoren der Trachea, z. B. Chondrome, Papillome oder Adenome.
Tumoren, die in die Trachea einwachsen, z. B. Oesophaguscarcinome, Mediastinaltumoren oder Lymphknotenmetastasen.

Therapie: Je nach Ursache:
Endotracheal (durch das Rohr) Fremdkörperentfernung, Tumoroperation.
Strumaresektion bei retrosternaler Struma.
Von außen Freilegen der Trachea und Versteifen der Wand bei Tracheomalacie durch Knorpel- bzw. Knochenspäne oder -spangen.
Bei Tracheomalacie auch Tracheopexie (Lateralfixation der Tracheawände durch Naht an umgebendes Gewebe).
Bei erhaltenen Trachealringen endotracheale Einlage eines Kunststoffrohres (Trachealendoprothese) für 4 Monate nach vorherigem Ausschneiden der Narben und Schleimhauttransplantation.
Eröffnen der Trachea und Erweitern des Tracheallumens bei Narbenstrikturen. Später sekundäre plastische Deckung der Trachealrinne (S. 299).
Tracheaquerresektion bei kurzen Stenosen von 3 bis 4 cm Länge (S. 299).

Durchführung der Tracheobronchoskopie S. 302.

II. Entzündungen

A. Akute Entzündung

1. Laryngitis acuta

Entstehung: Teilerscheinung einer von der Nasen- oder Rachenschleimhaut absteigenden katarrhalischen Entzündung der oberen Luftwege (Virusinfekt) oder nach übermäßiger stimmlicher Belastung in trockenen rauchigen Räumen (nicht-entzündlicher Reizzustand).

Symptome:
Rauhe Stimme, Heiserkeit bis zur Aphonie.
Trockenheitsgefühl, Kitzeln und Brennen im Hals.
Hustenreiz, bei stärkerer Entzündung Schmerzen.

Befund:
Stimmlippen gleichmäßig gerötet, aufgelockert. Gefäßzeichnung (Farbaufnahme 57). Auf den Stimmlippen oft etwas Fibrin oder zäher Schleim. Beweglichkeit der Stimmlippen (Respirationsstellung – Phonationsstellung) nicht eingeschränkt.

Therapie:

- Stimmschonung, Rauchverbot.
- Heiße Halsumschläge, warme Getränke.
- Dampfinhalationen mit Zusatz von Turiopin conc. und Instillationen von Menthol-Turiopin mit der Kehlkopfspritze werden gegen Trockenheit, Kitzeln und Schmerzen angenehm empfunden. (Kein Paraffinöl instillieren!) Bei eitriger Entzündung Locabiosol (Dosier-Aerosol).
- Bei aufgelockerten, etwas ödematösen Stimmlippen Ficortril-Spray.
- Gegebenenfalls Mittel gegen Husten. Bisolvon. (Gurgeln unwirksam.)
- Behandlung des Allgemeininfektes.

Mögliche Folgen: Schädigung des M. vocalis durch ein entzündliches Infiltrat (Myositis) mit nachfolgenden myopathischen Schäden, z. B. „Internusschwäche“ S. 283.

Differentialdiagnose: Bei einseitiger Stimmlippenrötung: Carcinom, Tuberkulose.

2. Laryngitis subglottica (Stenosierende Laryngo-Tracheitis)

Bei Virusinfektionen der Kleinkinder kommt es im Rahmen einer akuten Laryngitis vor allem zu einem Ödem des subglottischen lockeren Bindegewebes.

Symptome: Bellender Husten, inspiratorischer Stridor, Atemnot, (Kruppsyndrom = „Pseudokrupp“). Fieber.

Befund:
Nur geringe Rötung der Stimmlippen, dagegen subglottisch blaßrote Wülste (Farbaufnahme 58).
Bei Grippeepidemien oder bakterieller Mischinfektion und absteigender Entzündung mit Bildung von Fibrinbelägen und Membranen in der Trachea: **Stenosierende Laryngo-Tracheitis** (In- und expiratorischer Stridor!).

Therapie: Stationäre Behandlung.

- Sedativa, Antibiotica, Corticosteroide.
- Freiluftbehandlung oder Sauerstoffzelt. Luft feucht halten.
- Bei Borkenbildung Inhalation oder Instillation von Tacholiquin.
- Bei drohender Erstickung oder toxischen Zeichen **nasale Intubation** mit schleimhautschonenden Kunststofftuben (höchstens für 24 oder 48 Stunden, sonst Schädigung der subglottischen Schleimhaut), später – und besonders bei stenosierender Laryngotracheitis mit Fibrinbelägen in der Trachea – **Tracheotomie** und gegebenenfalls Absaugen bzw. instrumentelles Entfernen der Krusten aus der Trachea.

Differentialdiagnose: Aspirierte Fremdkörper, spastische Bronchitis, Diphtherie (= echter Krupp, S. 282).

3. Epiglottitis (Epiglottisödem, „Glottisödem“)

Ebenfalls bei kleinen Kindern, aber auch bei Erwachsenen kommt es gelegentlich im Verlauf eines Virusinfektes, einer Infektion mit gramnegativen Keimen (Haemophilus influenzae) oder einer Zungengrundangina zu einem Ödem oder zu einem Absceß der Epiglottis (**Angina laryngis**) (Farbaufnahme 60).

Weitere Ursachen für ein **Larynxödem** sind: Allergie, infizierte Tumoren, Bestrahlungsfolgen, Stauung bei Herzinsuffizienz und Mediastinaltumoren, Insektenstiche, hereditäres angioneurotisches Ödem.

Symptome: Inspiratorischer Stridor, rauhe Stimme, starke Schluckschmerzen, kloßige Sprache, Speichelfluß, Fieber, rasch zunehmende Atemnot.

Befund: Ödematöse glasige Schwellung der Epiglottis, oft auch der aryepiglottischen Falten und der Aryknorpelgegenden.
Bei Abscedierung starke Rötung und gelblich durchscheinende Kuppe oder nach Absceßentleerung Fibrinbelag am freien Epiglottisrand.

Therapie: Antibiotica, Corticosteroide, Calcium, Eiskrawatte, eventuell Stichincision eines Epiglottisabscesses. Bei Atemnot Intubation. Tracheotomie selten erforderlich.

4. Kehlkopfperichondritis

Ursachen:
Epiglottitis nach Angina laryngis.
Ulcerierende spezifische Entzündungen – vor allem Tbc.
Mischinfizierte maligne Tumoren nach Tumorbestrahlung mit höchsten Dosen.
Verletzungen, z. B. auch Verletzungen des Ringknorpels bei der Tracheotomie oder durch lange liegende Trachealkanüle, Intubation oder Magensonde.

Symptome: Heiserkeit. Starke Schmerzen, vor allem beim Schlucken und beim Betasten des Kehlkopfes. Stiche ins Ohr, Atemnot.

Befund: Kehlkopfödem, Einschränkung der Stimmlippenbeweglichkeit, Abscedierung.
Chronischer Verlauf bei Tuberkulose und Tumoren mit Knorpelsequestrierung und nachfolgenden Narbenstenosen.

Therapie: Tracheotomie, hohe Antibioticagaben, Incision von Abscessen und Entfernung sequestrierter Knorpelanteile.

GK 4.3.1

B. Chronische Entzündungen

1. Laryngitis chronica

Entstehung:

- Aus einer akuten Laryngitis bei mangelnder Stimmschonung und ungenügender Behandlung.
- Bei Arbeiten in staubreicher Umgebung oder bei ungünstigen Witterungsverhältnissen.
- Bei Nicotinabusus.
- Bei behinderter Nasenatmung und dadurch bedingter ständiger Mundatmung. Dabei spielt häufig eine Schleimhautdisposition eine ungünstige Rolle.
- Fortgeleitete Entzündung der Schleimhäute mit chronischer Rhinitis, Sinusitis oder Adenoiditis oder aufsteigend bei Bronchitis (ständiger Husten).
- Bei falscher Stimmtechnik und als Folge lange bestehender funktioneller Stimmstörung.

Symptome: Wechselnd starke, über Wochen bestehende Heiserkeit, Reizhusten, Trockenheitsgefühl.

Befund: Stimmlippen gerötet, verdickt, schleimbedeckt oder auffallend trocken. Grobe Beweglichkeit nicht eingeschränkt. Kehlkopfschleimhaut insgesamt ebenfalls gerötet und aufgelockert.

Therapie:

- Stimmschonung. Verbot von Tabak, Alkohol, scharfen Gewürzen.
- Heiße Wasserdampfinhalationen mit Emser Salz oder Sole, Instillation von Turiopin (wegen der trockenen Schleimhaut keine abschwellenden Medikamente!). Sekretlösende Medikamente.
  Aerosole (Trockennebel) sind weniger geeignet als Feuchtnebel, da sie sich wegen der kleinen Tröpfchen nicht im Kehlkopf, sondern vorwiegend in den Bronchien niederschlagen.
- Tantum gegen die Schwellung der Kehlkopfschleimhaut.
- Ursachen, vor allem ungünstige Berufseinflüsse, ausschalten.
- Nasenatmung operativ verbessern, Nebenhöhlenentzündungen behandeln.

Differentialdiagnose:
Bei länger als drei- bis vierwöchiger Heiserkeit unbedingt Carcinom oder spezifische Entzündung durch Probeexcision ausschließen! Das gilt insbesondere bei einseitigen Befunden.

2. Laryngitis chronica sicca

Sie tritt häufig zusammen mit einer Pharyngitis sicca auf (S. 240) und kann zur Ozaena laryngis führen.

Entstehung: Vorwiegend konstitutionell, verschlechtert durch Arbeiten bei großer Hitze, z. B. Glasbläser, Hochofenarbeiter, Heizer.

Befund: Hochgradige Trockenheit im Larynx, auf der Schleimhaut und in der Glottis zäher Schleim und gelblich-braune Krusten. Heiserkeit.

Therapie: Nur symptomatisch zur Linderung der Trockenheit: Tacholiquininstillationen, Inhalationen mit Emser Salz, Sole oder Bisolvon.

3. Laryngitis chronica hyperplastica

Befund: Lappige polypös-ödematöse Stimmlippen (Farbaufnahme 59), die in der Glottis flattern können (REINKE-Ödem = subepitheliales Ödem). Heiserkeit. Vorwiegend bei Rauchern mit Stimmbelastungen. (Laryngopathia gravidarum S. 342.)

Therapie: Abtragung der polypösen Massen durch **Decortikation** („Stripping“) der Stimmlippen bei direkter Laryngoskopie mit Hilfe des Operationsmikroskops in Intubationsnarkose (Mikrochirurgie des Kehlkopfes, evtl. Laserchirurgie) unter Schonung des Lig. vocale und des M. vocalis. Bei doppelseitigem Ödem vordere Kommissur aussparen, um postoperative Synechien zu vermeiden.

Differentialdiagnose:

a) **Entzündlicher Prolaps des Sinus Morgagni:** Ödematöse Schleimhaut zwischen Stimmlippe und Taschenfalte.

Therapie: Abtragung.

b) **Dyschylischer Pseudotumor** der Taschenfalte:
Eine tumorähnliche Auftreibung der Taschenfalte entsteht durch eine Stenose oder einen Verschluß von Schleimdrüsenausführungsgängen infolge einer chronischen Laryngitis. Das Sekret wird gestaut und eingedickt.

Therapie: Submucöse Ausschälung aus der Taschenfalte endolaryngeal (Mikrochirurgie des Kehlkopfes).

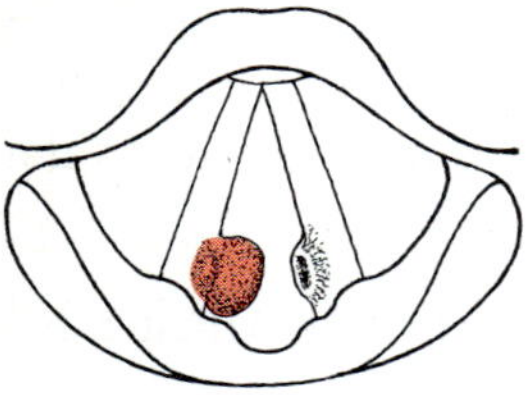

Abb. 138. Pachydermie und gegenüberliegende Ulceration, aus der sich ein Granulom (rot) entwickelt hat

c) **Kontaktulcus, -granulom:** Schüsselförmige Ulceration im Bereich des Processus vocalis (Kontaktulcus), gegenüberliegend oft Pachydermie. Ursache meist Überbeanspruchung der Stimme (z. B. Schausteller, Kasernenhof) und Zusammenschlagen der Aryknorpel. Aus dem granulierenden Ulcus kann ein größeres **Granulom** (Abb. 138) entstehen, ähnlich dem Intubationsgranulom (S. 275).

Therapie: Granulome in direkter Laryngoskopie abtragen, anschließend Stimmtherapie. Rezidivneigung!

C. Spezifische Entzündungen

1. Diphtherie (Krupp)

Entstehung: Durch Absteigen einer Rachendiphtherie früher häufig, heute sehr selten. Infektion durch Corynebacterium diphtheriae (LÖFFLER).

Symptome: Wie bei akuter Laryngitis. Stimme aphonisch. Dazu Schluckbeschwerden und bellender Husten, Fieber, schlechter Allgemeinzustand, toxisches Bild, Atemnot, Cyanose.

Befund: Wie im Rachen weißliche bis gelbgrüne membranöse Beläge, die beim Ablösen zu einer Blutung führen. Süßlicher Geruch.

Therapie: Diphtherieserum. Bei zunehmender Atemnot Tracheotomie.

Differentialdiagnose: Stenosierende Laryngo-Tracheitis oder subglottische Laryngitis (Pseudokrupp S. 278).

2. Tuberkulose

Entstehung: Sekundär. Meist sputogen bei offener Lungentuberkulose, auch hämatogen. Kommt heute selten zur Beobachtung.

Formen: Produktive Form, exsudative Form.

Symptome: Wechselnde Heiserkeit, ins Ohr ausstrahlende Schmerzen beim Schlucken, vor allem bei ulcerösen Prozessen. Hustenreiz.

Befund: Blaßrote Infiltrate, flache Granulationen oder Ulcerationen, vorwiegend an den Stimmlippen (ein- oder beidseitig), an der Kehlkopfhinterwand und an der laryngealen Epiglottisfläche.
Die Beweglichkeit einer oder beider Stimmlippen kann eingeschränkt sein.

Diagnose: Röntgenaufnahme der Lunge, Probeexcision, Sputumuntersuchung, Magensaftuntersuchung.

Therapie: Dreierkombination verschiedener Tuberculostatica (Isonicotinsäurehydrazit = INH, Myambutol, Rifampizin Para-Aminosalicylsäure = PAS, Streptomycin, Thiosemicarbazon). Die früher übliche örtliche Behandlung mit Kauterisation, Ätzen, Ultraviolettlicht-Bestrahlungen usw. ist nicht mehr erforderlich.
Stärkere einseitige ins Ohr strahlende Schmerzen machen eine Anaesthesie (Novocain) oder eine Ausschaltung (70%iger Alkohol) des Nervus laryngeus sup. an der Durchtrittsstelle durch die Membrana hyothyreoidea notwendig.

Differentialdiagnose: Carcinom (durch Probeexcision ausschließen).

3. Lues

Die Kehlkopfschleimhaut kann bei einer Rachenschleimhautentzündung im Sekundärstadium der Lues miterkrankt sein (Papeln, Plaques muqueuses S. 243).
Im Tertiärstadium kommen sehr selten einmal Gummen vor (tiefe harte Ulcerationen, Foetor), die zu einer Zerstörung des knorpligen Kehlkopfgerüstes und nachfolgenden Narbenstenosen des Kehlkopflumens führen.

III. Kehlkopflähmungen (Stimmbandlähmungen) 4.3.2

A. Myopathische Lähmungen

Selten sind isolierte Schädigungen der Kehlkopfmuskeln (spezifische Entzündungen, Diphtherie, Trichinose). Die dabei zu erwartenden Stellungen der Stimmlippen wurden bei der Anatomie die Kehlkopfmuskulatur (S. 261) beschrieben.
Praktische Bedeutung hat die Schädigung der Mm. vocales durch eine akute oder chronische Laryngitis, falls während der Erkrankungszeit die Stimmlippen nicht durch Schweigen ruhiggestellt worden sind. Es bleibt danach gelegentlich ein ungenügender Stimmlippenschluß, eine sogenannte **„Internusschwäche“** zurück, die sich bei der Spiegeluntersuchung im

Offenbleiben eines ovalären Spaltes zwischen den Stimmlippen bei der Phonation zeigt. Die Stimme ist heiser. (Siehe Abb. 126, S. 263.)

Ein gleicher Befund ergibt sich im hohen Alter (Greisenstimme) und bei sehr geschwächten Patienten durch Nachlassen der Spannung der Stimmlippen.

Therapie: Stimmübungen, Elektrotherapie.

B. Zentral ausgelöste Lähmungen

Bulbäre Prozesse äußern sich auch in Stimmlippenlähmung (N. X) auch in Funktionsstörungen anderer Hirnnerven, vor allem N. V, N. IX, N. XI, N. XII. Bei Bulbärparalyse treten Schluckbeschwerden und „Verschlukken" auf. Beim WALLENBERG-Syndrom und bei anderen Durchblutungsstörungen im Versorgungsgebiet der A. cerebelli inf. post. kommt es gelegentlich zur homolateralen Stimmlippenlähmung.

C. Nervenlähmungen

1. N. laryngeus sup.

Allein selten ausgefallen. Gelegentlich bei Verletzungen.

Befund: Durch Ausfall des äußeren Kehlkopfmuskels (M. cricothyreoideus) Stimmlippe schlaff (s. Abb. 124, S. 261).

Symptome: Geringe Heiserkeit, Verlust der hohen Töne und Stimmschwäche, keine Atemnot. Sensibilitätsstörungen der Kehlkopfschleimhaut.

2. N. laryngeus sup. und N. laryngeus inf.

Bei Schädigung des N. vagus an der Schädelbasis, z. B. bei Tumoren, oder bei zentralen Vaguslähmungen.

Befund: Durch Ausfall des äußeren und aller inneren Kehlkopfmuskeln steht die gelähmte Stimmlippe in der Mittelstellung zwischen Öffnungs- und Schließungsstellung Respirations- und Phonationsstellung, also in der **Intermediärstellung** still (Abb. 139b). Kein Glottisschluß.

Symptome: Stärkere Heiserkeit, hauchige Stimme, keine Atemnot.

Therapie der Stimmstörung: Stimmübungsbehandlung, Elektrotherapie.

3. N. laryngeus inf. (N. recurrens)

Die **Recurrensparese** tritt gelegentlich auf nach Strumaoperationen (besonders Rezidivoperationen), bei Struma maligna, Mediastinaltumoren, Metastasen eines Bronchialcarcinoms, Aortenaneurysma. Seltener bei

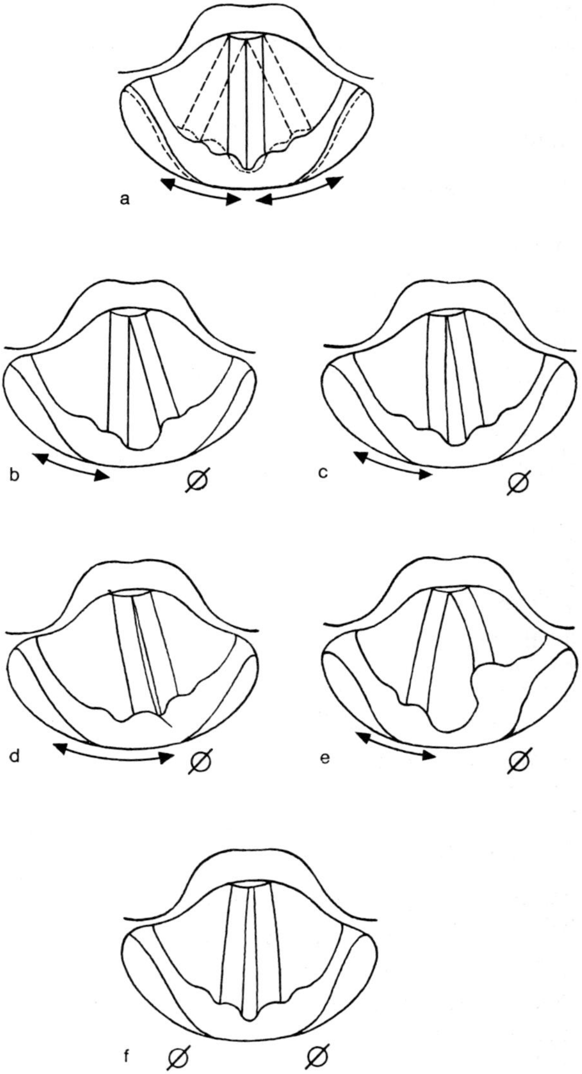

Abb. 139 a – f. Stimmlippenlähmungen. Stellung der Stimmlippen abhängig vom Ausfall der Kehlkopfnerven. **a** normale Stimmlippenbeweglichkeit; **b Intermediärstellung** der linken Stimmlippe bei gleichzeitiger Lähmung des N. laryngeus sup. und des N. laryngeus inf. links; **c Paramedianstellung** der linken Stimmlippe bei Lähmung des N. laryngeus inf. links (= **„Recurrenslähmung** links“); **d** Verbesserung der Stimme durch Anlegen der nichtgelähmten Stimmlippe an die gelähmte Stimmlippe links; **e** Verschlechterung der Stimme durch Atrophie der gelähmten Stimmlippe links (sog. **Kadaverstellung**); **f** Paramedianstellung beider Stimmlippen bei Lähmung des N. laryngeus inf. beiderseits (= „Recurrenslähmung beiderseits“)

Neuritiden und als idiopathische oder „rheumatische" Lähmung (nach Grippe?). Bei mediastinalen Prozessen meist linksseitige Parese.

Befund: Durch Ausfall der inneren Kehlkopfmuskeln, also des Stimmritzenöffners und der Stimmritzenschließer, müßte man eine Intermediärstellung der Stimmlippe erwarten. Der intakte äußere Kehlkopfmuskel (M. cricothyreoideus) zieht jedoch die gelähmte Stimmlippe durch seine Spannfunktion in die Mittellinie, es resultiert die **Median-** bzw. **Paramedianstellung** (Abb. 139c und Farbaufnahme 61). Eine Paramedianstellung ist auch denkbar durch eine Teilschädigung des N. recurrens, wonach die Funktion der Schließer die des einzigen Öffners (des M. posticus) überwiegt („Posticuslähmung").

a) Einseitige Recurrensparese:

Symptome: Nur sehr geringe Heiserkeit und leichte Stimmermüdung, keine nennenswerte Atemnot durch die in Paramedianstellung stillstehende Stimmlippe. Ist die Beweglichkeit der Stimmlippe lediglich eingeschränkt, spricht man von Recurrensschwäche.

Therapie: Stimmübungsbehandlung, Elektrotherapie.

Ziel der Therapie: Verbesserung der Funktion eines nur geschädigten und nicht durchtrennten Nerven oder Kräftigung der Stimme durch eine Zunahme der Beweglichkeit der nicht gelähmten Stimmlippe, die sich unter Umständen kompensatorisch etwas über die Mittellinie hinaus bis an die gelähmte Stimmlippe legen kann. Das gilt auch für die Behandlung der Intermediärstellung (Abb. 139d).

Anmerkung: Die Stimme wird schlechter, falls es zu einer allmählichen Atrophie der musculären Anteile der gelähmten Stimmlippe und damit zu einer sogenannten **Kadaverstellung** mit excavierter Stimmlippe in Intermediärstellung und Verlagerung des Aryknorpels kommt (Abb. 139e und Farbaufnahme 62):

Symptom: Hauchige Stimme bei großem Luftverbrauch (Phonatorische Dyspnoe).

Therapie der „Kadaverstellung": Einpflanzen eines Knochen- oder Knorpelspanes in die gelähmte Stimmlippe, um die Glottis zu verengen und die Stimme zu verbessern.

b) Doppelseitige Recurrensparese:

Symptome: Geringe Heiserkeit, starke **Atemnot,** inspiratorischer Stridor durch Paramedianstellung beider Stimmlippen (Abb. 139f).

Therapie: Tracheotomie (S. 296) und Sprechkanüle (S. 298) wegen der Atemnot oft erforderlich.

Besteht die doppelseitige Recurrensparese länger als 12 Monate, ist mit einer Rückkehr der Nervenfunktion nicht mehr zu rechnen.
Um zu verhindern, daß die Patienten Dauerkanülenträger werden, kommt dann die operative Erweiterung der Stimmritze in Frage durch die

Laterofixation einer Stimmlippe, wobei der Aryknorpel von außen freipräpariert und er selbst oder nach seiner Entfernung der erhalten gebliebene Processus vocalis an die hintere Schildknorpelkante genäht werden, oder durch die

einseitige Arytaenektomie und Stimmlippenverlagerung nach seitlich oben an die Taschenfalte endolaryngeal bei direkter Laryngoskopie (Mikrochirurgie).

Je stärker die Stimmritze operativ erweitert wird, desto besser ist die Atmung, desto schlechter wird aber die Stimmleistung. Hier gilt es, einen Kompromiß zwischen für die Atmung ausreichender Weite und für die Stimmbildung noch möglicher Weite zu schließen.

Anmerkung: Arthrogene Stimmlippenlähmungen durch Ankylose des Aryknorpels kommen vor bei chronischer Polyarthritis, nach Langzeitintubation, nach Strahlentherapie und bei lange bestehenden Recurrenslähmungen.

IV. Tumoren des Larynx

4.3.3

A. Gutartige Geschwülste

1. Stimmlippenpolyp

Histologie: Entzündliche Schleimhauthyperplasie von fibrom- oder angiomartiger Struktur oder echte Fibrome.

Befund: Gestielter oder breitbasig einer Stimmlippe – nicht selten am Übergang vom vorderen zum mittleren Drittel – aufsitzender grauglasiger oder bläulicher, kugeliger „Tumor" (Farbaufnahmen 63 u. 64). Gelegentlich bei Atmung und Phonation in der Glottis flottierend. Heiserkeit, bei flottierendem Polypen Heiserkeit in wechselnder Stärke.

Therapie: Abtragung mit Doppellöffel oder Zängelchen indirekt oder besser und für die Stimmlippe schonender bei direkter Laryngoskopie (mikrochirurgische Entfernung).

Differentialdiagnose: Intubationsgranulom (S. 275).

2. Stimmlippenknötchen

Bei Kindern **„Schreiknötchen"**, bei Sängern **„Sängerknötchen"** genannt, entstehen bei mechanischer Überbelastung der Stimmlippen und falscher Stimmtechnik (hyperfunktionelle Dysphonie S. 342).

Symptome: Heisere, rauhe Stimme, die nicht mehr belastungsfähig ist.

Befund: Bis stecknadelkopfgroße Epithel- und Bindegewebsverdikkungen korrespondierend auf beiden Stimmlippen am Übergang vom vorderen zum mittleren Drittel der Stimmritze, dem Ort der größten Schwingungsamplitude und maximaler Belastung. („Hühneraugen" der Stimmbänder) (Farbaufnahme 65).

Therapie: Stimmschonung und Stimmübungsbehandlung zum Erlernen richtiger Stimmtechnik.
Bei größeren fibrosierten Knötchen mikrochirurgische Abtragung.

3. Kehlkopfpapillomatose des Kindes

Ursache: Virusbedingt, „Schleimhautwarzen", ähnlich den Warzen der Haut.

Histologie: Fibroepitheliome.

Symptome: Heiserkeit bis Aphonie, bei ausgedehnter Papillomatose inspiratorischer Stridor.

Befund: Blumenkohlartige oder traubige, multiple, blaßrote, weiche Geschwülstchen auf den Stimmlippen, aber auch im Bereich der übrigen Kehlkopfschleimhaut.

Therapie: Entfernung in direkter Laryngoskopie. (Indikation zur Laserchirurgie.) Zellgifte (Podophyllin), die mehrfach örtlich aufgetupft werden, führen gelegentlich zu einer Rückbildung. Eine Röntgenbestrahlung sollte wegen der möglichen Schädigung des kindlichen Kehlkopfgerüstes nicht durchgeführt werden. Medikamentöse Behandlung bisher ohne Dauererfolg.
Bei plötzlicher Verlegung des Kehlkopflumens durch flottierende Papillommassen ist gelegentlich eine Tracheotomie nicht zu umgehen.

Verlauf: Die kindlichen Kehlkopfpapillome rezidivieren bis in das Pubertätsalter häufig (oft auch noch im Erwachsenenalter) und müssen in den meisten Fällen mehrfach in Abständen von Monaten oder Jahren abgetragen werden. Schonendes Operieren ist erforderlich, um narbige Synechien im Kehlkopfinneren, vor allem im Bereich der vorderen Commissur zu vermeiden.

Merke: Papillome beim Erwachsenen sind nicht zurückgebildete kindliche Papillome oder gutartige Tumoren, die zur Entartung neigen (Präcancerose) (S. 290).

4. Chondrom

Meist von der Ringknorpelplatte ausgehend. Dyspnoe und Heiserkeit.

Befund: Subglottische Vorwölbung von glatter, unveränderter Schleimhaut überzogen, beim Betasten von harter Konsistenz.

Diagnose: Laryngoskopie, Röntgenaufnahme, Probeexcision.

Therapie: Exstirpation nach Laryngofissur (Spaltung des Kehlkopfes).

Differentialdiagnose:

Amyloidose des Larynx („Amyloidtumor"):
Einlagerung von Amyloid in die Schleimhaut, entweder sekundär bei generalisierter Amyloidose oder – aus bisher ungeklärter Ursache – primär tumorartig isoliert im Kehlkopf.

Befund: Kugelige Verdickung im Kehlkopf oder in der Trachea von glatter, gelblich erscheinender Schleimhaut überzogen.

Diagnose: Durch Probeexcision.

Therapie: Corticosteroide.
Bei tumorartiger Ausbildung Exstirpation endoskopisch oder nach Laryngofissur.

Plasmocytom: Es kommt im Bereich der Schleimhaut der oberen Luftwege vor als lymphoplasmocytisches Non-HODGKIN-Lymphom (S. 319) und als extramedulläre Absiedlung eines ossären Plasmocytoms.

B. Präcancerosen

1. Epitheldysplasien

Darunter fallen die klinischen Bilder der **Leukoplakie** und **Pachydermie.** Sie kommen als Vorerkrankung eines Kehlkopfcarcinoms in Frage.

Befund: Weißliche, den Stimmlippen aufsitzende, oft erhabene bis hökkerige Partien (Farbaufnahme 67).

Histologie: Einteilung nach KLEINSASSER:
Stadium I: Einfache Plattenepithelhyperplasie.
Stadium II: Epithelhyperplasie mit vereinzelten örtlichen Zellatypien.
Stadium III: Präcanceröses Epithel **(Carcinoma in situ)** mit Kernatypien, atypischen Mitosen, Reifungsstörungen des Epithels, jedoch **ohne** infiltrierendes Wachstum = präinvasives Carcinom (Bei Zerstörung der Basalmembran handelt es sich bereits um ein mikroinvasives Carcinom).
Die WHO unterscheidet vier Abstufungen der Dysplasie entsprechend dem ansteigenden Entartungsrisiko.

Therapie: Abtragung am besten im Rahmen einer Decortication der Stimmlippe und histologische Untersuchung.

Bei Carcinoma in situ anschließend Strahlentherapie (percutane Telekobaltbestrahlung).

GK 4.3.3

2. Papillom (des Erwachsenen)

Abgesehen von einer rezidivierenden virusbedingten Form, ähnlich den kindlichen Papillomen (S. 288), kommen beim Erwachsenen solitäre Geschwülste mit stärkerer Verhornung vor.

Histologie: Fibroepitheliome mit breitem vielschichtigem Plattenepithel.

Symptome: Heiserkeit und, je nach Ausdehnung, Atemnot.

Befund: Breitbasig aufsitzende, höckerige rötliche Tumormassen im Kehlkopflumen (Farbaufnahme 68).

Therapie: Operative Entfernung (Indikation zur Laserchirurgie) und sorgfältige histologische Aufarbeitung. Kaum strahlensensibel, dennoch bei Recidiven Strahlentherapie angezeigt.

Prognose: Zweifelhaft, da die Papillome in 20% der Fälle zu maligner Entartung neigen (Präcancerose!).

C. Kehlkopf- und Hypopharynxcarcinom

1. Einteilung

a) *Einteilung nach Regionen (Bezirke)* zwecks Klassifizierung:

Kehlkopfcarcinom (früher „inneres" Kehlkopfcarcinom). Dazu gehören

- Carcinom des Kehlkopf-Hypopharynxrandgebietes = Epilarynx (sog. marginale Tumoren der Supraglottis):
  Epiglottisrand,
  Aryepiglottische Falte,
  Aryknorpelgegend.
- Supraglottisches Carcinom:
  Laryngeale Epiglottisfläche,
  Taschenfalte,
  MORGAGNI-Ventrikel.
- Glottisches Carcinom (in 60% der Fälle):
  Stimmlippe,
  vordere Commissur,
  Hinterwand.
- Subglottisches Carcinom (selten).

Hypopharynxcarcinom (früher „äußeres" Kehlkopfcarcinom). Dazu gehören

- Carcinom des Recessus piriformis.
- Carcinom der Hypopharynxhinterwand.
- Carcinom der Postcricoidgegend.

b) *Einteilung nach Ausdehnung* (Staging) (z. B. Kehlkopfcarcinom):
TNM-System = **T**umor, **N**odulus, **M**etastase (Siehe auch S. 252).

	Tis	= präinvasives Carcinom
(Stadium I):	**T1**N0M0	= Tumor auf eine Region begrenzt. Beim Stimmlippencarcinom: Stimmlippe beweglich (T1a: Befall einer Stimmlippe, T1b: Befall beider Stimmlippen).
(Stadium II):	**T2**N0M0	= Tumor auf zwei Regionen ausgedehnt. Beim Stimmlippencarcinom: Stimmlippe eingeschränkt beweglich.
(Stadium III):	**T3**N0M0	= Tumor in mehr als zwei Regionen. Beim Stimmlippencarcinom: Stimmlippe fixiert.
	T1 – 3**N1**M0	= Außer Primärtumor Auftreten eines ipsilateralen Lymphknotens (nicht größer als 3 cm).
(Stadium IV):	**T4**N0 – 1M0	= Tumor hat die Grenzen des Organs verlassen oder ist in den Knorpel eingebrochen.
	T1 – 4**N2 – 3**M0	= Außer Primärtumor Auftreten von großen, mehreren, bi- oder kontralateralen Lymphknoten (siehe S. 331).
	T1–4N0–3**M1**	= Zusätzlich Auftreten von Fernmetastasen.

Diese prätherapeutische Klassifizierung ist von praktischer Bedeutung für Behandlungsmöglichkeiten und Prognose.

Vorkommen des Kehlkopfcarcinoms:

Es erkranken vorwiegend ältere Männer. Der Tumor wird seit den dreißiger Jahren häufiger beobachtet als früher, offenbar nicht nur durch eine verbesserte Diagnostik und eine längere Lebenserwartung, sondern auch wegen der Zunahme äußerer Noxen (Syncarcinogenese). Vor allem dürfte das Zigarettenrauchen schuld daran sein, daß die Carcinome der Atemwege heute an erster Stelle der Häufigkeitsstatistik stehen. Im Rauch ist das cancerogene Benzpyren enthalten. 50 Prozent aller Krebse des Hals-Nasen-Ohrengebietes sind Kehlkopfkrebse.

Histologie:

Meist verhornende oder nicht verhornende Plattenepithelcarcinome, selten gering oder undifferenzierte Carcinome, sehr selten Sarkome (1%).

Vorerkrankungen des Carcinoms können erfahrungsgemäß sein:

- Lange andauernde chronische Laryngitis,
- Pachydermien,
- Leukoplakien,
- Papillome des Erwachsenen.

Diagnose:

- Durch indirekte (mit Spiegel oder Lupenendoskop) und direkte Laryngoskopie (mit Larynxoperationsmikroskop und Optiken) und Probeexcision.
- Die Stroboskopie kann bereits bei Beginn der Erkrankung eine Beeinträchtigung der Schwingungsfähigkeit der Stimmlippe aufdecken.
- Röntgentomogramme zeigen Höhen- und Tiefenausdehnung an.
- Computertomogramme und Kernspintomogramme ergeben das Ausmaß der Tumorinfiltration.
- Bei der Laryngographie erkennt man die Konfiguration der Tumoroberfläche.

2. Stimmlippencarcinom

Prognose: Relativ günstig,

- weil früh Heiserkeit auftritt und dadurch zeitiger Behandlungsbeginn möglich,
- weil die Stimmlippe wenig Lymphbahnen enthält und dadurch selten und spät Auftreten von Metastasen,
- weil die Therapiemöglichkeiten gut sind.

Symptome: Heiserkeit, später Luftnot.

Bei jeder Heiserkeit, die über 3 – 4 Wochen andauert, Carcinomverdacht! Ausschluß durch Laryngoskopie und gegebenenfalls Probeexcision.

Befund:

- Stimmlippe einseitig gerötet, verdickt, höckerig, ulceriert, mit Fibrin bedeckt (Farbaufnahme 69).
- Beweglichkeit anfangs erhalten. Eine Einschränkung der Stimmlippenbeweglichkeit bedeutet ein Einwachsen in die Aryknorpelgegend und verschlechtert die Prognose erheblich (dann kein isoliertes Stimmlippencarcinom mehr!).

Therapie:

- Bei erhaltener Stimmlippenbeweglichkeit und Befall einer Stimmlippe **Thyreotomie** (Spaltung des Schildknorpels in der Mittellinie) und **Chordektomie** (Excision der Stimmlippe mit Musculus vocalis) (Abb. 140 a) – bei sehr kleinem Tumor auch endolaryngeal Laserchirurgie) – oder percutane Telegamma-Therapie (Herddosis etwa 60 Gy = 6000 rad).
  Nach der Chordektomie bildet sich an Stelle der Stimmlippe eine straffe Narbe mit einer brauchbaren Stimme.
- Bei Übergreifen auf die vordere Commissur und den vorderen Abschnitt der anderen Stimmlippe vertikale frontolaterale Teilresektion des Kehlkopfes nach LEROUX-ROBERT (Abb. 140 b).

Heilungsergebnisse: 90% 5 Jahre recidivfreies Intervall bei Operation, wenn die Stimmlippe noch beweglich war; etwa ebenso günstig bei Bestrahlung.

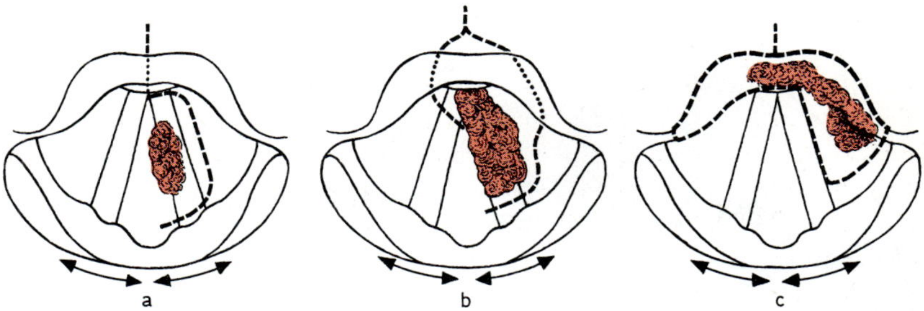

Abb. 140 a – c. Operative Behandlung des Kehlkopfcarcinoms (für Atmung und Stimme funktionserhaltende Teilresektionen). **a** Thyreotomie und Chordektomie; **b** frontolaterale Teilresektion; **c** supraglottische Teilresektion (ALONSO)

---

3. Supraglottisches Carcinom

Prognose: Schlechter,

- weil später erkannt, da erst bei Übergreifen auf das Stimmband Heiserkeit auftritt und
- weil in 40% Metastasen in den tiefen laterocervicalen Halslymphknoten auftreten (bei marginalen Tumoren in über 50%).

Symptome: Zunächst uncharakteristisch Druckgefühl im Kehlkopf, später rauhe Stimme, Heiserkeit.

Befund:

- Auf der Taschenfalte oder der laryngealen Epiglottisfläche granulierender, ulcerierter Tumor (Farbaufnahme 70).
- Später Übergreifen auf die andere Seite, auf das Stimmband oder Durchbruch in den prälaryngealen Fettkörper. Letzteres ist erkennbar an der Starre der Epiglottis.
- Bei Einbruch in den Knorpel: Tumorperichondritis durch Infektion entlang dem Tumorzapfen. Bei Perichondritis möglichst operative Behandlung und keine Bestrahlung!

Therapie:

Die operative Therapie ist beim supraglottischen Carcinom – vor allem bei bereits erfolgter Metastasierung – der alleinigen Strahlentherapie überlegen. Die Chemotherapie (S. 253) ist beim Kehlkopfcarcinom wenig erfolgreich. Daher Operation.

- Bei streng halbseitigem Befund: Halbseitenresektion (Hemilaryngektomie), wird heute nur noch selten ausgeführt.
- Bei Befall nur der Epiglottis und des Taschenbandes: horizontale supraglottische Teilresektion nach ALONSO (Abb. 140 c).

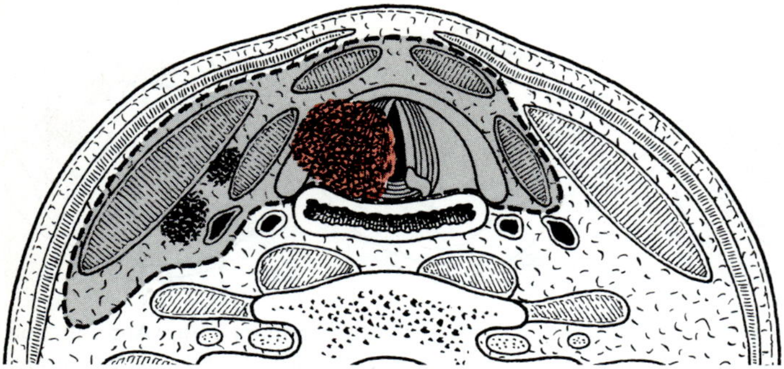

Abb. 141 a. Laryngektomie und Neck dissection en bloc (gestrichelt umrandet)

Meist handelt es sich jedoch um ausgedehntere Kehlkopfcarcinome, dann

- Laryngektomie (= Totalexstirpation) und – bei Metastasen – Neck dissection en bloc (Abb. 141 a) sowie percutane Nachbestrahlung des Operationsgebietes einschließlich der seitlichen Halsregion.

(Diese Behandlung ist auch beim **subglottischen Carcinom** – subglottische Ausdehnung eines Stimmbandcarcinoms – erforderlich, da eine Teilresektion nicht möglich ist. Der Tumor bricht zeitig in den Knorpel ein und metastasiert früh in die prä- und paratrachealen Lymphknoten.)

Die Minderung der Erwerbsfähigkeit des Laryngektomierten auf dem allgemeinen Arbeitsmarkt beträgt 60 – 80% (Behinderung u. a. durch Verlust der sprachlichen Kommunikation, Verlust der Bauchpresse durch fehlenden Glottisschluß, Verlust der Nasenatmung und des Riechvermögens, Schwierigkeiten beim Baden und Schwimmen wegen des Tracheostomas, s. u.).

Heilungsergebnisse: 60% 5 Jahre recidivfreies Intervall.

Laryngektomie:
Absetzen des Kehlkopfes einschließlich des Zungenbeines vom Hypopharynx und von der oberen Trachea. Damit Trennen des Luft- und Speiseweges. Das Pharyngostoma wird verschlossen, der Stumpf der Trachea wird als Tracheostoma in die Halshaut eingenäht (Abb. 141 b und Farbaufnahme 54). (Anlegen einer Neoglottis S. 299.)

Neck dissection (Radikale Halsausräumung):
Sie ist als kurative N. d. (S. 317) bei bereits tastbaren Metastasen (manifeste Metastasen) erforderlich. Metastasen sollten stets operiert werden, da sie auf Bestrahlung schlecht ansprechen. Nachbestrahlung jedoch wichtig.
Bei erfahrungsgemäß früh metastasierenden Carcinomen (z. B. Taschenfalte, Kehlkopfeingang, Hypopharynx) müssen in jedem Fall die tiefen Halslymphknoten auf der Gefäßscheide kontrolliert werden, auch wenn sie von außen nicht zu tasten waren (Möglichkeit der klinisch latenten Metastasen). Von dem operativ aufgedeckten Befund wird der Entschluß zur anschließenden N. d. abhängig gemacht (S. 318).

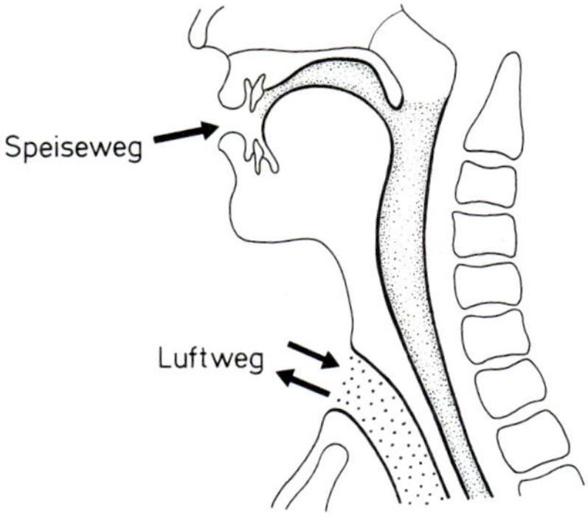

Abb. 141 b. Laryngektomie
(Trennen von Luft- und Speiseweg)

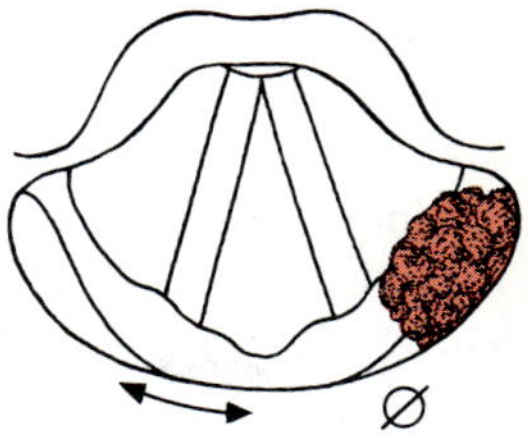

Abb. 142. Hypopharynxcarcinom

Ersatzsprache (Rehabilitation des Kehlkopflosen durch Logopäden):

Der Laryngektomierte kann sich mit Hilfe der sog. **Oesophagussprache** verständigen. In den Oesophagus und in den Magen geschluckte (eingesaugte) Luft wird hochgerülpst (Rülpssprache, Ructussprache). Ein Stimmklang entsteht dabei am engen Oesophagusmund („Pseudoglottis"). Die Artikulation ist ungestört, daher eigentlich exakter: Oesophagus-stimme, weil die Stimmbildung im Oesophagus erfolgt.

Falls die Rülpssprache nicht erlernt wird, Verwendung einer **elektronischen Sprechhilfe** („Elektrolarynx"): Kleiner, batteriebetriebener Tongenerator mit vibrierender Platte (Körperschallgeber), der auf den Mundboden oder den äußeren Hals aufgesetzt wird. Die akustische Energie pflanzt sich durch die Weichteile fort. Mit der in Schwingung versetzten Luft im Ansatzrohr (Rachen, Mund, Nase) wird artikuliert. Aus dem Summton werden Sprachlaute (knarrende, monotone Sprache).

4. Hypopharynxcarcinom

Prognose: Sehr schlecht,

- weil durch uncharakteristische Symptome erst sehr spät erkannt und
- weil sehr früh Metastasierung (in 70% der Fälle).

Symptome: Geringe Schluckbeschwerden, Verschlucken, Stiche zum Ohr, Kloßgefühl, Fremdkörpergefühl. Häufig werden zuerst die Lymphknotenmetastasen am Kieferwinkel oder hinter und unter dem Ohr an der Schädelbasis bemerkt. Heiserkeit erst bei Übergreifen auf den Aryknorpel.

Befund: Im Recessus piriformis – beim Spiegeln schlecht zu erkennen – übergreifend auf die aryepiglottische Falte, postcricoidal im Oesophaguseingang, an der seitlichen oder an der hinteren Wand des Hypopharynx Tumormassen (Abb. 142 und Farbaufnahme 71). Sekundär Einwachsen in das Kehlkopfinnere (Heiserkeit!) und in die Schilddrüse.

GK 4.3.4

Therapie:

- Wenn noch operabel: Laryngektomie mit Hypopharynxteilresektion und Neck dissection. Nachbestrahlung.
- Bei inoperablen Tumoren oder Fernmetastasen Bestrahlung (Telegamma-Therapie). Nach der Bestrahlung durch Schädigung der Speicheldrüsen häufig Beschwerden durch Trockenheit der Schleimhaut (Strahlensialadenitis S. 327), die nach Einsprayen von synthetischem Speichel in den Mund gelindert werden können (Glandosane).
  Cytostatica (S. 253) sind beim Hypopharynxcarcinom – außer Cisplatin/5-Fluoro-Uracil – weniger erfolgreich als bei Oropharynxcarcinomen.
  Im Endstadium ist neben einer Tracheotomie gelegentlich auch noch eine Gastrostomie erforderlich, um den Patienten ernähren zu können (WITZEL-Fistel). Tod an Kachexie oder Gefäßarrosion mit Verblutung.

Heilungsergebnisse: 20% 5 Jahre recidivfreies Intervall.

V. Tracheotomie

4.3.4

Klassische Indikation bei mechanischer Behinderung der Atmung im Kehlkopf oder in der oberen Trachea durch
Schleimhautentzündungen, Perichondritis, Tumoren, Fremdkörper, Verätzungen, Verletzungen, Blutungen, Stimmbandlähmungen, Mißbildungen.

Erweiterte Indikation bei zentralen Atemstörungen, bulbären Krankheitsbildern, Apoplexie, Bewußtlosigkeit nach Schlafmittelvergiftungen oder Schädel-Hirntraumen, kardiopulmonalen Prozessen, komatösen Zuständen, Polyneuritiden, um

- eine Aspiration zu vermeiden,
- die Atmung zu erleichtern (z. B. Totraumverkleinerung)
- den Bronchialbaum besser absaugen zu können und Sekretstauungen zu vermeiden („Bronchialtoilette") und
- eine künstliche Dauerbeatmung durchführen zu können.

Durch eine **Intubation** kann eine Atemstörung für einige Tage überbrückt werden (Langzeitintubation bei Kindern mit Kunststofftuben transnasal auch wenige Wochen). Länger sollte ein Tubus wegen der damit verbundenen Schleimhautschädigung und der Gefahr subglottischer Kehlkopfstenosen oder Trachealstenosen (S. 276) nicht im Kehlkopf liegen. Danach wird eine Tracheotomie erforderlich. Man kann sich die Tracheotomie erleichtern, indem man bei liegendem Tubus ohne Zeitdruck die Trachea eröffnet.

Durchführung der Tracheotomie (in Intubationsnarkose oder örtlicher Betäubung):

Zur Prämedikation keine Morphinderivate oder Barbiturate (Atemdepression!), dagegen zur Ausschaltung vagaler Reflexe **Atropin** unbedingt erforderlich!

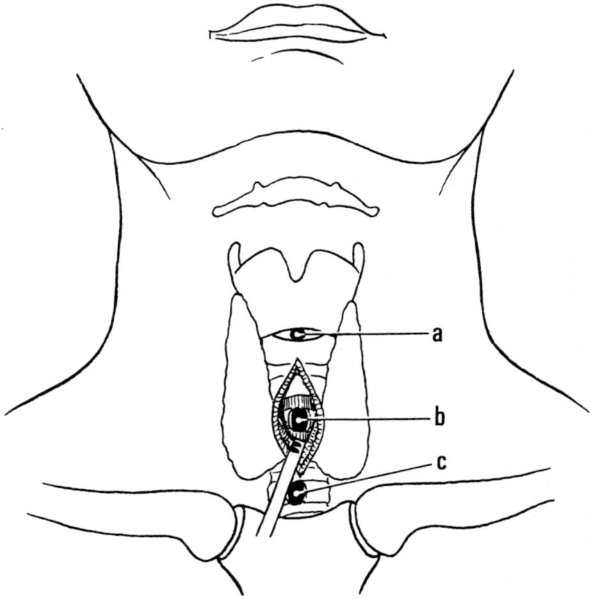

Abb. 143 a – c. Luftröhrenschnitt. **a** Coniotomie; **b** Tracheotomie (mit Hautschnitt und Haken, der den Schilddrüsenisthmus abwärts zieht); **c** „untere" Tracheotomie

---

Tracheotomie (= „obere" Tracheotomie, Abb. 143 b): Hautschnitt in der Mittellinie des Halses. Abwärtsdrängen oder Durchtrennen des Schilddrüsenisthmus, der die oberen Trachealringe bedeckt. Incision der Trachea und Ausstanzen eines kleinen Fensters in Höhe des 2. oder 3. Trachealknorpels (Tracheostoma). Verletzungen des Ringknorpels vermeiden wegen Gefahr der Perichondritis mit einer späteren subglottischen Stenose!

„Untere" Tracheotomie (Abb. 143 c): Eingehen oberhalb des Jugulums. Wegen der hier bereits tiefliegenden Trachea und der Gefahr einer Infektion des Mediastinums und einer Arrosionsblutung (A. anonyma!) bei länger liegender Kanüle ist die untere Tracheotomie weniger günstig. Sie wird nur durchgeführt, wenn die übliche Tracheotomie in Höhe des zweiten oder dritten Trachealknorpels nicht möglich ist. Ein plastisches Tracheostoma ist dann stets erforderlich, um die Wundflächen mit Haut abzudecken (S. 299).

Coniotomie (Abb. 143 a): Als Nottracheotomie Eingehen zwischen dem gut zu tastenden Schildknorpel und dem Ringknorpel durch das Ligamentum conicum hindurch (Verwendung kann ein Spezialtrokar mit aufgesetzter Kanüle finden). Eine reguläre Tracheotomie ist anzuschließen.

GK 4.3.4

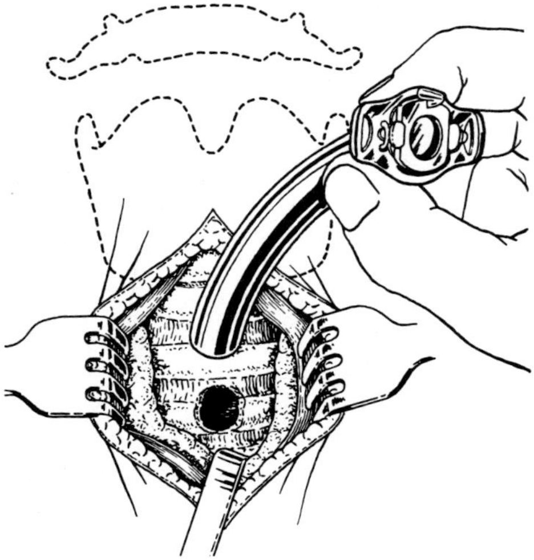

Abb. 144. Trachealkanüle

Trachealkanülen werden in das Tracheostoma eingesetzt und sollen täglich gewechselt werden:

- Gebogene Silber- oder Kunststoffkanülen mit herausnehmbarem Innenteil gibt es je nach Verwendungszweck in verschiedenen Größen (Abb. 144).
- Lochkanülen, deren äußere Öffnung man beim Sprechen mit dem Finger verschließt, sowie
- Sprechkanülen, die sich bei der Ausatmung durch ein Kläppchen selbst verschließen und so das Sprechen mit der Ausatmungsluft gestatten.
- Extra lange Kanülen für Stenosen in den tiefen Abschnitten der Trachea.
- Kanülen mit aufblasbarer Gummimanschette zum Abdichten der Trachea bei Blutungen oder bei maschineller Beatmung.

Nachbehandlung bei Tracheotomierten und Tracheostomaträgern nach Laryngektomie:

- Luft feucht halten, um eine Krustenbildung zu verhindern (Wasserdampfinhalationen).
- Eventuell Einträufeln von Tacholiquinlösung. Bisolvon, Mucosolvan, Fluimucil.
- Trachea und Hauptbronchus durch die Kanüle absaugen.

Ein **„erschwertes Décanulement“** kann durch Granulationen, die sich in Höhe eines scheuernden Kanülenendes bilden, durch eine Ringknorpelperichondritis mit nachfolgender subglottischer Stenose (besonders bei Kindern!), durch eine Trachealstenose bzw. eine Tracheomalazie oder durch psychische Faktoren bedingt sein.

Bei **verstopfter Kanüle** mit Atemnot sofort Kanüle bzw. Kanüleneinsatz herausziehen und neue Kanüle einsetzen.

GK 4.3.5

VI. Plastische Chirurgie

4.3.5

Plastische Maßnahmen an Kehlkopf und Trachea sind durchzuführen zwecks

1. Bilden einer Neoglottis

Nach Laryngektomie operativ angelegter Shunt zwischen Trachea und Hypopharynx oder Oesophagusmund (u. U. unter Verwendung einer Ventilprothese) mit dem Ziel, beim Ausatmen im Bereich der Neoglottis eine Stimmbildung zu erreichen, ohne daß beim Schlucken Flüssigkeit oder Speisen in die Trachea gelangen.

2. Wiederherstellung des Speiseweges

Erforderlich nach Resektion des Hypopharynx im Rahmen einer Laryngektomie. Wiederaufbau des Hypopharynx durch einen Akromiopectorallappen.

3. Anlegen eines plastischen Tracheostomas (primär epithelisiertes Tracheostoma)

Durch gestielte Hautlappen (Transpositionslappen) oder Anteile der Tracheavorderwand oder Vernähen von Haut mit Trachealschleimhaut wird erreicht, daß zwischen äußerer Haut und Trachealschleimhaut kein Wundkanal mit Granulationen bestehen bleibt und die Trachealkanüle nicht zu Gefäßarrosionen führen kann. Das gilt insbesondere, wenn die Tracheotomie tief angelegt werden mußte („untere" Tracheotomie) oder wenn abzusehen ist, daß die Kanüle längere Zeit getragen werden muß. Nach dem Décanulement ist ein operativer Tracheostomaverschluß erforderlich.

4. Beheben einer Stenose

Bei subglottischer Stenose als Folge einer Intubation oder Tracheotomie wird die Ringknorpelplatte gespalten und entweder ein Kunststoffrohr (Kehlkopfendoprothese) als Platzhalter für den erweiterten Luftweg eingesetzt oder eine offene Laryngotrachealrinne gebildet, die nach Stabilisierung der Wände später plastisch wieder verschlossen wird.
Bei Trachealstenosen wird bei kurzer Stenose eine quere Resektion des stenotischen Abschnittes mit End-zu-Endanastomose ausgeführt (u. U. nach Mobilisieren der unteren Trachea von einer Thoracotomie aus), bei längerer Stenose dagegen eine offene Rinne angelegt – gegebenenfalls mit Spaltung des Ringknorpels – und sekundärem plastischen Verschluß. (Plastische Operationen am äußeren Hals S. 321.)

Prüfungsaufgaben zu Larynx und Trachea s. Anhang Aufgaben 192 – 230.

GK 5, 5.1

Oesophagus und Bronchien

5

Anatomie

5.1

I. Oesophagus

Die Speiseröhre, ein 23 bis 26 cm langer Muskelschlauch im Mediastinum, besitzt drei Engen. Die erste Enge befindet sich in Höhe des Ringknorpels (Oesophagusmund = Oesophaguseingang), die zweite in Höhe der Bifurkation (bedingt durch den kreuzenden Aortenbogen), die dritte im Bereich der Kardia. Fremdkörper bleiben meist in der ersten Enge stecken, Verätzungen sind im Bereich der Engen am tiefgreifendsten. Der Oesophagusmund wird durch quere Fasern (Pars fundiformis = KILLIAN-Schleudermuskel) des M. cricopharyngeus gebildet. Darüber liegt an der Hinterwand eine muskelschwache Stelle (KILLIAN-Dreieck), durch die sich die Pharynxschleimhaut nach hinten in das Spatium retropharyngeum vorstülpen kann (ZENKER-Pulsionsdivertikel Abb. 146, S. 309). Unterhalb der Pars fundiformis liegt das LAIMER-Dreieck, anatomisch ebenfalls eine muskelschwache Stelle.

Die Oesophaguswand besteht aus Schleimhaut (nicht verhornendes mehrschichtiges Plattenepithel) und Muskulatur (innere Ring- und äußere Längsmuskulatur).

II. Bronchien

Die Trachea teilt sich an der Bifurkation in den steil verlaufenden rechten Hauptbronchus mit Ober-, Mittel- und Unterlappenbronchus und den flacher verlaufenden linken Hauptbronchus mit Ober- und Unterlappenbronchus. Weitere Aufteilungen in Segmentbronchien. Die Wände enthalten Knorpelspangen. Die Schleimhaut trägt Flimmerepithel, das das Sekret in Richtung Kehlkopf transportiert.

Physiologie

I. Schluckakt (S. 228)

II. Lungenfunktion

Für das HNO-Gebiet sind vorwiegend die obstruktiven, weniger die restriktiven Lungenfunktionsstörungen wichtig. Obstruktive Störungen treten auf bei allergischen Erkrankungen im Bereich der Bronchioli (Asthma bronchiale), aber auch durch Verlegung der Atemwege (Schleim, Tumoren, Tracheomalacie und Narbenstenosen).

Funktionsprüfungen:
Im Rahmen der **Spirometrie,** z. B. mit dem inspiratorischen und exspiratorischen TIFFENEAU-Test, ist eine Aussage über den Sitz des Atemwegshindernisses möglich.

Mit der **Ganzkörperplethysmographie** (Alveolardruck, Volumenfluß) kann außer der Messung des Atemwegswiderstandes (Resistance) differentialdiagnostisch zwischen Asthma bronchiale, Tracheomalacie und starren Stenosen unterschieden werden.

Die **Blutgasanalyse** (O_2) kann bei gestörter Atmung pathologische Werte ergeben.

Untersuchungsmethoden (Endoskopie) — 5.2

I. Oesophagoskopie — 5.2.1

Sie wird am liegenden Patienten entweder in Oberflächenanaesthesie oder besser in Intubationsnarkose durchgeführt. Starre beleuchtete Rohre (Oesophagoskope) stehen in verschiedener Länge und Dicke zur Verfügung. Als Lichtquelle wird heute Kaltlicht verwendet.
Bei nach hinten überstrecktem Kopf und herausgezogener bzw. in Richtung Mundboden gedrückter Zunge wird das Rohr vorsichtig am Zungengrund entlang geschoben, lädt die Epiglottis auf und gelangt hinter den Aryknorpeln in den Oesophaguseingang. Nachdem der Widerstand am Oesophaguseingang mit sanftem Druck überwunden ist, läßt sich das Rohr durch die erste Enge hindurch im Lumen des Oesophagus bis zur Kardia vorschieben. Die Schleimhaut ist rosa, glatt und feucht. Die Länge des oberen Speiseweges zwischen der Zahnreihe und der Kardia beträgt beim Erwachsenen 40 – 50 cm.
Es kann auch ein pneumatisches Oesophagoskop, durch das Luft in den Oesophagus gepumpt wird, zum Erweitern und zum besseren Inspizieren des Oesophaguslumens Verwendung finden.

GK 5.2.1

In den letzten Jahren werden zu diagnostischen und therapeutischen Zwecken (nicht zur Fremdkörperentfernung!) zunehmend flexible Fiberglasendoskope (Fiberskope) verwendet, mit denen auch Magen- und Duodenumuntersuchungen durchgeführt werden können. Die Untersuchung wird in Oberflächenanaesthesie bei linker Seitenlage vorgenommen.

Pathologische Befunde sind: Wandstarre, Stenosen, Rötung der Schleimhaut, Granulationen, Tumoren, Ulcera, Fibrinbeläge, Varicen, Fremdkörper. Pathologische Veränderungen werden mit Optiken näher untersucht, Fremdkörper werden entfernt, und aus Schleimhautveränderungen können Probeexcisionen durchgeführt werden.

Gefahr bei der Oesophagoskopie: Durchstoßen der Oesophaguswand (Oesophagusperforation S. 304) mit nachfolgender Mediastinitis!

Indikationen zur Oesophagoskopie

- Fremdkörperverdacht,
- Tumorverdacht,
- Ungeklärte Schluckbeschwerden im Bereich der Speiseröhre,
- Kontrolle nach Verätzungen,
- Stenoseverdacht,
- Ungeklärte Blutungen.

II. Tracheobronchoskopie (Abb. 145)

In Oberflächenanaesthesie, am besten jedoch in Narkose in Form der Beatmungsbronchoskopie am liegenden, relaxierten Patienten. Sauerstoff und Narkosegas werden durch das liegende Rohr zugeführt. Die Bronchoskope haben eine distale Lichtquelle.
Einführen des Bronchoskops durch die Glottis hindurch und Vorschieben in der Trachea bis zur Bifurkation. Eingehen in den rechten, anschließend in den linken Hauptbronchus und Inspektion aller Bronchialabgänge mit verschiedenen Winkeloptiken.
Anstelle der starren Bronchoskope können zu diagnostischen Zwecken – vor allem auch bei Stenosen – dünne flexible Fiberglasbronchoskope (Fiberskope) in Oberflächenanaesthesie eingesetzt werden.

Pathologische Befunde sind: Granulationen, Tumoren, Blutungsquellen, Ulcerationen, Fremdkörper.

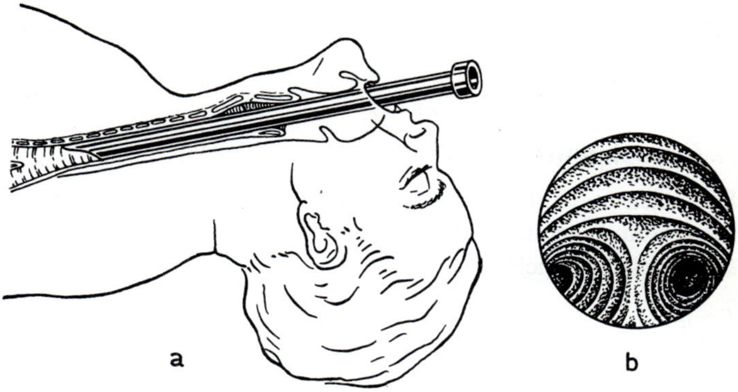

Abb. 145 a, b. Bronchoskopie. **a** Lage des Bronchoskops; **b** Bifurkation

Indikationen zur Tracheobronchoskopie

Fremdkörperverdacht,
Tumorverdacht,
Bronchialstenosen,
Ungeklärte Blutungen,
Nachweis von Schleimhautveränderungen bei spezifischen Entzündungen.

III. Mediastinoskopie (CARLENS)

In Intubationsnarkose wird das Rohr von einem Hautschnitt im Jugulum aus vorgeschoben, nachdem der tastende Finger vor der Vorderwand der Trachea unter der prätrachealen Fascie einen Weg bis in Höhe der Bifurkation gebahnt hat. Punktion und anschließend Probeexcision aus prä- und paratrachealen Lymphknoten und aus Mediastinaltumoren.

Indikationen:
Abklärung von Lymphknotenerkrankungen oder Tumoren des vorderen Mediastinums, z. B. Metastasen eines Bronchialcarcinoms und Beurteilung der Operabilität des Tumors, M. BOECK, M. HODGKIN, Lymphknotentuberkulose, Mediastinaltumoren.

Gefahr: Gefäßverletzung und Blutung bei der Probeexcision erfordern gelegentlich eine Thorakotomie.

Klinik

5.3

I. Fremdkörper

A. Oesophagusfremdkörper

5.3.1

Sie sitzen meist in der ersten Enge des Oesophagus: Fleischbrocken bei zahnlosen Patienten, Münzen bei Kindern, Knochen, Gräten, Zahnprothesenteile, Pfirsichkerne.

Symptome:

- Schmerzen, Stiche und Druck hinter dem Kehlkopf oder dem Brustbein, Appetitlosigkeit bei Kindern. Bei völliger Verlegung des Oesophaguslumens ist das Schlucken von Flüssigkeiten oder Speisen unmöglich. Hustenreiz durch „Verschlucken".
  Die seitliche Röntgenleeraufnahme zeigt schattengebende Fremdkörper oder einen Luftschatten in der Speiseröhre unmittelbar über dem Fremdkörper, da das Lumen des Oesophagus wegen des Fremdkörpers etwas klafft.
- Oft Streckhaltung der Halswirbelsäule.

Therapie: Oesophagoskopie (starres Rohr!) und endoskopische Fremdkörperentfernung mit entsprechenden Faßzangen unter Sicht des Auges. Zu warnen ist vor blinden Extraktionsversuchen mit sog. Münzenfängern oder dem Versuch, Fremdkörper blind mit Sonden in den Magen zu stoßen.

In der ersten Enge festsitzende und endoskopisch nicht zu lösende Fremdkörper werden durch eine collare Oesophagotomie von außen entfernt.

Komplikation:
Oesophagusperforation: Durch spitze Fremdkörper (Knochen, Metallhaken an Prothesen), bei ungeschickten Extraktionsversuchen oder beim Legen einer Magensonde kann die Oesophaguswand perforiert werden. Mediastinitisgefahr!

Symptome und Befund:

- Schmerzen in der Brust und zwischen den Schulterblättern.
- Luftemphysem der verdickten Halsweichteile (Knistern bei Palpation vor allem supraclaviculär).
- Im seitlichen Röntgenbild prävertebraler Luftschatten = Emphysem im Mediastinum. Eine Verbreiterung der prävertebralen Weichteile zeigt eine Entzündung im perioesophagealen Gewebe an.
- Die Röntgenbreipassage des Oesophagus mit wasserlöslichem Kontrastmittel läßt durch den Breiaustritt die Perforationsstelle erkennen, am besten mit Hilfe der Röntgenkinematographie.

Therapie: Liegt die Perforation – wie meist – im Hypopharynx oberhalb des Oesophagusmundes, läßt sie sich von außen leicht erreichen, liegt sie im oberen thorakalen Teil der Speiseröhre, muß die Verletzungsstelle durch collare Mediastinotomie, bei Verletzungen im tieferen thorakalen Anteil durch eine Thoracotomie freigelegt und vernäht werden. Nur in Ausnahmefällen bei kleinsten Verletzungen der Oesophaguswand kann man ohne Operation allein mit antibiotischer Behandlung und Ernährung über eine Magensonde auskommen. Abscesse der Halsweichteile sind nach außen zu drainieren.
Abgekapselte Mediastinalabscesse hinter der Speiseröhre lassen sich endoskopisch durch Schlitzen der Oesophaguswand eröffnen.
Breitbandantibiotica aus der Gruppe der Penicilline, Cephalosporine und Gyrasehemmer.

B. Bronchialfremdkörper

Erste Entfernung eines aspirierten Fremdkörpers durch KILLIAN 1897.

Symptome bei Aspiration:
Hustenanfall, Erstickungsanfall, Stridor.
Stechender Schmerz bei spitzen Fremdkörpern.

Befund:
Bei Auskultation und bei der Röntgenuntersuchung:

a) Atelektase, falls Bronchus verschlossen,

b) Überblähung, falls Ventilverschluß eines Bronchus durch den Fremdkörper. (Der Bronchus weitet sich bei der Inspiration und läßt Luft eintreten.)

Dabei häufig auch Verlagerung des Mediastinums. Metallfremdkörper stellen sich im Röntgenbild und bei der Röntgendurchleuchtung dar (u. U. Hilfe bei der Extraktion). Bei länger liegenden Fremdkörpern eitrige Bronchitis und Granulationsbildung.

Häufigste Fremdkörper:
Bei Kindern Erdnußkerne. Bei Erwachsenen – vorwiegend im rechten Hauptbronchus – Nadeln, Zahnprothesenteile, Eierschalenteile. Sie werden meist während einer Schreckreaktion aspiriert.

Differentialdiagnose:
Bei Oesophagusfremdkörpern (also nicht aspirierten, sondern geschluckten Fremdkörpern) kein Hustenanfall (höchstens Hustenreiz oder Hüsteln durch „Verschlucken"), dafür Schluckbehinderung (S. 304). Kehlkopffremdkörper S. 275.

Therapie: Bronchoskopie und endoskopische Entfernung des Fremdkörpers mit verschieden geformten Faßzangen.
Dabei ergeben sich unter Umständen Schwierigkeiten durch kugelige, das Lumen vollständig verschließende Gebilde, die sich schlecht fassen lassen oder wieder abgleiten. Gefahr des plötzlichen Verschlusses auch des anderen Hauptbronchus!
Spitze, in der Wand steckende Nadeln sind mitunter nicht einfach zu entfernen.
Durch länger dauernde bronchoskopische Eingriffe besteht bei Kleinkindern die Gefahr einer Schwellung des lockeren subglottischen Gewebes. Eine anschließende vorübergehende Intubation oder eine Tracheotomie können dann erforderlich werden.

II. Verätzungen des Oesophagus 5.3.2

Laugen führen zu tiefgreifenden Kolliquationsnekrosen = Verflüssigung des Gewebes.
Säuren führen zu oberflächlichen Coagulationsnekrosen = dicke Schorfe.

Häufigste Ätzmittel: Laugen in Bäckereien und bei der Seifenherstellung, Waschmittel, Salmiakgeist, Essigsäure, Salzsäure.

Ursachen:
Versehentlich durch Verwechslung der Flasche.
Kinder trinken aus nicht gesicherten Flaschen, die Ätzmittel enthalten.
Suicidale Absicht: Prognostisch ungünstiger, da größere Mengen getrunken werden.

A. Frische Verätzungen

Der Grad der Verätzung ist abhängig von Menge, Konzentration und Einwirkungsdauer des Ätzmittels.

Symptome: Zunächst brennende Schmerzen in Mund, Rachen und Speiseröhre. Speichelfluß. Brechreiz. Eventuell Stridor.

Befund:
Örtlich: Die Mund- und Rachenschleimhaut ist in den ersten Stunden gerötet und ödematös geschwollen. Danach bilden sich weiße Fibrinbeläge. Es kann zu einem Kehlkopfödem und zur Atemnot kommen. Aus den Veränderungen der Mund- und Rachelschleimhaut ist im allgemeinen – aber nicht immer! – auf die Schwere der Verätzung im Oesophagus zu schließen.

Allgemein:
Schockzustand. Intoxikation. Leber- und Nierenschäden. Nierenversagen. Benommenheit.
Mediastinitiszeichen bei Oesophagusperforation: Schmerzen retrosternal und zwischen den Schulterblättern, Mediastinal- und Halsemphysem.
Peritonitis bei Magenperforation: Bauchdeckenspannung, freie Luft im Bauchraum.

Verlauf: Je nach Schwere der Schleimhautschädigung: Bei leichten Verätzungen heilen die Schleimhautläsionen. Bei tiefgreifenden Verätzungen mit Zerstörung großer Teile der Schleimhaut bilden sich Ulcera und Fibrinschorfe, nach deren Abstoßung es zu einer reparativen Entzündung mit Bindegewebsproliferation, Narbenbildung und später Stenosen kommt.

Therapie:

Sofortmaßnahmen:
Ist die Verätzung nicht länger als 2 Stunden her und bestehen keine Zeichen einer Oesophagus- oder Magenperforation, kann eine **Magenspülung** mit weichem Schlauch durchgeführt werden. Sie ist vor allem erforderlich, wenn bei einem Suicidversuch zusätzlich Tabletten genommen wurden.
Reichlich **Milch** oder Wasser trinken lassen.
Neutralisation versuchen, wenn viel Ätzmittel getrunken wurde (Suicid) und Behandlung sehr rasch möglich ist (meist nicht sehr effektvoll):
Bei Säuren mit Magnesia usta (kein Natriumbicarbonat wegen starker Gasbildung), bei Laugen mit verdünnter Essigsäure, Zitronen- oder Orangensaft (neutralisierende Wirkung auch des Magensaftes!).
Schockbekämpfung mit Infusionen (Auffüllen des Kreislaufs mit Volumenersatzmitteln) und Corticosteroide i.v.
Antibiotica als Infektionsschutz, Analgetica, Sedativa.
Gegebenenfalls Behandlung von Leber- und Nierenschäden.
Intubation bei Bewußtlosen, Tracheotomie bei Larynxödem.

Nach 8 Tagen:
Oesophagoskopie zur Inspektion der Schwere der Schleimhautveränderungen:
Bei fehlenden Schleimhautschäden Therapie absetzen;
bei Fibrinschleiern und geringen Ätzspuren weiter Antibiotica und Corticosteroide (per os) zur Verhütung von stärkeren Bindegewebsproliferationen und Narbenbildungen;
bei Schleimhautulcerationen, bei denen nachfolgend mit narbigen Stenosierungen zu rechnen ist, täglich Einführen eines weichen Magenschlauches während einiger Wochen (**Frühbougierung,** um das Lumen zu erhalten).

GK 5.3.2

- Wöchentliche Kontrolle der Schleimhautveränderungen durch Oesophagoskopie, später durch Röntgenbreipassagen (Röntgenkontrastdarstellung des Oesophaguslumens).

B. Narbenstenosen

Spätfolgen einer Verätzung nach ungenügender Behandlung oder unterlassener Frühbougierung: Stenosen, häufig ringförmig und im Bereich der zweiten Oesophagusenge oder nur fadenförmiges Lumen über längere Oesophagusabschnitte.

Symptome: Wenige Wochen nach der Verätzung zunehmende Schluckbehinderung und Abmagerung. Plötzlicher Stopp, wenn sich Speise vor die Stenose legt.

Diagnose:
Durch Röntgenbreipassage, bei der sich Sitz und Ausdehnung der Stenose nachweisen lassen und
durch Oesophagoskopie zur Entfernung vor der Stenose sitzender Fremdkörper und zur Feststellung der Weite des Oesophaguslumens.

Therapie: Sondieren der Stenose und Aufbougieren des Lumens:

a) Während der diagnostischen Oesophagoskopie Beginn der Bougierung unter Sicht des Auges mit **Vollbougies,** die bei genügender Weite des Oesophagus in den folgenden Tagen mit jeweils dickeren Bougies fortgesetzt werden kann bis zu einem Bougiedurchmesser von 1½ cm bei Erwachsenen (45 CHARRIÈRE) und 1 cm bei Kindern (30 CHARRIÈRE).

b) Bei hochgradigen Stenosen Bougieren mit **Hohlbougies** über einen Faden: Der 8 m lange Leitfaden, der vorn mit einem Bleikügelchen beschwert ist, wandert durch die Stenose bis in den Darm. Über den so im Darm fixierten Faden werden während einiger Wochen täglich Hohlbougies von zunehmender Dicke geschoben (Dauersondenbehandlung). Vorteil: Keine Perforationsgefahr. Später – nach Abschneiden des Fadens, der dann durch den Darm abgeht – Umstellung auf Vollbougies und – wenn möglich – Durchführen der weiteren Bougierung durch den Patienten selbst über längere Zeit.
Der Faden kann auch nach Passage der Stenose durch ein Gastrostoma zum Magen herausgeleitet werden. Es läßt sich dann vom Magen aus eine „retrograde Bougierung“ mit Hohlbougies durchführen.

c) Stenosen des Pylorus erfordern Eingriffe durch den Chirurgen (Gastroenterostomie).

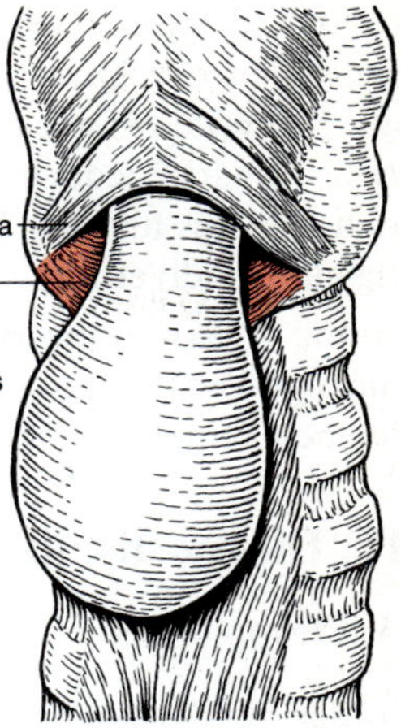

Abb. 146. Hypopharynxdivertikel („KILLIAN-Schleudermuskel" rot)

III. Divertikel

5.3.3

Entstehung: Infolge spastischer Muskelkontraktionen und hastiger Eßgewohnheiten kommt es zur sackartigen Vorwölbung der Schleimhaut des Hypopharynx an der muskelschwachen Stelle der Hinterwand KILLIAN-Dreieck zwischen der Pars obliqua und der Pars fundiformis (KILLIAN-Schleudermuskel) des M. cricopharyngeus (Anteil des M. constrictor pharyngis inferior). Dieses Pulsionsdivertikel (ZENKER) ist also eigentlich ein Hypopharynxdivertikel (Abb. 146) und kein Oesophagusdivertikel.

Symptome: Die geschluckte Speise bleibt im Hals stecken und wird nach dem Essen unverdaut regurgitiert. Fauliges Aufstoßen. Betroffen sind fast stets ältere Menschen. Je größer das Divertikel ist, desto weniger Speise gelangt in den Oesophagus, da der gefüllte Divertikelsack die Speiseröhre zudrückt.

Befund und Diagnose:

Beim Spiegeln des Kehlkopfes oft schaumiger Speichel in den Sinus piriformes beiderseits.

Röntgenbreipassage des Oesophagus: Das Divertikel füllt sich mit Kontrastmittel an.

Therapie:

a) Divertikeloperation von außen (Zugang am Vorderrand des linken M. sternocleidomastoideus):

Abtragen oder – allerdings nur bei kleinen bis kirschgroßen Divertikeln möglich – Einstülpen des Divertikelsackes. Die Fasern des Schleudermuskels sollen in jedem Fall durchtrennt werden (Myotomie), um Divertikelrezidiven vorzubeugen.

b) Endoskopische Schwellendurchtrennung nach A. SEIFFERT: Einstellen der Divertikelschwelle im Oesophagoskop und Durchtrennen der Schwelle bis auf den Divertikelboden mit einer geraden Schere. Kleinerer Eingriff, jedoch Gefahr der Blutung eines in der Schwelle verlaufenden Gefäßes und der Eröffnung des Mediastinums. Außerdem bleibt häufig ein Restdivertikel zurück. Wird heute kaum noch durchgeführt.

Anm.: **Traktionsdivertikel** (zipfelige Ausziehung) des Oesophagus durch narbige Verwachsung mit mediastinalen Lymphknoten bedürfen im allgemeinen keiner Behandlung.

IV. Diagnostische Endoskopie

5.3.4

A. Oesophagus

Außer bei der Suche nach Fremdkörpern oder dem Nachweis von Verätzungsfolgen wird eine Oesophagoskopie durchgeführt zur Diagnosesicherung bei Verdacht auf Tumoren oder einen Kardiospasmus und zur Abklärung von Blutungen aus dem oberen Speiseweg.

1. Tumoren

Meist **Plattenepithelcarcinome,** am häufigsten im Bereich der physiologischen Engen, vorwiegend bei älteren Männern.

Symptome: Zunehmende Schluckschmerzen und Schluckbehinderung, bis der Patient nur noch flüssige Nahrung zu sich nehmen kann. Blutbeimengungen im Speichel. Gewichtabnahme. Nicht selten Recurrensparese.

Diagnose: Durch

a) Röntgenbreipassage: Füllungsdefekt, Stenose, die sonst glatte Oesophaguswand erscheint höckerig.

b) Oesophagoskopie (S. 301): Starre Enge mit leicht blutenden höckerigen Granulationen, aus denen eine Probeexcision durchgeführt wird.

Therapie: Selten – am ehesten noch im unteren Oesophagusabschnitt – operabel (Resektion). Meist Strahlentherapie. Kunststoffendoprothese zum Offenhalten des Speiseweges.

Differentialdiagnose:

Dysphagia lusoria: Schluckbeschwerden, bedingt durch eine A. lusoria. Der abnorme Verlauf einer Arterie zur rechten A. subclavia zwischen Wirbelsäule und Oesophagus führt zu einer röntgenologisch und oesophagoskopisch nachweisbaren pulsierenden Einengung des Oesophaguslumens. Arteriographie!

Oesophagitis: Die Oesophagoskopie ergibt
bei Soorbefall nach langer antibiotischer Behandlung weiße Beläge,
bei Refluxoesophagitis infolge einer gleitenden Hiatushernie mit Kardiainsuffizienz flache, weißlich belegte, leicht blutende Ulcerationen im unteren Oesophagusabschnitt (peptische Geschwüre durch aufsteigenden sauren Magensaft).
Massive Blutungen stammen aus Oesophagusvaricen bei Lebercirrhose und werden mit einer Ballonsonde gestillt oder bei einer Notfallendoskopie sklerosiert.

2. Kardiospasmus (Achalasie)

Unvermögen zur reflektorischen Erschlaffung des muskulären Verschlußapparates der Kardia beim Schluckakt.

Ursache: Bisher nicht restlos geklärt. Neuromuskuläre Störung? Degenerative Veränderungen im AUERBACH-Plexus?

Symptome: Magendruck, krampfartige Beschwerden, Schluckbehinderung, Dysphagie, Abmagerung.

Befund:
Bei der Röntgenbreipassage: Erweiterung des Oesophaguslumens oberhalb der Kardia, Breistop und nur langsame Entleerung durch die enge Kardia. Überall glatte Wandkonturen.
Bei der Oesophagoskopie: Glatte Schleimhaut, unterer Oesophagus weit, Kardia eng. Besonders auf Zeichen eines **Kardiacarcinoms** achten: Tumorgranulationen, Starre des engen Oesophaguslumen, Steifheit der Oesophaguswand.

Therapie: Spasmolytica oft ohne Erfolg, dann
Dehnen der Kardia mit dicken quecksilbergefüllten Gummischläuchen oder – intensiver – mit dem STARCK-Dilatator (Spreizinstrument) oder einer Ballonsonde (pneumatische Dilatation).
Bei Rezidiven operativ: Laparotomie und Myotomie.

B. Tracheobronchialbaum

Die diagnostische Tracheobronchoskopie dient neben der Fremdkörpersuche vor allem der Biopsie bei Verdacht auf Bronchialtumoren oder spezifische Schleimhauterkrankungen sowie zur Abklärung von Blutungen aus den tiefen Luftwegen.

GK 5.3.4

1. Tumoren

Gutartige Tumoren: vorwiegend Adenome.
Bösartige Tumoren: meist Carcinome (das Bronchialcarcinom ist beim Mann das häufigste Organcarcinom! Zigarettenraucher!).

Symptome: Zunächst uncharakteristisch. Bei zunehmender Bronchuseinengung und Sekretstauung mit Infektion bronchitische und pneumonische Zeichen. Husten, Auswurf, Thoraxschmerz. Später Dyspnoe, pfeifende Atmung. Hämoptoe (häufig auch bei Adenomen).

Diagnose durch

a) Röntgenuntersuchung einschließlich Tomographie und Bronchographie, evtl. Computertomographie und Szintigraphie.

b) Tracheobronchoskopie:
- Einsehen der Trachea, aller Bronchien und Abgänge sowie Verzweigungen mit vergrößernden Geradeaus- und Winkeloptiken.
- Absaugen von Bronchialsekret (u. U. nach Bronchusspülung) zur cytologischen und bakteriologischen Untersuchung.
- Entnahme von Gewebeproben mit schlanken und flexiblen Probeexcisionszangen zur histologischen Untersuchung.

Befund:
- Adenom: gestielt, oberflächlich glatt oder uneben, glänzend, tiefrot (Blutungsgefahr!), Schleimhaut weitgehend intakt.
- Plattenepithelcarcinom: mehr flächenhaftes Wachstum, kleinhöckerig, granulierend, feste Konsistenz, grauweiß.
- Kleinzelliges Bronchialcarcinom: Konsistenz weicher, Farbe röter und Blutungsneigung.

Therapie: Operation oder Bestrahlung.

2. Schleimhauterkrankungen

Bronchoskopiebefund bei
- Tuberkulose: gelbliche Granulationen und Ulcerationen, später stenosierende Narben, bei tuberkulösen Lymphknoten kommt es zur Kompression des Bronchuslumens oder zur Perforation in den Bronchus.
- Sarkoidose (M. Boeck): gelbliche Knötchen oder Plaques mit Granulationen auf der Schleimhaut.

Prüfungsaufgaben zu Oesophagus und Bronchien s. Anhang Aufgaben 231 – 248.

Hals

6

Anatomie (Abb. 147)

6.1

Der **M. sternocleidomastoideus,** der vom Brust- und Schlüsselbein schräg zum Warzenfortsatz zieht, grenzt das vordere vom seitlichen Halsdreieck ab (Regio cervicalis anterior, Regio cervicalis lateralis). Unter dem Muskel laufen die großen Halsgefäße mit ihren Ästen:

Die **Vena jugularis interna** mit V. facialis, V. retromandibularis und V. thyreoidea superior. Die V. jugularis interna und die oberflächlich durch das seitliche Halsdreieck laufende V. jugularis externa münden in die V. subclavia. Der Ductus thoracicus mündet im Winkel zwischen der linken V. jugularis interna und der V. subclavia.

Die **A. carotis communis** teilt sich am Sinus caroticus in die A. carotis interna und die A. carotis externa mit ihren im Halsbereich abgehenden Ästen: A. thyreoidea superior, A. pharyngea ascendens, A. lingualis, A. facialis und A. occipitalis. In der Carotisgabel liegt das Glomus caroticum (Chemoreceptor).

Prälaryngeale Muskulatur: M. sternothyreoideus, M. thyreohyoideus, M. sternohyoideus, M. omohyoideus.

Die Halsfascien (oberflächliche, mittlere, tiefe) umgeben Muskeln, Gefäßnervenstränge und Halseingeweide.

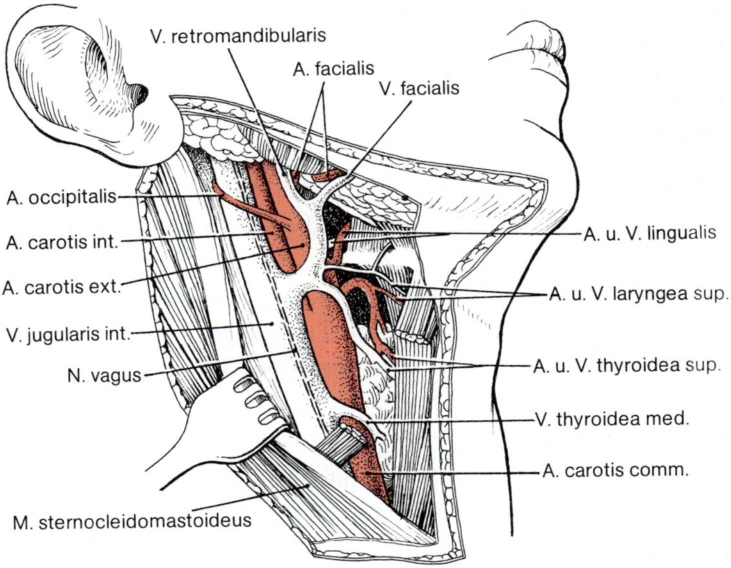

Abb. 147. Halsweichteile (Lage der großen Halsgefäße)

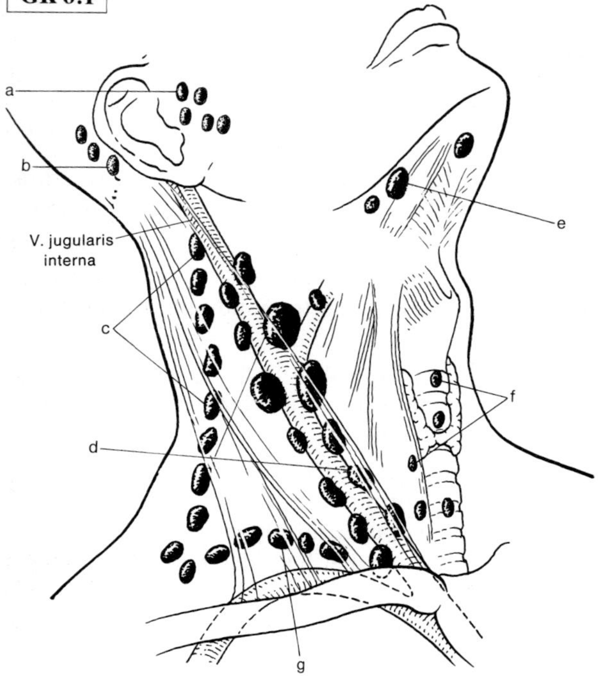

Abb. 148 a – g. Topographie der Lymphknoten im Halsbereich (s. Text)

Spatium parapharyngeum und Spatium retropharyngeum s. S. 224.

Mit und unter den Gefäßen ziehen der **N. vagus (X)** aus dem Foramen jugulare kommend in den Brustraum und der Truncus sympathicus (Grenzstrang mit Ganglion stellatum).

Die **A. vertebralis** zieht durch die Foramina transversaria der Halswirbel nach oben und dann über den Atlasbogen nach vorn zum Circulus arteriosus cerebri (WILLISII), ohne Halsäste abzugeben.

Im Trigonum submandibulare kann die **Gl. submandibularis** getastet werden.

Lymphknoten: Große Bedeutung für die Erkennung und Behandlung von Erkrankungen, insbesondere auch für Malignome im Kopf-Halsbereich und ihre Metastasierung haben die tributären Lymphabflußgebiete im seitlichen Halsbereich.

Vergrößerte regionäre Lymphknoten sind zu tasten (Abb. 148):

a) im Parotisbereich bei Erkrankungen des äußeren Gehörganges und der Kopfhaut (Nodi lymphatici parotidei),

b) auf dem Warzenfortsatz bei Erkrankungen der Ohrmuschel und der Kopfhaut (Nodi lymphatici retroauriculares),

c) hinter dem M. sternocleidomastoideus im Nacken (nuchal) bei Erkrankungen der Kopfhaut, der Gl. parotis und des Nasopharynx (Nodi lymphatici cervicales superficiales).

d) vor dem M. sternocleidomastoideus im Venenwinkel unterhalb des Kieferwinkels und auf der Gefäßscheide bei Erkrankungen der Nasennebenhöhlen, der Tonsillen, der Gl. parotis, des Zungengrundes, des Hypopharynx und des Kehlkopfes (Nodi lymphatici cervicales profundi mit dem unter dem M. digastricus liegenden Nodus lymphaticus jugulodigastricus). Über diese Lymphknoten Hauptabfluß aus dem Kopf-Halsgebiet,

e) submental und submandibulär bei Erkrankungen der vorderen Zunge, des Mundbodens, der Lippen, der Wange, der Nasennebenhöhlen und bei Zahnwurzelerkrankungen (Nodi lymphatici submentales bzw. submandibulares),

f) prä- und paratracheal bei Erkrankungen der subglottischen Region und der Trachea (Nodi lymphatici tracheales),

g) supraclaviculär in der Fossa supraclavicularis bei Erkrankungen des Brustraumes (linke Lunge Abfluß nach beiden Seiten; supraclaviculär links auch Metastasen eines abdominellen Carcinoms = VIRCHOW-Drüse, Mündung des Ductus thoracicus).

c), d) und g) werden zusammen als laterocervicale Lymphknoten bezeichnet. Der Lymphstrom mündet am Zusammenfluß der V. jugularis interna mit der V. subclavia in das venöse System.

Untersuchungsmethoden

6.2

Eine exakte klinische Untersuchung der tributären Gebiete von Kopf und Hals ist Voraussetzung für die Bewertung von Halslymphknotenschwellungen.

I. Inspektion der Halsstrukturen

6.2.1

Beim Gesunden sind Halslymphknotenschwellungen – außer gelegentlich bei Kindern und sehr schlankem Hals – nicht zu sehen. Sichtbare Lymphknoten entsprechen also meist einem krankhaften Zustand. Zu achten ist bei der Inspektion weiter auf Verdickungen oder Knotenbildung der Schilddrüse, der submandibulären und submentalen großen Speicheldrüsen (S. 323), auf Fistelöffnungen, auf halbkugelartige Vorwölbungen im Bereich der Gefäßscheide oder vor dem Zungenbein, die Halscysten entsprechen können (S. 320), sowie auf Laryngocelen (S. 257).

II. Palpation

6.2.2

Zu tasten ist bimanuell und bei entspannter Haut. Die Untersuchung erfolgt sowohl von vorn als möglichst auch von hinten am sitzenden Patienten, der den Kopf etwas vorneigen soll. Getastet wird von submental zum Kieferwinkel, danach an der Gefäßscheide entlang zum Jugulum, wobei der Kopf etwas zur Gegenseite gedreht wird, anschließend supraclaviculär und schließlich hinter dem M. sternocleidomastoideus und im Nacken.
Zu achten ist auf Anzahl, Größe (Angabe in cm), Druckschmerz, Verschieblichkeit, Anordnung und Konsistenz der Lymphknoten (Fixation spricht für Malignität!).

III. Lymphographie

6.2.3

a) Lymphoszintigraphie (indirekte Methode)

Radionuklide werden nach Injektion lymphogen resorbiert, in den regionären Lymphknoten gespeichert und im Lymphoszintigramm nachgewiesen. Erfaßt werden vor allem die tiefen cervicalen Lymphknotengruppen. Heute wird zur Darstellung der Lymphknoten die Ultraschalltomographie bevorzugt.

b) Cervicale Lymphographie (direkte Methode)

Kontrastmittel werden direkt in Lymphgefäße eingebracht und erlauben auf der Röntgenaufnahme eine Darstellung der Lymphbahnen und Lymphknoten. Kaum praktische Anwendung, da der technische Aufwand sehr groß ist.

IV. Gewebeentnahme

a) **Nadelbiopsie und cytologische Untersuchung:** Die Ergebnisse sind wegen der nur geringen Materialmengen oft nicht aussagekräftig.

b) **Probeexcision:** Sie ist die sicherste diagnostische Maßnahme und sollte bei allen länger als vier Wochen bestehenden Lymphknotenvergrößerungen durchgeführt werden. Entweder wird ein Teil eines Lymphknotens, besser noch aber ein ganzer Lymphknoten mit Kapsel und angrenzendem Gewebe exstirpiert und zur histologischen und immunologischen Untersuchung gegeben. (Cave N. accessorius im seitlichen Halsdreieck!)

c) **Scalenusbiopsie** (DANIELS)
Hierbei werden in örtlicher Betäubung präscalenische Lymphknoten mit dem Fettgewebe im Winkel zwischen V. jugularis interna und V. subclavia unmittelbar über der Clavicula (Trigonum omoclaviculare) entfernt.

Indikation: Bei Verdacht auf Sarkoidose oder M. HODGKIN. Bei Carcinom der Lunge, der Brustdrüse, des Bauchraumes und des weiblichen Genitale bereits bei Verdacht auf Metastasen, auch wenn noch keine Halslymphknoten palpabel sind.

V. Untersuchung der Gefäße

a) **Angiographie:** Darstellung der Gefäßverläufe und Gefäßveränderungen.
b) **Ultraschalluntersuchung** (Dopplertechnik) zum Nachweis der Carotisdurchströmung.

VI. Computertomographie und Ultraschalluntersuchung (B-Mode)

Sie werden eingesetzt zur Bestimmung der Ausdehnung cystischer und solider Tumoren, sowie Lymphknoten (Metastasen und ihre Abgrenzung zu den großen Halsgefäßen).

VII. Kernspintomographie (MR = Magnetic Resonance)

Derzeit beste Darstellung der Halsweichteile mit den großen Halsgfäßen.

Klinik

6.3

I. Geschwülste

6.3.1

A. Carcinommetastasen

von Primärtumoren des Kopf-Halsgebietes (vorwiegend Plattenepithelcarcinome, vom WALDEYER-Rachenring auch lymphoepitheliale Tumoren). Bei Auftreten von Metastasen, insbesondere wenn sie mit den großen Halsgefäßen verwachsen (d.h. fixiert) sind, erhebliche Verschlechterung der Prognose (Farbaufnahme 51).

Metastasierungshäufigkeit (N1 – 3, s. S. 252):

Nase und Nasennebenhöhlen 20%
Mundhöhle 45%
Kopfspeicheldrüsen 50%
Nasopharynx 60% (bis 30% bilaterale Metastasen)
Oropharynx 70%
Hypopharynx 70%
Kehlkopf 25% (Stimmbandcarcinom nur 7%)
Mittelohr 30%.

Therapie: Zusammen mit der Entfernung des Primärtumors ist bei manifesten Metastasen in den Halslymphknoten eine **kurative radikale Neck dissection** (radikale Halsausräumung) durchzuführen:

Sie besteht in der operativen Entfernung des gesamten Lymphgefäße und -knoten enthaltenden Gewebes am Hals. Dazu gehören die Vena jugularis interna, evtl. die A. carotis ext., der M. sternocleidomastoideus und das Fettgewebe bis zum Vorderrand des M. trapezius einschließlich des N. accessorius. Erhalten bleiben die A. carotis, der N. vagus und die Mm. scaleni (Ungünstige Prognose bei fixierten Lymphknoten, Inoperabilität bei Einbruch des Tumors in die A. carotis communis oder interna. Die Möglichkeiten des Gefäßersatzes sind begrenzt).

GK 6.3.1

In besonders günstig gelagerten Fällen oder bei der Notwendigkeit – nach 6 Wochen – auch die andere Seite zu operieren, kann versucht werden, den N. accessorius (Anheben der Schulter und Anheben des Armes über die Horizontale!) und bei doppelseitiger Neck dissection möglichst auch die V. jugularis interna und die Muskulatur der weniger betroffenen Seite zu schonen (funktionelle bzw. konservative Neck dissection). Bei topographischer Nachbarschaft wird die operative Entfernung von Primärtumor und Lymphabflußgebiet in einem Block vorgenommen.
Bei klinisch nicht nachweisbaren Metastasen, erfahrungsgemäß aber hoher Metastasierungswahrscheinlichkeit kann man statt der vielfach üblichen „systematischen" (elektiven) Neck dissection nach der Entfernung des Primärtumors die Neck dissection erst von einem histologisch positiven Metastasenbefund (Schnellschnitt!) bei der Revision der Gefäßscheide abhängig machen.

Eine Strahlentherapie ist nach der kurativen Neck dissection anzuschließen für den Bereich des Primärtumors und des Lymphabflußgebietes von der Schädelbasis bis zur Supraclaviculargrube.
Die Prognose eines Tumorleidens ist schlechter, wenn bei der Erstuntersuchung bereits Metastasen vorhanden sind.
Die Metastasierungshäufigkeit undifferenzierter Carcinome ist stärker als die ausdifferenzierter.
Bei Metastasennachweis ohne bekannten Primärtumor muß sich die intensive Primärtumorsuche auf das Kopf-Halsgebiet, bei supraclaviculären Metastasen auch auf Thorax- und Abdominalorgane erstrecken. (Ein diagnostiziertes „branchiogenes Carcinom" erweist sich fast stets als Metastase eines zunächst nicht erkannten Primärtumors.)

B. Maligne Lymphome

Diagnose: Durch Lymphknotenexstirpation aus den Halsweichteilen und histologische Untersuchung sind maligne Lymphome am leichtesten zu diagnostizieren, weil die Lymphknoten hier am besten erreichbar sind. Bei einem positiven Befund ist der lymphatische Rachenring sorgfältig nach tumorverdächtigen Abschnitten zu überprüfen und eine Allgemeinuntersuchung nach einem Befall weiterer Lymphknotenregionen und extralymphatischer Organe und Gewebe durchzuführen (Staging).

Therapie: Radiotherapie oder Chemotherapie (Mehrfachkombination von Cytostatica) je nach Malignitätsgrad und Stadium.

Unterschieden werden:

1. HODGKIN-Lymphom (Lymphogranulomatose)
Neubildung des T-Lymphocytenzelltyps.
Stadieneinteilung I – IV je nach Anzahl befallener Lymphknotenregionen auf einer oder auf beiden Zwerchfellseiten oder extralymphatischer Organe.

2. Non-HODGKIN-Lymphome

Neubildung überwiegend des B-Lymphocytenzelltyps, selten des T-Lymphocytenzelltyps. Genaue Typisierung durch Immunhistologie und monoclonale Antikörper möglich.

Kieler Klassifizierung:

Maligne Lymphome (L.) mit niedrigem Malignitätsgrad, die im wesentlichen aus *-cyten* bestehen und nicht vor dem 20. Lebensjahr vorkommen mit Häufigkeitsgipfel in höheren Altersstufen:
lymphocytisches L. (chronische lymphatische Leukämie),
lymphoplasmocytisches (=immunocytisches) L. (WALDENSTRÖM),
plasmocytisches L. (Plasmocytom),
centrocytisches L. (früher lymphocytäres Lymphosarkom),
centroblastisch – centrocytisches L. (BRILL-SYMMERS).

Maligne Lymphome von hohem Malignitätsgrad, die aus *-blasten* bestehen und schon im Kindes- und Jugendalter vorkommen können:
centroblastisches L.,
lymphoblastisches L. (früher lymphoblastäres Lymphosarkom), darunter BURKITT-Typ,
immunoblastisches L. (früher Reticulosarkom).

II. Entzündungen

6.3.2

1. Lymphknotenhyperplasie häufig bei Kindern mit Hyperplasie des lymphatischen Gewebes im WALDEYER-Rachenring.

2. Unspezifische Lymphadenitis

a) Bei Entzündungen in den Organen (Primärherd), aus denen die Lymphe stammt, z. B. bei Angina, Peritonsillarabsceß und Entzündungen der Rachenmandel durch Streptokokken und Staphylokokken (Druckschmerz).

b) Bei Virusinfektion, z. B. PFEIFFER-Drüsenfieber (infektiöse Mononucleose) mit Milz- und Leberschwellung (S. 243).

3. Spezifische Lymphadenitis

a) **Tuberkulose:** Hämatogen (postprimär, sekundär) (Lungenuntersuchung!) oder im Rahmen eines Primärkomplexes (heute selten). (Kaum schmerzhaft.)

Therapie: Antituberculostatica und Exstirpation, vor allem bei verkästen und fistelnden Lymphknoten, bei denen eine Chemotherapie kaum Wirkung zeigt.

b) **M. Boeck** (Sarkoidose): Diagnose durch Scalenusbiopsie oder Mediastinoskopie und histologische Untersuchung. (Morbus BOECK der Nase S. 182.)

c) **Lues:** Indolente Lymphknoten im Rahmen eines Primäraffektes oder hämatogen im Sekundärstadium.

d) **Diphtherie:** Erhebliche Lymphknotenschwellungen bei Rachendiphtherie. (In den letzten Jahren kaum noch aufgetreten.)

e) **Katzenkratzkrankheit** (Lymphoreticulosis benigna): Viruslymphadenitis 2 – 6 Wochen nach Verletzung durch Tierkrallen.

f) **Tularämie:** Wenige Tage nach Kontakt oder Verletzung durch ein infiziertes Tier (Erreger: Pasteurella tularensis). Akutes Krankheitsbild.

g) **Toxoplasmose:** Diagnose serologisch durch SABIN-FELDMAN-Test. (Keineswegs seltene Erkrankung jugendlicher Erwachsener!) Betroffen sind vor allem die nuchalen Lymphknoten (Erreger: Toxoplasma gondii). *Therapie:* Sulfonamide, Daraprim.

h) **AIDS** (Acquired Immune Deficience Syndrom): Einige Monate nach der Infektion mit dem HTLV-III Virus können Lymphknotenschwellungen – vor allem im Nacken hinter dem M. sternocleidomastoideus – auftreten. Das Virus zerstört die T-Helferzellen und schwächt die Immunabwehr. Das Vollbild der Krankheit ist durch opportunistische Infektionen gekennzeichnet, denen die Patienten nicht selten erliegen (KAPOSI-Sarkom, S. 253). Diagnose durch serologischen Nachweis von Antikörpern.

III. Mißbildungen

6.3.3

1. **Mediane Halscysten und Fistelgänge** sind Residuen des Ductus thyreoglossus. Die Cyste liegt in der Mittellinie des Halses zwischen Zungenbein und Kehlkopf. Der Fistelgang zieht durch den Zungenbeinkörper oder hinter ihm entlang bis zum Foramen caecum (Abb. 149).

Symptome und Befund:
Die schleimgefüllte Cyste ist prallelastisch unter der Haut zu tasten. Bei entzündlichen Reaktionen auch Verklebungen mit der Haut, Fluktuation und Durchbruch nach außen. (Äußere Fisteln entstehen auf diese Weise oder iatrogen nach Incision.)

Therapie:
Sorgfältige Exstirpation der Cyste und des Fistelganges, am besten unter Resektion des mittleren Teiles des Zungenbeinkörpers. Bei Zurücklassen von Gangresten Rezidive.

Anmerkung: Am Foramen caecum kann sich eine **Zungengrundstruma** entwickeln, die nur bei Nachweis von weiterem Schilddrüsengewebe (Szintigraphie!) vollständig entfernt werden darf.

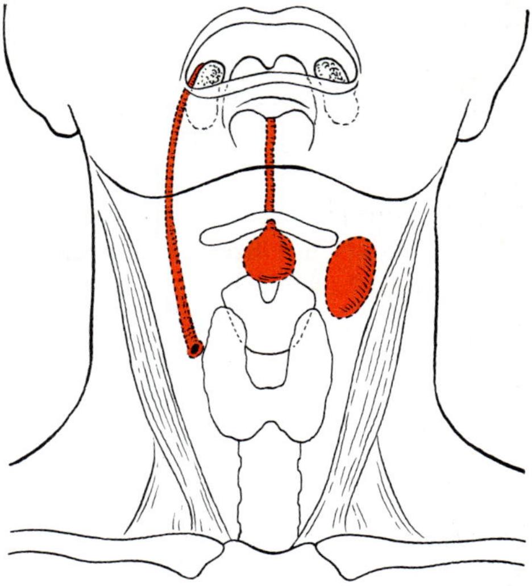

Abb. 149. Mediane und laterale Halsfisteln(-cysten)

2. **Laterale Halsfisteln und -cysten** bilden sich in unmittelbarer Nachbarschaft des zweiten Schlundbogens. Die äußere Öffnung des Fistelganges liegt am Vorderrand des M. sternocleidomastoideus etwa in Höhe des Kehlkopfes. Der Gang verläuft oberhalb der Carotisgabel zwischen den Gefäßen und mündet als Rest der zweiten Schlundtasche oberhalb der Gaumenmandel in den Recessus supratonsillaris (Abb. 149).
Abgeschlossene Cysten (branchiogene Cysten, cystische Veränderungen cervicaler Lymphknoten?) lassen sich auf der Gefäßscheide palpieren (Farbaufnahme 52). Sehr selten Entwicklung etwas branchiogenen Carcinoms (S. 318).

Therapie: Exstirpation.

Differentialdiagnose:
Carcinommetastasen S. 317
Maligne Lymphome S. 318
Lymphknotenschwellungen S. 319
Glomus caroticum-Tumor (nicht-chromaffines Paragangliom): Bei Palpation nur seitliche, jedoch keine vertikale Verschieblichkeit des in der Carotisgabel sitzenden gefäßreichen Tumors, der durch eine Angiographie zu diagnostizieren ist. Oft pulsierend und pulssynchrones Geräusch. (Cave Probeexcision!)
Neurinom des N. vagus (X): Tiefsitzender glatter, eiförmiger Tumor – ebenfalls ohne vertikale Verschieblichkeit.

IV. Plastische Chirurgie

Halsweichteildefekte entstehen z. B. nach Entfernung voroperierter oder vorbestrahlter Carcinome von Kehlkopf und Hypopharynx oder deren Metastasen.

Die Rekonstruktion erfolgt durch **regionale Lappenbildungen** (unbestrahlte Haut!) mit Brusthautlappen oder Deltopectorallappen, seltener mit Scapula- bzw. Nackenlappen oder mit einem myocutanen Insellappen z. B. aus dem M. pectoralis major oder dem M. latissimus dorsi. Die Entnahmestellen werden mit Spalthaut vom Oberschenkel gedeckt. Ist die Haut im Bereich der Regionallappen nach vorheriger Bestrahlung nicht zu verwenden oder sollen aus kosmetischen Gründen defektferne Hautpartien herangezogen werden, können **Rundstiellappen** (Rollappen) aus der Abdominal- oder Flankenregion verwendet werden, um den Defekt auszugleichen.

Neue Möglichkeiten ergeben sich durch freie Übertragung eines dem gestielten regionalen Lappen entsprechenden fernen Hautlappens, wenn eine mikrochirurgische Gefäßanastomose gelingt. Dazu können vascularisierte Hautlappen vom Unterarm oder aus der Iliofemoralregion gewonnen werden. Das Gefäß ist mit einer Arterie und mindestens eine Vene mit einer Vene aus der Empfängerregion zu verbinden.

Zur Rekonstruktion von Hypopharynx- und Oesophagusdefekten können revascularisierte Dünndarmtransplantate oder hochgezogene Magen-Darm-Abschnitte verwendet werden.

Bei allen plastischen Operationen im Gesicht und Hals sind die Spannungslinien der Haut (bei älteren Menschen u. U. auch die Faltenlinien der Haut) zu beachten. Die Schnittlinien sollen – wenn möglich – mit ihnen übereinstimmen.

Prüfungsaufgaben zu Hals s. Anhang Aufgaben 249 – 255.

Kopfspeicheldrüsen

Anatomie (Abb. 150)

Die **Glandula parotis** sitzt vor und unter dem Gehörgang in der Fossa retromandibularis und auf dem M. masseter und reicht nach oben bis an den Jochbogen. Sie ist von einer Fascie umgeben. Der Ausführungsgang (STENON-Gang), neben dem sich gelegentlich ein kleiner accessorischer Drüsenlappen findet, zieht über den M. masseter und mündet in der Wangenschleimhaut auf einer Papille gegenüber dem zweiten oberen Molaren. Der N. facialis tritt hinten in die Drüse ein und teilt sich in der Drüse in seine Hauptäste. Dadurch, daß die Facialisäste etwa in einer Ebene liegen, kann man einen inneren und einen äußeren Anteil des Drüsenkörpers unterscheiden (Bedeutung für die Parotischirurgie!), ohne daß es sich um zwei getrennte Parotislappen handelt.
Die **Glandula sublingualis** befindet sich im Mundboden unter der Plica sublingualis, während die **Glandula submandibularis** teils auf dem M. mylohyoideus, teils weiter hinten und tiefer auf dem M. digastricus liegt. Der Ausführungsgang (WARTHON-Gang), in den auch die kleinen Gänge der Gl. sublingualis ziehen, mündet in der Caruncula sublingualis (S. 221).

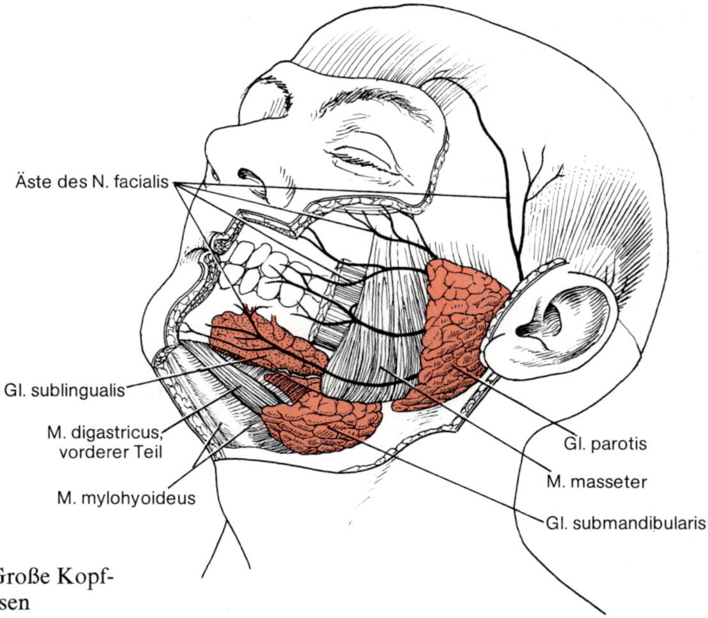

Abb. 150. Große Kopfspeicheldrüsen

GK 7.2, 7.2.1

Mehrere hundert kleine Speicheldrüsen finden sich in der Gaumen-, Rachen-, Wangen- und besonders Lippenschleimhaut und befeuchten sie.

Sekretorische **Nerven** der Speicheldrüsen:
Gl. parotis über N. petrosus minor – Ganglion oticum (S. 16).
Gl. submandibularis und Gl. sublingualis über Chorda tympani (S. 17).

Physiologie

I. Funktion der Kopfspeicheldrüsen

- Verdauungsfunktion durch Aufspaltung von Stärkemolekülen durch Amylase.
- Exkretorische Funktion (Jod, Antikörper, Blutgerinnungsfaktoren).
- Reinigung und Schutzfunktion für Mundhöhle (Schleimhaut, Zähne!) und Rachen durch den Speichelfluß sowie durch im Speichel enthaltene antibakteriell wirksame Substanzen (Lysozym, IgA).

II. Speichel

Tägliche Produktion 1000 bis 1500 ml.
Organische Bestandteile: Enzyme (vorwiegend α-Amylase, Kallikrein), Immunglobuline, Serumproteine, Mucine und Kohlenhydrate.
Anorganische Bestandteile: Protonen, Natrium, Kalium, Calcium, Magnesium, Bicarbonat, Chlorid, Phosphat.
Die Gl. parotis sondert serösen, die Gl. sublingualis vorwiegend mucösen und die Gl. submandibularis serös-mucösen Speichel ab.
Speichel wird nach Einbringen von dünnen Kunststoffkathetern in die Ausführungsgänge gewonnen, zunächst ohne und anschließend nach Stimulation (Zitronensäure, Pilocarpin). Es wird die jeweilige Speichelflußrate gemessen **(Sialometrie).** Zusätzlich können chemische, bakteriologische und immunologische Analysen des Sekretes durchgeführt werden.

Sialorrhoe: Vermehrte Speichelproduktion, z. B. bei Entzündungen in der Mundhöhle.

Xerostomie: Mundtrockenheit, z. B. bei chron. Speicheldrüsenentzündung, Strahlensialadenitis, SJÖGREN-Syndrom.

Untersuchungsmethoden — 7.2

I. Inspektion — 7.2.1

Zu achten ist bei äußerer Inspektion auf
- Schwellungen der Drüse und der Umgebung (Beispiel: Mumps),
- Rötung (akute Entzündung),
- Verdickung der gesamten Drüse (Beispiel: Stauung bei Speichelstein),

umschriebene Verdickung (Tumor),
beiderseits Verdickungen (Sialose),
Facialisparese bei tumorösen Erkrankungen der Gl. parotis (Zeichen für Malignität).

Zu achten ist bei Inspektion der Ausführungsgänge im Mund auf
Rötung der Papillen bei Entzündung,
Eiteraustritt aus der Papille bei bakterieller Infektion.

II. Palpation

7.2.2

Mit zwei Fingern oder bimanuell (von außen und vom Mund her).
Zu achten ist auf
Verdickungen,
diffuse Schwellungen,
Konsistenz,
Verschieblichkeit von Knoten,
Schmerzhaftigkeit,
Steine im Ausführungsgang.
Bei Verdacht auf einen Stein im Ausführungsgang oder eine Stenose wird der Ausführungsgang mit einer Silbersonde sondiert.
Bei Druck auf die Drüse von außen läßt sich im Mund beobachten, ob klarer Speichel oder Eiter aus der Papille austritt. Sialochemische oder bakteriologische Untersuchungen können angeschlossen werden.

III. Röntgenuntersuchung

7.2.3

Nativaufnahmen (Leeraufnahmen): Die Untersuchung in mehreren Ebenen dient der Lokalisation von Speichelsteinen. Für die Glandula submandibularis, die am häufigsten erkrankt, werden Mundbodenaufnahmen durch Einlegen eines Films in den Mund (enorale Aufnahme) und halbschräge Unterkiefer-Mundbodenaufnahmen angefertigt.

Sialographie: Röntgenaufnahmen nach Kontrastmittelfüllung des Ausführungsgangsystems der Drüse decken pathologische Befunde auf: Erweiterung oder kugel- und sackförmige Ektasien bei chronischer Entzündung, Verdrängung bei gutartigen Tumoren, Abbruch und Eindringen von Kontrastmittel ins Gewebe bei bösartigen Tumoren und Stopp bei Steinen oder Fremdkörpern im Gangsystem.

Szintigraphie: Durchführung mit Technetium (Nuclid ^{99m}Tc). Es zeigen sich Speicherdefekte bei Tumoren, verzögerte Ausscheidung bei Sialosen und das Sekretionsverhalten der Drüse.

Computertomogramme: Sie geben differentialdiagnostische Hinweise auf gutartige und bösartige Tumoren und zeigen ihre Ausdehnung und Begrenzung an.

GK 7.3, 7.3.1

Ultraschalluntersuchungen (B-Mode): Abgrenzung solider von cystischen Processen und gutartiger von bösartigen Tumoren.

IV. Bioptische Untersuchungen

Feinnadelaspirationsbiopsie und Cytologie: Schonend für N. facialis und weniger Gefahr einer Tumorverschleppung als bei Biopsien mit dicken Nadeln oder Stanzen, jedoch wegen geringer Materialmenge nicht immer aussagekräftig.

Probeexcision und histologische Untersuchung: Gefahr für den N. facialis bei Probeexcisionen aus der Gl. parotis, daher nur unmittelbar vor dem Tragus gestattet. Am besten operative Freilegung des Tumors (S. 330) und bei Zweifel an Gutartigkeit weiteres operatives Vorgehen von Schnellschnittuntersuchung abhängig machen.

Klinik 7.3

I. Entzündung (Sialadenitis = Sialoadenitis) 7.3.1

a) **Akute eitrige Sialadenitis**

Ursache: Bakterieneinwanderung infolge gestörten oder verringerten Speichelflusses bei reduzierter Nahrungsaufnahme, z. B. auch nach Laparotomien und bei marantischen Patienten (meist Glandula parotis), bei Immunschwäche und bei Speichelsteinen (meist Glandula submandibularis).

Symptome und Befund:

- Schwellung und Schmerzhaftigkeit der Drüse bei eitriger Entzündung.
- Schwellung des Ausführungsganges, Rötung der Papille, Austritt von Eiter aus der Papille bei Druck auf die Drüse.
- Bei eitriger Einschmelzung Rötung der Haut, Fluktuation und Durchbruch nach außen oder in die Mundhöhle.

Therapie:

- Antibiotica nach Antibiogramm, Trasylol (Aprotinin = Kallikrein-Inhibitor).
- Speichelfluß anregen und in Gang halten: Kaugummikauen, Zitrone essen, Ascorbinlutschtabletten (xitix-Vitamin C).
- Nach Einschmelzung Incision von außen (bei der Glandula parotis den Verlauf der Facialisäste beachten!).

b) **Chronische rezidivierende Parotitis**

Symptome und Befund: In zeitlichen Abständen auftretende, Tage anhaltende, mäßig schmerzhafte Drüsenschwellung – nicht selten bei Kindern. Der flockige Speichel schmeckt salzig. Im Intervall kann die Drüse induriert sein. Bei der Sialographie oft perlschnurartige Gangektasien. Eine Störung der Sekretbildung (Dyschylie) ist nachweisbar. Es findet sich eine überschießende Aktivität des intraglandulären Kallikrein-Kinin-Systems. Eine erhebliche Viscositätszunahme des Speichels, u. U. mit Verlegung des Ausführungsgangsystems findet man bei der sog. *Elektrolyt-Sialadenitis* (u. a. Natriumgehalt und Phosphohexoseisomeraseaktivität erhöht, gelegentlich Speichelsteinbildung).

Therapie: Antibiotica, Trasylol. Für Speichelfluß sorgen. Bei Nichtansprechen der Therapie in seltenen Fällen Parotidektomie unter Schonung des N. facialis (S. 330) erforderlich.

Differentialdiagnose:

Parotitis epidemica (Mumps, Ziegenpeter).

Ursache: Virusinfektion mit 17 – 21tägiger Inkubationszeit.

Befund: Schmerzhafte Schwellung der Parotis ohne Eiterung. Fieber.

Komplikationen:
Hörnervenschädigung mit neuraler Schwerhörigkeit oder Taubheit. Meningitis, Encephalitis, Orchitis, Pankreatitis.

Strahlensialadenitis

Nach Tumorbestrahlungen im Kopf-Halsbereich treten infolge Reduktion der Drüsensekretion durch Fibrosierungen in den großen und kleinen Speicheldrüsen funktionelle Störungen auf:
Hyposialie, Viscositätsänderung des Speichels und Mundtrockenheit.
Therapie: Symptomatisch mit synthetischem Speichel (Glandosane).

Sonderformen der chronischen Sialadenitis („Immun-Sialadenitis") bei:
1. **Sjögren-Syndrom:** Chronisch rezidivierende Gelenkentzündung, Xerostomie, Keratoconjunctivitis sicca, Rhinopharyngitis sicca, Speicheldrüsenschwellungen (lymphocytär-myoepitheliale Sialadenitis; Diagnose durch Biopsie von Lippenschleimhaut mit kleinen Speicheldrüsen). Meist Frauen in der Menopause. Autoimmunkrankheit? Entwicklung von malignen Lymphomen in der Gl. parotis beobachtet! (gehört lt. Psdyr. z. Rheumat. Formenkreis)
2. **Heerfordt-Syndrom:** Uveitis,ˣ Speicheldrüsenschwellungen (epitheloidzellige Sialadenitis; Biopsie), Fieber, gelegentlich Facialisparese oder Recurrensparese. Sarkoidose. Erkrankung aufgrund hyperergischer Reaktionen?
Therapie: Corticosteroide, symptomatisch Glandosane.

II. Steinbildung (Sialolithiasis)

Vorkommen: Fast stets in der Glandula submandibularis.

Zusammensetzung: Calciumphosphat oder -carbonatsteine, deren Ursache vorausgehende dyschylische Prozesse oder kleine Gangfremdkörper sein können.

Uvea
ˣ Sammelbegriff für Choroidea, Corpus ciliare + Iris (= mittl. Augenhaut)

Symptome und Befund: Anfangs nur beim Essen Schwellung der Drüse und Spannungsschmerzen, später bleibende Verdickung der Drüse und durch sekundäre Entzündung Symptome der chronischen Sialadenitis.

Diagnose: Steine im Ausführungsgang (siehe Abb. 110, S. 221) können sublingual getastet oder durch Sondierung des Ganges mit einer Silbersonde (Speichelgangsonde) nachgewiesen werden. Außerdem stellen sich Steine auf der enoralen Röntgenaufnahme oder – bei Sitz in der Drüse – auf der schrägen Mundbodenaufnahme dar und ergeben bei der Sialographie einen Kontrastmittelstopp.

Therapie: Versuch einer Dilatation des Ausführungsganges durch Sondierung oder aufblasbare kleine Ballonsonden.

- Steine im vorderen Teil des Ausführungsganges werden durch Schlitzen des Ganges sublingual entfernt (enorale Operation).
- Bei tiefliegenden oder im Bereich der Drüse liegenden Steinen und bei gleichzeitig bestehender chronischer Entzündung der Drüse muß die Drüse von außen exstirpiert werden. (Dabei Schonung des Ramus marginalis mandibulae des N. facialis, der entlang des horizontalen Unterkieferastes verläuft.)

III. Sialosen (Sialadenosen)

Grundlage ist wahrscheinlich eine Schädigung des autonomen Nervensystems der großen Kopfspeicheldrüsen. Rezidivierende nicht entzündliche Schwellungen der Speicheldrüsen – meist Glandulae parotideae bds. – verbunden mit verminderter Speichelproduktion und Trockenheit im Mund (Xerostomie) treten auf bei Stoffwechselkrankheiten:

1. Endokrine Sialadenosen durch hormonelle Störungen: Diabetes mellitus. Keimdrüsenstörungen. Klimakterium. Erkrankungen der Nebennierenrinde.
2. Dystrophisch-metabolische Sialadenosen durch Mangelkrankheiten: Parotisschwellungen bei Alkoholikern, bei Vitaminmangel, bei chronischem Eiweißmangel (Fehlernährung, Dystrophie), bei Lebercirrhose.
3. Neurogene Sialadenosen bei Dysfunktion des vegetativen Nervensystems, u. a. nach antihypertensiver Therapie und nach Antidepressiva.

Diagnose durch Biopsie (Schwellung der Acinuszellen), Allgemeinuntersuchung.

Therapie: Grundleiden behandeln.

Differentialdiagnose:
Sog. **Mikulicz-Krankheit:** Wahrscheinlich keine einheitliche Ätiologie und keine selbständige Erkrankung. Die Schwellung der Speicheldrüsen (und

der Tränendrüsen) könnte bedingt sein durch Speicheldrüsentumoren, Sialosen, epitheloidzellige Granulomatosen, chron. Sialadenitiden oder durch Erkrankungen der Speicheldrüsenlymphknoten.

Masseterhypertrophie: Beim Zubeißen Hartwerden der Schwellung.

IV. Tumoren (Sialome)

7.3.2

Vorkommen: Meist in der Glandula parotis.

Klassifizierung und Histologie der epithelialen Tumoren:

1. Adenome:

Pleomorphe Adenome (sog. Mischtumoren): Am häufigsten vorkommende gutartige Parotisgeschwülste mit buntem epithelialen Zellbild. (In pleomorphen Adenomen entwickeln sich gelegentlich – in etwa 5% – Carcinome!)
Monomorphe Adenome, z. B. **Cystadenolymphom** (WARTHIN-Tumor), mitunter beiderseits: Cystisch-papillärer, gutartiger, abgekapselter Tumor.

2. **Acinuszelltumoren:** Neigen zu Rezidiven und – selten – Metastasierung.

3. **Mucoepidermoidtumoren:** Ausdifferenzierte Form prognostisch günstiger als die – seltenere – undifferenzierte Form (= „Mucoepidermoidcarcinom“ mit Metastasierung!).

4. Carcinome:

Adenoidcystische Carcinome (sog. Cylindrome): Langsames, aber besonders gefürchtetes unaufhaltsames Wachstum – nicht selten am N. facialis entlang. Lymphogene regionale und vor allem hämatogene Fernmetastasierung (Lunge!).
Adenocarcinome, Plattenepithelcarcinome und **undifferenzierte Carcinome** sowie **Carcinome in pleomorphen Adenomen.**

Befund:
Bei Adenom, Acinuszelltumor und Mucoepidermoidtumor knotige Verhärtung der Gl. parotis, langsam wachsend, nicht oder kaum schmerzhaft (Farbaufnahme 53). Bei Carcinomen schnelleres Wachstum (außer beim adenoidcystischen Carcinom), Spontanschmerz und häufig Schmerz bei Druck in die Fossa retromandibularis, Verbackensein mit der Haut. Ulcerationen und Durchbruch nach außen oder in den Gehörgang sowie Facialisparese und Metastasierung sind sichere Zeichen für Malignität!

GK 7.3.2

Diagnose:
Feinnadelaspirationsbiopsie oder Probeexcision (nur vor dem Tragus). Evtl. Gewebeentnahme erst während der Tumoroperation nach Freilegung des Tumors unter Schonung des N. facialis und Schnellschnitt, davon weiteres operatives Vorgehen abhängig machen. Eine Sialographie (S. 325), eine Ultraschalluntersuchung und ein Computertomogramm können differentialdiagnostische Hinweise geben.

Therapie: Operativ!
Bei der operativen Entfernung von Adenomen, insbesondere von pleomorphen Adenomen, besteht die Gefahr, Teile des höckerigen Tumors oder der Kapsel zurückzulassen („Rezidiv"!). Daher genügt eine Enucleation nicht. Die Parotis ist teilweise (meist lateraler Anteil) oder vollständig unter Schonung des N. facialis, der am Foramen stylomastoideum aufgesucht und mit seinen Ästen durch die Drüse hindurch präpariert wird, zusammen mit dem Tumor zu exstirpieren **(partielle** – oft laterale –, **subtotale oder totale Parotidektomie** und **extratemporale Facialischirurgie).**
Bei Acinuszelltumoren, undifferenzierten Mucoepidermoidtumoren und Carcinomen totale Parotidektomie mit Opferung von Facialisästen oder des gesamten N. facialis, bei Metastasen radikale Neck dissection. Nachbestrahlung. Bei Inoperabilität primäre Strahlentherapie.
Epitheliale Tumoren finden sich seltener auch in der Gl. submandibularis oder in der Gl. sublingualis und gehen gelegentlich sogar von den kleinen Speicheldrüsen der Gaumenschleimhaut aus.
Mesenchymale Tumoren im Bereich der Speicheldrüsen sind selten, z. B. Angiome (besonders bei Kindern), Neurinome, Lipome. Intraglanduläre Lymphome und metastatische Tumorabsiedlungen kommen häufiger vor.

Auriculo-temporales Syndrom (Frey).

Ursache: Nach Parotidektomie fehlgeleitete Regeneration der sekretorischen Parotisnerven. Die sich regenerierenden parasympathischen Fasern folgen den sympathischen Fasern und innervieren die Schweißdrüsen der Haut.

Symptome: Hautrötung durch Vasodilatation und Schweißabsonderung im Wangenbereich vor dem Ohr auf gustatorische und masticatorische Reize während des Essens („Gustatorisches Schwitzen").

Therapie: Örtlich Scopolaminsalbe oder Aluminiumchloridlösung. Empfohlen wird auch eine Neurektomie des N. tympanicus in der Pauke (S. 16).

TNM-Einteilung

Kopfspeicheldrüsen (Gl. parotis und Gl. submandibulatis)

T1 = Tumor mißt in seiner größten Ausdehnung 2 cm oder weniger
T2 = Tumor mißt in seiner größten Ausdehnung mehr als 2 cm, jedoch nicht mehr als 4 cm
T3 = Tumor mißt in seiner größten Ausdehnung mehr als 4 cm, jedoch nicht mehr als 6 cm
T4 = Tumor mißt in seiner größten Ausdehnung mehr als 6 cm

Alle Kategorien sind unterteilt in:
- a kein klinischer oder makroskopischer Anhalt für einen Befall der Haut, Weichteile, Knochen oder Nerven
- b klinischer oder makroskopischer Anhalt für einen Befall der Haut, Weichteile, Knochen oder Nerven

N – Regionäre Lymphknoten
(Gilt für alle Kopf-Halstumoren)

N0 = keine Lymphknoten
N1 = ein ipsilateraler Lymphknoten (nicht größer als 3 cm)
N2 = a ein ipsilateraler Lymphknoten (größer als 3 cm aber nicht größer als 6 cm)
b mehrere ipsilaterale Lymphknoten (nicht größer als 6 cm)
c bilaterale oder kontralaterale Lymphknoten (nicht größer als 6 cm)
N3 = Lymphknoten größer als 6 cm

M – Fernmetastasen

M0 = keine Fernmetastasen
M1 = Fernmetastasen

V. Speichelfistel

Ursache: Verletzungen der Drüse oder des Ausführungsganges, Operationen, spezifische oder unspezifische Entzündungen, angeboren.
Symptom: Speichelabfluß nach außen, vor allem während des Essens.
Therapie: Drüsenfisteln schließen sich von selbst, bei Gangfisteln muß die äußere Fistel operativ zu einer inneren gemacht werden oder Versuch der Herabsetzung der Speichelsekretion durch Röntgenstrahlen oder schließlich Exstirpation der Drüse.

VI. Ranula (Fröschleingeschwulst)

Retentionscyste unter der Zunge, angeboren oder durch Obliteration eines der kleinen Ausführungsgänge der Glandula sublingualis entstanden.
Befund: Bläulich durchscheinende, Flüssigkeit enthaltende, pralle Schwellung, sichtbar bei Anheben der Zungenspitze (Farbaufnahme 42).
Therapie: Exstirpation.
Differentialdiagnose:
Dermoidcyste: Bei Betasten festes Gewebe.
Therapie: Exstirpation.

Prüfungsaufgaben zu Kopfspeicheldrüsen s. Anhang Aufgaben 256 – 265.

Stimm- und Sprech- bzw. Sprachstörungen

Sprachstörungen haben eine zentrale Ursache oder entstehen durch fehlerhafte Artikulation, Stimmstörungen dagegen durch fehlerhafte Phonation.
Die Stimm- und Sprachheilkunde **(Phoniatrie)** ist ein – selbständiges – Teilgebiet der Hals-Nasen-Ohrenheilkunde, das an den Kliniken meist auch noch die Pädaudiologie (S. 48) umfaßt.
Das Arbeitsgebiet der **Logopäden** umfaßt nach ärztlicher Verordnung Diagnose und Therapie der Stimm- und Sprachstörungen.

Manche Stimm- und Sprachstörungen haben ihre Ursache in einem fehlerhaften Gebrauch der Atemmuskulatur beim Sprechen und dadurch bedingter falscher Atemtechnik:
Gewöhnlich werden Brust- und Bauchatmung gleichzeitig ausgeführt (costoabdomineller Atemtyp), indem sich bei der Inspiration das Zwerchfell senkt und die Rippen heben. Eine lockere Atmung (vorwiegend durch Zwerchfellbewegungen) ist beim Reden und Singen wichtig, ungünstig sind übermäßiges Anheben des Brustkorbs mit Betonung der Brustatmung sowie eine Verkrampfung der Muskulatur beim Ausatmen.
Atemmuskulatur:
a) Zwerchfell.
b) Zwischenrippenmuskeln:
Mm. intercostales **ex**terni (**In**spiration) schräg von hinten oben nach vorn unten.
Mm. intercostales **in**terni (**Ex**spiration) schräg von hinten unten nach vorn oben.
c) Atemhilfsmuskulatur:
Bauchmuskeln, Brustmuskeln, lange Rückenstrecker, Mm. scaleni.

Sprach- und Stimmbildung

I. Bildung der Sprachlaute

Die verschiedenen Sprachlaute werden aus dem Stimmklang durch Veränderung des Ansatzrohres (Resonanzraum) gebildet. Es umfaßt den supraglottischen Raum sowie Rachen, Mundhöhle, Nase und Nebenhöhlen.

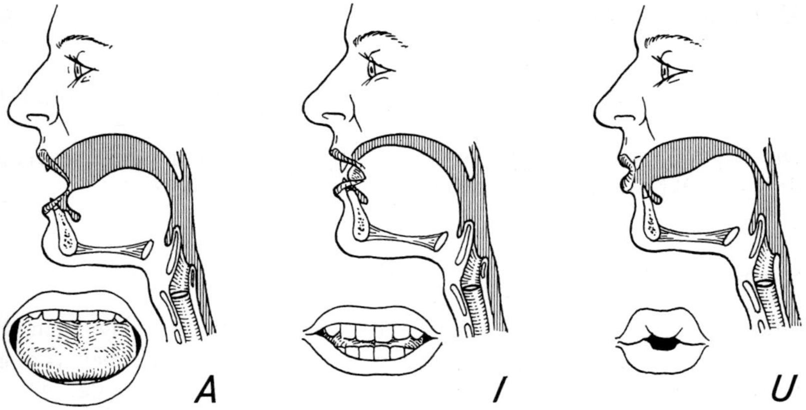

Abb. 151. Bildung der Vokale A, I, U

Das Ansatzrohr kann durch die Bewegungen der „Sprechmuskulatur" in Lippe, Zunge, Kiefer und Gaumensegel geformt werden.
Vokale werden bei offenem Ansatzrohr gebildet (Abb. 151).
Konsonanten entstehen durch Verschluß (Sprenglaute) oder Verengerung (Reibelaute) an einer der drei Artikulationszonen: 1. Lippen, 2. Zungenspitze und vorderer Gaumen, 3. Zungenrücken und Gaumen.
Die Konsonanten können stimmhaft oder stimmlos sein.
Nasallaute entstehen bei offener Verbindung vom Rachenraum zur Nase.

	stimmhaft	stimmlos	nasal
1. Verschlußlaut:	B	P	M
Reibelaut:	W	F	
2. Verschlußlaut:	D	T	N
Reibelaut:	S	SS	
3. Verschlußlaut:	G	K	Ng
Reibelaut:	J	Ch	

II. Stimmbildung

Die Stimmlippen treten zusammen **(Phonationsstellung)** (s. Abb. 132b, S. 270).
Die Stimmlippenschwingungen werden durch die aus der Lunge strömende Luft verursacht (Myoelastische aerodynamische Theorie).

Stimme:

a) **Tonhöhe:** Sie hängt ab von der Zahl der Stimmlippenschwingungen pro Sekunde, diese wiederum von der anatomischen Beschaffenheit (Länge und Masse) und der Spannung der Stimmlippen sowie von der Atemstromgeschwindigkeit und dem Anblasedruck:
Tiefe Stimmlage: Lange Stimmlippen.
Hohe Stimmlage: Kurze Stimmlippen.
Je gespannter die Stimmlippen mit den Stimmbändern sind, desto höher ist der Stimmklang.
In der Pubertät sinkt durch das Wachsen des Kehlkopfes und die Verlängerung der Stimmlippen die Stimme der Knaben um eine Oktave, die der Mädchen um eine Terz (Stimmwechsel, Mutation).
Der Sprachlaut entsteht erst im Ansatzrohr oberhalb der Stimmbänder aus dem obertonreichen Stimmklang durch entsprechende Artikulation.

b) **Stimmumfang:** 1 – 2½ Oktaven.

c) **Stimmregister:** Brust-, Mittel-, Kopfregister. Jodeln = Springen von der Brust- zur Kopfstimme.

d) **Sprechstimmlage:** Im unteren Drittel des individuellen Gesamtstimmumfanges, bei Männern eine Oktave tiefer als bei Frauen.

e) **Klangfarbe:** Abhängig von den Verhältnissen im Ansatzrohr, offene und gedeckte Singstimme.
Nach b) bis e) wird die **Stimmgattung** bestimmt (♂: Baß, Bariton, Tenor; ♀: Alt, Mezzosopran, Sopran).

f) **Stimmstärke:** Abhängig von der Stärke des Anblasedruckes, von Form, Spannung und Schwingungsamplitude der Stimmlippen und von der Form des Ansatzrohres.

g) **Stimmeinsatz:** Gehaucht, weich = geöffnete Stimmlippen. Fest, hart, gepreßt = geschlossene Stimmlippen.

h) **Kommandostimme:** Große Stimmstärke nach tiefer Inspiration, harter Stimmeinsatz.

i) **Flüstern:** Stimmlippen geschlossen, „Flüsterdreieck" zwischen den Aryknorpeln offen.

j) **„Bauchreden":** Veränderung der Stimme durch Verengerung und Verstellung des Ansatzrohres.

k) **Taschenfaltenstimme:** Durch Zusammenpressen der Taschenfalten entsteht eine gepreßte, rauhe Stimme.

l) **Oesophagusstimme:** Der Kehlkopflose bildet den Stimmklang durch Hochrülpsen der Luft aus dem Oesophagus, die dann am Oesophagusmund („Pseudoglottis") vorbeistreicht (S. 295).

m) **Stimmstörungen:** Sie treten auf, falls die Schwingungsfähigkeit der Stimmlippen und der Stimmlippenschluß behindert sind. Sie führen zu heiserer oder tonloser Stimme!

Sprachstörungen dagegen treten bei Störungen der Artikulation auf.

Funktionsprüfungen

8.1

Voraussetzungen zur Prüfung der Sprache und der Stimme sind eine hals-nasen-ohrenärztliche Untersuchung einschließlich erforderlicher Hörprüfungen.

I. Sprachstatus

Geprüft werden u. a.:
Freies Sprechen, Lesen.
Nacherzählen, Nachsprechen.
Sprachverständnis, Wortfindung.
Artikulation, Sprechtempo.
Sprachlaute (einschließlich Nasallaute).
Prüfung der Atemtechnik.
Gegebenenfalls Intelligenztests,
psychologische und neurologische Untersuchung.

II. Stimmstatus

Geprüft werden u. a.:
Qualität der Sprech-, Ruf- und Singstimme.
Stimmeinsätze.
Stimmumfang.
Tonhaltedauer.

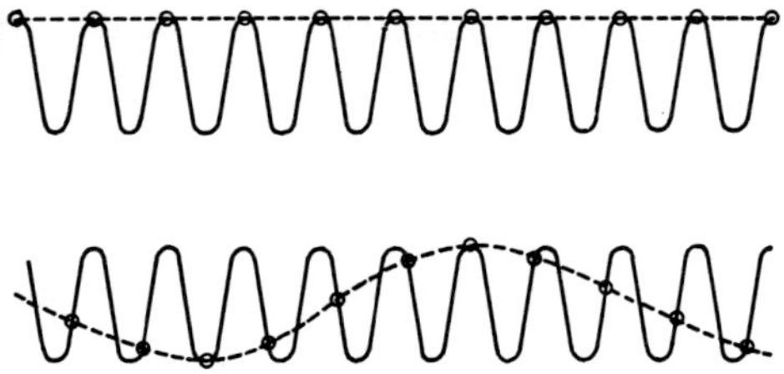

Abb. 152 a, b. Stroboskopie. **a** Stimmbandschwingungen und Lichtblitze synchron, Stimmlippen stehen scheinbar still; **b** Phasenverschiebung und scheinbar langsamer Ablauf der Stimmlippenschwingungen

III. Stroboskopie

Hierbei werden die für die Betrachtung mit dem bloßen Auge zu schnellen Stimmlippenschwingungen sichtbar gemacht: Anstelle der gewöhnlichen Lichtquelle wird ein Gerät verwandt, das Lichtblitze erzeugt (Stroboskop). Die Zahl der Lichtblitze wird zunächst über ein Kehlkopfmikrophon mit der Zahl der Stimmlippenschwingungen (Frequenz eines Singtons) synchronisiert. Man sieht dann von jeder Stimmlippenschwingung die gleiche Phase. Die Stimmlippen stehen scheinbar still (Abb. 152 a).
Durch geringe Erhöhung oder Erniedrigung der Zahl der Lichtblitze wird von jeder Stimmlippenschwingung eine etwas verschobene Phase beleuchtet. Es ist dann ein scheinbar langsamer Ablauf einer Stimmlippenschwingung zu sehen, die sich aus den aufeinanderfolgenden verschiedenen Phasen zahlreicher Schwingungen zusammensetzt (Abb. 152 b).

Bei der Stroboskopie werden festgestellt:
Seitengleichheit und Regelmäßigkeit der Stimmlippenschwingungen, Amplitude der Schwingungen,
Bewegungsablauf der Schwingungen in der Stimmlippe (normal wellenförmig).
Außer der funktionellen Untersuchung der Stimme dient die Stroboskopie vor allem dem ersten Erkennen einer Infiltration einer Stimmlippe (Entzündung, Tumor), die dadurch in ihrer Schwingungsfähigkeit eingeschränkt wird.

IV. Elektromyographie

Ableitung der Aktionspotentiale (Nadelelektrode!) von den inneren und äußeren Kehlkopfmuskeln zur Differentialdiagnose neurogener, myogener und arthrogener Funktionsstörungen.

V. Sonagraphie

Elektroakustische Aufzeichnung der Sprache durch Zerlegen der Schallwellen (Spektralanalyse) nach Frequenz, Lautheit und Zeitablauf.

GK 8.2, 8.2.1

Klinik

8.2

I. Sprachentwicklung

8.2.1

A. Normale Entwicklung

Ab 2. Monat Lallen.
Ab 8. Monat Echolalie und erstes Sprachverständnis.
Ab einem Jahr Einwortsätze.
Mit 1½ Jahren Zweiwortsätze.
Mit 3 Jahren Mehrwortsätze.
Ab 4 Jahren vollständiger Spracherwerb.

B. Verzögerte Sprachentwicklung

Die Ursache liegt meist in einem nur schwach ausgebildeten Sprechantrieb oder einer ungenügenden sprachlichen Anregung.
Falls keine Hirnschädigung vorliegt, harmlose Störung, die bei sonst ungestörter Intelligenz bei Beschäftigung mit dem Kind durch Eltern, Geschwister oder im Kindergarten bis zur Einschulung behoben ist.
Die Störung kann sich äußern in nicht altersgemäßem Wortschatz, Dysgrammatismus (unkorrekter Satzbau) und Stammelfehlern.

C. Behinderte Sprachentwicklung durch Hörstörungen

Taub geborene Kinder bleiben stumm **(Taubstummheit).** Bei Verlust des Gehörs vor dem 7. Lebensjahr geht die bis dahin erworbene Sprache wieder verloren. Ein Restgehör versucht man durch Anpassung eines Hörgerätes ab dem 1. Lebenshalbjahr und ein Hörtraining für die Sprachanbildung auszunutzen. Schwerhörige sprechen Zischlaute und Reibelaute falsch oder gar nicht aus, da sie die in den hohen Frequenzen liegenden Formanten nicht hören. Für Sprachbehinderte stehen Sonderschulklassen bzw. -schulen zur Verfügung (Schwerhörigenschulen S. 134).

D. Behinderte Sprachentwicklung bei Schwachsinn

Die Feststellung des Intelligenzquotienten ist in diesen Fällen durch sprachfreie Tests erforderlich.

GK 8.2.2

E. Akustische Agnosie (Seelentaubheit)

Ursache: Frühkindliche Hirnschädigung (?).

Sprachverständnis fehlt, Sprechvermögen vorhanden.
Test: Aufträge werden nicht verstanden, Nachsprechen möglich (Echolalie). Keine Spontansprache.

Differentialdiagnose: Mutismus:
Es handelt sich um eine psychisch bedingte Stummheit. Sie tritt nach teilweisem oder vollzogenem Spracherwerb auf.

II. Sprach- bzw. Sprechstörungen

8.2.2

A. Stammelfehler

(Dyslalie, Lautbildungsfehler, Störungen der Artikulation)

Das physiologische Stammeln des Kleinkindes soll nach dem 4. Lebensjahr verschwunden sein. Danach bestehenbleibende Lautbildungsfehler bedürfen der Behandlung.
Stammelfehler können funktionell oder organisch bedingt sein. Stets Schwerhörigkeit ausschließen bzw. behandeln (hörverbessernde Operation, Hörgerät).

1. **Sigmatismus** (Lispeln) = falsche Bildung der S-Laute (häufigster Stammelfehler):
als Sigmatismus addentalis: Zungenspitze an der Hinterfläche der Schneidezähne,
als Sigmatismus interdentalis: Zunge vorn zwischen den Zähnen,
als Sigmatismus lateralis: Die Luft entweicht einseitig in die Backentasche.
Asigmatismus: S-Laute werden nicht gebildet, sondern durch andere Laute (meistens D) ersetzt.

2. **Gammazismus,** Kappazismus, Lambdazismus, Rhotazismus = Falschbildung der G-, K-, L- und R-Laute.

3. **Rhinophonie** (= Rhinolalie, Näseln) (Nachweis s. S. 151).

Als Rhinophonia clausa (geschlossenes Näseln):

Ursache meist organisch. Verlegte Nase durch Schnupfen, Polypen, vergrößerte Rachenmandel, Tumoren, doppelseitige Choanalatresie: Nasallaute werden ohne Nasenresonanz gesprochen („Stockschnupfen").

Als Rhinophonia aperta (offenes Näseln):

Ursachen:
Organisch bei Gaumenspalte oder Gaumensegellähmung bzw. -schwäche (z. B. Diphtherie oder Myasthenia gravis pseudoparalytica): Alle Laute haben einen nasalen Beiklang.
Funktionell bei Schonstellung des Gaumensegels: Nur Vokale haben einen nasalen Beiklang.

Als Rhinophonia mixta bei Kombination von verlegter Nasenatmung und Gaumensegelschwäche.

Therapie der Stammelfehler: Bei organischer Ursache kausale Behandlung, z. B. bei Gaumenspalten Operation, sonst Sprachübungsbehandlung durch Logopäden mit Erlernen der richtigen Technik bei der Lautbildung, Hörtraining und Training der Zungen- und Mundmotorik.

B. Poltern

Sprachformulierungsschwäche. Hastiges, verwischtes Sprechen mit Auslassungen, Umstellungen oder Wiederholungen von Lauten und Silben.

Therapie: Erziehung zu langsamem Sprechen.

C. Stottern (Balbuties)

Sprechneurose mit Hemmungen und Unterbrechungen des Sprechablaufes (tonisches oder klonisches Stottern). Unkoordinierte Atmung. Störung des Redeflusses. Mitbewegung der Extremitäten. Singen meist nicht behindert.

Ursachen: Unbekannt. An der Entstehung sind körperliche, seelische und interpersonelle Faktoren beteiligt, z. B. psychisches Trauma, Disposition oder frühkindliche Hirnschäden.

Therapie: Sehr schwierig und nicht immer erfolgreich. Besteht in
- Atemschulung,
- Üben von langsamem und rhythmischem Sprechen,
- Verhaltenstherapie,
- Entspannungsübungen (z. B. autogenes Training).

GK 8.2.2

D. Zentrale Sprachstörungen

1. Aphasien, Dysphasien

Bei organischen Gehirnerkrankungen (Blutung, Tumor) im Bereich der Sprachzentren kommt es zu Störungen oder dem Verlust der bereits erworbenen Sprache:

Motorische Aphasie:
Störung der Wortbildung bei nur geringfügig beeinträchtigtem Sprachverständnis durch Läsion im BROCA-Sprachzentrum (3. Stirnwindung).

Sensorische Aphasie:
Störung des Sprachverständnisses bei erhaltenem Sprechvermögen durch Läsion im WERNICKE-Sprachzentrum (obere Schläfenwindung).

Amnestische Aphasie:
Störung der Worterinnerung, Wortfindungsstörungen, Gegenstände können nicht benannt werden (untere Schläfenwindung). Siehe S. 114, Otogener Hirnabsceß.

2. Dysarthrien

Sprachstörungen durch Erkrankungen der Kerne und zentralen Bahnen der Hirnnerven.
Vorkommen z. B. als spastische oder als paralytische Lähmungsformen der Sprechmuskulatur. Der gesamte Sprechvorgang ist gestört.

Anmerkung: Störungen der Sprechfunktion durch periphere Lähmung einzelner Hirnnerven (z. B. N. glossopharyngeus, N. hypoglossus) nennt man auch **Dysglossien.**

Therapie der zentralen Sprachstörungen: Logopädische Behandlung.

III. Stimmstörungen

A. Organische Stimmstörungen siehe bei Kehlkopferkrankungen ab S. 277

B. Funktionelle Stimmstörungen

1. Funktionelle Aphonie

Psychische Traumen können dazu führen, daß die Stimmlippen beim Sprechen nicht in Phonationsstellung gebracht oder aber fest zusammengepreßt werden.

Symptome: Die Stimme ist tonlos, klangvolles Husten möglich! Bei der Spiegeluntersuchung Beweglichkeit der Stimmlippen. Keine entzündlichen Zeichen. Häufiger bei Frauen als bei Männern.
Hypofunktionelle Form: Stimme tonlos, kein Stimmlippenschluß, Epiglottis aufgerichtet.
Hyperfunktionelle Form: Stimme tonlos, Stimmlippen und evtl. Taschenfalten zusammengepreßt, Epiglottis gesenkt.

Therapie: Aus dem klangvollen Husten heraus Entwicklung der Stimme oder
Eingehen auf die seelischen Schwierigkeiten und mit Atem- und Stimmübungen versuchen, die Stimme aufzubauen. Die früher übliche Überrumpelung mit Einführen einer Metallkugel zwischen die Stimmbänder, um einen Würg- und Erstickungsanfall und danach eine laute Stimme auszulösen, sollte unterlassen werden.

2. Inspiratorischer funktioneller Stridor („Stimmritzenkrampf")

Bei der Einatmung öffnen sich die Stimmbänder nicht, sondern schließen sich im Gegenteil in der Mittellinie (paradoxe Stimmbandbewegungen).

Therapie: Atemübungen, Psychotherapie.

3. Mutationsstörungen

Während des Stimmwechsels (Stimmbruch) soll die Stimme, die zwischen hoch und tief schwankt, geschont werden. Die **Mutationsfistelstimme** ist die Folge eines gestörten Stimmwechsels vor allem bei Knaben. Das Kehlkopfwachstum während der Pubertät führt in diesen Fällen zu einer zu starken Spannung der Stimmbänder. Die Mutationsfistelstimme tritt gelegentlich auch als funktionelle Störung auf, wenn die Freunde der Knaben noch nicht im Stimmbruch sind und weiter kindlich sprechen.

Therapie: Stimmübungsbehandlung unter leichtem Druck auf den Schildknorpel zur Entlastung des Zuges des M. cricothyreoideus. Die unvollständige Mutation erfordert ebenfalls eine stimmtherapeutische Behandlung. Das Ausbleiben der Mutation ist hormonell bedingt: persistierende Kinderstimme (früher durch Kastration von Knaben absichtlich herbeigeführt: Kastratenstimme).

4. Dyskinetische Stimmstörungen

Hyper- und hypofunktionelle Dysphonien entstehen durch Überlastung der Stimme, falsche Belastung der Stimmbänder oder falsche Stimmtechnik: Entweder zu starke Anspannung oder aber Schonhaltung der Stimmbänder beim Sprechen. Auftreten besonders bei Berufen mit überforderter Stimme (Lehrer, Pfarrer) = ponogene Dysphonien, die meistens hyperfunktionell sind.

Symptome: Die Stimme wird schon bei kleinen Belastungen heiser, rauh und wenig tragend, es können sich ein Druckgefühl im Kehlkopf, Kratzen im Hals und eine Rötung der freien Stimmbandränder einstellen. Entstehung von Stimmbandknötchen (S. 287) möglich.

Therapie: Stimmübungsbehandlung, Atemübungen, lockeres Sprechen, Librium oder Valium.

Differentialdiagnose:

- Spastische Dysphonie: Hochgradiges Pressen und Ächzen bei der Stimmbildung. Psychische Genese!
- Stimmstörung bei Myasthenia gravis pseudoparalytica: Leicht ermüdbare Stimme mit nachfolgender Erholung. Behandlung des Grundleidens durch den Neurologen.
- Hormonelle Stimmstörungen im Klimakterium oder nach Hormonmedikation (z. B. Kombinationspräparaten mit androgenen Hormonen oder Anabolica: Die Stimme wird tiefer und brüchig infolge Zunahme der Muskulatur im Verhältnis zum Bindegewebe. Virilisierung der Stimme).
- Laryngopathia gravidarum: Heiserkeit durch Auflockerung der Stimmlippen verschwindet nach der Entbindung.
- Submucöse Blutung in der Stimmlippe nach Überschreien oder Überbeanspruchung der Stimme.

Anmerkung: Phonasthenie = anlagebedingte Stimmschwäche.

5. Ictus laryngis

Hustenanfall, der in einen Glottiskrampf übergeht, gelegentlich bei Männern.
Der Glottiskrampf kann von kurzer Bewußtlosigkeit gefolgt sein. Ursache unbekannt.

Differentialdiagnose:

Laryngospasmus (Glottiskrampf) infolge Tetanie oder im Rahmen einer Spasmophilie bei Kindern.
Therapie: Calcium und CO_2-Rückatmung.
An aspirierte Fremdkörper denken!

Singultus (Schluckauf). Ruckartiges Einatmen und rascher Glottisschluß ausgelöst durch nicht willkürlich steuerbare krampfartige Zwerchfellkontraktionen (Zwerchfellspasmus).

Therapie: Atem anhalten (respiratorische Azidose) und Pressen. Plötzliches Erschrecken kann zur Unterbrechung des Reflexes führen. Bei lange anhaltendem Singultus nach zentral-nervösen oder peripheren organischen Ursachen suchen.

Prüfungsaufgaben zu Sprach- und Stimmstörungen s. Anhang Aufgaben 266 – 277.

Begutachtung

Gutachten für die Rentenversicherung haben aufgrund der medizinischen Befunde zur *Berufsunfähigkeit* und *Erwerbsunfähigkeit* Stellung zu nehmen.
Bei der Begutachtung nach dem Bundesversorgungsgesetz, dem Bundesentschädigungsgesetz und der gesetzlichen Unfallversicherung muß durch Anamnese und Befund zunächst der Kausalzusammenhang zwischen dem schädigenden Ereignis und dem Schaden mit der nötigen Wahrscheinlichkeit festgestellt werden. Danach ist die schadensbedingte *Minderung der Erwerbsfähigkeit (MdE)* auf dem allgemeinen Arbeitsmarkt in Prozenten nach den bestehenden Richtlinien zu schätzen. Außerdem soll ein besonderes berufliches Betroffensein berücksichtigt werden.
In der gesetzlichen Unfallversicherung unterscheidet man zwischen den Folgen eines Arbeitsunfalles und einer Berufskrankheit.
In der privaten Unfallversicherung wird ein Dauerschaden nach den in einer „Gliedertaxe" aufgeführten Prozentsätzen der Invalidität geschätzt.
Am häufigsten werden zur Zeit Gutachten zur Frage der Berufskrankheit „Lärmschwerhörigkeit" erstattet. Beurteilt werden müssen darüberhinaus Folgen von Schädeltraumen, Schädelhirntraumen oder Erkrankungen

- im Ohrbereich mit Hör- und Gleichgewichtsstörungen,
- im Gesichts-, Nasen- und Nebenhöhlenbereich mit Riech- und Geschmacksstörungen, Behinderung der Nasenatmung und Gesichtsentstellungen und
- im Kehlkopf- und Trachealbereich mit Stimmstörungen und Atemnot.

Richtlinien zur Schätzung einer MdE für die verschiedenen Funktionsstörungen:

Ohr:

Gehör: Aus Tabellen lassen sich aufgrund der Ergebnisse der Hörweitenprüfung und der Werte der Sprachaudiometrie die prozentualen Hörverluste gegenüber dem Normalhörigen ablesen und danach die MdE festsetzen, z. B.:

Hörverlust	Umgangssprache	Schwerhörigkeitsgrad	Minderung der Erwerbsfähigkeit (MdE)	
			einseitig	doppelseitig
80% – 100%	unter 0,25 m	an Taubheit grenzende Schwerhörigkeit, Taubheit	15%	60 – 70%
60% – 80%	0,25 m – 1 m	hochgradige Schwerhörigkeit	10%	45 – 50%
40% – 60%	1 m – 4 m	mittelgradige Schwerhörigkeit	10%	30 – 35%
20% – 40%	über 4 m	geringgradige Schwerhörigkeit	0%	15 – 20%

Ohrensausen 5 – 10% MdE

Gleichgewicht:

Objektivierbare Labyrinthstörungen mit geringem Schwindel 10 – 20% MdE

Objektivierbare Labyrinthstörungen mit deutlichem Belastungsschwindel 30% MdE

Objektivierbare Labyrinthstörungen und Unfähigkeit, mit geschlossenen Augen zu gehen oder zu stehen 40 – 50% MdE

Nase:

Verlust des Geruchssinnes 10 – 15% MdE
(bei besonderen Berufen, wie Köchen, Chemikern, Weinprüfern u. U. Berufsunfähigkeit)

Behinderung bis Aufhebung der Nasenatmung 10 – 20% MdE

Ozaena 20 – 40% MdE

Gesichtsentstellungen 10 – 50% MdE

Facialisparese, einseitig 10 – 30% MdE

Facialisparese, doppelseitig 20 – 50% MdE

Kehlkopf:

Heiserkeit 10 – 20% MdE

Recurrensparese einseitig 10 – 20% MdE

Dauerkanülenträger mit guter Sprechstimme 30 – 40% MdE

Atembehinderung durch Stenose 30 – 70% MdE

Kehlkopfverlust bis 5 Jahre Heilungsbewährung 100% MdE

später 60 – 80% MdE

Prüfungsaufgaben zu Begutachtung s. Anhang Aufgaben 278 – 280

GK 10

Notfälle und Erstmaßnahmen

Alle Notfälle und Erstmaßnahmen wurden im Rahmen der Krankheiten und Verletzungen der einzelnen Organe abgehandelt. Es wird daher auf die entsprechenden Abschnitte verwiesen:

1. Blutungen 10.1

Nasenbluten S. 208
Gefäßunterbindungen bei schweren arteriellen Blutungen S. 212.

2. Luftnot 10.2

Intubation S. 296.
Tracheotomie S. 297.
Kanülenträger S. 298.
Tracheobronchoskopie S. 302.

3. Fremdkörper 10.3

Kehlkopffremdkörper S. 275.
Bronchialfremdkörper S. 305.

4. Verätzungen und Verbrühungen des oberen Speisewegs 10.4

Mundhöhle S. 233.
Oesophagus S. 306.

5. Hörsturz S. 125 **10.5**

Hand- und Lehrbücher des Fachgebietes

BECKER, W.: Atlas der Hals-Nasen-Ohrenkrankheiten einschließlich Bronchien und Oesophagus. 2. Auflage. Stuttgart: Georg Thieme 1983.

BECKER, W., NAUMANN, H. H., PFALTZ, C. R.: Hals-Nasen-Ohrenheilkunde. 3. Auflage. Stuttgart: Georg Thieme 1986.

BERENDES, J., LINK, R., ZÖLLNER, F.: Hals-Nasen-Ohrenheilkunde in Praxis und Klinik. 2. Auflage in sechs Bänden. Stuttgart: Georg Thieme ab 1977.

BOENNINGHAUS, H.-G.: Hals-Nasen-Ohrenheilkunde für den Allgemeinarzt. 3. Auflage. Berlin-Heidelberg-New York: Springer 1985.

BRUSIS, T., MÖDDER, U.: HNO Röntgen-Aufnahmetechnik und Normalbefunde. Berlin-Heidelberg-New York-Tokyo: Springer 1984.

BRUSIS, T., MÖDDER U.: HNO-Röntgen-Atlas. Pathologische Befunde. Berlin-Heidelberg-New York-Tokyo: Springer 1986.

BURIAN, K., FANTA, H., REISNER, H.: Neurootologie. Stuttgart, New York: Georg Thieme 1980.

DENECKE, H. J., MEYER, R.: Plastische Operationen an Kopf und Hals in in zwei Bänden, Bd. 1. Berlin-Göttingen-Heidelberg: Springer 1964.

DENECKE, H. J.: Die oto-rhino-laryngologischen Operationen im Mund- und Halsbereich. Kirschnersche Operationslehre Bd. V, Teil 3. 3. Auflage. Berlin-Heidelberg-New York: Springer 1980.

DENECKE, H. J., EY, W.: Die Operationen an der Nase und im Nasopharynx. Kirschnersche Operationslehre Bd. V, Teil 1. 3. Auflage Berlin-Heidelberg-New York: Springer 1984.

FEDERSPIL, P.: Moderne HNO-Therapie. Die medikamentöse Therapie in der Hals-Nasen-Ohrenheilkunde. München: ecomed 1984.

FELDMANN, H.: Das Gutachten des Hals-Nasen-Ohrenarztes. 2. Auflage. Stuttgart: Georg Thieme 1984.

LEHNHARDT, E.: Praktische Audiometrie. 5. Auflage. Stuttgart: Georg Thieme 1978.

MIEHLKE, A.: Surgery of the Facial Nerve. München: Urban & Schwarzenberg, 1973.

MITTERMAIER, R.: Hals-Nasen-Ohrenkrankheiten im Röntgenbild. Ein Atlas für Klinik und Praxis. Stuttgart: Georg Thieme 1969.

NAUMANN, H. H.: Kopf- und Halschirurgie. Operationsmanual in drei Bänden Stuttgart: Georg Thieme 1972 – 1976.

THEISSING, G., THEISSING, J.: Kurze HNO-Operationslehre. Zwei Bände. Stuttgart: Georg Thieme 1971 u. 1975.

VALVASSORI, G. E. et al.: Radiologie in der Hals-Nasen-Ohrenheilkunde. Stuttgart: Georg Thieme 1984.

WIRTH, G.: Sprachstörungen, Sprechstörungen, Kindliche Hörstörungen. 2. Auflage. Dtsch. Ärzteverlag 1983.

WIRTH, G.: Stimmstörungen. Dtsch. Ärzteverlag 1979.

WULLSTEIN, H. L.: Operationen zur Verbesserung des Gehörs. Stuttgart: Georg Thieme 1968.

Anhang

280 Prüfungsaufgaben

(An Aufgaben der 1. Auflage (1970) wirkte W. Schwab* mit.)

Die Aufgaben sind nach den Vorschriften des Instituts für medizinische und pharmazeutische Prüfungsfragen Mainz entwickelt und entsprechen den Aufgabentypen **A – F.**
Zu jeder Aufgabe werden 5 mögliche Antworten (A – E) angeboten, von denen nur eine einzige zutrifft.

Aufgabentyp **A** = Einfachauswahl

Auf eine Frage oder vollständige Aussage folgen 5 Antworten oder Ergänzungen (A – E), von denen eine einzige auszuwählen ist, die entweder die einzig richtige, die einzig falsche oder die beste von mehreren möglichen ist.
Beispiel Aufgabe 1.

Aufgabentyp **B** = Aufgabengruppe mit gemeinsamem Antwortangebot (Zuordnungsaufgaben)

Dieser Aufgabentyp besteht aus einer Liste mit numerierten Begriffen (Liste 1) und einer Liste mit durch A – E gekennzeichneten Antwortmöglichkeiten (Liste 2). Zu jeder numerierten Aufgabe der Liste 1 ist die eine Antwort (A – E) auszuwählen, die für zutreffend gehalten wird.
Beispiel Aufgaben 2 und 3.

Aufgabentyp **C** = Kausale Verknüpfung

Es ist zu prüfen, ob Aussage 1 richtig oder falsch ist, dann, ob Aussage 2 richtig oder falsch ist. Wenn beide Aussagen richtig sind, muß noch geprüft werden, ob die kausale Verknüpfung durch „weil" richtig oder falsch ist. Von den Antworten (A – E) ist eine auszuwählen, die für zutreffend gehalten wird.
Beispiel Aufgabe 4.

Aufgabentyp **D** = Aussagenkombination

Auf eine Frage oder unvollständige Aussage folgen mehrere numerierte Aussagen. Von den Antworten (A – E) ist eine auszuwählen, die für zutreffend gehalten wird.
Beispiel Aufgabe 5.

Aufgabentyp **E** = Bildmaterial

Eine Frage bezieht sich auf fünf Abbildungen. Nur eine der Abbildungen (A – E) zeigt die zutreffende Antwort und ist auszuwählen.
Beispiel Aufgabe 45.

---

* Prof. Dr. W. Schwab, Direktor der Hals-Nasen-Ohrenklinik und Poliklinik im Klinikum rechts der Isar der Technischen Universität München.

Aufgabentyp **F** = Aufgabengruppe mit Fallbeschreibung

Auf eine Fallbeschreibung folgt eine Reihe von Aufgaben. Bei jeder Aufgabe ist von den Antworten (A – E) eine auszuwählen, die für zutreffend gehalten wird. Beispiel Aufgaben 60 und 61.

Der geklammerte Buchstabe hinter der Nummer jeder Aufgabe bezieht sich auf den Aufgabentyp.
Die Seitenzahl rechts neben der Aufgabe verweist auf die Darstellung im Text.
Lösung der Aufgaben S. 392 und S. 393.

Ohr

Entwicklung, Anatomie, Physiologie

Aufgabe:

1. (**A**) Aus wie vielen Schichten – von lockerem Bindegewebe getrennt – besteht die **Pars flaccida** des Trommelfells? S. 8
   A) aus einer Schicht
   B) aus zwei Schichten
   C) aus drei Schichten
   D) aus vier Schichten
   E) aus fünf Schichten

Ordnen Sie den **Paukenhöhlenwänden** (Liste 1) den entsprechenden topographisch-anatomischen Nachbarbegriff (Liste 2) zu. S. 13

Liste 1
2. (**B**) Mediale Paukenhöhlenwand
3. (**B**) Paukenboden

Liste 2
A) Bulbus v. jugularis
B) Promontorium
C) Antrum mastoideum
D) Tegmen tympani
E) Trommelfell

4. (**C**) Der **vestibuläre Teil des Innenohres** weist häufiger Entwicklungsanomalien auf als der **cochleäre Teil** (1), *weil* der vestibuläre Teil sich zeitlich später entwickelt (2). S. 3
   A) 1 richtig, 2 richtig, Verknüpfung richtig
   B) 1 richtig, 2 richtig, Verknüpfung falsch
   C) 1 richtig, 2 falsch –
   D) 1 falsch, 2 richtig –
   E) 1 falsch, 2 falsch –

5. (**D**) Es entstammen S. 3
   (1) das **häutige Labyrinth** dem Ektoderm, (2) das **Mittelohr** der 1. Schlundtasche, (3) die **Gehörknöchelchen** dem 1. und 2. Schlundbogen, (4) das **knöcherne Labyrinth** dem 3. Schlundbogen.
   A) nur 1 ist richtig
   B) nur 2 ist richtig
   C) nur 1 und 3 sind richtig
   D) nur 1 und 4 sind richtig
   E) nur 1, 2 und 3 sind richtig

6. (**D**) Von den Innenohrflüssigkeiten ist S. 18
(1) die **Perilymphe** natriumreich, (2) die **Endolymphe** kaliumreich, (3) die **„Cortilymphe"** kaliumreich, (4) die Perilymphe gleich der Endolymphe.
A) nur 1 ist richtig
B) nur 2 ist richtig
C) nur 1 und 2 sind richtig
D) nur 1 und 4 sind richtig
E) alle Aussagen sind richtig

7. (**D**) Die **Schnecke** S. 18
(1) besteht aus 2½ Windungen, (2) ihre Achse heißt Helicotrema, (3) ihre Basalwindung bildet das Promontorium, (4) ihre Lamina spiralis ossea enthält das CORTI-Organ.
A) nur 1 ist richtig
B) nur 2 ist richtig
C) nur 1 und 3 sind richtig
D) nur 1 und 4 sind richtig
E) alle Aussagen sind richtig

8. (**A**) Aus wie vielen Schichten besteht die **Pars tensa** des Trommelfells? S. 8
A) aus einer Schicht
B) aus zwei Schichten
C) aus drei Schichten
D) aus vier Schichten
E) aus fünf Schichten

9. (**D**) Der **äußere Gehörgang** S. 5
(1) besteht aus einem knorpligen und einem knöchernen Anteil, (2) ist im knorpligen Anteil von Haut mit reichlich Anhangsgebilden ausgekleidet, (3) ist im knöchernen Teil nur von dünner Haut (ohne Anhangsgebilde) ausgekleidet, (4) besitzt einen Isthmus.
A) nur 1 ist richtig
B) nur 4 ist richtig
C) nur 1 und 2 sind richtig
D) nur 1 und 3 sind richtig
E) alle Aussagen sind richtig

10. (**C**) Eine Gehörgangsreizung kann Husten auslösen (1), *weil* der äußere Gehörgang vom **Ramus auricularis n. vagi** sensibel innerviert wird (2). S. 7
A) 1 richtig, 2 richtig, Verknüpfung richtig
B) 1 richtig, 2 richtig, Verknüpfung falsch
C) 1 richtig, 2 falsch –
D) 1 falsch, 2 richtig –
E) 1 falsch, 2 falsch –

11. (**D**) Unter **Binnenohrmuskeln** versteht man S. 14
(1) den M. stapedius, (2) den M. tensor tympani, (3) den M. temporalis, (4) den M. levator veli palatini.
A) nur 1 ist richtig
B) nur 4 ist richtig
C) nur 1 und 2 sind richtig
D) nur 1 und 3 sind richtig
E) alle Aussagen sind richtig

12. (**D**) Es entsprechen S. 18
(1) die **Endolymphe** einem Sekretionsprodukt der Stria vascularis, (2) der Elektrolytgehalt der **Perilymphe** etwa dem des Liquor cerebrospinalis, (3) die **„Corti-Lymphe"** der Endolymphe, (4) die **Endolymphe** der Interzellularflüssigkeit.
A) nur 1 ist richtig
B) nur 4 ist richtig
C) nur 1 und 2 sind richtig
D) nur 1 und 3 sind richtig
E) alle Aussagen sind richtig

13. (**D**) Der **N. facialis** S. 76
(1) ist ein motorischer Nerv, (2) führt sekretorische Fasern, (3) führt Geschmacksfasern, (4) führt sensible Fasern.
A) nur 1 ist richtig
B) nur 1 und 4 sind richtig
C) nur 1, 2 und 3 sind richtig
D) nur 2, 3 und 4 sind richtig
E) alle Aussagen sind richtig

14. (**D**) Die peripheren Endorgane des **N. statoacusticus** sind S. 20
(1) die Maculae staticae, (2) die Cristae ampullares, (3) das Corti-Organ, (4) der Saccus endolymphaticus.
A) nur 1 ist richtig
B) nur 1 und 2 sind richtig
C) nur 1, 2 und 3 sind richtig
D) nur 1, 2 und 4 sind richtig
E) nur 1, 3 und 4 sind richtig

15. (**D**) Die **Pneumatisation der Mittelohrräume** wird gefördert durch S. 15
(1) ein Mucotympanum, (2) eine gute Tubendurchgängigkeit im Kindesalter, (3) eine chronische epitympanale Otitis media, (4) eine Cholesteatomentwicklung.
A) nur 1 ist richtig
B) nur 2 ist richtig
C) nur 4 ist richtig
D) nur 2 und 3 sind richtig
E) alle Aussagen sind richtig

16. (**A**) In welchem **Lebensalter** ist der Pneumatisationsprozeß des Warzenfortsatzes im allgemeinen beendet? S. 15
A) bei der Geburt
B) im 6. Lebensjahr
C) mit Abschluß der Pubertät
D) im 20. Lebensjahr
E) im 25. Lebensjahr

17. (**A**) Die **zentrale Hörbahn** kreuzt auf die andere Seite S. 24
A) vollständig
B) zum großen Teil
C) zu gleichen Teilen
D) nur zum kleinen Teil
E) gar nicht

18. (**D**) Es reagiert der **Otolithenapparat** S. 31
(1) auf Drehbeschleunigungen, (2) auf lineare Beschleunigungen, (3) auf die Schwerkraft, (4) auf Liftbewegungen.

A) nur 2 ist richtig
B) nur 1 und 3 sind richtig
C) nur 1 und 4 sind richtig
D) nur 2, 3 und 4 sind richtig
E) alle Aussagen sind richtig

19. (**D**) Die **Schallanalyse** auf der Basilarmembran erfolgt (1) durch Resonanz, (2) durch die Reichweite der Wanderwelle, (3) durch Dispersion, (4) durch Hebelwirkung. S. 28
A) nur 1 ist richtig
B) nur 2 ist richtig
C) nur 1 und 4 sind richtig
D) nur 2 und 3 sind richtig
E) alle Aussagen sind richtig

20. (**D**) Es erfolgt S. 27
(1) Der **Schallantransport** über äußeres Ohr und Mittelohr, (2) die **Schalltransformation** in der Schnecke, (3) die **Reizfortleitung** im Hörnerven, (4) die **Weiterverarbeitung der akustischen Information** in der zentralen Hörbahn.
A) nur 1 ist richtig
B) nur 1 und 2 sind richtig
C) nur 1 und 3 sind richtig
D) nur 2 und 3 sind richtig
E) alle Aussagen sind richtig

21. (**D**) Die Schalldruckverstärkung durch die Gehörknöchelchenkette resultiert aus S. 27
(1) dem **Größenverhältnis Trommelfell/Steigbügelfußplatte,**
(2) der **Hebelwirkung der Gehörknöchelchen,**
(3) einer **Kontraktion der Binnenohrmuskeln,**
(4) einer **Kontraktion des Gaumensegels.**
A) nur 1 ist richtig
B) nur 4 ist richtig
C) nur 1 und 2 sind richtig
D) nur 1, 3 und 4 sind richtig
E) alle Aussagen sind richtig

Untersuchungsmethoden Ohr

Ordnen Sie den **Schwindelbegriffen** (Liste 1) den entsprechenden **zeitlichen Ablauf** (Liste 2) zu. S. 54

	Liste 1	Liste 2
22. (**B**)	Anfallsschwindel	A) Sekunden
23. (**B**)	Lagerungsschwindel	B) Minuten bis Stunden
		C) Tage
		D) eine Woche
		E) mehrere Wochen

24. (**A**) Welcher Begriff in der Skala der Schwindelempfindlichkeit ist **kein Vestibularis-Schwindel?** S. 54
A) Drehschwindel
B) Schwankschwindel
C) Schwarzwerden vor den Augen
D) Liftgefühl
E) Ziehen nach einer Seite

Ordnen Sie den **Nystagmusbezeichnungen** (Liste 1) die **Blickrichtungen** zu, in denen der Nystagmus auftritt (Liste 2). S. 58

Liste 1
25. (**B**) Nystagmus 1. Grades
26. (**B**) Nystagmus 2. Grades

Liste 2
A) bei Blick in Richtung der schnellen Komponente
B) bei Blick nach oben und unten
C) bei Blick nach rechts und links
D) bei Blick geradeaus und in Richtung der schnellen Komponente
E) bei Blick in allen Richtungen

27. (**A**) Der **Valsalva-Versuch** ist eine Methode, um S. 68
A) eine Otosklerose festzustellen
B) das Mittelohr zu belüften
C) einen latenten Nystagmus aufzudecken
D) eine Schalleitungsschwerhörigkeit von einer Schallempfindungsschwerhörigkeit zu trennen
E) einen Morbus MENIÈRE zu diagnostizieren

28. (**A**) Bei der **Spiegeluntersuchung des Ohres** läßt sich die Trommelfellbeweglichkeit prüfen durch S. 9
A) den POLITZER-Ballon
B) die pneumatische Ohrlupe
C) die FRENZEL-Brille
D) eine auf den Knochen aufgesetzte Stimmgabel
E) einen Audiometerton

29. (**D**) Die **Elektronystagmographie** gibt Aufschluß S. 56
(1) über die Verschiebung der zwischen Cornea und Retina bestehenden Potentialdifferenz, (2) über die Funktionstüchtigkeit des Vestibularorgans in %, (3) über die Funktion der inneren Haarzellen, (4) über die elektrischen Ströme in der Schnecke.
A) nur 1 ist richtig
B) nur 2 ist richtig
C) nur 1 und 4 sind richtig
D) nur 2 und 3 sind richtig
E) alle Aussagen sind richtig

30. (**D**) Der **Diskriminationsverlust** S. 38
(1) ist der bei der Sprachaudiometrie trotz großer Verstärkung bleibende Verlust der Wörterverständlichkeit, (2) wird prozentual angegeben, (3) tritt vor allem bei Mittelohrschwerhörigkeit auf, (4) verschwindet meist im Alter.
A) nur 1 ist richtig
B) nur 4 ist richtig
C) nur 1 und 2 sind richtig
D) nur 1 und 3 sind richtig
E) alle Aussagen sind richtig

31. (**D**) Ein **Hörgerät** ist angezeigt, S. 133
(1) wenn bei der Sprachaudiometrie der Hörverlust für Zahlwörter über 25 dB beträgt, (2) wenn der Diskriminationsverlust für einsilbige Testwörter bei einer Sprachlautstärke von ca. 60 dB größer als 50% ist, (3) wenn Umgangssprache nur aus *unter* 6 m Entfernung verstanden wird, (4) wenn der Patient sich vor Lärm schützen will.

A) nur 1 ist richtig
B) nur 2 ist richtig
C) nur 1 und 4 sind richtig
D) nur 1, 2 und 3 sind richtig
E) alle Aussagen sind richtig

32. (**A**) Durch den **WEBER-Versuch** läßt sich unterscheiden S. 41
A) ein zentraler Trommelfelldefekt von einem randständigen Trommelfelldefekt
B) eine Schalleitungsschwerhörigkeit von einer Schallempfindungsschwerhörigkeit
C) eine ererbte von einer erworbenen Schwerhörigkeit
D) eine Trommelfellnarbe von einem Trommelfelldefekt
E) eine Otosklerose von einem Tubenkatarrh

33. (**A**) Der **RINNE-Versuch** ist negativ, wenn S. 41
A) die Luftleitung besser ist als die Knochenleitung
B) die Knochenleitung besser ist als die Luftleitung
C) das Ohr normalhörig ist
D) ein Innenohrschaden vorliegt.
E) Keine der Aussagen A – D ist richtig

34. (**A**) **Nystagmus** ist charakteristisch für S. 56
A) Labyrinthitis
B) Trommelfellperforation
C) Otosklerose
D) Cerumen obturans
E) Tubenmittelohrkatarrh

35. (**A**) Spülung des rechten Ohres mit 10 ml kaltem Wasser **(thermische Prüfung)** bei einer Normalperson löst aus S. 62
A) Nystagmus nach links
B) Nystagmus nach rechts
C) keinen Nystagmus
D) Nystagmus wechselnder Schlagrichtung
E) Vertikalnystagmus

36. (**A**) Durch die Messung der **Impedanzänderung** stellt man fest S. 49
A) eine Innenohrschwerhörigkeit
B) einen Morbus MENIÈRE
C) den Funktionszustand des Trommelfell-Gehörknöchelchenapparates (Schalleitungsapparates)
D) den Ausfall des N. vestibularis
E) eine Geschmacksstörung

37. (**A**) Bei der **Tympanometrie** bekommt man Aufschluß über S. 50
A) die Größe eines Trommelfelloches
B) Sekretansammlungen in der Pauke
C) die normale Hörschwelle
D) die Erregbarkeit des Vestibularapparates
E) die Stärke einer Innenohrschwerhörigkeit

38. (**A**) Der **Lee-Test** dient zur Diagnose von S. 52
A) Acusticusneurinom
B) Hirnstammtumor
C) akustischem Trauma
D) Simulation von Hörstörungen
E) Morbus Menière

39. (**A**) Die **Hörschwelle** für jüngere erwachsene Normalpersonen liegt bei der Hörverlustdarstellung im Tonaudiogramm bei S. 42
A) 0 dB
B) 20 dB
C) 40 dB
D) 60 dB
E) 80 dB

40. (**A**) Die **Electric Response Audiometry** = ERA ist eine Methode zur Feststellung S. 48
A) einer Schalleitungsschwerhörigkeit
B) von subjektiven Ohrgeräuschen
C) einer Lärmschwerhörigkeit
D) des Sprachgehörs
E) objektiver Hörschwellen

41. (**A**) Die Röntgenaufnahme nach **Schüller** eignet sich vor allem zur Darstellung S. 70
A) des Innenohres
B) der Gehörknöchelchen
C) der Warzenfortsatzzellen
D) der Pyramidenspitze
E) der oberen Pyramidenkante

42. (**A**) Die Röntgenaufnahme nach **Stenvers** eignet sich besonders zur Darstellung S. 72
A) des inneren Gehörganges
B) der Warzenfortsatzzellen
C) des Kiefergelenkes
D) des Sinus sigmoideus
E) der Paukenhöhle

43. (**A**) Die **Tube** kann belüftet werden durch S. 68
A) den Gellé-Versuch
B) das Politzer-Verfahren
C) die Bárány-Methode
D) den Fowler-Test
E) den Sisi-Test

44. (**A**) Zur **Tubenbelüftung** eignet sich **nicht** S. 68
A) der Valsalva-Versuch
B) der Tubenkatheterismus
C) das Politzer-Verfahren
D) der Romberg-Versuch
E) der Toynbee-Versuch

45. (**E**) An welchem **Kurvenverlauf** auf den abgebildeten Tonaudiogrammen erkennt man eine reine **Schalleitungsschwerhörigkeit?** S. 43

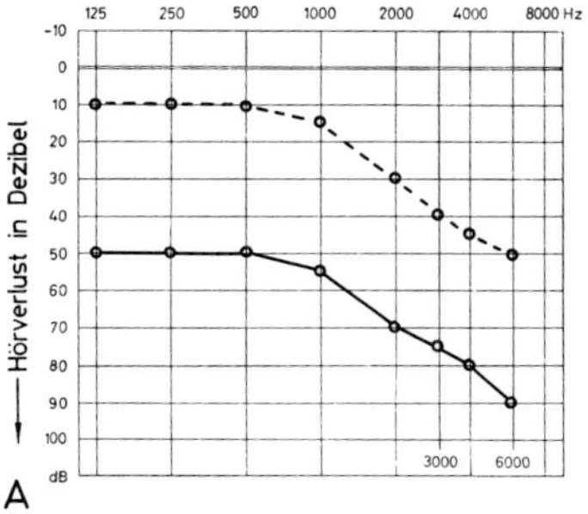

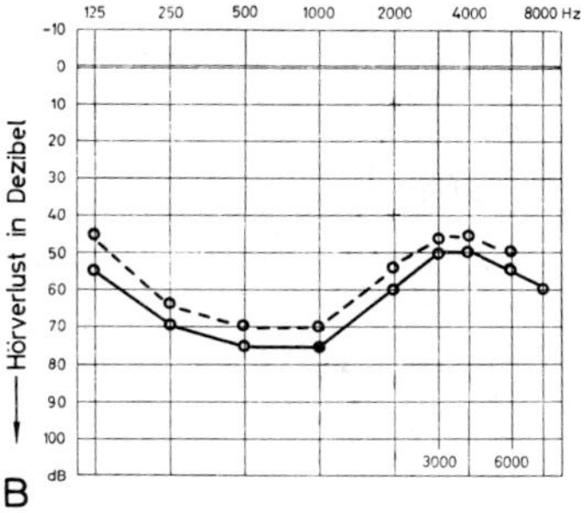

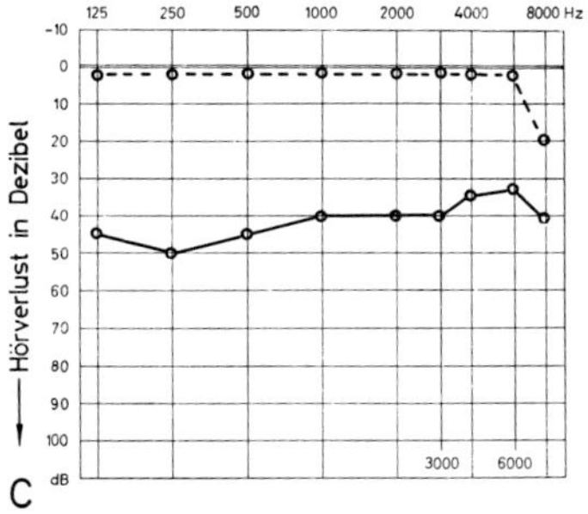

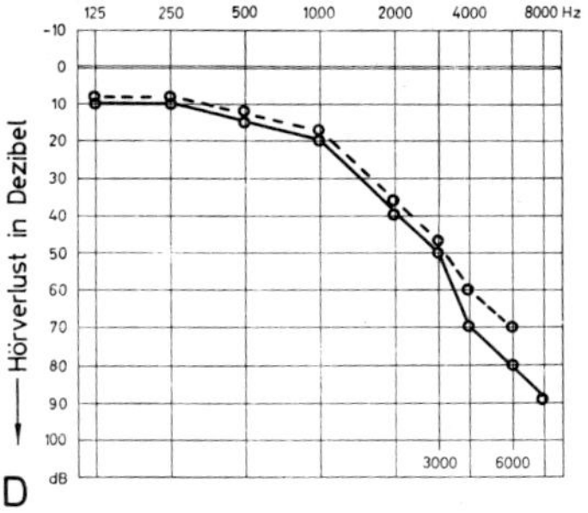

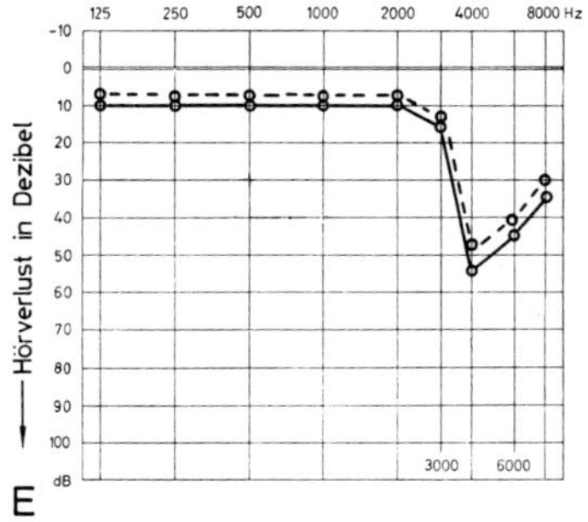

Abb. 153.
Tonaudiogrammkurven

46. (**D**) Bei der Verwendung der Maßeinheit **Dezibel** (dB) in der Audiologie entspricht (entsprechen) S. 42
(1) 0 dB einem Schalldruck von 0,0002 Mikrobar,
(2) 120 dB der Schmerzschwelle, (3) 60 – 70 dB der normalen Umgangssprachlautstärke, (4) über 85–90 dB (A) Schallpegel der Voraussetzung zur Anerkennung einer Schwerhörigkeit als Berufskrankheit.
A) nur 1 ist richtig
B) nur 2 ist richtig
C) nur 1 und 3 sind richtig
D) nur 1 und 4 sind richtig
E) alle Aussagen sind richtig

47. (**A**) In der **Audiometrie** nennt man ein Vertäubungsgeräusch, das alle hörbaren Frequenzen enthält — S. 38
A) objektives Ohrgeräusch
B) Geräuschpegel
C) weißes Rauschen
D) Recruitment
E) BÁRÁNY-Rauschen

48. (**A**) Mit dem **FOWLER**-Test unterscheidet man — S. 45
A) eine cochleäre von manchen retrocochleären Schwerhörigkeiten
B) eine Schalleitungs- von einer Schallempfindungsschwerhörigkeit
C) eine simulierte von einer echten Schwerhörigkeit
D) eine ererbte von einer erworbenen Schwerhörigkeit
E) eine Taubheit von einer Schwerhörigkeit

49. (**D**) Eine **sensorische Schwerhörigkeit** läßt sich von manchen **neuralen Schwerhörigkeiten** unterscheiden durch — S. 46
(1) den FOWLER-Test, (2) den LANGENBECK-Test, (3) den SISI-Test (4) den LEE-Test.
A) nur 2 ist richtig
B) nur 4 ist richtig
C) nur 1, 2 und 3 sind richtig
D) nur 2, 3 und 4 sind richtig
E) alle Aussagen sind richtig

50. (**A**) Unter **Recruitmentmessung** versteht man — S. 45
A) Messung des Lautheitsausgleichs
B) Messung des Richtungsgehörs
C) Messung der Schmerzschwelle
D) Reflexaudiometrie
E) Messung der Impedanzänderung

Klinik äußeres Ohr

51. (**A**) **Gehörgangsspülungen** müssen unterbleiben bei — S. 87
A) akuter Mittelohreiterung
B) chronischer Mittelohreiterung
C) laterobasaler Fraktur
D) Gehörgangsfremdkörper
C) Cerumen obturans

52. (**A**) Zu den typischen Symptomen einer **Thalidomid-Schädigung** gehört **nicht** — S. 77
A) bizarre Ohrmuschelmißbildung
B) Atresie des Gehörgangs
C) Facialisparese
D) Gaumenspalte
E) Mißbildung der oberen Extremitäten (Dysmelie)

53. (**A**) Das **Othämatom** entsteht durch Blut- oder Serumaustritt — S. 78
A) in den Knorpel der Ohrmuschel
B) zwischen Knorpel und Perichondrium der Ohrmuschel
C) in das Perichondrium der Ohrmuschel
D) in das Mittelohr
E) in den äußeren Gehörgang

54. (**A**) Ein **Ca der Ohrmuschel** (T_1) sollte behandelt werden durch S. 82
A) Excision im Gesunden
B) UV-Bestrahlung
C) Punktion
D) Gabe von Cytostatica
E) Incision

55. (**D**) Bei der **Ohrmuschelperichondritis** S. 80
(1) werden Pseudomonas aeruginosa gefunden, (2) werden Proteus gefunden, (3) treten starke Schmerzen auf, (4) bestehen therapeutische Schwierigkeiten infolge Erregerresistenz.
A) nur 1 ist richtig
B) nur 2 ist richtig
C) nur 1 und 3 sind richtig
D) nur 2 und 3 sind richtig
E) alle Aussagen sind richtig

56. (**A**) Die erfolgversprechendsten Antibiotica gegen **Pseudomonas aeruginosa** sind neben Aminoglycosid-Antibiotica S. 80
A) Penicillin G, Penicillin V
B) Securopen, Pipril, Fosfocin
C) Chloramphenicol, Erythromycin
D) Tetracyclin, Ampicillin
E) Lincomycin, Cloxacillin

57. (**A**) **Druckschmerz** am Tragus und **Zugschmerz** an der Ohrmuschel sind Zeichen S. 81
A) eines Othämatoms
B) eines Gehörgangsfurunkels
C) einer Makrotie
D) einer Mastoiditis
E) einer Otosklerose

Klinik Mittelohr

58. (**A**) **Ohrenschmerzen** treten **nicht** auf bei S. 119
A) Zoster oticus
B) Ohrmuschelperichondritis
C) Angina
D) Otosklerose
E) Lymphadenitis colli

59. (**A**) Bei einer **unklaren Schalleitungsschwerhörigkeit** mit intaktem Trommelfell macht man eine S. 120
A) Radikaloperation des Mittelohres
B) Tympanoplastik
C) Probetympanotomie
D) Paracentese
E) Mastoidektomie (Antrotomie)

Fallbeschreibung:
Eine 28jährige Patientin bemerkt seit einigen Jahren eine **zunehmende Schwerhörigkeit** beiderseits (ein Ohr ist stärker betroffen) und Ohrensausen.
In der Familie sind weitere Schwerhörigkeiten bekannt. Die Patientin hat keine Ohrinfektionen durchgemacht. Beide Trommelfelle sind unauffällig. RINNE ist beiderseits negativ. WEBER wird ins schlechtere Ohr lateralisiert.

60. **(F)** Welche **Wahrscheinlichkeitsdiagnose** stellen Sie? S. 118
A) Paukensklerose
B) Hörsturz
C) Otosklerose
D) erbliche Innenohrschwerhörigkeit
E) akustisches Trauma

61. **(F)** Welche **Maßnahme** ist am besten geeignet, die Diagnose zu sichern? S. 119
A) Nystagmographie
B) Stapesreflexprüfung
C) rotatorische Prüfung
D) Geräuschaudiometrie
E) SISI-Test

62. **(A)** Die häufigste Ursache einer **Liquorrhoe aus dem Ohr** ist ein(e) S. 84
A) chronische Mittelohrentzündung
B) Hydrocephalus
C) Mißbildung des Ohres
D) chirurgische Maßnahme am ovalen Fenster
E) Felsenbeinlängsbruch

63. **(A)** **Retroauriculäre Schmerzen** treten **nicht** auf bei S. 118
A) Gehörgangsfurunkel
B) Thrombose des Sinus sigmoideus
C) Mastoiditis
D) Otosklerose
E) Occipitalneuralgie

64. **(A)** Welches ist **kein** typisches Symptom für den **Felsenbeinlängsbruch?** S. 84
A) Blutung aus dem Ohr
B) Innenohrausfall
C) Liquorabfluß aus dem Ohr
D) Facialisparese
E) Luxation der Gehörknöchelchenkette

65. **(A)** Welches ist **kein** typisches Symptom für den **Felsenbeinquerbruch?** S. 87
A) Taubheit
B) Vestibularisausfall
C) Gehörgangsfraktur
D) Hämatotympanum
E) Facialisparese

66. **(D)** Der **Felsenbeinquerbruch** ist am besten zu sehen auf der Röntgenaufnahme S. 88
(1) nach SCHÜLLER, (2) nach MAYER, (3) nach STENVERS,
(4) nach WELIN.

A) nur 1 ist richtig
B) nur 2 ist richtig
C) nur 3 ist richtig
D) nur 1, 2 und 3 sind richtig
E) alle Aussagen sind richtig

67. (**A**) **Blutblasen** im Gehörgang und auf dem Trommelfell sprechen für S. 94
A) Felsenbeinlängsbruch
B) Grippeotitis
C) Morbus OSLER
D) akustisches Trauma
E) Otosklerose

68. (**D**) In welchem (n) Trommelfellquadranten darf die **Paracentese** durchgeführt werden? S. 94
(1) hinten unten, (2) vorn unten, (3) hinten oben, (4) vorn oben.
A) nur 1 ist richtig
B) nur 2 ist richtig
C) nur 1 und 2 sind richtig
D) nur 3 und 4 sind richtig
E) alle Aussagen sind richtig

69. (**A**) Bei einer **traumatischen schlitzförmigen Trommelfellperforation** besteht die Behandlung in S. 83
A) sterilem Abdecken
B) Tubendurchblasung
C) Ohrspülung
D) Tympanoplastik
E) Radikaloperation

70. (**A**) Bei einem **Mucotympanum** „Leimohr" ist die geeignete Behandlungsmethode S. 90
A) die Paukendrainage
B) die Stapesplastik
C) die Radikaloperation des Mittelohres
D) die Thyreotomie
E) die Tympanoplastik

71. (**A**) Beim **Tubenmittelohrkatarrh** ist S. 89
A) das Trommelfell vorgewölbt
B) das Trommelfell eingezogen
C) ein Nystagmus nachweisbar
D) ein Fistelsymptom nachweisbar
E) der Steigbügel ankylosiert

72. (**A**) Die sogenannte **Grippeotitis** ist eine S. 94
A) Mucosus-Infektion
B) hämorrhagische Otitis media acuta
C) nekrotisierende Otitis media
D) Cholesteatomeiterung
E) latente Mastoiditis im Säuglingsalter

73. (**A**) Die Therapie der **Mastoiditis** besteht in S. 98
A) Antibioticagaben
B) Bestrahlung
C) Radikaloperation des Mittelohres
D) Mastoidektomie
E) Tympanoplastik

74. (**A**) Wenn eine **Mastoiditis** zum Planum mastoideum durchbricht, handelt es sich um eine(n) S. 97

A) Subperiostalabsceß
B) Zygomaticitis
C) BEZOLD-Mastoiditis
D) Labyrinthitis
E) Petroapicitis

75. (**A**) Mit einer **Mastoiditis** muß gerechnet werden, wenn eine akute Otitis media nicht ausgeheilt ist S. 96

A) nach 2 Tagen
B) nach 4 Tagen
C) nach einer Woche
D) nach 10 Tagen
E) nach drei Wochen

76. (**A**) Die **Otitis media chronica mesotympanalis** ist S. 101

A) eine Schleimhauteiterung
B) eine Knocheneiterung
C) eine Begleitkrankheit der Otosklerose
D) eine Folgekrankheit des Morbus MENIÈRE
E) die Hauptursache der Cholesteatomentstehung

77. (**A**) Das **sekundäre Cholesteatom** setzt in der Ätiologie voraus eine(n) S. 103

A) zentralen Trommelfelldefekt
B) randständigen Trommelfelldefekt
C) Hörsturz
D) Otosklerose
E) Morbus MENIÈRE

78. (**A**) Der Nachweis eines positiven **Fistelsymptoms** dient zur Feststellung einer S. 104

A) Gehörknöchelchenluxation
B) Arrosion des knöchernen horizontalen Bogenganges
C) Liquorfistel
D) Ohrmißbildung
E) Innenohrschwerhörigkeit

79. (**A**) Zu den **Komplikationen der entzündlichen Mittelohrerkrankungen** gehört **nicht** S. 110

A) Labyrinthitis
B) Sinuskomplikation
C) endokranielle Komplikation
D) Parotitis
E) Lähmung des N. facialis

80. (**A**) Bei der **Suboccipitalpunktion** beträgt die durchschnittliche Entfernung zwischen Hautoberfläche und Cisterne cerebellomedullaris einer erwachsenen Normalperson S. 113

A) unter 1 cm
B) 1 – 2 cm
C) 4 – 5 cm
D) 10 cm
E) mehr als 10 cm

81. (**D**) Symptome des otogenen **Kleinhirnabscesses** sind S. 115
(1) Nystagmus, (2) Ataxie, (3) Adiadochokinese,
(4) Schalleitungsschwerhörigkeit.
A) nur 1 ist richtig
B) nur 1 und 2 sind richtig
C) nur 2 und 3 sind richtig
D) nur 1, 2 und 3 sind richtig
E) alle Aussagen sind richtig

82. (**A**) **Endokranielle Komplikationen** treten **nicht** auf bei S. 118
A) Mastoiditis
B) Otitis media chronica epitympanalis mit Cholesteatom
C) Labyrinthitis
D) Scharlachotitis
E) Otosklerose

83. (**A**) Die **Mastoidektomie** ist angezeigt bei S. 98
A) Ohrtuberkulose
B) Otitis media chronica epitympanalis mit Cholesteatom
C) Mastoiditis mit Zelleinschmelzungsvorgängen
D) Tubenmittelohrkatarrh
E) Gehörgangsfurunkel

84. (**A**) Die **Stapesplastik** ist eine Operationsmethode bei S. 120
A) chronischer Mittelohrentzündung
B) Otosklerose
C) laterobasaler Fraktur
D) Labyrinthitis
E) allen genannten Erkrankungen

85. (**A**) Worin besteht **nicht** das Ziel der **Tympanoplastik** bei den chronischen Mittelohrentzündungen? S. 109
A) Sanierung des chronisch entzündlichen Mittelohrprozesses
B) Trockenlegung des Ohres
C) Wiederherstellung einer ausreichenden Hörleistung
D) Verbesserung der Innenohrleistung
E) Verschluß des Trommelfelldefektes

86. (**A**) Welches Krankheitsbild bietet **keine** Indikation zur **Tympanoplastik?** S. 96
A) zentraler Trommelfelldefekt
B) chronische Mittelohrentzündung
C) Defekte des Schalleitungsapparates durch Traumen
D) Mastoiditis
E) Defekte des Schalleitungsapparates durch Mißbildungen

Ordnen Sie die Typen der **Tympanoplastik** (Liste 1) dem **Zustand** der **Gehörknöchelchenkette** (Liste 2) zu. S. 109

	Liste 1	Liste 2
87. (**B**)	Tympanoplastik Typ I	A) Fußplatte narbig fixiert
88. (**B**)	Tympanoplastik Typ II	B) erhaltene intakte Gehörknöchelchenkette
		C) postoperativ vollständige Kette
		D) Amboß und Steigbügelbogen fehlen
		E) Amboß fehlt

89. (**A**) Der **Gellé-Versuch** dient dem Nachweis S. 119
A) eines Nystagmus
B) einer Bogengangsfistel
C) einer Steigbügelfixation
D) einer Tubenfunktionsstörung
E) einer Innenohrschwerhörigkeit

90. (**A**) Die Therapie der Wahl bei der **Otosklerose** besteht in S. 120
A) Tubenbehandlung
B) Trommelfellmassage
C) Stapedektomie
D) Tympanoplastik
E) Halswirbelsäulenbehandlung

91. (**D**) **Glomustumoren** des Mittelohres S. 117
(1) gehen von einem nichtchromaffinen Paragangliom in der Adventitia des Bulbus v. jug. aus, (2) lassen röntgenologisch nie Knochendestruktionen erkennen, (3) können angiographisch nachgewiesen werden, (4) werden meist bösartig.
A) nur 1 ist richtig
B) nur 4 ist richtig
C) nur 1 und 3 sind richtig
D) nur 1 und 4 sind richtig
E) alle Aussagen sind richtig

92. (**A**) Die sofortige operative Aufdeckung des **N. facialis** bzw. seine Dekompression ist **nicht** indiziert bei S. 87
A) primärer traumatischer Facialisparese
B) sekundärer traumatischer Facialisparese
C) Operationsverletzungen des N. facialis
D) Cholesteatomeiterung und Facialisparese
E) Parotisschnittverletzungen und Facialisparese

93. (**A**) Das **Elektromyogramm bei Facialislähmungen** gibt prognostische Hinweise S. 76
A) in den ersten Stunden nach Lähmungsbeginn
B) in den ersten Tagen
C) ab der 3. Woche
D) erst nach 12 Wochen
E) erst nach einem halben Jahr

94. (**C**) Bei einer kompletten **Facialislähmung** sollte man Massage und Elektrotherapie anwenden (1), *weil* nach Facialislähmung eine Muskelatrophie droht (2). S. 87
A) 1 richtig, 2 richtig, Verknüpfung richtig
B) 1 richtig, 2 richtig, Verknüpfung falsch
C) 1 richtig, 2 falsch –
D) 1 falsch, 2 richtig –
E) 1 falsch, 2 falsch –

95. (**A**) Eine **Facialislähmung** kommt **nicht** vor bei S. 118
A) Cholesteatomeiterung
B) Felsenbeinquerbruch
C) Felsenbeinlängsbruch
D) Otosklerose
E) Zoster oticus

96. (**D**) Zu der Gruppe der **Breitbandantibiotica** zählt man S. 114
(1) Gyrasehemmer, (2) Aminoglycoside, (3) Cephalosporine,
(4) Erythromycin
A) nur 1 ist richtig
B) nur 2 ist richtig
C) nur 1 und 2 sind richtig
D) nur 1, 2 und 3 sind richtig
E) alle Aussagen sind richtig

97. (**A**) Mit der **Hirnstammaudiometrie (BERA)** weist man nach ein(e) S. 134
A) Cholesteatom
B) Seromucotympanum
C) Otosklerose
D) idiopathische Facialisparese
E) Acusticusneurinom

Klinik Innenohr

98. (**A**) Welches Symptom ist **nicht** typisch für
Innenohrerkrankungen? S. 122
A) Schwindel
B) Ohrgeräusche
C) Schallempfindungsschwerhörigkeit
D) Ohrschmerz
E) Nystagmus

99. (**A**) Beim **M. MENIÈRE** handelt es sich um eine S. 122
A) cerebrale Erkrankung
B) Innenohrstörung
C) Kreislaufinsuffizienz
D) Mittelohrerkrankung
E) Infektionskrankheit

100. (**D**) Das **Recruitment** ist positiv in typischen Fällen von S. 122
(1) M. MENIÈRE, (2) Acusticusneurinom, (3) Lärmschwer- 128
hörigkeit, (4) Schalleitungsschwerhörigkeit.
A) nur 1 ist richtig
B) nur 2 ist richtig
C) nur 1 und 3 sind richtig
D) nur 1 und 4 sind richtig
E) alle Aussagen sind richtig

101. (**A**) Unter **Hörsturz** versteht man S. 125
A) Innenohrreizung bei entzündlichen Mittelohrerkrankungen
B) plötzliche Innenohrschwerhörigkeit zunächst unbekannter Ursache
C) traumatische Innenohrschädigung
D) Hörverlust durch chronische Lärmeinwirkung
E) keines ist richtig

102. (**A**) Plötzlicher **Vestibularisausfall ohne Hörbeeinträchtigung** spricht für S. 126
A) Morbus Menière
B) Acusticusneurinom
C) Multiple Sklerose
D) Neuronitis vestibularis
E) Streptomycinschädigung

103. (**A**) Das **Lermoyez-Syndrom** findet sich bei einer Erkrankung S. 124
A) des äußeren Gehörgangs
B) der Ohrtube
C) der Gehörknöchelchenkette
D) des Innenohres
E) des Trommelfells

104. (**A**) **Stellatumblockaden** sind geeignete Sofortmaßnahmen bei S. 126
A) Nasenbluten
B) Luftnot
C) Hörsturz
D) Verätzungen des oberen Speisewegs
E) Bronchialfremdkörpern

105. (**A**) Beim **Acusticusneurinom** tritt vorwiegend auf S. 134
A) Anfallsschwindel
B) Dauerschwindel
C) Lageschwindel
D) Lagerungsschwindel
E) meist kaum Schwindel oder Schwindel nur bei Belastungen

106. (**A**) In die Gruppe der **akustischen Traumen** gehört **nicht** S. 127
A) Explosionstrauma
B) Knalltrauma
C) Hörsturz
D) Lärmschwerhörigkeit
E) akutes Lärmtrauma

107. (**D**) Die **Lärmschwerhörigkeit** S. 128
(1) ist eine anerkannte Berufskrankheit, (2) verläuft auch nach Aufgabe der Lärmarbeit progredient, (3) tritt bei Lärmpegeln von 60 dB(A) auf, (4) führt häufig zu vestibulären Reizerscheinungen.
A) nur 1 ist richtig
B) nur 4 ist richtig
C) nur 1 und 2 sind richtig
D) nur 2 und 4 sind richtig
E) alle Aussagen sind richtig

108. (**C**) Auch **nach Ende der Lärmarbeit** nimmt die **Innenohrschwerhörigkeit** weiter zu (1), *weil* die lärmbedingte Innenohrdegeneration fortschreitet (2). S. 129
A) 1 richtig, 2 richtig, Verknüpfung richtig
B) 1 richtig, 2 richtig, Verknüpfung falsch
C) 1 richtig, 2 falsch –
D) 1 falsch, 2 richtig –
E) 1 falsch, 2 falsch –

109. (**C**) Die **Lärmschwerhörigkeit** ist durch einen Hörverlust im hohen Frequenzbereich gekennzeichnet (1), *weil* der Maschinenlärm aus hohen Tönen besteht (2). S. 128

A) 1 richtig, 2 richtig, Verknüpfung richtig
B) 1 richtig, 2 richtig, Verknüpfung falsch
C) 1 richtig, 2 falsch –
D) 1 falsch, 2 richtig –
E) 1 falsch, 2 falsch –

110. (**A**) Bei der **Altersschwerhörigkeit** wird **nicht** geklagt über S. 129

A) Hörverlust im hohen Tonbereich
B) Schwierigkeiten beim Verstehen während Konferenzen
C) Störungen des Verstehens durch Nebengeräusche
D) Diplakusis
E) Ohrgeräusche

111. (**A**) Bei der Diagnosestellung eines **Acusticusneurinoms** ist **nicht** erforderlich die S. 134

A) Ableitung der Hirnstammpotentiale
B) Röntgenaufnahme nach STENVERS
C) Computertomographie
D) Prüfung des Fistelsymptoms
E) Thermische Vestibularisprüfung

112. (**D**) **Kanamycin, Gentamicin** und **Neomycin** S. 130
(1) sind ototoxisch, (2) bedürfen strenger Indikationsmaßstäbe, (3) erfordern während der Medikation audiologische Kontrollen, (4) erfordern Kontrolle der Nierenfunktion.

A) nur 1 ist richtig
B) nur 1 und 2 sind richtig
C) nur 2 und 3 sind richtig
D) nur 1, 2 und 4 sind richtig
E) alle Aussagen sind richtig

113. (**A**) Bei **Zoster oticus** kommt es **nicht** zu S. 131

A) Bläschen an der Ohrmuschel
B) Trommelfellperforationen
C) Innenohrschwerhörigkeit
D) Schwindel
E) Facialisparese

114. (**A**) Die **Embryopathia rubeolosa** ist S. 132

A) ererbt
B) praenatal erworben
C) perinatal erworben
D) postnatal erworben
E) keines ist richtig

115. (**A**) Einem Kind mit **Hörresten** sollte ein Hörgerät angepaßt werden S. 133

A) überhaupt nicht
B) ab dem 1. Lebenshalbjahr
C) ab dem 4. Lebensjahr
D) ab schulpflichtigem Alter
E) bei Beginn der Berufsausbildung

Ordnen Sie den **Befunden** (Liste 1) die entsprechenden Krankheitsbilder (Liste 2) zu. S. 126 128

	Liste 1	Liste 2
116. (**B**)	Nystagmus	A) Lärmtrauma
117. (**B**)	Innenohrschwerhörigkeit	B) Mucotympanum
		C) Neuronitis vestibularis
		D) Otitis externa
		E) Tubenkatarrh

Nase, Nebenhöhlen, Gesicht

Anatomie, Physiologie

Ordnen Sie den **Nasennebenhöhlen** (Liste 1) die entsprechenden **Einmündungsstellen** (Liste 2) zu. S. 144

	Liste 1	Liste 2
118. (**B**)	Kieferhöhle	A) oberer Nasengang
119. (**B**)	Hintere Siebbeinzellen	B) mittlerer Nasengang
		C) unterer Nasengang
		D) Nasopharynx
		E) Nasenvorhof

120. (**A**) Die **Nebenhöhlen** sind ausgekleidet mit S. 145
A) kubischem Epithel
B) Plattenepithel
C) Riechepithel
D) Zylinderepithel mit Cilien = Flimmerepithel
E) verschiedenen Epithelien

121. (**A**) Welche **Nasen-** bzw. **Nebenhöhle** grenzt als einzige **nicht** direkt an die Schädelbasis? S. 146
A) Siebbein
B) Kieferhöhle
C) Stirnhöhle
D) Keilbeinhöhle
E) Nasenhaupthöhle

122. (**D**) Die **arterielle Versorgung** der Nase erfolgt S. 145
(1) durch die **Aa. ethmoidales** aus der A. carotis int.,
(2) durch die **Aa. nasales post.** aus der A. carotis ext.,
(3) durch die **A. pharyngea ascendens** aus der A. carotis ext.,
(4) durch die **A. occipitalis** aus der A. carotis ext.
A) nur 1 ist richtig
B) nur 1 und 2 sind richtig
C) nur 1 und 4 sind richtig
D) nur 2 und 3 sind richtig
E) alle Aussagen sind richtig

Untersuchungsmethoden

123. (**A**) Mit der **Sonographie** (A-Bild-Verfahren) kann man **nicht** festellen, ob die Kieferhöhle S. 165
A) mit Sekret gefüllt ist
B) eine Schleimhautschwellung an der Vorderwand aufweist
C) frakturiert ist
D) lufthaltig ist
E) mit Schleimhaut oder Tumorgewebe ausgefüllt ist

124. (**A**) Welche **Röntgenaufnahme** eignet sich besonders gut für eine Beurteilung der Siebbeinzellen? S. 161
A) SCHÜLLER-Aufnahme
B) STENVERS-Aufnahme
C) Occipito-nasale Aufnahme
D) Occipito-dentale Aufnahme
E) WELIN-Aufnahme

125. (**A**) Mit der **Rhinomanometrie** mißt man S. 157
A) die äußeren Anteile der Nase
B) den Geruchssinn
C) die Luftdurchgängigkeit der Nase
D) die Länge und Breite der Nasenmuscheln
E) den Durchmesser der Nebenhöhlenausführungsgänge

126. (**A**) Die **Prüfung des Riechvermögens** mit Reizschwellen in relativen oder absoluten Werten bezeichnet man als S. 158
A) Olfactometrie
B) Rhinomanometrie
C) Rhinoscopia media
D) Gustometrie
E) Audiometrie

127. (**A**) Bei der **qualitativen Riechprüfung** sind folgende Substanzen Riechstoffe mit Geschmackskomponenten S. 158
A) Wachs, Vanille
B) Terpentinöl, Birkenteer
C) Chloroform, Pyridin
D) Menthol, Salmiak
E) Zimt, Lavendel

128. (**A**) **Die Methode, das Naseninnere zu spiegeln,** nennt man S. 152
A) Sinuskopie
B) Diaphanoskopie
C) Antroskopie
D) Rhinoskopie
E) Endoskopie

129. (**A**) Die **Antroskopie** dient zur direkten Besichtigung der(s) S. 159
A) Stirnhöhle
B) Keilbeinhöhle
C) Antrum mastoideum
D) Kieferhöhle
E) Siebbeinzellen

130. (**A**) Welche **Röntgenaufnahme** eignet sich besonders gut für eine Beurteilung der Kieferhöhlen? S. 163
A) SCHÜLLER-Aufnahme
B) STENVERS-Aufnahme
C) Occipito-nasale Aufnahme
D) Occipito-dentale Aufnahme
E) WELIN-Aufnahme

131. (**A**) Die **BECK-Bohrung** ist eine S. 167
A) Bohrung der Keilbeinhöhle
B) Bohrung der Stirnhöhle
C) Operationsmethode bei frontobasalen Frakturen
D) spezielle Technik der Liquorgewinnung
E) Operationsmethode bei Choanalatresie

132. (**D**) Die spitze **Spülung der Kieferhöhle** vom unteren Nasengang (1) ist gebräuchlich, (2) ist die einzige Möglichkeit, die Kieferhöhle zu spülen, (3) erfolgt durch den natürlichen Ausführungsgang, (4) darf erst nach Lufteinblasung in die Kieferhöhle durchgeführt werden. S. 166
A) nur 1 ist richtig
B) nur 1 und 2 sind richtig
C) nur 1 und 4 sind richtig
D) nur 2, 3 und 4 sind richtig
E) alle Aussagen sind richtig

133. (**D**) **Die Punktion und Spülung einer Nasennebenhöhle** dient (1) diagnostischen Zwecken, (2) ist eine therapeutische Maßnahme, (3) gibt Auskunft über die Durchgängigkeit des Ausführungsganges, (4) wird grundsätzlich in Narkose durchgeführt. S. 165
A) nur 1 ist richtig
B) nur 2 ist richtig
C) nur 4 ist richtig
D) nur 3 und 4 sind richtig
E) nur 1, 2 und 3 sind richtig

134. (**C**) Die **Punktion der Kieferhöhle** erfolgt unter der unteren Muschel (1), *weil* die Punktion dort am ungefährlichsten ist (2). S. 166
A) 1 richtig, 2 richtig, Verknüpfung richtig
B) 1 richtig, 2 richtig, Verknüpfung falsch
C) 1 richtig, 2 falsch –
D) 1 falsch, 2 richtig –
E) 1 falsch, 2 falsch –

Klinik Nase, Nebenhöhlen

135. (**A**) Das **Rhinophym** ist S. 204
A) eine Infektionskrankheit
B) ein Erreger der spezifischen Rhinitis
C) eine Hyperplasie der Talgdrüsen
D) die Folge eines Nasentraumas
E) das erste Symptom einer Riechstörung

136. (**A**) Als Folgezustand oder Komplikation nach **Nasenbeinfraktur** kommt **nicht** vor S. 168
A) Schiefnase
B) Septumhämatom
C) Rhinophym
D) Septumabsceß
E) respiratorische Anosmie

137. (**A**) Welches sind die häufigsten **Keime** beim Naseneingangsfurunkel? S. 177
A) Influenzabakterien
B) Streptokokken
C) Staphylokokken
D) Pneumokokken
E) Pseudomonas aeruginosa

138. (**D**) Die **Thrombose des Sinus cavernosus** ist (1) eine ernste Erkrankung, (2) läßt sich leicht heilen, (3) kommt nur bei alten Menschen vor, (4) kann nach Oberlippenfurunkeln auftreten. S. 178
A) nur 1 ist richtig
B) nur 1 und 3 sind richtig
C) nur 1 und 4 sind richtig
D) nur 2, 3 und 4 sind richtig
E) alle Aussagen sind richtig

139. (**C**) In der korrektiven Nasenchirurgie wird die **subperichondrale Septumresektion** zunehmend verdrängt durch die **Septumplastik** (1), *weil* die Septumplastik operationstechnisch wesentlich einfacher ist (2). S. 219
A) 1 richtig, 2 richtig, Verknüpfung richtig
B) 1 richtig, 2 richtig, Verknüpfung falsch
C) 1 richtig, 2 falsch –
D) 1 falsch, 2 richtig –
E) 1 falsch, 2 falsch

140. (**D**) **Nasenmedikamente** in öliger Lösung (1) wirken stärker abschwellend als solche in wäßriger Lösung, (2) sind indiziert bei trockenen Schleimhäuten, (3) können auch als Ohrtropfen genommen werden, (4) sind auch zur Inhalation geeignet. S. 180, 186
A) nur 1 ist richtig
B) nur 2 ist richtig
C) nur 1 und 3 sind richtig
D) nur 1, 2 und 3 sind richtig
E) alle Aussagen sind richtig

141. (**A**) **Eitrige Nasensekretion** ist **kein** typisches Symptom für S. 188
A) Sinusitis
B) Choanalatresie
C) Fremdkörper
D) Tumoren
E) vasomotorische Rhinopathie

142. (**A**) **Einseitige eitrige Nasensekretion** ist verdächtig auf S. 212
A) Nasenpolyposis
B) Septumdeviation
C) vasomotorische Rhinopathie
D) Nasenfremdkörper
E) Subluxation des Septums

143. (**A**) Die Verdachtsdiagnose einer **nasalen Liquorrhoe** wird bestätigt durch S. 174
A) einseitige Nasensekretion
B) positiven Glukosetest
C) Röntgenuntersuchung der Nebenhöhlen
D) Druckerhöhung des Liquors bei der Lumbalpunktion
E) Veränderung der Eiweißzusammensetzung im Liquor

144. (**A**) **Common-cold Viren** sind die Erreger S. 179
A) des Schnupfens
B) der Angina lacunaris
C) der Ozaena
D) der vasomotorischen Rhinopathie
E) keiner der genannten Krankheiten

145. (**A**) Bei der **vasomotorischen Rhinopathie** kommt es **nicht** zu S. 188
A) Niesanfällen
B) Muschelschwellungen
C) Borkenbildung
D) wäßriger Sekretion
E) Behinderung der Nasenatmung

146. (**A**) Unter **Ozaena** versteht man S. 185
A) eine spezifische Rhinitis
B) eine Rhinitis atrophicans cum foetore
C) eine allergische Rhinopathie
D) eine vasomotorische Rhinopathie
E) keine der genannten Krankheiten

147. (**A**) **Symptomatisches Nasenbluten** wird **nicht** verursacht durch S. 208
A) Kreislauf- und Gefäßerkrankungen
B) hämorrhagische Diathesen
C) Infektionskrankheiten
D) Morbus OSLER
E) den bohrenden Finger

148. (**A**) Die **BELLOCQ-Tamponade** ist eine Methode zur Stillung einer Blutung S. 210
A) aus der Gaumentonsille
B) aus den vorderen Nasenabschnitten
C) aus den hinteren Nasenabschnitten
D) aus einer Zahnalveole
E) aus dem Zungengrund

149. (**D**) Beim **Nasenbluten** wird die umschriebene Blutung schonend gestillt durch S. 209
(1) Ätzung mit einer Chromsäureperle, (2) durch Tamponade der gesamten Nase mit blutstillender „ätzender“ Watte,
(3) durch Verschorfung des Gefäßes mit dem Thermokauter,
(4) durch isolierte Ätzung mit Trichloressigsäure.

A) nur 1 ist richtig
B) nur 2 ist richtig
C) nur 3 und 4 sind richtig
D) nur 1, 3 und 4 sind richtig
E) alle Aussagen sind richtig

Ordnen Sie die **Beschaffenheit des Nasensekretes** (Liste 1) den entsprechenden Krankheitsbildern (Liste 2) zu. S. 188 198

	Liste 1	Liste 2
150. (**B**)	eitrig	A) Morbus OSLER
151. (**B**)	wäßrig	B) odontogene Kieferhöhlenentzündung
		C) Subluxatio septi
		D) Rhinophym
		E) vasomotorische Rhinopathie

152. (**A**) Unter **Blow-out fracture** versteht man S. 171
A) eine frontobasale Fraktur
B) eine laterobasale Fraktur
C) eine Alveolarkammfraktur
D) eine Orbitabodenfraktur
E) eine Jochbogenfraktur

153. (**A**) Bei Vorliegen einer **frontobasalen Fraktur mit endokraniellen Komplikationen** besteht die Behandlungsmethode der Wahl in S. 175
A) Abwarten
B) Anlegen eines Gips-Kopfverbandes
C) operativer Freilegung der Schädelbasis und der Nebenhöhlen zum frühestmöglichen Termin
D) Nebenhöhlenspülung
E) CALDWELL-LUC-Operation

154. (**A**) Die transversalen **Oberkieferfrakturen** werden eingeteilt nach S. 173
A) LE FORT
B) JANSEN-RITTER
C) CALDWELL-LUC
D) UFFENORDE
E) REHRMANN

155. (**A**) Die Behandlung der **akuten Kieferhöhlenentzündung** besteht **nicht** in S. 191
A) abschwellenden Nasentropfen
B) Wärmeanwendung
C) BECK-BOHRUNG
D) Antibioticagaben
E) Kamillendampfbädern

156. (**A**) **Kopfschmerzen bei Nebenhöhlenentzündungen** sind in den meisten Fällen am stärksten S. 190
A) beim Aufwachen
B) in den Vormittagsstunden
C) am Abend
D) beim Schlafengehen
E) nachts

157. (**A**) Wie oft spült man bei einem **Kieferhöhlenempyem** die betroffene Nebenhöhle, bis man sich zur Operation entschließt? S. 197
A) 1–2mal
B) 4–6mal
C) 10mal
D) 15–20mal
E) über 20mal

158. (**A**) Die **chronische Kieferhöhlenentzündung** tritt **nicht** auf S. 194
A) in serös-polypöser Form
B) in eitriger Form
C) in atrophischer Form
D) odontogen
E) nach akuter Kieferhöhlenentzündung

159. (**A**) **Komplikationen der entzündlichen Nebenhöhlenerkrankungen** sind nicht S. 193
A) Durchbruch nach außen
B) Orbitalphlegmone
C) endokranielle Komplikationen
D) Stirnbeinosteomyelitis
E) Rhinophym

160. (**A**) **Choanalpolypen** gehen im allgemeinen aus von S. 194
A) der Kieferhöhle oder den Siebbeinzellen
B) dem Nasenseptum
C) dem Nasopharynx
D) der Keilbeinhöhle
E) der Stirnhöhle

161. (**D**) Die **Mucocele der Stirnhöhle** S. 199
(1) macht eine Protrusio bulbi, (2) zeigt auf dem Röntgenbild Abbauvorgänge am Stirnhöhlenboden, (3) wölbt den Stirnhöhlenboden vor, (4) hat keinen Abfluß zur Nase.
A) nur 1 ist richtig
B) nur 3 ist richtig
C) nur 1 und 4 sind richtig
D) nur 1, 2 und 3 sind richtig
E) alle Aussagen sind richtig

162. (**A**) Bei älteren Menschen muß der Verdacht auf ein **Nebenhöhlenmalignom** bestehen, wenn eine einseitige Nasensekretion von folgender Beschaffenheit vorliegt: S. 206
A) rein eitrig
B) blutig-eitrig
C) rein blutig
D) wäßrig
E) schleimig

163. (**C**) **Lymphknotenmetastasen beim Kieferhöhlencarcinom** treten frühzeitig und häufig auf (1), *weil* die Lymphdrainage der Nebenhöhle in die Fossa pterygopalatina erfolgt (2), S. 207
A) 1 richtig, 2 richtig, Verknüpfung richtig
B) 1 richtig, 2 richtig, Verknüpfung falsch
C) 1 richtig, 3 falsch –
D) 1 falsch, 2 richtig –
E) 1 falsch, 2 falsch –

Ordnen Sie einer **Nebenhöhlenoperation** (Liste 1) den entsprechenden Autorennamen (Liste 2) zu. S. 200 201

Liste 1	Liste 2
164. (**B**) Kieferhöhlenradikaloperation	A) RITTER-JANSEN
165. (**B**) Stirnhöhlenradikaloperation	B) GLUCK-SOERENSEN
	C) CALDWELL-LUC
	D) KESSEL
	E) SEIFFERT

166. (**C**) Die **Kieferhöhleneiterung** ist besonders gefährlich (1), *weil* eine Kieferhöhlenentzündung zu endokraniellen Komplikationen neigt (2). S. 194
A) 1 richtig, 2 richtig, Verknüpfung richtig
B) 1 richtig, 2 richtig, Verknüpfung falsch
C) 1 richtig, 2 falsch –
D) 1 falsch, 2 richtig –
E) 1 falsch, 2 falsch –

167. (**D**) Im Rahmen einer **rekonstruktiven Nasenplastik** werden verwendet S. 220
(1) freie Hauttransplantate, (2) Composite grafts,
(3) Nahlappen, (4) Fernlappen.
A) nur 1 ist richtig
B) nur 1 und 2 sind richtig
C) nur 3 und 4 sind richtig
D) nur 2, 3 und 4 sind richtig
E) alle Aussagen sind richtig

Mundhöhle, Pharynx

168. (**A**) Bei der **Geschmacksprüfung** wird folgende Geschmacksqualität nicht angeboten S. 231
A) süß
B) salzig
C) würzig
D) bitter
E) sauer

169. (**D**) Die **Tonsillen** S. 228
(1) bilden Antikörper, (2) haben afferente Lymphgefäße,
(3) bilden Lymphocyten, (4) bilden Granulocyten.
A) nur 1 ist richtig
B) nur 4 ist richtig
C) nur 1 und 2 sind richtig
D) nur 1 und 3 sind richtig
E) alle Aussagen sind richtig

170. (**A**) Eine **Himbeerzunge** ist typisch für S. 238
A) Leukämie
B) Pilzerkrankung
C) Scharlach
D) Erythema exsudativum multiforme
E) Lichen ruber planus

171. (**A**) **Zungenbrennen** kommt **nicht** vor bei S. 238
A) Anaemia perniciosa
B) PLUMMER-VINSON-Syndrom
C) Vitaminmangel
D) Glossitis
E) Haarzunge

172. (**A**) Bei einer rechtsseitigen **Hypoglossusparese** S. 229
A) tritt beim Herausstrecken der Zunge eine Linksabweichung auf
B) tritt beim Herausstrecken der Zunge eine Rechtsabweichung auf
C) ist keine Bewegungsstörung der Zunge vorhanden
D) ist die ganze Zunge unbeweglich
E) kann die Zungenspitze nicht angehoben werden

173. (**A**) Das erfolgversprechende **Antibioticum** gegen **Candida albicans** (Soor)-Infektionen ist S. 236
A) Streptomycin
B) Chloramphenicol
C) Nystatin
D) Polymyxin-B
E) Neomycin

174. (**A**) **Zahnverfärbungen** können bei Kindern auftreten, die mit folgendem **Antibioticum** behandelt wurden S. 238
A) Streptomycin
B) Penicillin
C) Tetracyclin
D) Erythromycin
E) Neomycin

175. (**A**) Stechende **Schmerzattacken** in der **Tonsillenregion** deuten hin auf S. 243
A) Trigeminusneuralgie
B) Arteriitis temporalis
C) Glossopharyngeusneuralgie
D) Tic douloureux
E) Migräne

176. (**A**) **Papulöse schleierartige weißliche Schleimhautflecken** am weichen Gaumen und an der Tonsille sind verdächtig auf S. 243
A) Leukoplakie
B) Carcinom
C) Lues I
D) Lues II
E) Lues III

177. (**D**) Die **infektiöse Mononucleose** S. 243
(1) ist eine Viruserkrankung, (2) macht Lymphknotenvergrößerungen, (3) bietet an den Tonsillen einen diphtherieähnlichen Befund, (4) wird bestätigt durch einen positiven BUNNELL-Test.
A) nur 1 ist richtig
B) nur 1 und 2 sind richtig
C) nur 2 und 3 sind richtig
D) nur 2, 3 und 4 sind richtig
E) alle Aussagen sind richtig

178. (**A**) Das Synonym für die **Angina Plaut-Vincenti** ist S. 243
A) Angina lacunaris
B) Herpangina
C) Angina ulcero-membranacea
D) Rachendiphtherie
E) Monocytenangina

179. (**A**) Die Erreger der **Herpangina** sind S. 243
A) Coxsackie-A-Viren
B) Herpes simplex-Viren
C) Zosterviren
D) β-hämolysierende Streptokokken
E) Staphylokokken

180. (**A**) **Schmutzige Nekrosen** auf den **Tonsillen** sprechen für S. 243
A) Scharlachangina
B) Pfeiffer-Drüsenfieber
C) Angina agranulocytotica
D) Angina spezifica
E) Herpangina

181. (**A**) Häufigste Erreger bei der akuten **Gaumenmandelentzündung (Angina)** sind S. 242
A) Staphylokokken
B) β-hämolysierende Streptokokken
C) Enterokokken
D) α-hämolysierende Streptokokken
E) Pneumokokken

182. (**A**) Eine **Kieferklemme** kommt **nicht** vor S. 245
A) bei Peritonsillarabsceß
B) bei Tetanus
C) bei Jochbogenfraktur
D) bei Durchbruch eines Weisheitszahnes
E) bei polypöser Kieferhöhlenentzündung

183. (**A**) Welches ist **keine** typische **Komplikation einer Entzündung des lymphatischen Rachengewebes?** S. 244
A) Peritonsillarabsceß
B) Tonsillogene Sepsis
C) Retropharyngealabsceß
D) Mundbodenabsceß
E) Zungengrundabsceß

184. (**D**) Die **Sepsis nach Angina** kann entstehen S. 245
(1) hämatogen, (2) lymphogen, (3) phlegmonös, (4) canaliculär.
A) nur 1 ist richtig
B) nur 1 und 2 sind richtig
C) nur 1 und 3 sind richtig
D) nur 1, 2 und 3 sind richtig
E) alle Aussagen sind richtig

185. (**A**) Die Therapie der Wahl bei der **chronischen Tonsillitis** besteht in S. 249
A) Tonsillektomie
B) Ausquetschen von Pfröpfen
C) Absaugen der Tonsillen
D) Antibioticagaben
E) Tonsillotomie

186. (**A**) Eine **Gegenindikation zur Tonsillektomie** ist S. 249
A) eine chronische Tonsillitis
B) ein Focusverdacht
C) eine Angina agranulocytotica
D) eine Sepsis nach Angina
E) ein Peritonsillarabsceß

187. (**A**) Die **Entfernung der Rachenmandel** nennt man S. 249
A) Adenektomie
B) Adenotomie
C) Tonsillotomie
D) Tonsillektomie
E) Polypektomie

188. (**A**) Die **Adenotomie** ist S. 249
A) die Entfernung der Gaumenmandeln
B) die Entfernung der Rachenmandel
C) Die Entfernung der Zungenmandeln
D) Die Entfernung eines pleomorphen Adenoms der Parotis
E) die Entfernung eines Seitenstranges

189. (**A**) Das **juvenile Nasenrachenfibrom** kommt vor S. 250
A) bei männlichen Jugendlichen
B) bei weiblichen Jugendlichen
C) bei Neugeborenen
D) bei Kleinkindern
E) im 1. Lebensjahr

190. (**A**) Beim **juvenilen Nasenrachenfibrom** ist die Therapie der Wahl S. 251
A) Bestrahlungsbehandlung
B) Operation
C) cytostatische Behandlung
D) antibiotische Behandlung
E) Fibrinolyse

191. (**C**) Das **Nasopharynxcarcinom** wird lieber einer Operation als einer Bestrahlung zugeführt (1), *weil* sich dieses Carcinom relativ gut im Gesunden entfernen läßt (2). S. 254
A) 1 richtig, 2 richtig, Verknüpfung richtig
B) 1 richtig, 2 richtig, Verknüpfung falsch
C) 1 richtig, 2 falsch –
D) 1 falsch, 2 richtig –
E) 1 falsch, 2 falsch –

Larynx, Trachea

Anatomie, Physiologie, Untersuchungsmethoden

192. (**A**) Der **M. cricoarytaenoideus posterior** (M. posticus) S. 263
A) öffnet die Stimmritze
B) schließt die Stimmritze
C) kippt den Ringknorpel gegen den Schildknorpel
D) spannt die Stimmlippe
E) bringt die Aryknorpel zusammen

193. (**D**) Der **N. recurrens** S. 262, 265
(1) versorgt die inneren Kehlkopfmuskeln motorisch, (2) übernimmt die sensible Versorgung der oberen Kehlkopfabschnitte mit, (3) verläuft links um den Aortenbogen, (4) verläuft rechts um die A. subclavia.
A) nur 1 ist richtig
B) nur 2 ist richtig
C) nur 1 und 3 sind richtig
D) nur 1, 2 und 3 sind richtig
E) nur 1, 3 und 4 sind richtig

194. (**A**) Die **Stroboskopie** ist eine Methode zur Beurteilung S. 336
A) des Schwingungsablaufes der Stimmlippen
B) der Stimmstärke
C) der Sprechstimmlage
D) der Beweglichkeit der Aryknorpel
E) der Glottisweite

195. (**A**) Die **Laryngographie** ist eine Methode zur Beurteilung S. 274
A) der Stimmlippenschwingungen
B) der Stimmregister
C) der Konturen des lufthaltigen Kehlkopflumens
D) von Schildknorpelfrakturen
E) der Stimmstärke

196. (**A**) Die **Mikrolaryngoskopie** ist eine Methode zur Beurteilung S. 272
A) der Stimmgattung
B) des Kehlkopflumens durch das Operationsmikroskop
C) des Larynx mit Hilfe kleinster Spiegel
D) feinster Stimmlippenschwingungen
E) von Kehlkopfbiopsien

Klinik

197. (**A**) Eine **Heiserkeit** sollte wegen Carcinomverdachts laryngoskopisch und evtl. histologisch abgeklärt werden, wenn sie länger anhält als S. 292
A) 8 Tage
B) 4 Wochen
C) 8 Wochen
D) 3 Monate
E) 1 Jahr

198. (**A**) **Stumpfe Kehlkopftraumen** mit Schildknorpelbruch und Verschiebung der Knorpelfragmente werden behandelt durch S. 274
A) alleinige medikamentöse Maßnahmen
B) innere Schienung des Kehlkopfes
C) Anlegen einer breiten Laryngotrachealrinne
D) Dehnung durch Bougies und Bolzen
E) Recurrensplastik

199. (**A**) Ein **Intubationsgranulom** im Kehlkopf findet man meist lokalisiert S. 275
A) in der vorderen Kommissur
B) in der Gegend des Processus vocalis des Aryknorpels
C) am freien Rand der Epiglottis
D) im subglottischen lockeren Bindegewebe
E) auf einer Taschenfalte

200. (**A**) Das **Reinke-Oedem** ist lokalisiert S. 281
A) am Mundboden
B) an der Tonsille
C) an der Uvula
D) an der Stimmlippe
E) an der Epiglottis

201. (**A**) Der **Kehlkopfpolyp** ist am häufigsten lokalisiert S. 287
A) an der Epiglottis
B) an der Taschenfalte
C) subglottisch
D) am freien Rand der Stimmlippe
E) an beiden Stimmlippen an korrespondierenden Stellen

202. (**A**) Als **Schreiknötchen** werden bezeichnet S. 287
A) symmetrische Epithelverdickungen auf den Stimmlippen
B) schmal gestielte flottierende Kehlkopfpolypen
C) äußere Laryngocelen
D) dyschylische Pseudotumoren der Taschenfalte
E) Kehlkopfpapillome bei Kindern

203. (**A**) Welche **Kehlkopferkrankung** kommt **nicht** vorwiegend bei Kindern vor? S. 278, 289
A) Schreiknötchen
B) Epiglottitis
C) Rezidivierende Kehlkopfpapillomatose
D) Pseudokrupp
E) Pachydermie

204. (**A**) Die **doppelseitige Recurrensparese** führt zu S. 286
A) starker Heiserkeit
B) Atemnot
C) Schluckstörungen
D) Stammelfehlern
E) funktioneller Aphonie

205. (**A**) Mit einer **Laterofixation** wird erreicht S. 287
A) eine Verbesserung der Stimmbildung
B) eine palliative Behandlung des Kehlkopfcarcinoms
C) eine Glottiserweiterung
D) Die Versteifung einer besonders weichen, kindlichen Epiglottis
E) eine Glottisverengerung

206. (**A**) Welcher Kehlkopfbefund ist bei der **Kehlkopftuberkulose** am häufigsten? S. 282
A) narbige Stenose
B) Ulceration
C) Stimmlippenlähmung
D) Ankylose der Kehlkopfgelenke
E) Perichondritis

207. (**A**) Die **Pachydermien des Kehlkopfs** sitzen gewöhnlich S. 289
A) an der Epiglottis
B) auf den Taschenfalten
C) auf den Stimmlippen
D) im subglottischen Raum
E) in der oberen Trachea

Ordnen Sie den **Kehlkopfkrankheiten** (Liste 1) die erforderlichen **Behandlungsmethoden** (Liste 2) zu. S. 278 281

Liste 1	Liste 2
208. (**B**) Laryngitis chron. hyperplastica	A) Strahlentherapie
209. (**B**) Laryngitis subglottica	B) Corticosteroide
	C) Kehlkopfteilresektion
	D) Decortikation
	E) Stimmübungen

Ordnen Sie den **Kehlkopfkrankheiten** (Liste 1) die erfolgversprechendste **Therapieform** (Liste 2) zu. S. 287

Liste 1	Liste 2
210. (**B**) Schreiknötchen	A) logopädische Therapie
211. (**B**) Stimmlippenpolyp	B) Strahlentherapie
	C) operative Therapie
	D) antibiotische Therapie
	E) cytostatische Therapie

212. (**C**) Bei der **Laryngitis subglottica** tritt Heiserkeit auf (1), *weil* der **N. recurrens** geschädigt ist (2). S. 278
A) 1 richtig, 2 richtig, Verknüpfung richtig
B) 1 richtig, 2 richtig, Verknüpfung falsch
C) 1 richtig, 2 falsch –
D) 1 falsch, 2 richtig –
E) 1 falsch, 2 falsch –

213. (**A**) Maligne Entartungen des **Kehlkopfpapilloms** S. 290
A) sind häufiger bei Kindern als bei Erwachsenen
B) sind häufiger bei Erwachsenen als bei Kindern
C) sind bei Kindern und Erwachsenen gleich häufig
D) sind bei Knaben häufiger als bei Mädchen
E) sind bei Mädchen häufiger als bei Knaben

214. (**A**) Ein **supraglottisches Carcinom** hat seinen Sitz S. 293
A) im Recessus piriformis
B) im MORGAGNI-Ventrikel
C) auf der Stimmlippe
D) auf der lingualen Epiglottisfläche
E) in der Postcricoidgegend

215. (**A**) Im **TNM-System** für den prätherapeutischen Befund bedeutet N_3 S. 252 291
A) Primärtumor sehr ausgedehnt
B) drei Fernmetastasen
C) bewegliche homolaterale Lymphknotenmetastase
D) fixierte Lymphknotenmetastase
E) gleichzeitiges Auftreten von Tumor, regionärer Lymphknotenmetastase und Fernmetastase

216. (**A**) Welcher **TNM-Kategorie** entspricht ein einseitiges Stimmlippencarcinom mit erhaltener Beweglichkeit ohne regionäre Metastasen und ohne Fernmetastasen? S. 291
A) $T_2 N_0 M_0$
B) $T_1 N_1 M_0$
C) $T_1 N_0 M_0$
D) $T_3 N_{1-2} M_1$
E) $T_3 N_0 M_0$

217. (**C**) **Örtlich begrenzte Stimmbandcarcinome** kann man heute einer alleinigen percutanen Telegammatherapie zuführen (1), *weil* die Heilungsaussichten bei der Strahlentherapie bei dieser Lokalisation etwa gleichgünstig sind wie bei der Chordektomie (2). S. 292
A) 1 richtig, 2 richtig, Verknüpfung richtig
B) 1 richtig, 2 richtig, Verknüpfung falsch
C) 1 richtig, 2 falsch –
D) 1 falsch, 2 richtig –
E) 1 falsch, 2 falsch –

218. (**A**) Ein **subglottisch lokalisiertes Carcinom** wird behandelt durch S. 294
A) supraglottische Teilresektion
B) frontolaterale Teilresektion
C) Hemilaryngektomie
D) Laryngektomie
E) Chordektomie

219. (**A**) Ein **Kehldeckelcarcinom** wird behandelt durch S. 293
A) Thyreotomie
B) supraglottische Teilresektion
C) Hemilaryngektomie
D) Laryngektomie
E) frontolaterale Teilresektion

220. (**A**) Die anzustrebende **Herddosis** bei der percutanen Bestrahlung eines **Ca im Kopf-Hals-Bereich** beträgt S. 292
A) 10 Gy
B) 20 Gy
C) 30 Gy
D) 60 Gy
E) 100 Gy

221. (**A**) Welches der aufgeführten Carcinome macht am häufigsten regionäre **Lymphknotenmetastasen?** S. 295
A) Hypopharynxcarcinom
B) subglottisches Carcinom
C) supraglottisches Carcinom
D) Stimmlippencarcinom
E) Epiglottiscarcinom

222. (**C**) Ein **Stimmbandcarcinom** metastasiert frühzeitig (1), *weil* das Stimmband reichlich Lymphbahnen enthält (2). S. 292
A) 1 richtig, 2 richtig, Verknüpfung richtig
B) 1 richtig, 2 richtig, Verknüpfung falsch
C) 1 richtig, 2 falsch –
D) 1 falsch, 2 richtig –
E) 1 falsch, 2 falsch –

Ordnen Sie die **Operationen** (Liste 1) den **Kehlkopfkrankheiten** (Liste 2) zu S. 293

Liste 1	Liste 2
223. (**B**) Kehlkopfteilresektion	A) Kehldeckelcarcinom
224. (**B**) Laryngektomie	B) Reinke-Ödem
	C) Stimmlippenpolyp
	D) Stimmlippen- und Taschenbandcarcinom beiderseits
	E) kindliche Kehlkopfpapillome

225. (**A**) Unter **Oesophagussprache** versteht man S. 295
A) Bauchreden
B) Kommandostimme
C) Ersatzsprache der Laryngektomierten
D) Sprechen mit elektronischer Sprechhilfe
E) geflüsterte Sprache

226. (**A**) Bei Atemnot sollte eine **Intubation** durch den Kehlkopf bei Erwachsenen wegen der zu erwartenden Schleimhautschäden nicht länger durchgeführt werden als S. 296
A) 4 – 8 Stunden
B) einige Tage
C) 3 Wochen
D) 5 Wochen
E) 2 Monate

227. (**A**) Eine **Indikation** zur **Tracheotomie** besteht **nicht** bei S. 296
A) der Notwendigkeit einer künstlichen Dauerbeatmung
B) länger dauernder Bewußtlosigkeit nach Schädel-Hirn-Verletzungen
C) stumpfem Kehlkopftrauma mit Knorpelfrakturen
D) einseitiger Recurrenslähmung mit „Kadaverstellung" der Stimmlippe
E) ausgedehnten Kehlkopftumoren

228. (**A**) Eine **Tracheotomie** nimmt man vor S. 297
A) in Höhe des 2. Trachealringes
B) unmittelbar über dem Sternum
C) mittels Spaltung des Ringknorpels
D) mittels Durchtrennung des Ligamentum conicum
E) mittels Durchtrennung der Membrana hyothyreoidea

229. (**D**) Bei einer **Trachealstenose** S. 276
(1) tritt inspiratorischer Stridor auf, (2) tritt exspiratorischer Stridor auf, (3) kommt es zu einem Stauungsödem der Kehlkopfschleimhaut, (4) kommt es stets zur Stimmlippenlähmung.
A) nur 1 ist richtig
B) nur 1 und 2 sind richtig
C) nur 2 und 4 sind richtig
D) nur 1, 2 und 3 sind richtig
E) alle Aussagen sind richtig

230. (**A**) Zur Behandlung einer **Trachealstenose** ist **nicht** geeignet S. 299
A) die Bildung einer Neoglottis
B) die Spaltung des Ringknorpels
C) die quere Resektion der Trachea
D) die Bildung einer Laryngotrachealrinne
E) die Einlage eines Kunststoffrohres nach Narbenausschneidung

Oesophagus, Bronchien

231. (**A**) Die **Länge des oberen Speiseweges** zwischen Zahnreihe und Kardia beträgt beim Erwachsenen — S. 301
A) ca. 25 cm
B) ca. 30 cm
C) 40 – 50 cm
D) 60 cm
E) 70 cm

232. (**D**) Für die Pathogenese des **Pulsionsdivertikels** sind bedeutsam (1) ein Dauerkontraktionszustand der Pars fundiformis, (2) ein muskelschwaches Dreieck oberhalb des Schleudermuskels, (3) eine angeborene Oesophagusstenose, (4) ein Kardiospasmus. — S. 309
A) nur 1 ist richtig
B) nur 2 ist richtig
C) nur 4 ist richtig
D) nur 1 und 2 sind richtig
E) alle Aussagen sind richtig

233. (**A**) Ein **Pulsionsdivertikel** von über Pflaumengröße behandelt man am erfolgreichsten und risikoärmsten durch — S. 309
A) Einstülpung
B) alleinige Durchtrennung des Schleudermuskels
C) Abtragung mit Durchtrennung des Schleudermuskels
D) Sprengung mit einem Dilatator
E) Bougierung

234. (**A**) Das **Traktionsdivertikel** des Oesophagus — S. 310
A) behandelt man mit Dilatatoren
B) behandelt man mit Bougierungen
C) operiert man endoskopisch
D) operiert man thoraxchirurgisch
E) bedarf meist keiner Behandlung

235. (**A**) **Dysphagia lusoria** ist — S. 310
A) regelmäßige Begleiterscheinung eines Pulsionsdivertikels
B) Folge einer Speiseröhrenverätzung
C) Symptom eines Oesophaguscarcinoms
D) entwicklungsgeschichtlich bedingt durch eine Gefäßvariante zur A. subclavia dextra
E) psychogene Schluckstörung

236. (**A**) **Fremdkörper des oberen Speisewegs** sind am häufigsten lokalisiert — S. 304
A) in Höhe des Kehlkopfeingangs
B) in der 1. Oesophagusenge (Oes.-Eingang)
C) in Höhe der 2. Oesophagusenge (Bifurkation)
D) in der Kardia (3. Oesophagusenge)
E) in Höhe des Aortenbogens

237. (**A**) Unkomplizierte **Speiseröhrenfremdkörper** werden behandelt durch — S. 304
A) indirekte Entfernung ohne optische Kontrolle
B) Bougierung
C) direkte Entfernung unter endoskopischer Sicht
D) medikamentös
E) primär thoraxchirurgisch

238. (**A**) Eine **Oesophagusperforation** im obersten thorakalen Abschnitt bei einer Fremdkörperextraktion durch das Oesophagoskop oder einen spitzen Fremdkörper muß behandelt werden durch S. 305
A) Oesophagoskopie und Verätzen der Perforation
B) collare Mediastinotomie und Naht
C) Schlucken von Antibioticalösungen
D) Oesophagusbougierungen über einen Faden
E) Thoracotomie

239. (**A**) Nach einer **Oesophagusverätzung** empfiehlt sich eine Magenspülung, wenn S. 307
A) die Verätzung länger als zwei Stunden zurückliegt
B) der Verdacht auf eine gleichzeitige Tabletteneinnahme besteht
C) der Verdacht auf eine Oesophagusperforation besteht
D) der Verdacht auf eine Magenperforation besteht
E) Zeichen einer Mediastinitis vorliegen

240. (**A**) Worin besteht **nicht** der Wert der Gabe von Corticosteroiden bei der **frischen Verätzung des oberen Speisewegs?** S. 307
A) Schockbekämpfung
B) Entzündungs- und Ödembremsung
C) Hemmung von Bindegewebsbildung
D) Strikturprophylaxe
E) Neutralisation von Giften

241. (**A**) Eine **Frühbougierung** ab dem 8. Tag nach der Verätzung ist durchzuführen bei S. 307
A) nachgewiesenen stärkeren Schleimhautveränderungen
B) Oesophagusperforation
C) Mediastinitis
D) Divertikelbildung
F) Magenperforation

242. (**A**) 30 Charrière (Eichmaß für **Speiseröhrenbougies)** entsprechen S. 308
A) 1 mm
B) 5 mm
C) 10 mm
D) 21 mm
E) 30 mm

243. (**A**) Eine **Oesophagusperforation** nach einer Laugenverätzung führt zu einer S. 307
A) Perikarditis
B) Ringknorpelperichondritis
C) Strumitis
D) Peritonitis
E) Mediastinitis

244. (**A**) Bei der **Aufbougierung** einer erheblichen **Oesophagusstenose** wird eine Perforation am sichersten vermieden durch S. 308
A) Bougierung in Vollnarkose
B) Gabe von Spasmolytica vor der Bougierung
C) Bougierung unter endoskopischer Sicht
D) Bougierung über einen Leitfaden
E) Anwendung von Gleitmitteln für die Bougies

245. (**D**) Der **Kardiospasmus** S. 311
(1) ist eine Folge von Oesophagusvarizen, (2) muß differentialdiagnostisch stets gegen ein Carcinom abgegrenzt werden, (3) führt zu Pulsionsdivertikeln, (4) drückt auf die Glottis.
A) nur 1 ist richtig
B) nur 2 ist richtig
C) nur 3 ist richtig
D) nur 1 und 4 sind richtig
E) alle Aussagen sind richtig

246. (**A**) Für die **Aspiration eines Fremdkörpers** sprechen alle folgenden Symptome außer S. 305
A) Hustenreiz
B) Schluckbehinderung
C) Erstickungsanfall
D) Überblähung eines Lungenabschnittes
E) Atelektase eines Lungenabschnittes

247. (**A**) Eine Indikation zur **Bronchoskopie** besteht **nicht** für eine S. 311
A) Fremdkörperentfernung aus den Bronchien
B) Behandlung eines tuberkulösen Lungeninfiltrates
C) Entnahme von Geweben für bioptische Untersuchungen
D) diagnostische Abklärung von Bronchustumoren
E) „Bronchialtoilette"

248. (**A**) Ein **Bronchusadenom** diagnostiziert man am sichersten durch S. 312
A) Röntgenaufnahme des Thorax
B) Probethorakotomie
C) Bronchoskopie
D) Bronchographie
E) Spirometrie

Hals

249. (**A**) Unter **Neck dissection** versteht man S. 317
A) Teilresektion des Larynx
B) totale Entfernung des Larynx
C) radikale Halsausräumung
D) Teilresektion des Hypopharynx
E) breite Incision eines entzündlichen Prozesses der Halsweichteile

250. (**A**) Bei der typischen **Neck dissection** wird unter anderem entfernt S. 317
A) N. vagus
B) V. jug. int.
C) N. phrenicus
D) N. hypoglossus
E) A. carotis comm.

251. (**A**) Die **Scalenusbiopsie** (DANIELS) dient zur Diagnostik S. 316
A) einer Halsrippe
B) einer Gefäßanomalie im Halsbereich
C) eines HWS-Syndroms
D) eines Lymphknotenbefalls bei Erkrankungen im Thorax- bzw. Abdominalbereich
E) einer Malacie der Trachea

252. (**D**) Mit der **Mediastinoskopie** erreicht man S. 303
(1) das hintere Mediastinum, (2) das vordere Mediastinum, (3) tiefsitzende Trachealfremdkörper, (4) den Ductus thoracicus.
A) nur 1 ist richtig
B) nur 2 ist richtig
C) nur 1 und 2 sind richtig
D) nur 2 und 4 sind richtig
E) alle Aussagen sind richtig

253. (**A**) Der **Lymphabfluß** aus dem **Nasopharynx** geht vorwiegend über S. 315
A) LK hinter dem M. sternocleidomastoideus
B) submentale LK
C) praetracheale LK
D) supraclaviculäre LK
E) LK am Kieferwinkel

254. (**D**) **Mediane Halscysten** und **Fistelgänge** S. 320
(1) werden auf eine Entwicklungshemmung des Ductus thyreoglossus zurückgeführt, (2) gehen meist durch das Zungenbein, (3) münden oft in der Plica sublingualis, (4) können im Foramen caecum münden.
A) nur 1 ist richtig
B) nur 3 ist richtig
C) nur 2 und 4 sind richtig
D) nur 1, 2 und 4 sind richtig
E) alle Aussagen sind richtig

255. (**D**) Bei der Untersuchung der **Halsweichteile** lassen sich feststellen S. 321
(1) Lymphknotenvergrößerungen mit der Ultraschalltomographie, (2) die großen Halsgefäße zusammen mit den Weichteilen mit der Kernspintomographie (MR), (3) Weichteiltumoren mit der Röntgentomographie, (4) die Carotisdurchströmung mit der Dopplerultraschalluntersuchung.
A) nur 1 ist richtig
B) nur 2 ist richtig
C) nur 2 und 3 sind richtig
D) nur 1, 2 und 4 sind richtig
E) alle Angaben sind richtig

Kopfspeicheldrüsen

256. (**A**) Die Inkubationszeit der **Parotitis epidemica** (Mumps) beträgt S. 327
A) 1 – 2 Tage
B) 8 – 10 Tage
C) 12 – 15 Tage
D) 17 – 21 Tage
E) mehr als 30 Tage

257. (**A**) Am häufigsten kommen **Speichelsteine** vor in S. 327
A) der Gl. parotis
B) der Gl. submandibularis
C) der Gl. sublingualis
D) den kleinen Speicheldrüsen
E) in den Mandelkrypten

258. (**A**) Ein **Speichelstein** im Ausführungsgang einer Speicheldrüse wird behandelt S. 328
A) medikamentös
B) durch Mikrowellendurchflutung der Drüse
C) durch enorale Steinentfernung
D) durch Exstirpation der Drüse von außen
E) durch Röntgenreizbestrahlung

259. (**A**) Unter **Mischtumoren** der Speicheldrüsen versteht man S. 329
A) Carcinosarkome
B) Pleomorphe Adenome
C) Hämangiofibrome
D) Cystadenolymphome
E) Mucoepidermoidtumoren

260. (**A**) Eine **Speicheldrüsenschwellung** beim Essen spricht für S. 328
A) Carcinom
B) Sialadenose
C) pleomorphes Adenom
D) Speichelstein
E) Sialadenitis

261. (**A**) Bei einem **pleomorphen Adenom** der **Parotis** ist therapeutisch die Methode der Wahl S. 330
A) die Enucleation
B) die partielle Parotidektomie mit Schonung des N. facialis
C) Behandlung mit Cytostatica
D) Neck dissection mit Parotidektomie
E) Röntgenbestrahlung

262. (**A**) Eine **Parotidektomie** mit Opferung des N. facialis wird notwendig bei S. 330
A) Carcinom
B) pleomorphem Adenom
C) Sialadenose
D) Cystadenolymphom
E) Sialadenitis

263. (**A**) Zum **Sjögren-Syndrom** gehört **nicht** S. 327
A) myoepitheliale Sialadenitis der Parotis
B) Keratoconjunctivitis sicca
C) Sialolithiasis der Parotis
D) Xerostomie
E) chronisch rezidivierende Gelenkentzündungen

264. (**A**) Die **Ranula** ist eine S. 331
A) Retentionscyste der Glandula parotis
B) Retentionscyste der Glandula submandibularis
C) Retentionscyste eines Ausführungsganges der Glandula sublingualis
D) Dermoidcyste
E) Mundschleimhauterkrankung

265. (**C**) Ein **pleomorphes Adenom** hat eine schlechte Prognose (1), *weil* das pleomorphe Adenom zur Metastasierung neigt (2). S. 330
A) 1 richtig, 2 richtig, Verknüpfung richtig
B) 1 richtig, 2 richtig, Verknüpfung falsch
C) 1 richtig, 2 falsch –
D) 1 falsch, 2 richtig –
E) 1 falsch, 2 falsch –

Sprachstörungen, Sprechstörungen, Stimmstörungen

266. (**A**) Im Rahmen der **normalen Sprachentwicklung** ist ab einem Jahr zu erwarten S. 337
A) Lallen
B) Einwortsatz
C) beginnendes Sprachverständnis
D) vollständiger Spracherwerb
E) geformte Mehrwortsätze

267. (**A**) Unter **Taubstummheit** versteht man S. 337
A) akustische Agnosie
B) Mutismus
C) mangelnder Spracherwerb infolge Taubheit
D) Apraxie
E) Balbuties

268. (**D**) Die **Mutationsfistelstimme** S. 341
(1) ist eine Sprachstörung, (2) ist durch eine Mißbildung im Kiefer-Gaumen-Bereich verursacht, (3) tritt vor allem bei Knaben in Erscheinung, (4) wird hormonell behandelt.
A) nur 1 ist richtig
B) nur 3 ist richtig
C) nur 4 ist richtig
D) nur 1, 2 und 3 sind richtig
E) alle Aussagen sind richtig

269. (**D**) Bei der **akustischen Agnosie** (Seelentaubheit) S. 338
(1) ist das Sprechvermögen vorhanden, (2) fehlt das Sprachverständnis, (3) fehlt die Spontansprache, (4) ist das Nachsprechen möglich.
A) nur 1 ist richtig
B) nur 2 ist richtig
C) nur 4 ist richtig
D) nur 1 und 3 sind richtig
E) alle Aussagen sind richtig

270. (**A**) Der **stimmhafte Verschlußlaut** der **ersten** Artikulationszone ist das S. 333
A) B
B) P
C) D
D) T
E) G

271. (**D**) Als **Stammelfehler** werden bezeichnet S. 338
(1) das Lispeln, (2) der Kappazismus, (3) der Gammazismus, (4) das Näseln.
A) nur 1 ist richtig
B) nur 3 ist richtig
C) nur 2 und 4 sind richtig
D) nur 3 und 4 sind richtig
E) alle Aussagen sind richtig

272. (**A**) **Offenes Näseln** ist bedingt durch S. 339
A) Gaumenspalte
B) Septumdefekt
C) Choanalatresie
D) Rachenmandelhyperplasie
E) Mediane Nasenfistel

273. (**A**) Unter **Rhinophonia clausa** versteht man S. 339
A) harten Stimmeinsatz
B) geschlossenes Näseln
C) Sprechen von Verschlußlauten
D) die Kehlkopflosensprache
E) offenes Näseln

274. (**D**) **Balbuties** S. 339
(1) ist eine Sprechneurose, (2) wird in tonisches und klonisches Stottern unterteilt, (3) wird erfolgreicher therapiert als Poltern, (4) wird durch Atemschulung, Erziehung zu langsamem Sprechen und durch Verhaltenstherapie behandelt.
A) nur 1 ist richtig
B) nur 2 ist richtig
C) nur 1 und 2 sind richtig
D) nur 1, 2 und 4 sind richtig
E) alle Aussagen sind richtig

275. (**D**) **Aphasie** S. 340
(1) ist eine Sprachstörung aufgrund erworbener organischer Defekte zentraler Großhirnregionen, (2) kommt vor als amnestische Aphasie mit Wortfindungsstörungen, (3) kommt vor als motorische Aphasie mit Störung der Wortbildung, (4) kommt vor als sensorische Aphasie mit Störung des Sprachverständnisses.
A) nur 1 ist richtig
B) nur 1 und 2 sind richtig
C) nur 1 und 3 sind richtig
D) nur 1 und 4 sind richtig
E) alle Aussagen sind richtig.

276. (**A**) Die **Stimmgattung** wird **nicht** bestimmt nach S. 334
A) Stimmumfang
B) Stimmregister
C) Sprechstimmlage
D) Klangfarbe der Stimme
E) Stimmstärke

277. (**A**) Der typische laryngoskopische Befund bei der **funktionellen Aphonie** ist S. 341
A) Internusschwäche
B) Transversusschwäche
C) Stimmlippen beweglich, Stimme tonlos
D) Stillstand der Stimmlippen in Intermediärstellung
E) Stillstand der Stimmlippen in Respirationsstellung

Begutachtung

278. (**A**) Welche **MdE** wird durch eine mittelgradige Schwerhörigkeit beiderseits bedingt? S. 345
A) 0%
B) 10–15%
C) 20%
D) 30–35%
E) 50%

279. (**A**) Welche **MdE** wird durch eine einseitige **Facialisparese** bedingt? S. 345
A) 0%
B) 10 – 30%
C) 30 – 40%
D) 50 – 60%
E) 70 – 80%

280. (**A**) Welche **MdE** wird durch eine **Laryngektomie** bedingt? S. 345
A) 0%
B) 10%
C) 20%
D) 40%
E) 60–80%

Lösung der Aufgaben

1.	B	36.	C	71.	B	106.	C
2.	B	37.	B	72.	B	107.	A
3.	A	38.	D	73.	D	108.	E
4.	E	39.	A	74.	A	109.	C
5.	E	40.	E	75.	E	110.	D
6.	C	41.	C	76.	A	111.	D
7.	C	42.	A	77.	B	112.	E
8.	C	43.	B	78.	B	113.	B
9.	E	44.	D	79.	D	114.	B
10.	A	45.	C	80.	C	115.	B
11.	C	46.	E	81.	D	116.	C
12.	C	47.	C	82.	E	117.	A
13.	E	48.	A	83.	C	118.	B
14.	C	49.	C	84.	B	119.	A
15.	B	50.	A	85.	D	120.	D
16.	B	51.	C	86.	D	121.	B
17.	B	52.	D	87.	B	122.	B
18.	D	53.	B	88.	C	123.	C
19.	D	54.	A	89.	C	124.	C
20.	E	55.	E	90.	C	125.	C
21.	C	56.	B	91.	C	126.	A
22.	B	57.	B	92.	B	127.	C
23.	A	58.	D	93.	C	128.	D
24.	C	59.	C	94.	A	129.	D
25.	A	60.	C	95.	D	130.	D
26.	D	61.	B	96.	D	131.	B
27.	B	62.	E	97.	E	132.	A
28.	B	63.	D	98.	D	133.	E
29.	A	64.	B	99.	B	134.	A
30.	C	65.	C	100.	C	135.	C
31.	D	66.	C	101.	B	136.	C
32.	B	67.	B	102.	D	137.	C
33.	B	68.	C	103.	D	138.	C
34.	A	69.	A	104.	C	139.	C
35.	A	70.	A	105.	E	140.	B

141.	E	176.	D	211.	C	246.	B
142.	D	177.	E	212.	C	247.	B
143.	B	178.	C	213.	B	248.	C
144.	A	179.	A	214.	B	249.	C
145.	C	180.	C	215.	D	250.	B
146.	B	181.	B	216.	C	251.	D
147.	E	182.	E	217.	A	252.	B
148.	C	183.	D	218.	D	253.	A
149.	D	184.	D	219.	B	254.	D
150.	B	185.	A	220.	D	255.	D
151.	E	186.	C	221.	A	256.	D
152.	D	187.	B	222.	E	257.	B
153.	C	188.	B	223.	A	258.	C
154.	A	189.	A	224.	D	259.	B
155.	C	190.	B	225.	C	260.	D
156.	B	191.	E	226.	B	261.	B
157.	B	192.	A	227.	D	262.	A
158.	C	193.	E	228.	A	263.	C
159.	E	194.	A	229.	B	264.	C
160.	A	195.	C	230.	A	265.	E
161.	E	196.	B	231.	C	266.	B
162.	B	197.	B	232.	D	267.	C
163.	E	198.	B	233.	C	268.	B
164.	C	199.	B	234.	E	269.	E
165.	A	200.	D	235.	D	270.	A
166.	E	201.	D	236.	B	271.	E
167.	E	202.	A	237.	C	272.	A
168.	C	203.	E	238.	B	273.	B
169.	D	204.	B	239.	B	274.	D
170.	C	205.	C	240.	E	275.	E
171.	E	206.	B	241.	A	276.	E
172.	B	207.	C	242.	C	277.	C
173.	C	208.	D	243.	E	278.	D
174.	C	209.	B	244.	D	279.	B
175.	C	210.	A	245.	B	280.	E

Gegenstandskatalog 3 für den zweiten Abschnitt der ärztlichen Prüfung

Teilkatalog Hals-Nasen-Ohrenheilkunde (1979)

1 Ohr

1.1 anatomische und physiologische Grundlagen

Anatomie des äußeren Ohres, des Mittelohres und des Innenohres mit zentralen Anteilen

Anatomie des Schläfenbeines und seiner Umgebung (Hirnblutleiter, Schädelgruben, benachbarte Hirnteile, Hirnnerven)

Physiologie des Gehörorgans (Schallantransport, Schalltransformation, Reizfortleitung) und des Gleichgewichtsorgans (Statolithenapparat, Bogengangsapparat, Reizfortleitung) (s. a. GK 1, Anatomie Kap. 21 und GK 1, Physiologie 18.2 – 18.5 und Kap. 20)

1.2 Untersuchungsmethoden, Prinzip und Grundzüge der Bewertung

1.2.1	Inspektion	Inspektion des äußeren Ohrs mit prä- und retroaurikulärem Bereich Otoskopie (Inspektion von Gehörgang und Trommelfell) Ohrmikroskopie pneumatische Ohrlupe (s. a. GK 2, Anamneseerhebung 5.1)
1.2.2	Palpation	Ohrmuschel, Mastoidregion
1.2.3	Hörprüfungen	(s. a. GK 1, Physiologie 18.2) wichtige Begriffe der medizinischen Akustik (Dezibel, Phon) klassische Hörprüfungen (Hörweiten für Flüster- und Umgangssprache; Weber, Rinne) elektroakustische Hörprüfmethoden
1.2.4	Vestibularisprüfungen	(s. a. GK 1, Physiologie 20.3.1) Schwindelanamnese Koordinationsprüfungen (z. B. Romberg, Unterberger) Prüfung auf Spontan- und Provokationsnystagmus experimentelle Labyrinthprüfungen (thermisch, rotatorisch, mechanisch) Elektronystagmographie (ENG)

1.2.5	Tubenfunktionsprüfung	Valsalva-Versuch Politzer-Verfahren Tubenkatheterisierung
1.2.6	Röntgenuntersuchung des Felsenbeins	Schüller (z. B. bei Mastoiderkrankung) Stenvers (z. B. bei Innenohrerkrankung) axiale Schädelbasisaufnahme (z. B. bei Schädelbasistumoren) Tomogramme Computer-Tomographie (s. a. GK Klin. Radiologie Kap. 8)
1.2.7	Fazialis-Diagnostik	topisch (Schirmer-Test, Stapediusreflex, Gustometrie) funktionell (Nervenerregbarkeitstest, Elektromyographie/EMG)

1.3 Klinik des äußeren Ohres

1.3.1	Anomalien und Mißbildungen	Erkennung wichtiger Erkrankungen (abstehende Ohrmuscheln; Anotie, Mikrotie, Gehörgangsstenose bzw. -atresie und Mißbildungen des mittleren und inneren Ohres; Aurikularanhänge; Ohrfisteln) Prinzipien der therapeutischen Maßnahmen
1.3.2	nicht entzündliche Prozesse	Pathogenese, Symptomatik, Diagnostik und Therapie bei Othämatom und anderen Traumafolgen, Cerumen obturans, Gehörgangsfremdkörper
1.3.3	Entzündungen	Pathogenese, Symptomatik, Diagnostik und Therapie bei Ohrmuschelperichondritis, Otitis externa, Gehörgangsfurunkel
1.3.4	Tumoren	Diagnostik und therapeutische Prinzipien bei gutartigen und bösartigen Neubildungen der Ohrmuschel und des äußeren Gehörganges (Chondrodermatitis nodularis helicis chronica, Atherom; Basaliom, Karzinom)

1.4 Klinik des Mittelohres

1.4.1	Verletzungen	Ursachen, Erkennung und Grundlagen der Therapie von Mittelohrverletzungen (Trommelfell, Gehörknöchelchenkette) einschließlich Felsenbeinlängsbruch und Fazialisverletzung
1.4.2	Tubenfunktionsstörungen	Funktion der Ohrtrompete Ursachen, Auswirkungen und Therapieprinzipien der Tubenfunktionsstörungen (akuter und chronischer Tubenmittelohrkatarrh, Sero- und Mucotympanum)

1.4.3	akute Mittelohrentzündung	Pathogenese, Symptomatik, Diagnostik und Ablauf mit Sonderformen (Grippe-Otitis, Mucosus-Otitis, Säuglingsotitis), Therapie einschließlich der Komplikationen (Mastoiditis, labyrinthäre und endokranielle Komplikationen; Fazialislähmung, intratemporale Fazialischirurgie)
1.4.4	chronische Mittelohrentzündung	Pathogenese, Symptomatik, Diagnostik (einschließlich Ohrmikroskopie) Differenzierung zwischen chronischer Schleimhauteiterung und chronischer Knocheneiterung (Cholesteatom); labyrinthäre und endokranielle Komplikationen sowie Fazialislähmung Prinzipien der konservativen und operativen Therapie einschließlich der hörverbessernden Chirurgie (Tympanoplastik)
1.4.5	Tumoren	Diagnostik und therapeutische Prinzipien bei Mittelohrkarzinom und Glomustumoren (nicht chromaffine Paragangliome des Parasympathikus)
1.4.6	Otosklerose	Pathogenese, Symptomatik, Diagnostik und Therapie (Stapedektomie)

1.5 Klinik des Innenohres

1.5.1	kochleäre und/oder vestibuläre Störungen	Besonderheiten typischer Erkrankungen: Labyrinthitis (diffus, zirkumskript s. 1.4.3 und 1.4.4) Hörsturz, vestibuläre Neuronopathie, M. Menière Akustikusneurinom akustisches Trauma einschließlich Lärmschwerhörigkeit, Altersschwerhörigkeit Ototoxizität Herpes zoster oticus Folgen angeborener und frühkindlich erworbener Hörstörungen für die geistige Entwicklung; Sonderschulwesen für Hör- und Sprachgeschädigte Wirkungsweise von Hörgeräten, Indikation zur Hörgerätanpassung, Prinzipien des Hörtrainings Differenzierung zwischen vestibulären und zentralen Formen von Gleichgewichtsstörungen (s. a. 1.2.4)
1.5.2	Verletzungen	Ursachen, Erkennung und Therapiegrundzüge des Felsenbeinquerbruchs (Labyrinthausfall s. a. 1.4.1: Fazialisverletzung)
1.5.3	Tumoren	Diagnostik und Therapieprinzip beim Acusticusneurinom (s. a. GK Chirurgie 12.1, GK Nervenheilkunde 4.2 und GK Klin. Radiologie 6.1)

2 Nase, Nebenhöhlen und Gesicht

2.1 anatomische und physiologische Grundlagen

spezielle Anatomie der äußeren Nase, der Nasenhaupthöhle, der Nebenhöhlen und ihrer natürlichen Ausführungsgänge (Kieferhöhle, Siebbein, Stirnhöhle, Keilbeinhöhle) mit ihren topographischen Beziehungen zur Nachbarschaft (Orbita, Gesichtsschädel, Flügelgaumengrube, Schädelbasis, Schädelgruben, Endokranium, Stirnbein, Nasopharynx, Oropharynx, Mundhöhle, Fossa infratemporalis)

Versorgung durch Nerven und Gefäße (s. a. GK 1, Anatomie 13.2 und 13.5 und GK Chirurgie 1.1)

respiratorische Nasenfunktionen (Regulierung des Atemstroms; Erwärmen, Reinigen und Anfeuchten der Atemluft), Geruchsorgan (s. a. GK 1, Physiologie 21.3)

2.2 Untersuchungsmethoden, Prinzip und Grundzüge der Bewertung

(s. a. GK 2, Anamneseerhebung 2.3 und 5.2)

2.2.1	Inspektion	Inspektion der äußeren Nase sowie des Gesichts, Rhinoskopie
2.2.2	Palpation	Nasengerüst, Orbitabegrenzung (z. B. Stufenbildung) und Gesichtsweichteile mit Nervenaustrittspunkten (N. trigeminus)
2.2.3	Prüfung der Luftdurchgängigkeit der Nase	qualitativ: Metallplatte (Atemniederschlag) quantitativ: Rhinomanometrie
2.2.4	Riechprüfung	qualitativ: reine Riechstoffe, Riechstoffe mit Trigeminus-Reizkomponenten, Riechstoffe mit Geschmackskomponenten
2.2.5	Endoskopie der inneren Nase und der Nebenhöhlen	direkte Besichtigung der Nasenhaupthöhle Antroskopie
2.2.6	Röntgenuntersuchung der Nase und der Nebenhöhlen	Nase seitlich Nebenhöhlen a. p. occipito-dental Tomogramme

2.3 Klinik der Nase, der Nebenhöhlen und des Gesichts

2.3.1	Frakturen	Mechanismen, Symptomatik, Diagnostik und Auswirkungen der verschiedenen Frakturen im Bereich von Nase, Nebenhöhlen, Gesichtsschädel und Rhinobasis (Nasenbeinfraktur; Frakturen der Kieferhöhle und des Jochbeins: Kieferhöhlen-Jochbeinfraktur, Blowout-Fraktur (s. a. GK Ophthalmologie 18.5.2), isolierte Jochbogenfraktur; Fraktur der oberen Nebenhöhlen: hohe frontobasale Fraktur, mittlere frontobasale

		Fraktur, Mittelgesichtsfrakturen Le Fort I – III (s. a. GK ZMK Kap. 16); Primärversorgung und Erkennung von Früh- und Spätkomplikationen, Therapieprinzipien einschließlich rekonstruktiver und plastischer Chirurgie Notwendigkeit interdisziplinärer Zusammenarbeit (Mund-Zahn-Kieferheilkunde, Neurochirurgie, Ophthalmologie, Neurologie, Radiologie)
2.3.2	Entzündungen	Entzündungen der äußeren und inneren Nase (z. B. Nasenfurunkel, akute und chronische Rhinitis, Ozaena, Tuberkulose und Syphilis), Therapie Pathogenese, Symptomatik, Diagnostik und Auswirkungen der akuten und chronischen Nasennebenhöhlenentzündungen (eitrig, polypös) mit örtlichen, orbitalen und endokraniellen Komplikationen; Prinzipien der konservativen sowie Indikationen und Prinzipien der operativen Therapie Abgrenzung der allergischen Rhinitis (Heuschnupfen, berufsbedingte Allergie) gegenüber der vasomotorischen Rhinopathie (unspezifische Überempfindlichkeit), Gesichtspunkte ihrer Therapie
2.3.3	Tumoren	gutartige Geschwülste der äußeren Nase und der Nebenhöhlen (Rhinophym, Osteom) Symptomatik, Diagnostik und Differentialdiagnose der Malignome der äußeren Nase (Basaliom, Karzinom) bzw. der inneren Nase und Nebenhöhlen (Plattenepithelkarzinom, Adenokarzinom, mesenchymale Malignome) Prinzipien der Therapie (Chirurgie, Strahlentherapie, adjuvante Chemotherapie), Prognose
2.3.4	Nasenbluten	verschiedene Ursachen (örtlich bedingt, symptomatisch), Quellen des Nasenblutens, Beherrschung der Sofortbehandlung und Prinzipien der Weiterbehandlung
2.3.5	Mißbildungen und Formfehler der äußeren und inneren Nase	Gesichtsspalten, Nasenspalten, Nasenfisteln, Meningoenzephalozelen, Naseneingangsatresie, Choanalatresie Höckernase, Breitnase, Schiefnase, Sattelnase, Septumdeviation
2.3.6	plastische Maßnahmen	Grundzüge regionaler rekonstruktiver und plastischer Chirurgie

3 Mundhöhle und Pharynx

3.1 anatomische und physiologische Grundlagen

Anatomie der Mundhöhle und des Pharynx (Nasopharynx, Oropharynx, Hypopharynx) mit lymphatischem Rachenring (Rachenmandel, Gau-

		menmandeln, Zungengrundmandeln, Seitenstränge)
		Versorgung durch Nerven und Gefäße (s. a. GK 1, Anatomie 13.4 und 14.4)
		Physiologie des Schluckaktes (Kreuzung von Luft- und Speiseweg), Tonsillenfunktion (s. a. GK 1, Physiologie 5.2)

3.2 Untersuchungsmethoden, Prinzip und Grundzüge der Bewertung

3.2.1	Inspektion	Inspektion des Mundvorhofs, der Mundhöhle und des Oropharynx Untersuchung des Nasopharynx/Rhinoscopia posterior (s. a. 2.2.1) Untersuchung des Hypopharynx/indirekte Laryngoskopie (s. a. GK 2, Anamneseerhebung 2.3.4 und 5.3)
3.2.2	Palpation	bimanuelle Austastung von Mundvorhof, Mundboden, Wangen und Tonsillen zur Erfassung von pathologischen Veränderungen
3.2.3	Geschmacksprüfung	Prüfung der Geschmackskomponenten süß, sauer, salzig und bitter auf der Zungenoberfläche

3.3 Klinik der Mundhöhle und des Pharynx

3.3.1	Mißbildungen, Verletzungen, Entzündungen	häufige Mißbildungen, geläufige Formen der Verletzungen und wesentliche spezifische und unspezifische entzündliche Erkrankungen der Mundhöhle und des Oropharynx (z. B. Gaumenspalte, Verbrühung und Verätzung, Pfählungsverletzungen des Gaumens, Zungenbiß, Stomatitis, Glossitis) (s. a. GK ZMK Kap. 11) Veränderungen der Zungenoberfläche: s. GK Dermatologie Kap. 21 akute und chronische Pharyngitis, Syphilis, Tuberkulose, Angina agranulocytotica, Herpangina, Diphtherie, infektiöse Mononukleose akute Tonsillitis mit örtlichen Komplikationen (Peritonsillarabszeß, tonsillogene Sepsis, Retropharyngealabszeß, Zungenabszeß) Beurteilung der Auswirkungen auf die Nachbarschaft, Prinzip der konservativen Therapie der genannten Erkrankungen und Gesichtspunkte sowie Indikationen zur operativen Therapie
3.3.2	Adenotomie, Tonsillektomie	Auswirkungen der Rachenmandelhyperplasie bzw. der chronischen Tonsillitis sowie Indikationen der Tonsillektomie und der Adenotomie
3.3.3	Tumoren	gutartige Neubildungen: juveniles Nasenrachenfibrom (Nasopharynx) Malignome: Klassifizierung nach dem TNM-System: Mundhöhle (Zungenkörper, Mundboden, Wandungen der Mundhöhle: Mundschleimhaut,

		unterer Alveolarkamm, oberer Alveolarkamm und harter Gaumen s. a. GK ZMK 11.2) und Pharynx (Nasopharynx; Oropharynx: Tonsillen, Zungengrund; Hypopharynx) Symptome, Diagnostik, Differentialdiagnose, Prinzipien der Therapie: Chirurgie (Teilresektionen, Blockresektionen zusammen mit beidseitiger neck dissection), Strahlentherapie, adjuvante Chemotherapie; Prognose
3.3.4	plastische Maßnahmen	Grundzüge regionaler rekonstruktiver und plastischer Chirurgie

4 Larynx und Trachea

4.1 anatomische und physiologische Grundlagen

Anatomie des Larynx (mit innerer Kehlkopfmuskulatur, Nerven und Gefäßen) und der Trachea, topographische Beziehungen zur Umgebung (s. a. GK 1, Anatomie 14.5)

Physiologie des Larynx (Schutzfunktion, Atmung, Stimmbildung) (s. a. GK 1, Physiologie 18.6)

4.2 Untersuchungsmethoden, Prinzip und Grundzüge der Bewertung

4.2.1	Inspektion	Besichtigung der Larynxkonturen von außen indirekte Laryngoskopie direkte Laryngoskopie Mikrolaryngoskopie (s. a. GK 2, Anamneseerhebung 5.4)
4.2.2	Palpation	Betastung des Larynx von außen Prüfung der Beweglichkeit beim Schlucken
4.2.3	Röntgenuntersuchung	seitliche Aufnahme a. p. Aufnahme Tomogramme Laryngographie

4.3 Klinik

4.3.1	Verletzungen und Entzündungen des Larynx	Traumafolgen und Entzündungen des Larynx (stumpfe und scharfe Gewalteinwirkungen mit konsekutiven Stenosen; Intubationsschäden, Verbrühungen und Verätzungen; akute Laryngitis, Laryngitis subglottica/Krupp-Syndrom beim Kleinkind, Epiglottitis beim Kind und beim Erwachsenen, Kehlkopfperichondritis; chronische Laryngitis, Diphtherie, Tuberkulose)
4.3.2	Kehlkopflähmungen	Ursachen, Symptomatik, Diagnostik, Auswirkungen und Grundsätze der Therapie von Kehlkopflähmungen (ein- und doppelseitige Recurrensparese)

4.3.3	Tumoren des Larynx	gutartige Geschwülste im Kindes- und Erwachsenenalter (Fibrom, Polyp, Papillom) Präkanzerosen Larynxkarzinome, Klassifizierung nach dem TNM-System (supraglottisch, glottisch, subglottisch), Unterschiede in der Lymphdrainage der supraglottischen, mittleren und subglottischen Region Bedeutung für die Prognose Symptomatik, Diagnostik, Differentialdiagnose, Prinzipien der Therapie: Chirurgie (Teilresektion, Laryngektomie mit neck dissection), Strahlentherapie, adjuvante Chemotherapie; Prognose Rehabilitation der Kehlkopflosen, Anbildung einer Ersatzstimme (Ösophagusstimme), elektronische Sprechhilfe
4.3.4	Tracheotomie	Indikation, Prinzip der Durchführung der Tracheotomie (Intubation, obere Tracheotomie, untere Tracheotomie), Koniotomie mögliche Gefahren und Spätfolgen
4.3.5	plastische Chirurgie	Grundzüge regionaler rekonstruktiver und plastischer Chirurgie

5 Ösophagus und Bronchien

5.1 anatomische und physiologische Grundlagen

		Anatomie von Ösophagus und Bronchien, topographische Beziehungen zu den Nachbarorganen (s. a. GK 1, Anatomie 14.4.4, 16.1.4 und 16.4.2) Physiologie: Schluckakt, Lungenfunktion (s. a. GK 1, Physiologie 5.2.1 und 4.2)

5.2 Untersuchungsmethoden, Prinzip und Grundzüge der Bewertung

5.2.1	Endoskopie	Prinzip der Methoden

5.3 Klinik

5.3.1	Fremdkörper	Symptomatik und gefährliche Folgen von Ösophagus- und Bronchialfremdkörpern sowie die Möglichkeit ihrer Therapie
5.3.2	Verätzungen des Ösophagus	Erscheinungsform der Verätzungen des oberen Speisewegs mit Folgen (Strikturen), Prinzip der Therapie s. 10.4
5.3.3	Divertikel	Pulsionsdivertikel (Hypopharynx) Traktionsdivertikel Symptomatik, Diagnostik und Prinzip der Therapie

5.3.4	diagnostische Ösophago- und Bronchoskopie	Abklärung von Blutungen aus den tiefen Luftwegen bzw. dem oberen Speiseweg Diagnostik von Ösophagus- und Bronchialkarzinom

6 Hals

6.1 anatomische und physiologische Grundlagen

Anatomie des Halses mit besonderer Berücksichtigung der seitlichen Halsweichteile mit Gefäßscheide (A. carotis, V. jug. int.), der Halswirbelsäule (mit A. vertebralis)

Lymphkollektoren und Lymphbahnen des Halses, Bedeutung des tributären (regionären) Lymphabflußgebietes für die Metastasierung bei Kopf-Hals-Malignomen (s. a. GK 1, Anatomie 14. 1 – 14. 3)

6.2 Untersuchungsmethoden, Prinzip und Grundzüge der Bewertung

(s. a. GK 2, Anamneseerhebung 2.4)

6.2.1	Inspektion	der Halsstrukturen
6.2.2	Palpation	des Halses, vor allem der Lymphabflußgebiete, systematische Untersuchung, auch bimanuell, im Seitenvergleich und bei entspannter Haut, Einhaltung einer bestimmten Reihenfolge; Angabe der Größe (in cm), Beweglichkeit bzw. Fixation
6.2.3	Lymphographie	direkte und indirekte (Szintigraphie)

6.3 Klinik

6.3.1	Geschwülste	Häufigkeit der regionären Halslymphknotenmetastasen bei Kopf-Hals-Malignomen mit zugehörigen Quellgebieten Methoden der Diagnostik Prinzipien der Therapie (neck dissection zusammen mit Primärtumor-Operationen, Großvolumenbestrahlung für den Bereich des Primärtumors und der Halslymphabflußgebiete von der Schädelbasis bis zu den Supraklavikulargruben)
6.3.2	Entzündungen	Ursachen, Erscheinungsformen und Ablauf sowie Prinzipien konservativer und chirurgischer Therapie der Entzündungen der Halslymphknoten (Lymphadenitis colli, Halslymphknoten-Tbc)
6.3.3	Mißbildungen	Ursachen und Erscheinungsformen der medianen und lateralen Halszysten und -fisteln
6.3.4	plastische Chirurgie	Grundzüge regionaler rekonstruktiver und plastischer Chirurgie

7 Kopfspeicheldrüsen

7.1 anatomische und physiologische Grundlagen

topographische Anatomie der Kopfspeicheldrüsen (Parotis mit Nachbarbeziehungen zu N. facialis, Gl. submandibularis, Gl. sublingualis); Funktion der Kopfspeicheldrüsen (s. a. GK 1, Anatomie 13.4.2 und 13.4.5 und GK 1, Physiologie 5.1)

7.2 Untersuchungsmethoden, Prinzip und Grundzüge der Bewertung

(s. a. GK 2, Anamneseerhebung 2.3.4)

7.2.1	Inspektion	der Kopfspeicheldrüsen einschließlich ihrer Ausführungsgänge
7.2.2	Palpation	der Kopfspeicheldrüsen bimanuell
7.2.3	Röntgenuntersuchung	Leeraufnahme Kontrastdarstellung

7.3 Klinik

7.3.1	Sialoadenitis, Sialolithiasis, Sialosen	Entzündungen mit Einschmelzungen (vorwiegend der Parotis), Steinbildungen (vorwiegend der Submandibularis) und Mitbeteiligung (vorwiegend der Parotis) an Systemerkrankungen (Sjögren-Syndrom, Heerfordt-Syndrom)
7.3.2	Sialome	gutartige und bösartige Geschwülste (Zystadenolymphom, pleomorphes Adenom, Ranula; Karzinom im pleomorphen Adenom, undifferenziertes Karzinom, Mucoepidermoidkarzinom, Azinuszellkarzinom, Adenokarzinom, adenoidzystisches Karzinom) der Kopfspeicheldrüsen (vorwiegend der Parotis); Grundzüge der Therapie mit Schonung bzw. Opferung des N. facialis (extratemporale Fazialischirurgie)

8 Stimm- und Sprech- bzw. Sprachstörungen

8.1 Funktionsprüfungen

Stimmstatus
Stroboskopie
Sprachstatus

8.2 Klinik

8.2.1	Sprachentwicklung, Beziehungen zum Hörvermögen	normale Entwicklung der Sprache (vom Lallen bis zum vollständigen Spracherwerb s. a. GK 2, Anamneseerhebung 3.3.5) und die verzögerte Sprachentwicklung sowie die Behinderung der Sprachentwicklung durch Hörstörungen (Taubstummheit) (s. a. 1.5.1)
8.2.2	Sprach- bzw. Sprechstörungen	häufige Formen von Sprach- bzw. Sprechstörungen (Stammelfehler: Sigmatismus, Gammazismus, Rhinolalia clausa, Rhinolalia aperta; Poltern; Stottern; zentrale Sprach- bzw. Sprech-

störungen: Aphasien, Dysarthrien) sowie ihre Ursachen, ihre Erkennung und die Gesichtspunkte der Therapie (s. a. GK Nervenheilkunde 14.4)

8.2.3 Stimmstörungen

organisch (s. a. 4.3) und funktionell bedingte Störungen der Stimme (funktionelle Aphonie, Stimmritzenkrampf, Mutationsstörungen, dyskinetische Stimmstörungen)

9 Begutachtung

Prinzipien der Begutachtungen von Hals-Nasen-Ohren-Krankheiten, insbesondere hinsichtlich des Kausalzusammenhanges sowie der Auswirkungen des Schadens auf Arbeits- und Erwerbsfähigkeit; Besonderheiten der Lärmschädigung (s. a. GK Arbeitsmedizin 3.3), des Schädeltraumas und des Schädelhirntraumas im Rahmen der Begutachtung

10 Notfälle und Erstmaßnahmen

10.1 Blutungen

Nasenbluten s. 2.3.4

Erstmaßnahmen bei schweren arteriellen Blutungen im Kopf-Hals-Bereich: Abklemmung und Ligatur, Versuch der Kompression (bis zum Eintreffen des Operateurs), ggf. Tracheotomie

10.2 Luftnot

bei Verlegung der Atemwege: Intubation oder Tracheotomie, ggf. Koniotomie (s. a. 4.3.4)

Atemnot bei Kanülenträgern (meist durch Sekretbrocken verursacht): Reinigung des Pharynx, sofortiges Entfernen der Kanüle, Absaugen, ggf. Tracheo-Bronchoskopie

10.3 Fremdkörper

klinische Bedeutung in Abhängigkeit von der Verlegung der Atemwege

10.4 Verätzungen und Verbrühungen des oberen Speisewegs

Erstmaßnahmen: Corticoide, bei Luftnot Intubation, ggf. Tracheotomie, HNO-ärztliche Weiterbehandlung, bei Schock entsprechende Behandlung (s. a. GK Chirurgie 9.2.2 und GK 2, Akute Notfälle 4.4)

10.5 Hörsturz

Bedeutung der fachärztlichen Sofortbehandlung (s. a. 1.5.1)

Der Abdruck des Teilkatalogs erfolgt mit freundlicher Genehmigung des Instituts für medizinische und pharmazeutische Prüfungsfragen, Mainz

Farbtafeln

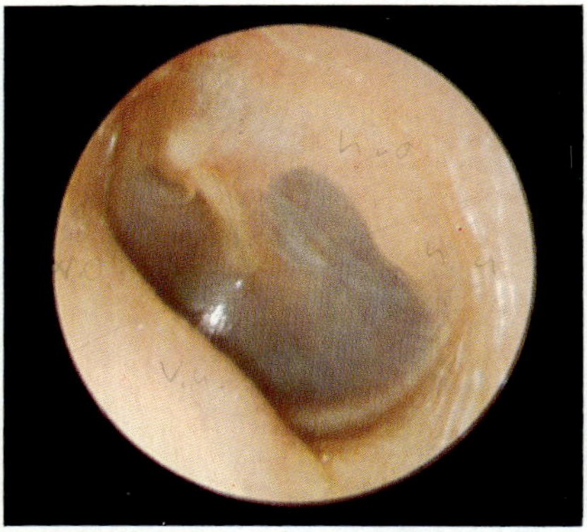

Abb. 1. Normales Trommelfell links (Text S. 7)

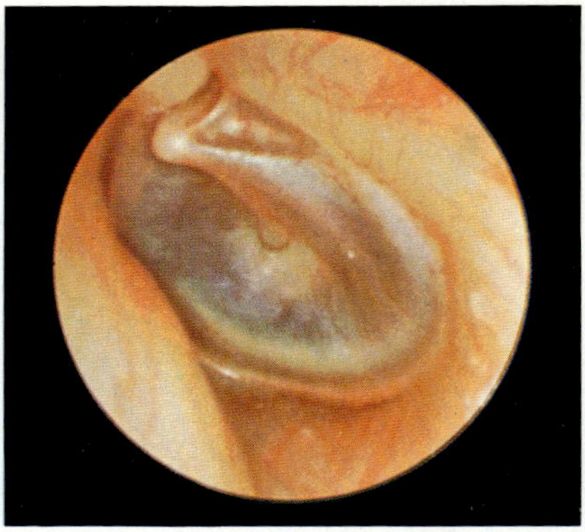

Abb. 2. Retrahiertes Trommelfell (Text S. 9 u. 89)

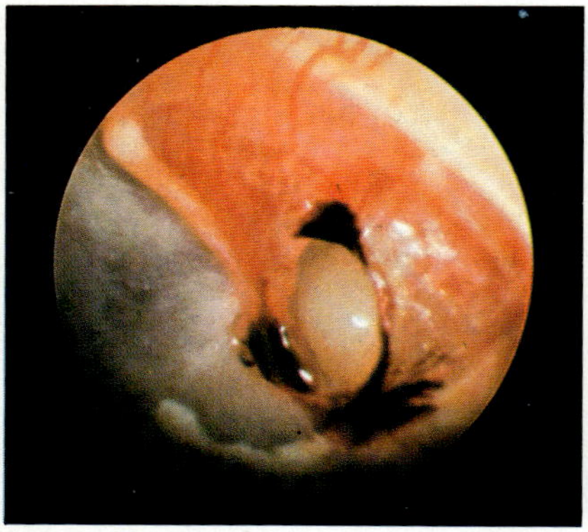

Abb. 3. Traumatische Trommelfellperforation (Text S. 10 u. 83)

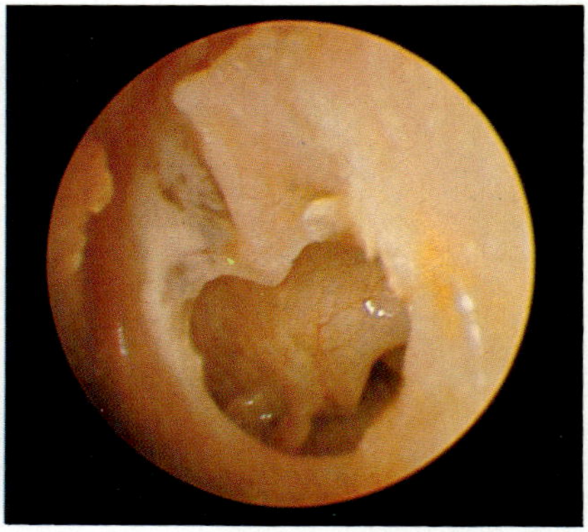

Abb. 4. Zentraler (mesotympanaler) Trommelfelldefekt (Text S. 10 u. 101)

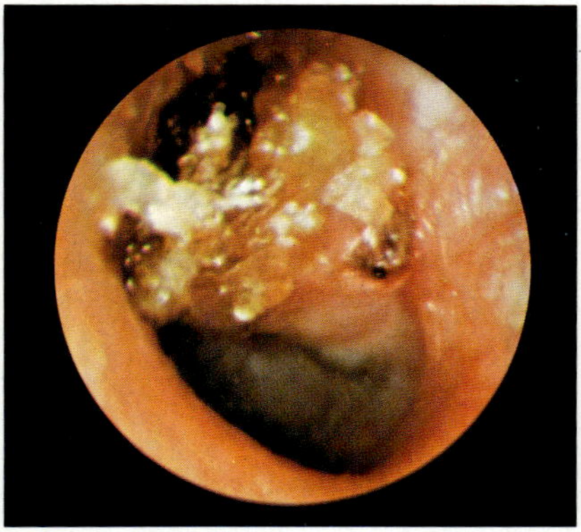

Abb. 5. Randständiger (epitympanaler) Trommelfelldefekt (Text S. 10 u. 104) mit Cholesteatom, das in den Gehörgang durchbricht.

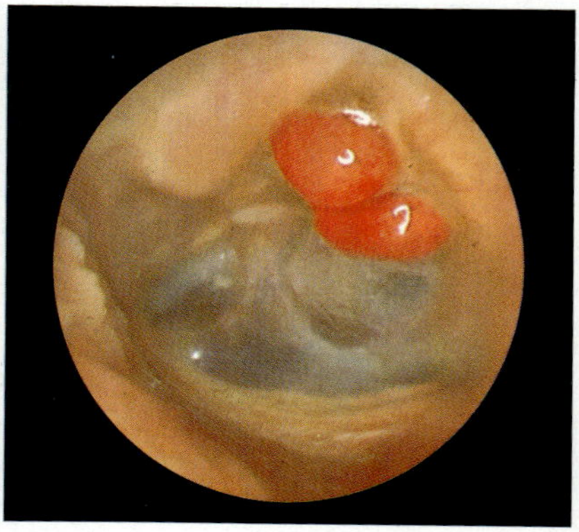

Abb. 6. Granulationen in einem randständigen Trommelfelldefekt (Knocheneiterung) (Text S. 10 u. 103)

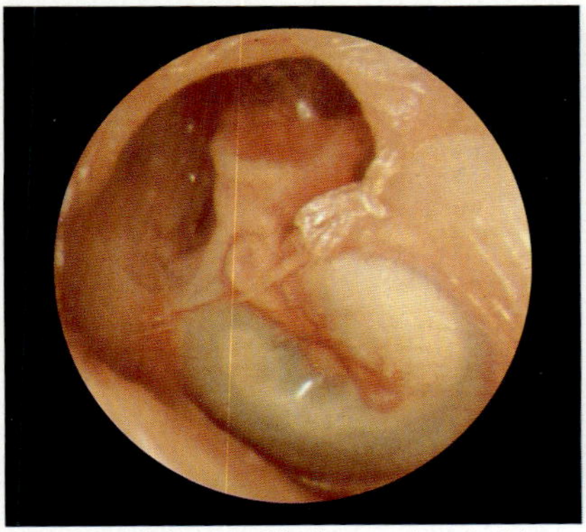

Abb. 7. Kleine Radikaloperationshöhle (Text S. 107)

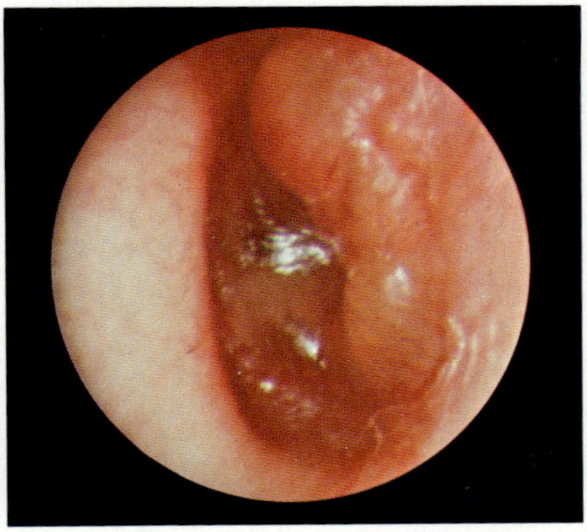

Abb. 8. Akute Otitis media, Rötung und Trommelfellvorwölbung (Text S. 10 u. 94)

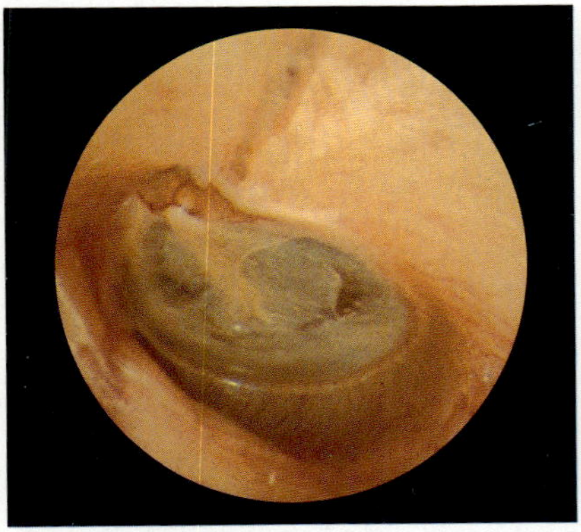

Abb. 9. Felsenbeinlängsbruch überhäutet (Text S. 84)

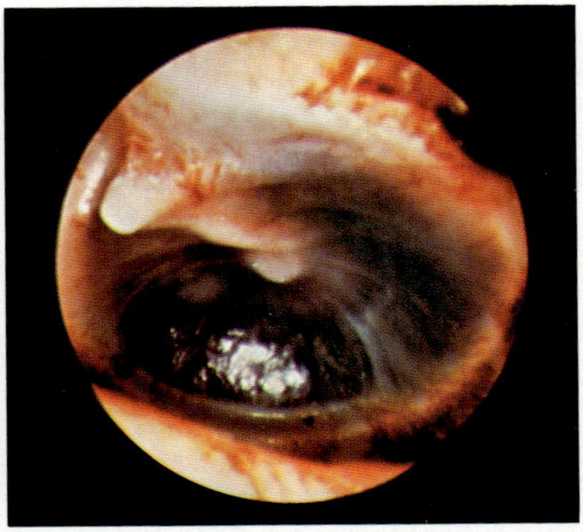

Abb. 10. Hämatotympanum (Text S. 10 u. 87)

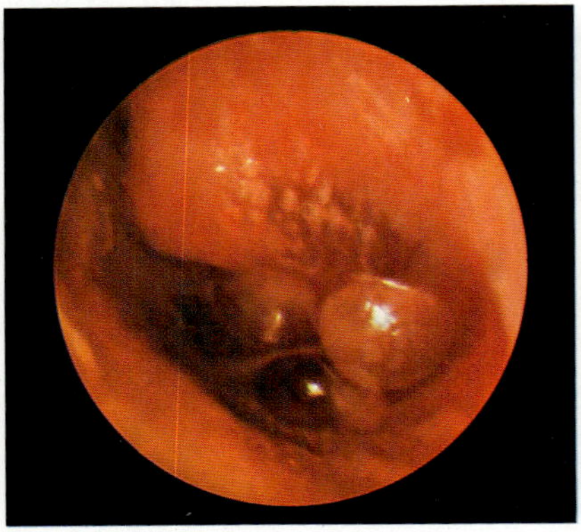

Abb. 11. Grippeotitis mit Blutblasen (Text S. 11 u. 94)

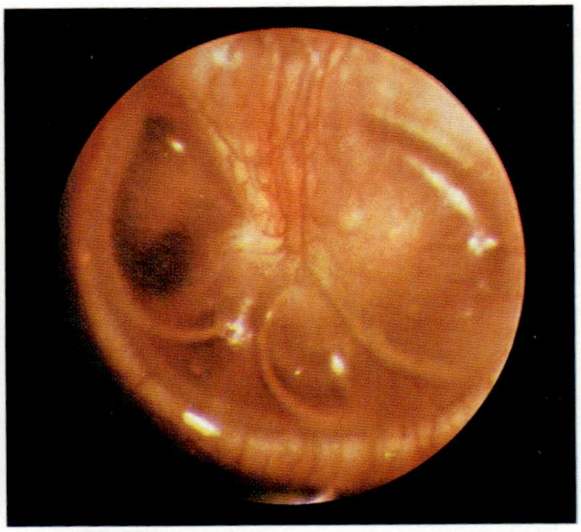

Abb. 12. Mittelohrerguß mit Flüssigkeitsblasen (Text S. 11 u. 89)

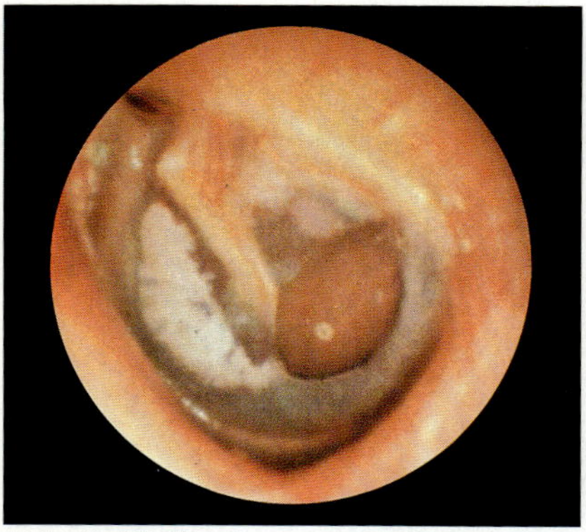

Abb. 13. Kalkeinlagerung und Narbe im Trommelfell (Text S. 11 u. 91)

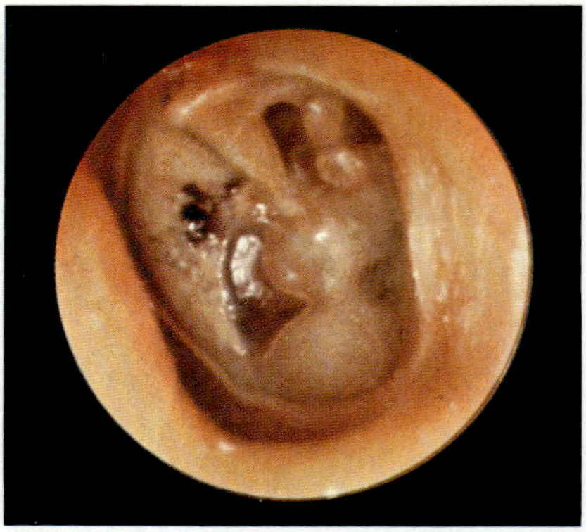

Abb. 14. Mittelohradhaesivprozeß (Text S. 11 u. 91)

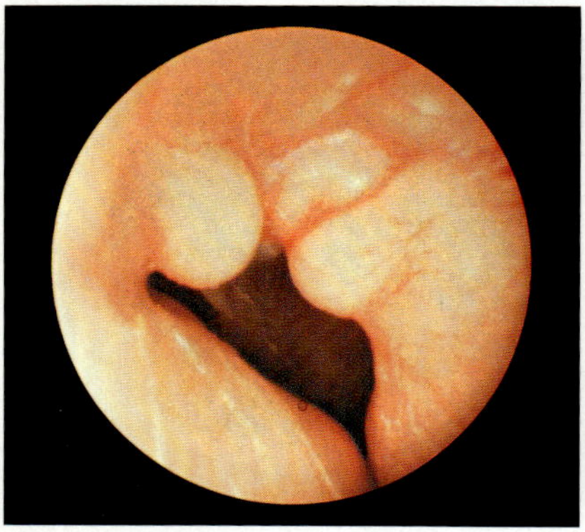

Abb. 15. Gehörgangsexostosen (Text S. 80)

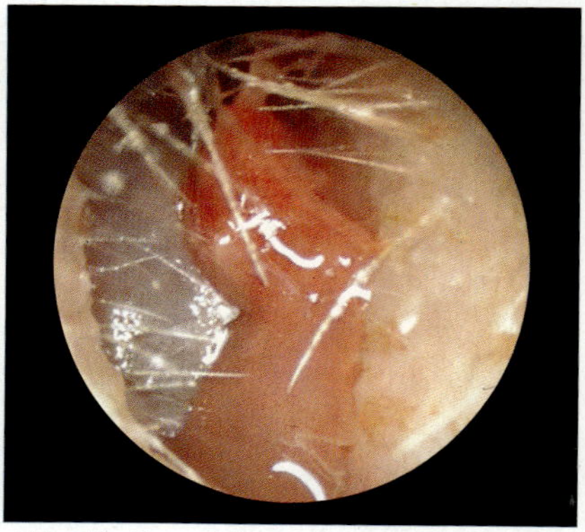

Abb. 16. Sog. Otitis externa maligna; Granulationen an der knöchernen Gehörgangshinterwand (Text S. 81)

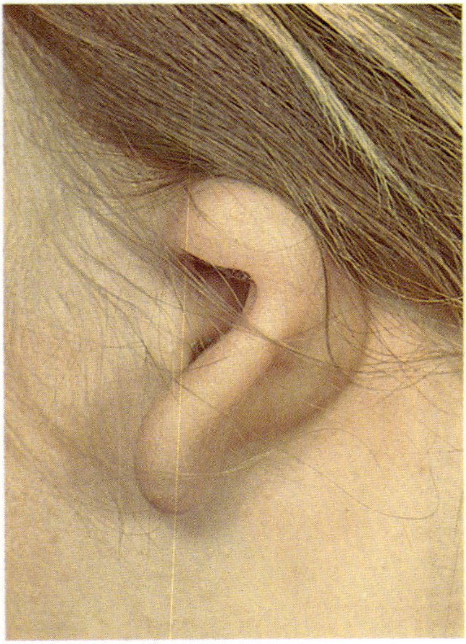

Abb. 17. Mikrotie (Text S. 77)

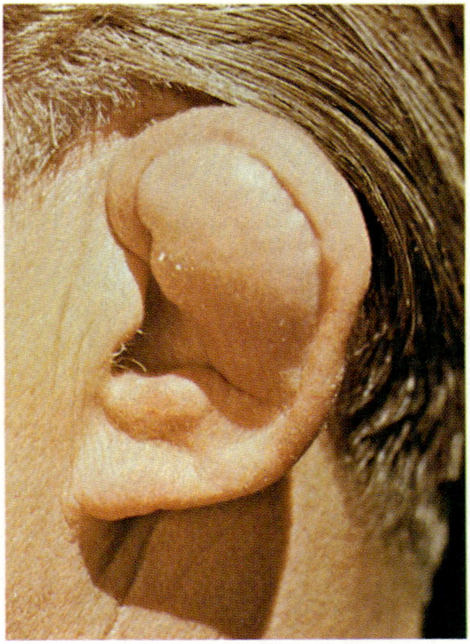

Abb. 18. Othämatom (Text S. 78)

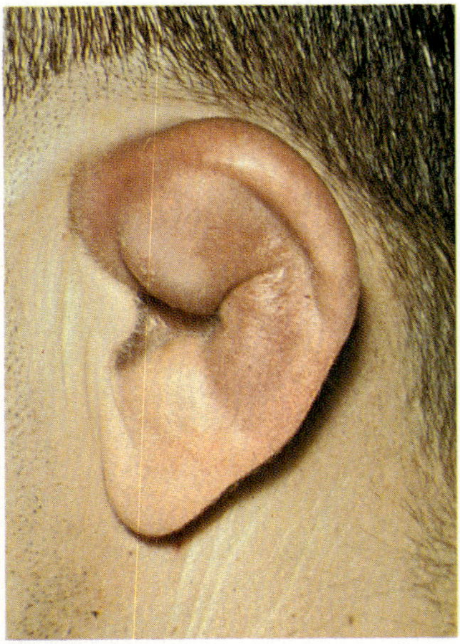

Abb. 19. Perichondritis der Ohrmuschel (Text S. 80)

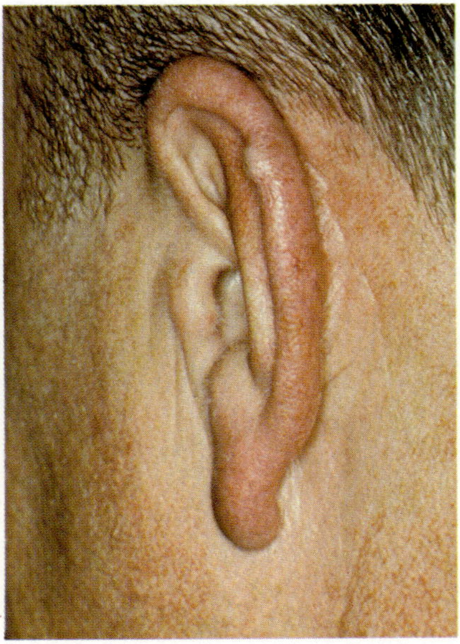

Abb. 20. Chondrodermatitis nodularis helicis chronica (Text S. 82)

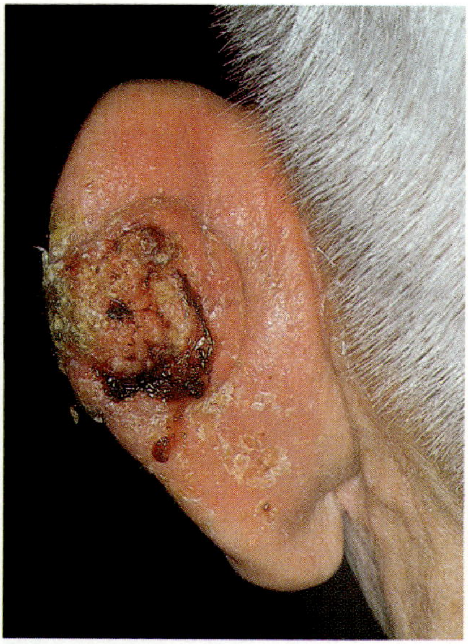

Abb. 21. Ohrmuschelbasaliom (Text S. 82)

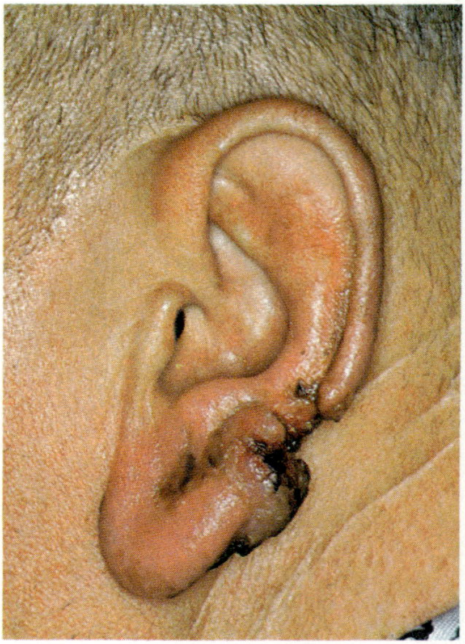

Abb. 22. Ohrmuschelcarcinom (Text S. 82)

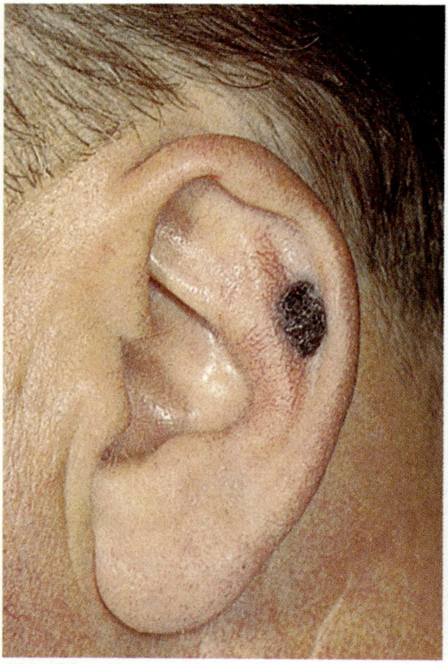

Abb. 23. Ohrmuschelmelanom (Text S. 82)

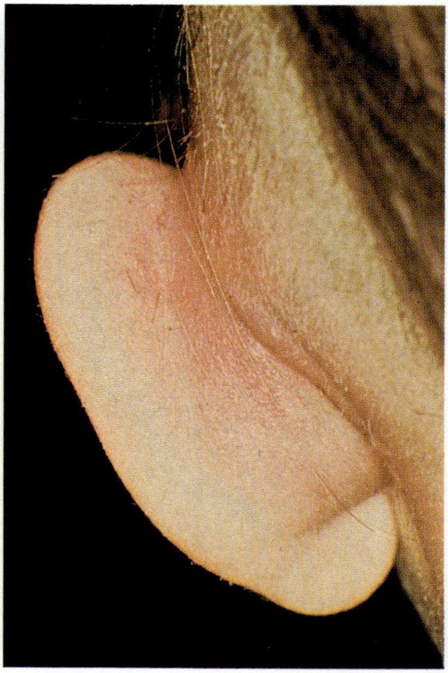

Abb. 24. Mastoiditis (Text S. 97)

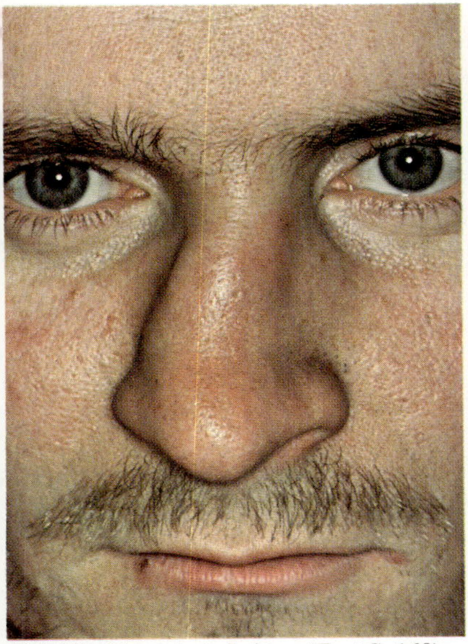

Abb. 25. Nasenbeinfraktur (Text S. 168)

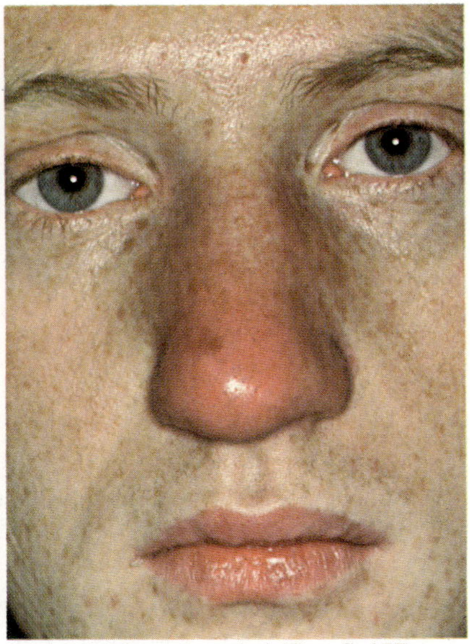

Abb. 26. Nasenfurunkel (Text S. 177)

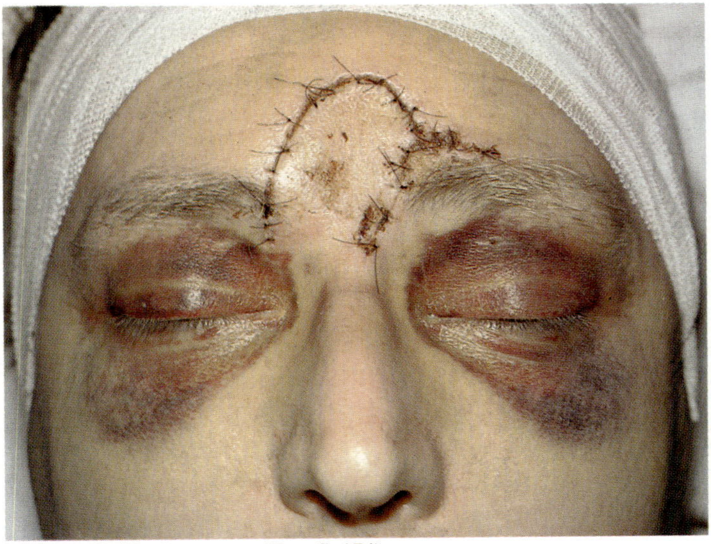

Abb. 27. Brillenhämatom (Text S. 174)

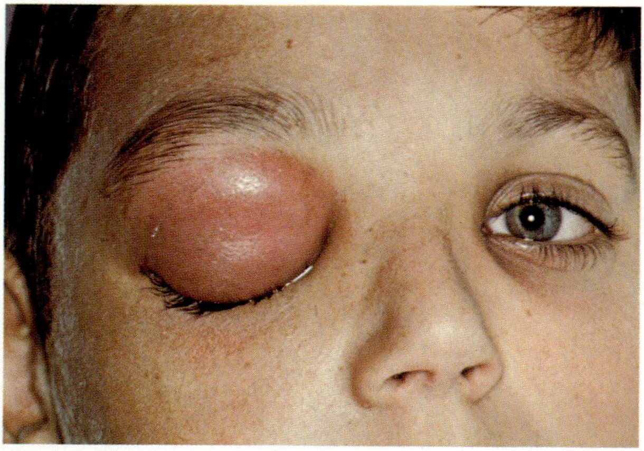

Abb. 28. Lidödem bei Durchbruch einer Stirnhöhleneiterung (Text S. 193)

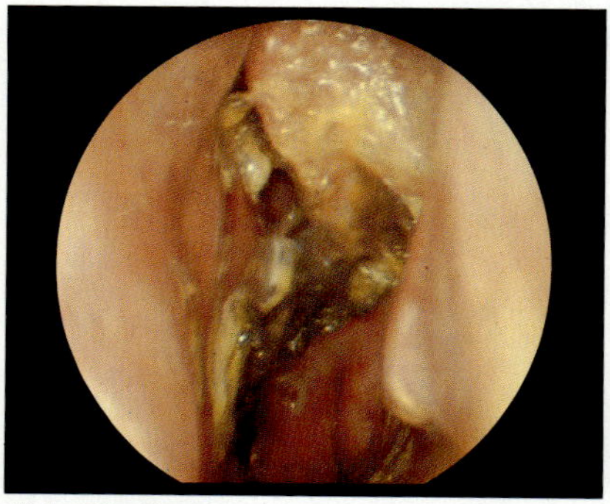

Abb. 29. Ozaena (Text S. 185)

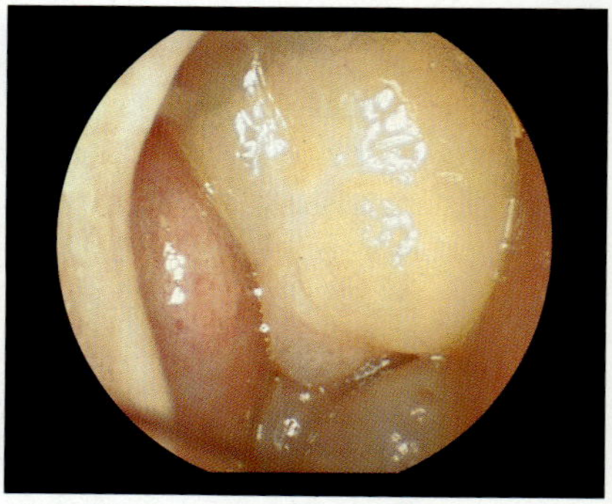

Abb. 30. Endonasale Polypen (Text S. 195)

Abb. 31. Endonasale Polypen (Text S. 195)

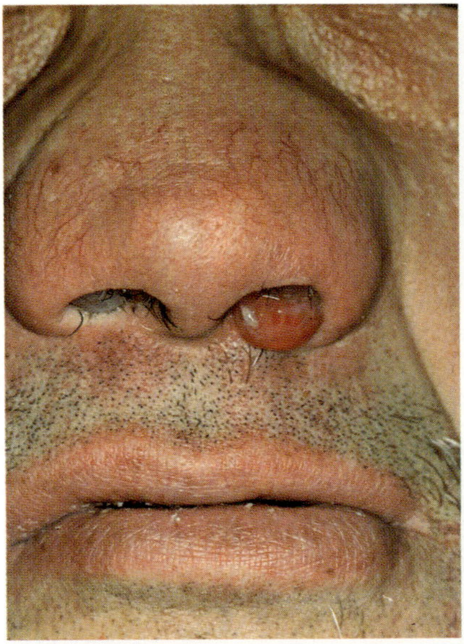

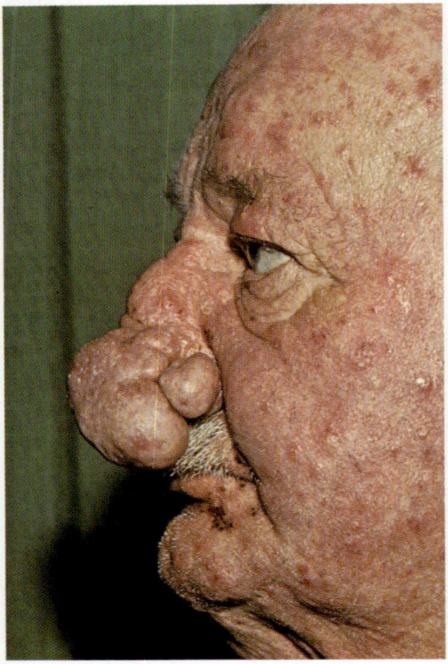

Abb. 32. Rhinophym (Text S. 204)

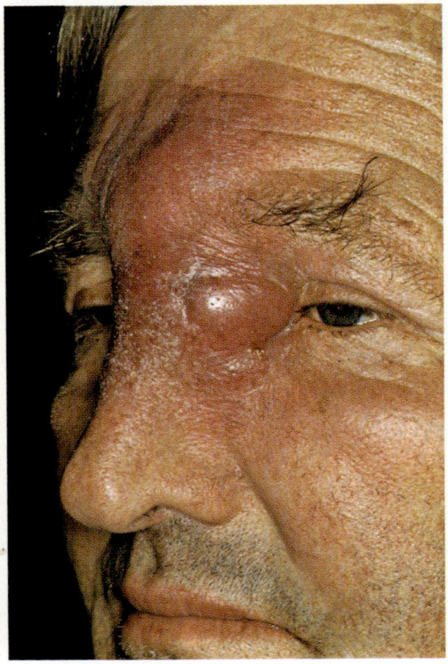

Abb. 33. Durchbruch eines Nebenhöhlencarcinoms im Augen-Nasenwinkel (Text S. 207)

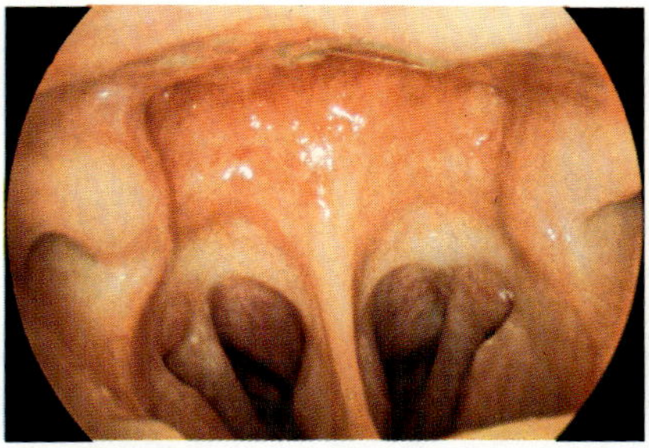

Abb. 34. Normaler postrhinoskopischer Spiegelbefund (Text S. 154)

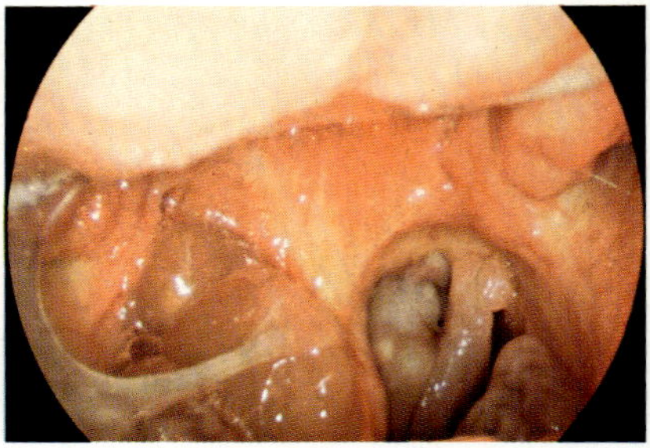

Abb. 35. Choanalpolyp rechts (darüber Schleimfaden) (Text S. 195)

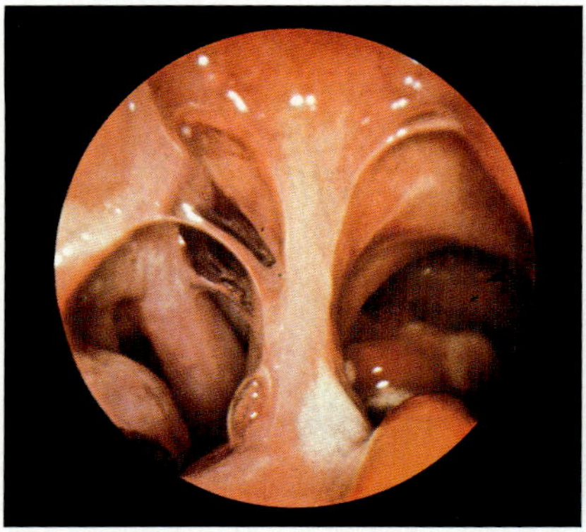

Abb. 36. Nebenhöhlencarcinom in die linke Nasenhaupthöhle durchgebrochen (Text S. 207)

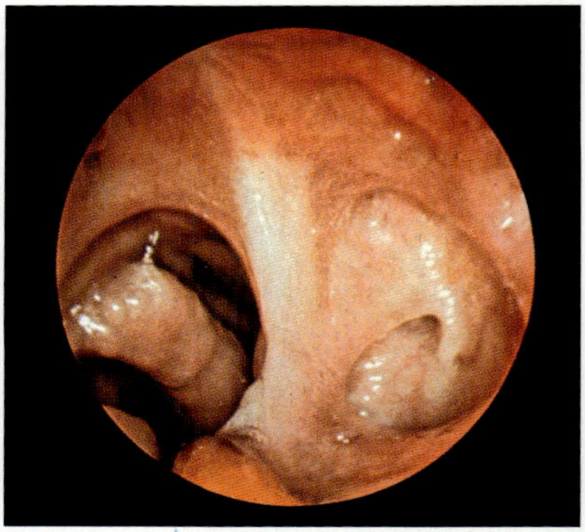

Abb. 37. Choanalatresie links (Text S. 213)

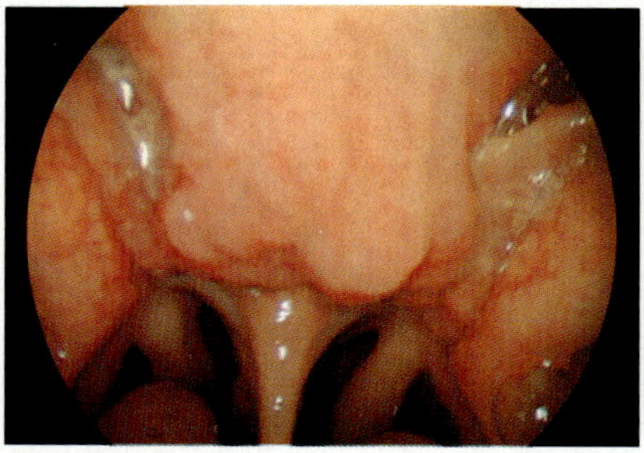

Abb. 38. Rachenmandel (Text S. 241)

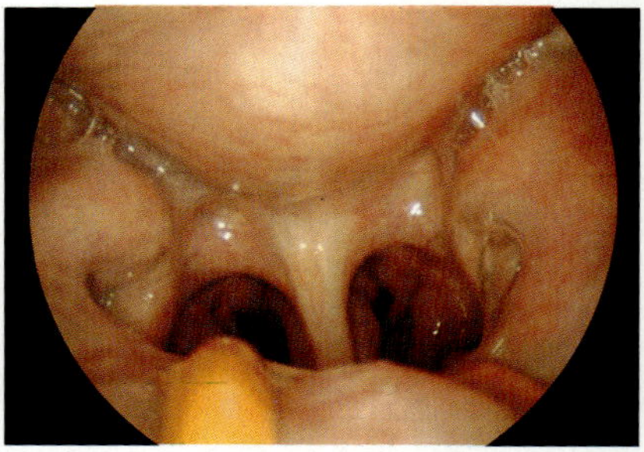

Abb. 39. Nasopharynxcyste (Text S. 251)

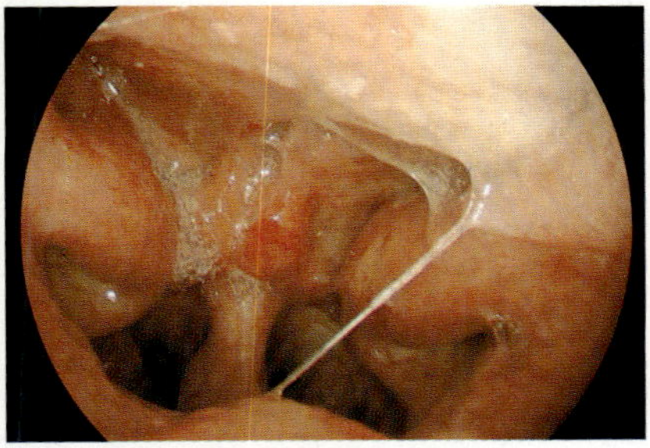

Abb. 40. Lymphoepithelialer Tumor (SCHMINCKE-REGAUD) $T_2N_1M_0$ (Text S. 253)

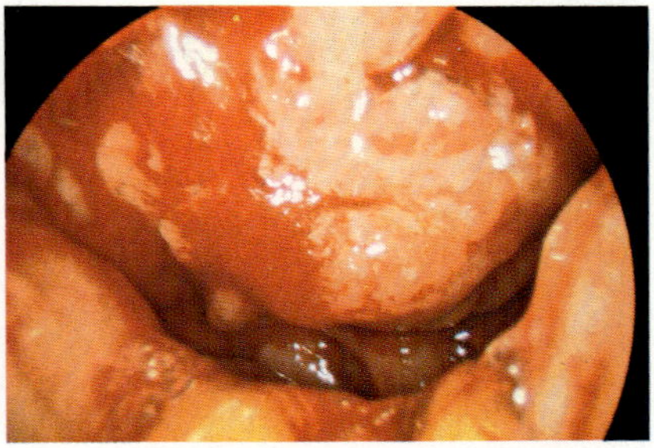

Abb. 41. Nasopharynxcarcinom $T_3N_0M_0$ (Text S. 253)

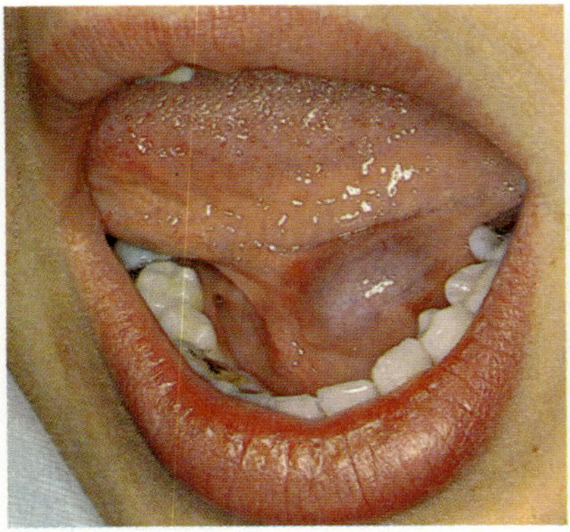

Abb. 42. Ranula (Text S. 331)

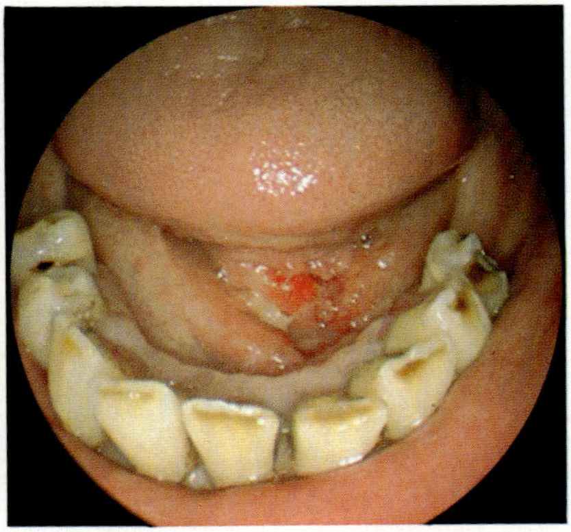

Abb. 43. Mundbodencarcinom (Text S. 252)

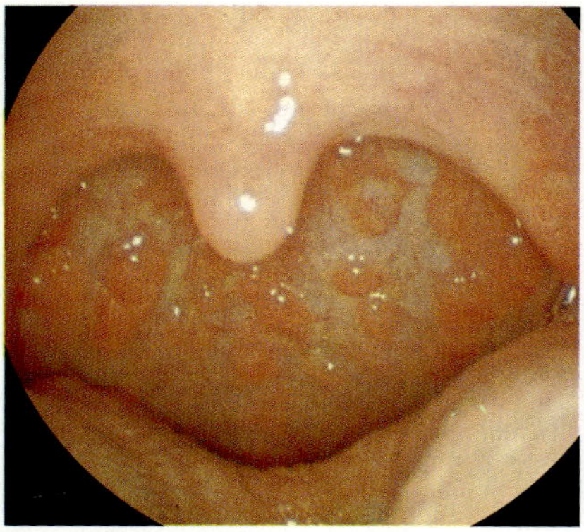

Abb. 44. Pharyngitis granulosa (Text S. 240)

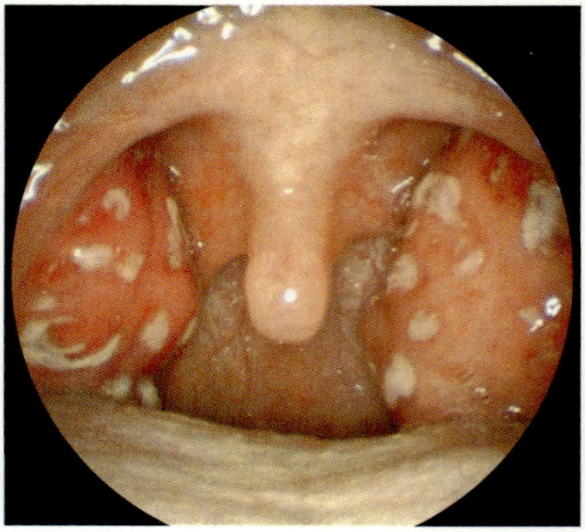

Abb. 45. Angina lacunaris (Text S. 242)

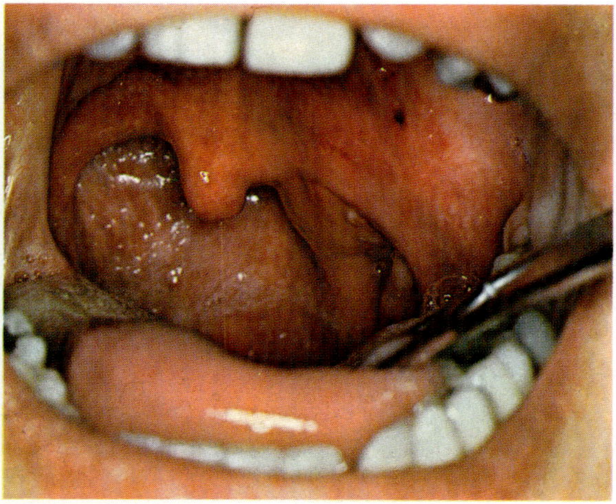

Abb. 46. Peritonsillarabsceß links (Text S. 244)

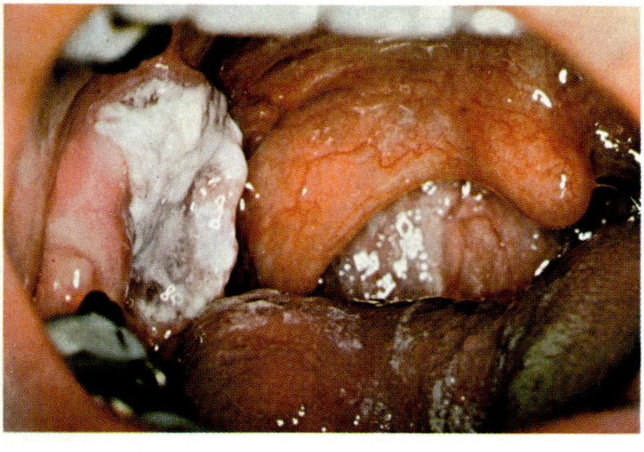

Abb. 47. Tonsillencarcinom rechts $T_2N_3M_0$ (Text S. 255)

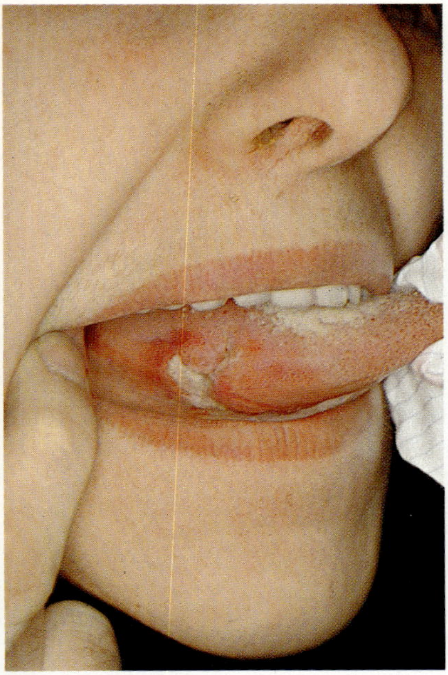

Abb. 48. Zungencarcinom (Text S. 252)

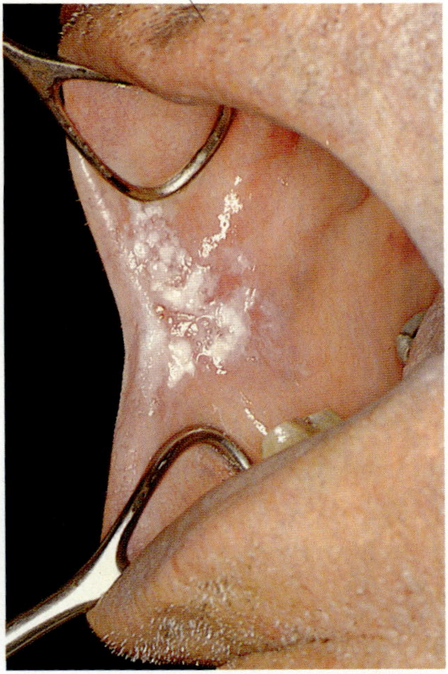

Abb. 49. Leukoplakie im Mundwinkel (Text S. 243)

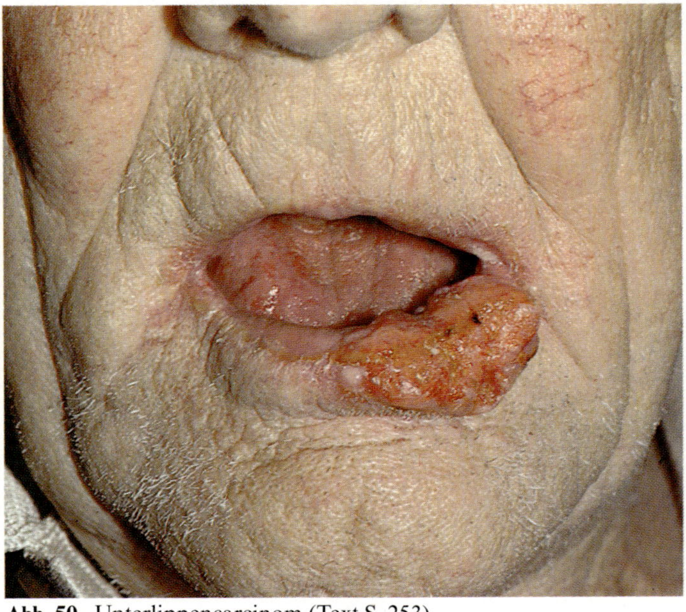

Abb. 50. Unterlippencarcinom (Text S. 253)

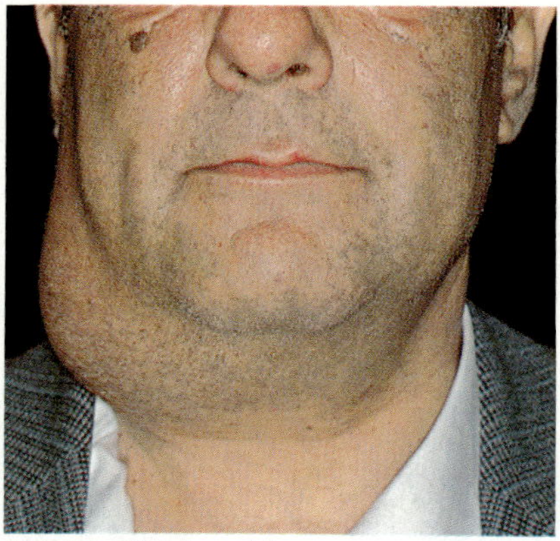

Abb. 51. Halslymphknotenmetastasen eines Tonsillencarcinoms $T_2N_3M_0$ (Text S. 255 u. 317)

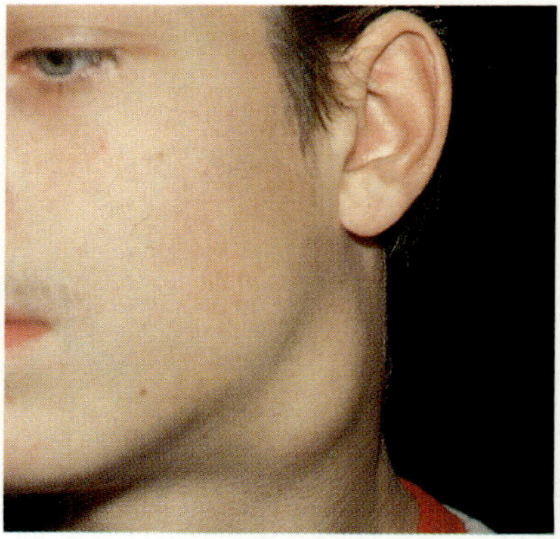

Abb. 52. Laterale Halscyste (Text S. 321)

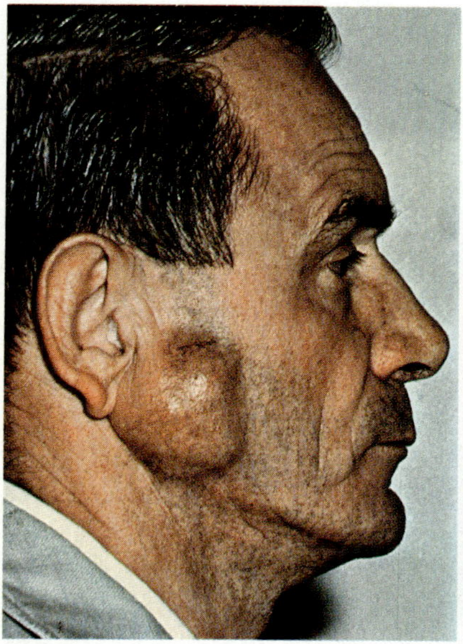

Abb. 53. Pleomorphes Adenom der Glandula parotis (Text S. 329)

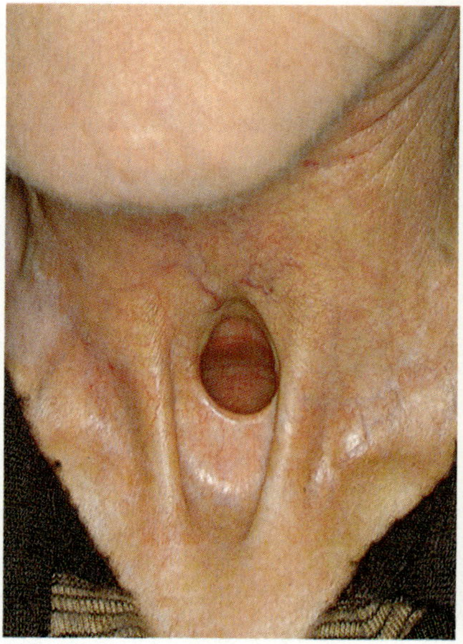

Abb. 54. Tracheostoma nach Laryngektomie (Text S. 294)

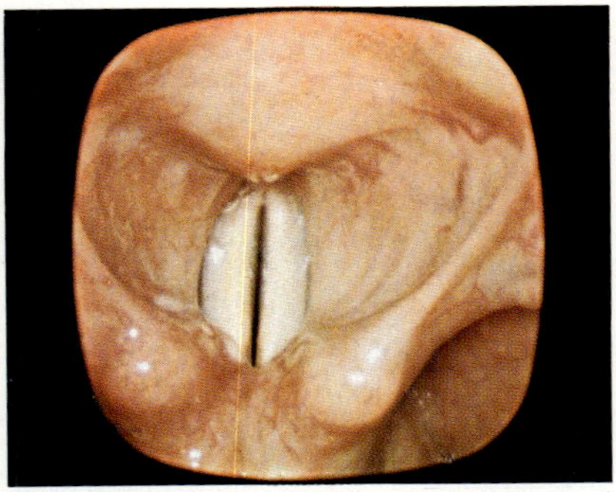

Abb. 55. Normaler Kehlkopfspiegelbefund (Phonationsstellung der Stimmlippen) (Text S. 270)

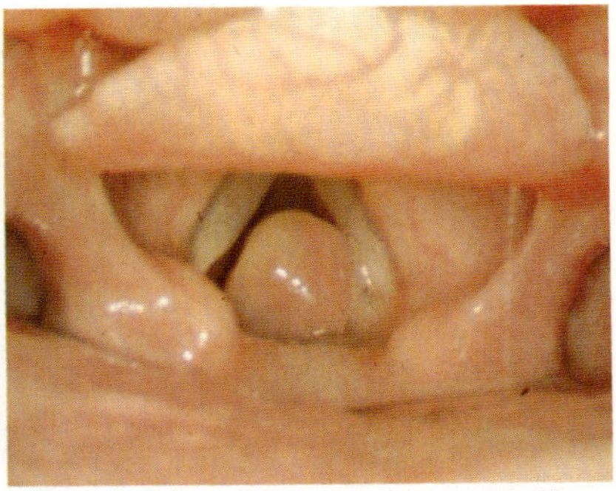

Abb. 56. Intubationsgranulom links (Text S. 275)

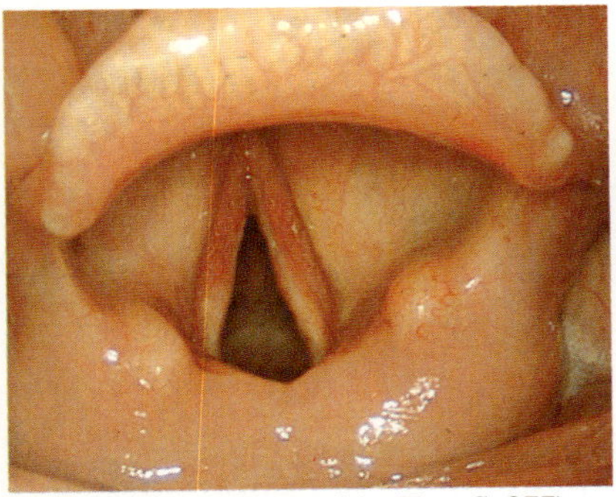

Abb. 57. Akute Laryngitis (Text S. 277)

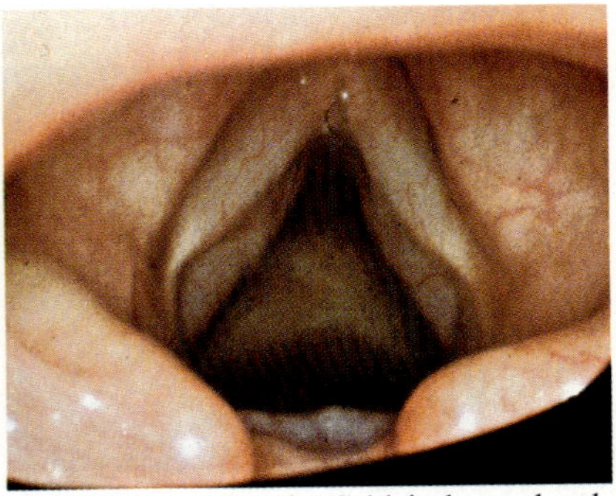

Abb. 58. Subglottische Schleimhautschwellung beiderseits (Text S. 278)

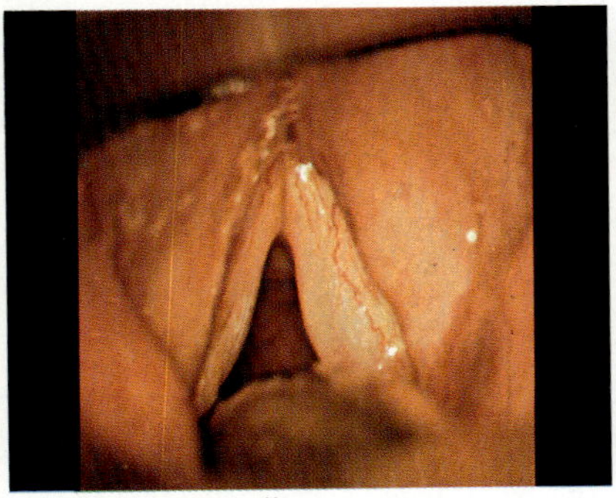

Abb. 59. Reinke-Ödem rechts (Direkte Laryngoskopie in Intubationsnarkose) (Text S. 281)

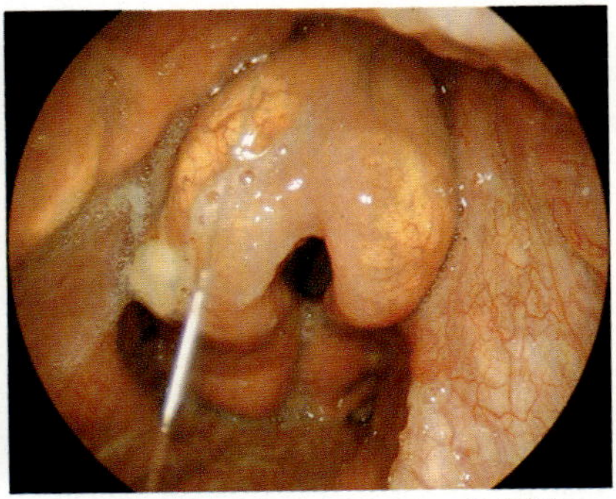

Abb. 60. Epiglottisabsceß (Text S. 279)

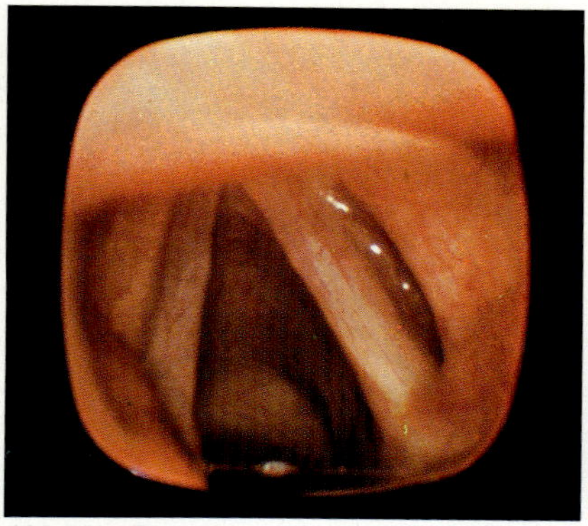

Abb. 61. Recurrensparese rechts (Text S. 286)

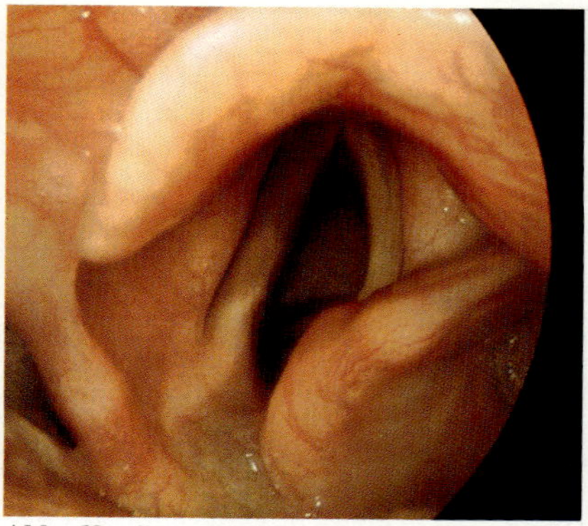

Abb. 62. Sog. Kadaverstellung der linken Stimmlippe (Text S. 286)

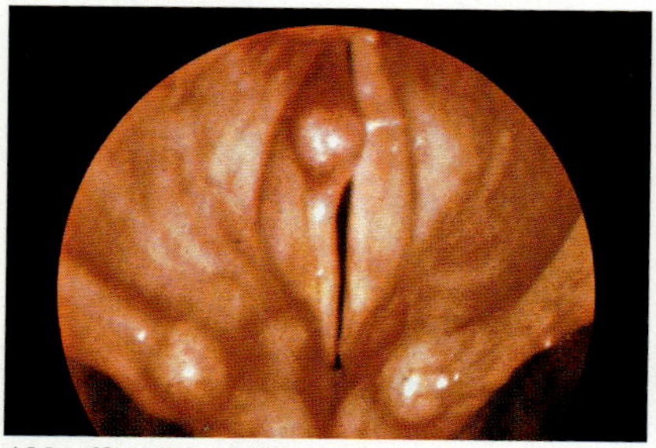

Abb. 63. Stimmlippenpolyp rechts (Text S. 287)

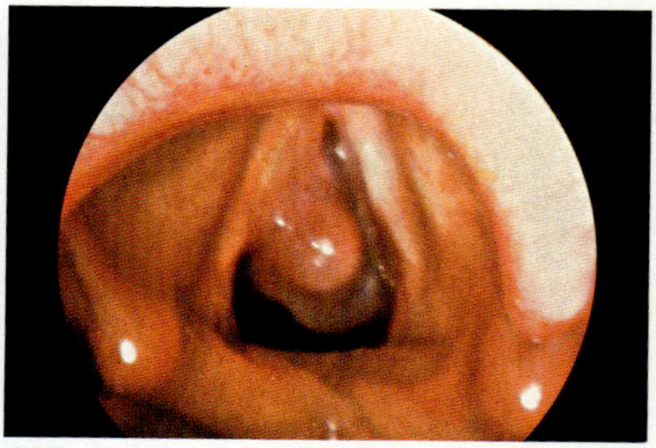

Abb. 64. Großer Stimmlippenpolyp rechts (Text S. 287)

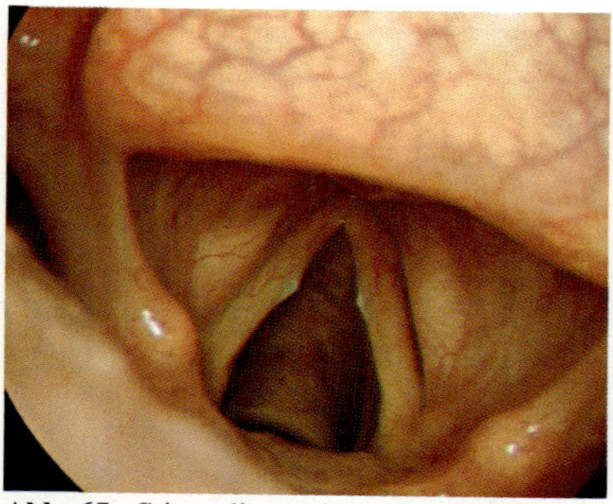

Abb. 65. Stimmlippenknötchen beiderseits (Text S. 288)

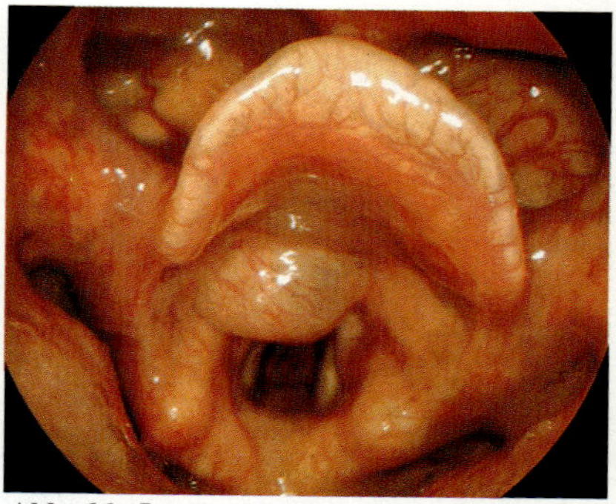

Abb. 66. Innere Laryngocele (Text S. 257)

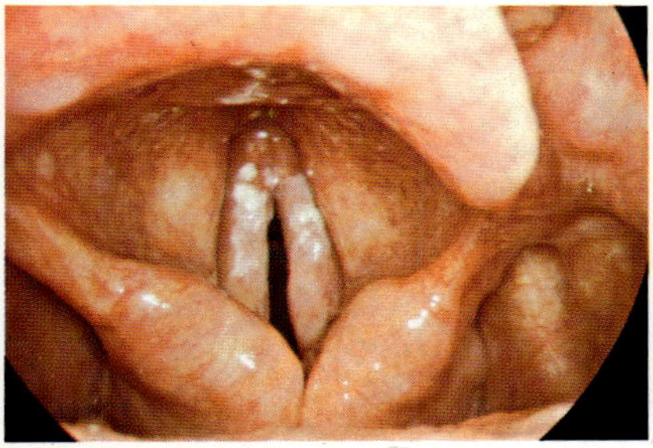

Abb. 67. Stimmlippenleukoplakie beiderseits (Text S. 289)

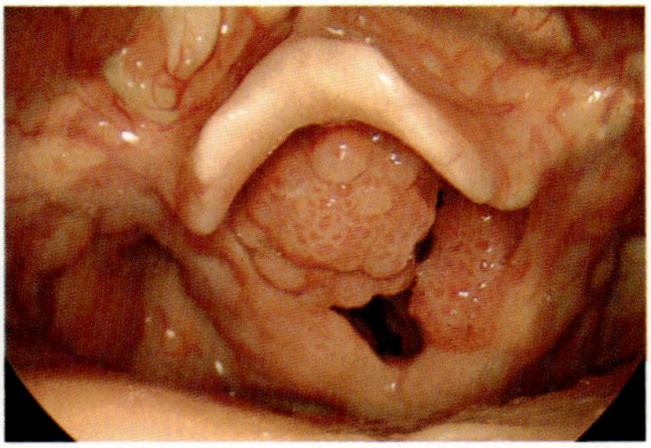

Abb. 68. Papillomatose des Kehlkopfes (Text S. 290)

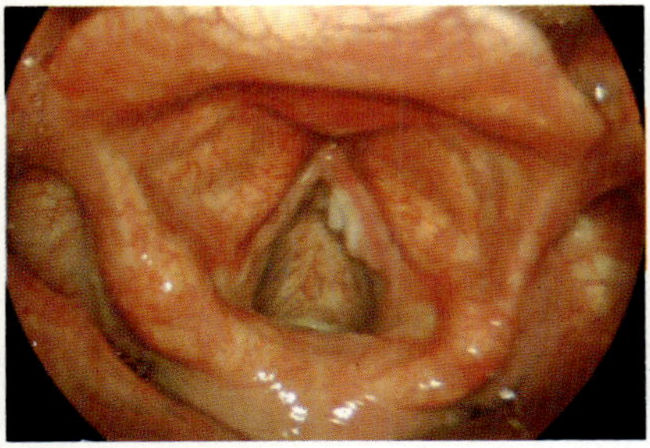

Abb. 69. Stimmlippencarcinom links bis in die vordere Kommissur reichend $T_1N_0M_0$ (Text S. 292)

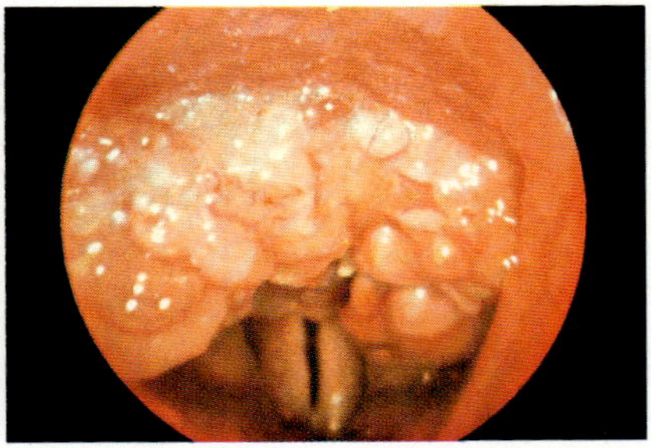

Abb. 70. Taschenfaltencarcinom beiderseits und Epiglottiscarcinom $T_2N_0M_0$ (Text S. 293)

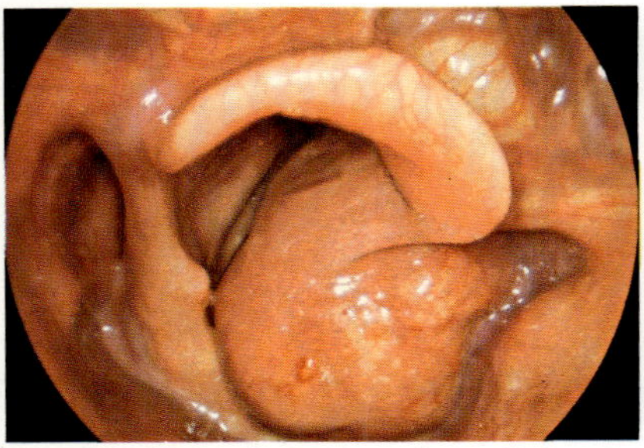

Abb. 71. Hypopharynxcarcinom links $T_3N_0M_0$ (Text S. 295)

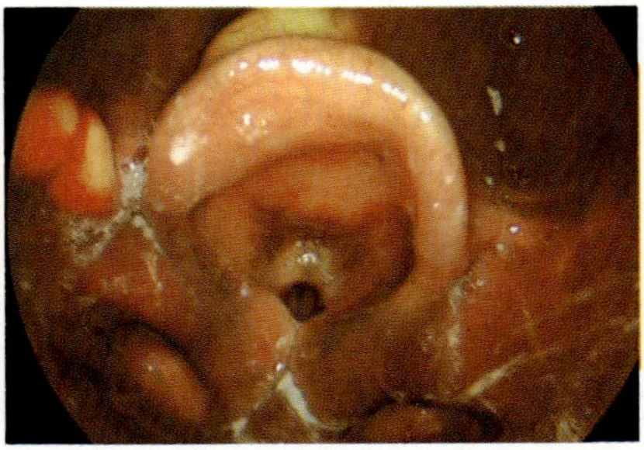

Abb. 72. Hämatom im Zungengrund und Kehlkopf (Text S. 274)

Sachverzeichnis

Titel des Lehrbuches: **Heidelberger Taschenbücher, Band 76**
BOENNINGHAUS: Hals-Nasen-Ohrenheilkunde für Medizinstudenten
7., überarbeitete Auflage

Was können wir bei der nächsten Auflage besser machen?

Zur inhaltlichen und formalen Verbesserung unserer Lehrbücher bitten wir um Ihre Mithilfe. Wir würden uns deshalb freuen, wenn Sie uns die nachstehenden Fragen beantworten könnten.

---

1. Finden Sie ein Kapitel besonders gut dargestellt? Wenn ja, welches und warum? ....

....

....

2. Welches Kapitel hat Ihnen am wenigsten gefallen. Warum? ....

....

....

3. Bringen Sie bitte dort ein X an, wo Sie es für angebracht halten.

	Vorteilhaft	Angemessen	Nicht angemessen
Preis des Buches	....	....	....
Umfang	....	....	....
Aufmachung	....	....	....
Abbildungen	....	....	....
Tabellen	....	....	....
Register	....	....	....

	Sehr wenige	Wenige	Viele	Sehr viele
Druckfehler	....	....	....	....
Sachfehler	....	....	....	....

4. Spezielle Vorschläge zur Verbesserung dieses Textes (u. a. auch zur Vermeidung von Druck- und Sachfehlern) ....

....

....

....

....

....

....

bitte wenden!

5. Bitte teilen Sie uns mit, auf welchen Fachgebieten Ihrer Meinung nach moderne Lehrbücher fehlen. Dazu folgende kurze Charakterisierung unserer eigenen Werke:

Fragensammlungen = Examensfragen zur Vorbereitung auf Prüfungen

Basistexte = vermitteln nach der neuen Approbationsordnung das für das Examen wichtige Stoffgebiet

Kurzlehrbücher = zur Vertiefung des Basiswissens gedacht; für den sorgfältigen Studenten

Lehrbücher = Umfassende Darstellungen eines Fachgebietes; zum Nachschlagen spezieller Informationen

Fachgebiet	Fragen-sammlungen	Basistexte	Kurz-lehrbücher	Lehrbücher
....	....	....	....	....
....	....	....	....	....
....	....	....	....	....
....	....	....	....	....
....	....	....	....	....
....	....	....	....	....
....	....	....	....	....
....	....	....	....	....
....	....	....	....	....

Bei Rücksendung werden Sie automatisch in unsere Adressenliste aufgenommen.

Name ....
Adresse ....
....
Fachstudium ....
Semester ....
Ärztliche Vorprüfung ....
Datum/Unterschrift ....

Wir danken Ihnen für die Beantwortung der Fragen und bitten um Einsendung des Blattes an:

Marianne Kalow
Springer-Verlag
Tiergartenstraße 17
6900 Heidelberg 1